벨 연구소 이야기

세상에 없는 것에 미친 사람들

벨 연구소 이야기

연구소 이야기

The Idea Factory

존 거트너 지음 | 정향 옮김

살림Biz

벨 연구소가 끝없이
성공할 수 있었던 이유

내가 몸담고 있는 분야의 다른 사람들과 마찬가지로, 나는 벨 연구소를 늘 동경심을 갖고 신비에 가까운 대상으로 바라봤다. 그래서 벨 연구소 제11대 사장이 되어달라는 말을 들었을 때, 깊은 경외심과 열정을 안고 그 제안을 기꺼이 수락했다. 사장으로 임명되고 몇 주 동안 캠퍼스를 돌아다니면서, 벨 연구소 문화의 토대를 만들어온 전임 사장들의 기운을 구석구석에서 느낄 수 있었다.

그들은 뛰어난 사고와 실행을 요구하는 문화를 만들었다. 이 문화는 선구적인 과학자들이 시장에 산재한 복잡한 문제들을 해결하기 위해 자신의 재능을 모으고 협력하는 환경을 조성했다. 또한 전임 사장들은 어떠한 환경에서 우수한 인재들이 뛰어난 해결책을 도출해내는지 잘 이해하고 있었다.

벨 연구소에 들어오기 전 나는 이곳에서 탄생한 전설적인 발명품들, 이곳 출신의 유명 과학자들, 그들이 수상한 노벨상, 그리고 비디오, 의료, 광학, 컴퓨터 언어 등 다양한 분야에서의 획기적인 성과들에 대해 익히 알고 있었다. 그리고 몇몇 사람들의 혁신적인 아이디어가 그 모든 것을 가능하게 했다는 사실도 알고 있었다

이렇게 훌륭한 기관의 책임자를 맡은 후 나는 과거 연구원들에 대한 상세한 이야기를 직접 듣고 읽었다. 그들의 이야기를 통해 벨 연구소를 성공적으로 이끌어가기 위한 통찰력과 정보를 얻을 수 있었다. 2007년 봄 존 거트너가 내 사무실을 방문했을 때, 나는 그가 이러한 통찰력을 포착하는 데 있어 누구보다도 적임자임을 느낄 수 있었다

그날 그는 벨 연구소에 대한 수많은 이야기를 꺼냈으며, 이 책을 출판하면서 그날의 대화를 놀라운 이야기로 탈바꿈하여 벨 연구소의 초창기 설립자들을 새롭게 재조명했다. 현재 벨 연구소에서 일하는 행운을 거머쥔 우리 연구원들은 복도를 걷거나 일을 하면서도 예전 그들이 만들어낸 활력과 문화와 조우하곤 한다. 일반 독자들도 이 책을 통해 그러한 경험과 역동성을 느낄 수 있을 것이다

벨 연구소가 끊임없이 발전할 수 있었던 이유는 규모가 아닌, 이곳에서 일하는 사람들 그리고 그들의 성장을 돕는 문화에 있다. 존이 책에서 썼듯이 이러한 점은 벨 연구소의 과거나 현재가 다르지 않다. 우리의 뛰어난 연구원들은 지금도 장단기적 관점에서의 기초연구 및 응용연구를 함께 진행하고 있다. 그러나 몇 가지 차이점도 분명히 존재한다. 예를 들어, 변화하는 산업의 본질을 더 정확하게 반영하기 위해 자

원 활용의 중점도 지속적으로 조정해왔다. 그렇지만 벨 연구소는 앞으로도 세계 최고의 연구 대학 출신의 훌륭한 학생들이 선택하는 목적지가 되고, 통신기술 분야의 리더들을 배출할 것이다. 또한 우리가 속한 산업의 발전을 정의하는 혁신적 개념과 발명의 원천이 될 것이다.

과거 벨 연구소의 열정적 노력을 이해한다면 앞으로 올 미래 역시 짐작할 수 있을 것이다. 이 책에서 존은 벨 연구소의 과거에 대한 멋진 분석을 내놓았다. 이 책을 읽으면서 독자 여러분은 과거 벨 연구소가 성공할 수 있었던 토대, 그리고 현재 벨 연구소의 핵심 기저를 이루는 것뿐만 아니라, 미래에 대한 염원까지도 이해할 수 있을 것이다.

김종훈

알카텔−루슨트 최고전략책임자 및 벨 연구소 사장

벨 연구소,
미래를 만든 아이디어 공장

이 책에서는 벨 연구소Bell Labs에서 일했던 사람들의 모험담을 통해 현대 통신의 기원을 알아보려고 한다. 또한 이 책은 혁신에 관한 것이기도 하다. 말하자면 혁신이 왜, 어떻게, 누구에 의해 일어나며 과학자나 엔지니어, 기업의 임원뿐만 아니라 우리 모두에게 혁신이 왜 중요한지를 살펴본다. 이 책에서는 1930년대 후반에서 1970년대 중반까지 벨 연구소에 관한 이야기를 다룬다. 미국 최고의 엘리트들이 캘리포니아의 실리콘밸리를 향해 서쪽으로 이동하기 몇십 년 전, 벨 연구소의 연구자들은 동쪽의 뉴저지로 가서 벽돌과 유리로 된 널찍한 건물에서 연구를 했다. 이곳은 새벽이 되면 구내의 잔디밭에서 사슴이 풀을 뜯는 광경을 볼 수 있는 그런 곳이었다. 연구소의 명성이 절정기에 이르렀던 1960년대 후반, 직원 수는 약 1만 5,000 명에 달했고, 이 중에서 1,200명이 박사 학위를 소지한 사람들이었다. 구글Google 시대 이전에는 벨 연구소가 미국 지성의 유토피아 역할을 한 것이다. 이곳에서 우리가 지금 '현재'라고 부르는 '미래'가 구상되고 설계되고 있었다.

20세기의 오랜 기간 동안, 벨 연구소는 세계에서 가장 혁신적인 과학 연구 조직이었다. 조금 과장해서 말하면 세계에서 가장 뛰어난 비즈니스 조직이었다고도 할 수 있을 것이다. 수많은 기업가들이 벨 연구소가 소정의 수수료를 받고 공개한 기초 발명품들을 바탕으로 비즈니스를 전개했기 때문이다. 하지만 이는 벨 연구소의 설립 목적은 아니었다. 원래의 설립 목적은 당시 미국의 독점 전화 회사였던 미국 전신 전화 회사American Telephone & Telegraph, 이하 AT&T의 연구 및 개발 활동을 지원하는 것이었다. AT&T의 목표는 전 세계의 모든 사람을 언제든지 서로 연결할 수 있는 시스템(그때만 해도 '네트워크'라는 단어를 거의 사용하지 않았다)을 구축하고 유지하는 것이었다. '전 세계'를 연결하겠다는 AT&T의 꿈은 이미 1900년대 초반에 구상되고 있었다. 75년이 넘는 시간이 흐른 후, 그 꿈은 벨 연구소의 연구에 힘입어 구리선과 마이크로파 중계기, 광섬유가 복잡하게 얽힌 형태로 진화해 전 지구의 목소리는 물론 이미지와 데이터까지 연결할 수 있게 됐다. 이러한 진화 과정에서, 세계의 기술 발전뿐 아니라 비즈니스 활동까지 정보에 의존하게 됐다. 이에 따라 정보가 흐르는 통로 또한 매우 중요해졌다. 결국 벨 과학자들의 연구 활동에 힘입어 '정보화 시대'가 도래함에 따라, 우리는 비로소 실체가 있는 물질의 세계에서 벗어날 수 있게 됐다. 무게도 없고 보이지도 않으며 빛처럼 빠른 '새로운 자산'이 우리 시대를 다시 정의하게 된 것이다.

새로운 시대를 개척하는 데는 큰 부담이 따르는 법이다. 벨 연구소는 이 새로운 시대를 개척하기 위해 수만 명의 과학자와 엔지니어를 투입해 수십 년 동안 노력했다. AT&T 식으로 말하면 수백 만 시간의 '맨아워man-hour'가 필요했다. AT&T에서는 직원의 노력을 계량화함으로써 직원들에게 자부심을 심어주는 동시에 미국 정부의 간섭(정부는 AT&T의 사업 관행과 장거리 전화 독점을 면밀히 감시하고 있었다)을 막았다. 그러나 이 책에서는 현실적인 이유뿐만 아니라 개념적인 이유에서도, 수만 명에 이르는 벨 연구소의 모든 직원들을 살펴보지는 않는다. 대신 대표적인 인물 몇 명을 선택해서 그들의 삶을 관찰할 것이다. 그 인물은 머빈 켈리Mervin Kelly, 짐 피스크Jim Fisk, 윌리엄 쇼클리William Shockley, 클로드 섀넌 Claude Shannon, 존 피어스John Pierce, 윌리엄 베이커William Baker이다. 이 중에는 악명 높은 사람도 있다. 예컨대 1956년에 노벨 물리학상을 수상한 쇼클리는 말년에 인종과 지능의 관계를 과학적으로 규명하려고 함으로써 인종차별주의자로 낙인찍히기도 했다. 한편 섀넌을 포함한 몇 사람의 이름은 대중에게는 생소하지만 특정 분야의 사람들에게는 매우 익숙할 것이다(섀넌은 수학과 인공지능 분야의 전문가이다). 피어스는 지금은 거의 잊혔지만, 위성통신의 아버지와 같은 사람이며 여기서 제대로 소개하기 힘들 만큼 많은 아이디어를 창안하기도 했다. 켈리와 피스크, 베이커는 연구소장으로 연구소의 황금시대를 이끌었다. 이들은 서로를 알고 있었고, 그들 중에는 매우 친한 사람들도 있었다. 이 중에 가장 나이가 많은 머빈 켈리를 제외하면, 이들은 '급진파'라는 벨 연구소의 혁신가 단체의 일원이기도 했다. 이들은 벨 연구소의 성스럽기까지 한 사명과 기술 혁명의 중요성에 대한 믿음으로 똘똘 뭉쳤다.

이들은 연구소가 아니라, 켈리의 표현을 빌자면 '창조적인 기술 학회'에서 일한다고 생각했다. 벨 과학자들의 연구는 예술과 과학의 경계를 뚜렷하게 구별할 수 있는 것이 아니었다. 켈리의 동료들 중에 괴짜는 많았을지언정, 세상을 우습게 보는 '몽상가'는 없었다. 이들은 상상력에 대한 대가로 돈을 받았지만 이는 연구소에서 일하는 대가이기도 했기에, 항상 새로운 아이디어로 새로운 것을 만들어야 했다.

왜 우리는 새로운 아이디어가 만들어지는 과정에 관심을 가져야 할까? 우리는 현재 휴대전화를 사용하고 있으며, 컴퓨터 네트워크도 활용하고 있다. 그렇다고 1947년 가을, 두 남자가 뉴저지 교외에 있는 연구소에 앉아 모든 디지털 제품과 현대생활의 기본이 된 트랜지스터를 발명했다는 사실을 굳이 알 필요는 없을 것이다. 또한 1971년에 한 무리의 엔지니어들이 민감한 라디오 장비를 트레일러에 싣고, 매일 필라델피아 전역을 돌아다니며 세계 최초의 휴대전화 시스템을 설치하려고 했다는 사실도 알 필요는 없다. 다시 말해, 21세기를 살기 위해 20세기를 소상히 알 필요는 없는 것이다. 또 지난날 아무리 획기적이었던 제품이라 해도 오늘날의 기준에서 보면 별로 쓸모가 없는 것도 아주 많다 (1950년대에 벨 연구소에서 발명했지만, 현재 뉴저지의 버려진 창고에 잠들어 있는 최초의 실리콘 태양전지가 그런 예이다). 기술적 아이디어의 진화는 아주 빨라서, 제아무리 첨단 기술이라 해도 몇 년이 지나면 골동품으로 전락하고 만다.

그럼에도 과학의 역사를 돌아봐야 하는 이유는 있다. 빌 게이츠Bill Gates가 트랜지스터의 발명에 대해 한 말이 있다. "내가 시간 여행을 하게 된다면 1947년 12월의 벨 연구소를 가장 먼저 들를 것이다." 이는 매우 통찰력 있는 바람이라고 생각한다. 벨 연구소는 물론 완벽하지 않았다. 엘리트 조직이 모두 그렇듯 벨 연구소 역시 구성원들끼리의 성격 충돌이 자주 일어나기도 했고, 오만에 빠지기도 했으며 전략적 실수를 저지르기도 했다. 그러나 그 특별했던 1947년 겨울 전의 정황과 1947년 이후에 그곳에서 일어났던 일들을 이해하면, 우리는 사회의 진보에 관한 몇 가지 통찰을 얻을 수 있다. 이 점을 고려한다면, 옛 발명품과 기억에서 잊힌 엔지니어들과 잃어버린 세상을 되돌아봐야 할 이유는 충분할 것이다.

지난 60여 년 동안 공학 기술은 크게 발전했지만, 혁신의 원칙은 거의 변하지 않았다. 실제로 벨 연구소에서 창안했던 기술들은 오늘날에도 가치가 있다. 복잡한 문제를 이해하고 해결의 실마리가 되는 아이디어를 모은 후, 대량 확산시킬 수 있는 제품을 개발하는 과정은 정보의 과부하나 전염병, 기후변화 등과 같이 오늘날 인류가 직면한 수많은 난제와 전혀 무관하지 않기 때문이다. 어떤 사람들은 이런 것들을 '몹쓸 문제'라고 부르기도 한다. 실제로 과거에는 규모나 범위, 비용, 시간적인 측면에서 아폴로 프로그램과 맨해튼 프로젝트에 맞먹는 혁신을 통해 '몹쓸 문제'들을 극복한 사례가 있다. 사람들을 모두 연결하고, 모든 기계들을 서로 연결한 것이다.

작가 아서 C. 클라크Arthur C. Clarke는 1950년대 후반에 이렇게 말했다. "뉴저지의 전원 지역에 자리한 벨 연구소를 첫눈에 보면 대규모의 현대식 공장 같다. 어떤 의미에서는 실제로도 그렇다. 그런데 벨 연구소는 아이디어 제조 공장이어서, 생산 라인이 눈에 보이지 않는다."

12

현대의 사상가들 중에는, 21세기의 혁신은 경쟁이 치열한 시장에서 이윤을 추구하는 똑똑한 기업가 몇 명이 주도할 것이라고 주장하는 사람들도 있다. 정말 그럴까? 오늘날 복잡한 세상에서 살아가는 우리는 아이디어 공장과 그곳에서 일했던 뛰어난 연구자들로부터 교훈을 얻지 못하고 있다. 따라서 이제라도 벨 연구소에서 일어났던 일들을 되돌아보고, 지금은 존재하지 않는 '생산 라인'의 작동 구조를 살펴봐야 한다. 이는 거대한 인간 조직이 무엇을 해낼 수 있는지 그 가능성을 살펴보기 위함이기도 하다.

차례

제3부 과거의 시각으로 미래를 보지 마라

제4부 무슨 일을 하는지 알아야 앞서 나갈 수 있다

제1부

괴짜를 모아 조직을 만들다

1장

운 좋은 켈리가 뉴욕에 간 이유

머빈 켈리를 봤을 때 제일 먼저 눈에 띄는 점은, 한시도 가만히 있지를 못한다는 것이다. 미주리 주의 갤러틴 사람들은 누구나 그걸 알고 있었다. 어린 머빈은 미래가 매우 기다려진 나머지 항상 안달복달했다. 마치 핏줄에 전기라도 흐르는 것 같았다. 그는 학업도 열심이었지만, 흘러넘치는 에너지 때문에 여러 가지 다른 일도 병행했다. 그는 아주 어린 나이부터 아버지의 가게 일을 돕고, 동네 농부들을 위해 소떼를 목초지로 몰고 가는 일을 하면서 용돈을 벌었다. 열 살 때는 신문 배달 사업을 시작했는데, 직접 배달은 하지 않고 아이들을 고용해서 일을 시켰다. 또 10대 때에는 시내에 있는 아버지 가게에서 장부 정리도 도왔다. 고교 때는 학업에 힘을 써 학급 규모가 작긴 했지만(18명) 반장과 졸업생 대표로 뽑히기도 했다. 학급 친구들은 그를 '우리의 아일랜드계 왕'

이라고 불렀다. 갤러틴 사람들도 머빈의 그런 점을 알아봤다. 젊은 머빈은 책임지는 위치에 있는 것을 좋아했다. 그리고 아무도 바쁘게 지내지 않는 곳에서, 머빈 켈리는 바쁘게 지냈다.

그의 아버지 조지프 페니모어 켈리Joseph Fennimore Kelly는 상냥하고 책을 좋아했으며, 아들과 달리 활동적이지는 않았다. 조 켈리는 젊었을 때 고등학교에서 역사와 영어를 가르쳤는데, 켈리의 가족이 갤러틴의 호구조사에 처음으로 포함됐던 1900년에는 시내 동쪽에서 철물점을 운영하고 있었다. 캔자스시티에서 120킬로미터 떨어져 있었던 갤러틴은 위치로만 보면 산간벽지라고 할 수 있지만 시내는 사람들로 붐볐다. 록 아일랜드Rock Island 철도와 워배시Wabash 철도의 교차 지점에 있었기 때문이다. 이 두 철도는 갤러틴에 서서 승객들을 쏟아내곤 했다. 이 때문에 인구가 1,700명밖에 되지 않던 갤러틴에는 호텔이 세 곳이나 있었고 레스토랑도 꽤 많았다. 그리고 신문사가 두 곳, 은행이 두 곳, 치과가 다섯 곳, 약국이 네 곳, 보석상이 두 곳, 병원이 아홉 곳이나 되었다. 또 담배 공장이 두 곳, 대장간이 네 곳, 술집도 여러 곳이 있었다. 켈리의 가족은 근대화의 첨단에서 번영하고 있는 갤러틴에 정착한 것이다.

소도시답게 사람들의 삶은 단순했다. 시끄러운 기계 소리나 전기 기기에 의한 소음이 거의 없었다. 돼지를 직접 잡았고 직접 키운 닭의 달걀을 먹었다. 농부들도 상인들도 토요일 저녁이면 붐비는 시내 광장을 찾아 지인들과 이야기를 나눴다. 서부 시대의 흔적이 남아 있던 때라, 제시 제임스Jesse James: 미국 서부 시대의 전설적인 무법자의 형이자 무법자이던 프랭크 제임스Frank James에 관한 이야기들도 흔히 들을 수 있었다. 프랭크 제임스에 대한 재판이 몇십 년 전에 갤러틴에서 열렸기 때문이다. 더운 여름날이면 시내에서 800미터 정도 떨어진 그랜드 강까지 걸어가거나 말을 타고 가서 멱을 감기도 했다. 또 여름날 저녁이면 운 좋은 10대 남자 아이들은 아이스크림 파티에서 여자 아이들과 춤을 출 수 있었다. 라디오 방송국은 아직 없었다. 라디오는 애호가들이나 갖고 놀던 첨단 장난감이었다. 그 결과 파티에서는 원시적인 에디슨 축음기나 현악단이 음악을 담당했고, 그것도 아니면 바이올린이나 만돌린을 켤 수 있는 친구들이 담당했다.

하지만 갤러틴이 세상과 함께 발전하고 있었던 것은 확실해 보인다. 기술 발전으로 인해 오는 혼란은 적어도 젊은이들에게는 흥미진진했을 것이다. 철도뿐만이 아니었다. 머빈 켈리가 고등학생이었을 때, 갤러틴에는 승용차가 나타나기 시작했다. 또 디젤 발전기 덕분에 매일 저녁 몇 시간 동안은 전기를 사용할 수도 있게 됐다. 광장 근처, 켈리 철물점이 있던 벽돌 건물에 전화 교환소(갤러틴 내 100여 명의 전화 이용자를 연결해주는 작은 교환대)가 들어섰다. 켈리는 아버지 가게 밖으로 나가 오른쪽으로 돈 다음, 건물 벽을 따라 교환소 정문으로 걸어가기만 하면 교환대를 직접 볼 수 있었다. 그의 미래는 엎어지면 코 닿을 만큼 가까운 곳에 있었던 것이다.

켈리는 열여섯 살 때, 약 400킬로미터 떨어진 롤라Rola에 위치한 미주리 광업 대학Missouri School of Mines에 장학생으로 입학했다. 갤러틴에 사는 사람에게는 상상할 수 없을 정도로 먼 거리였지만, 켈리는 떠나는 것에 전혀 거리낌이 없었던 듯하다. "저는 정말 운이 좋은 편이었어요." 켈리는 나중에 이렇게 말했다. 갤러틴에는 고등학교를 졸업한 사람이 몇 명 없었고, 대학에 진학한 사람은 더더욱 없었기 때문이다. 켈리는 떠날 때만 해도 나중에 지질학자가 되거나 광산 기술자가 될 줄 알았다. 그러면 전 세계를 여행할 수 있을 것이었다. 그는 자신의 열정적인 충동에 따라 삶의 방향이 결정된다는 걸 잘 알고 있었던 듯하다. "내 열정이 내 운명을 결정했다." 켈리가 갤러틴 고교 졸업 앨범에 남긴 말이다.

켈리가 광업 학교로 떠난 1910년에 과학자와 엔지니어, 발명가의 차이를 아는 미국인은 거의 없었다. 대중들은 신기술의 기반이 되는 지식보다는 신기술 그 자체에 훨씬 큰 감명을 받았다. 따라서 기계를 발명하는 사람을 기계의 작동 원리를 설명하는 사람(예컨대 전문 물리학자)보다 더 중요하게 여겼다.

토머스 에디슨Thomas Edison이야말로 최고의 예이다. 켈리가 태어난 1894년에, 에디슨은 국가적 영웅이자 미국인이 가진 독창성과 기업가 정신의 최고를 보여주는 존재였다. 특유의 직관력을 지닌 에디슨은, 자신만큼이나 헌신적이고 집요한 사람들과 함께 뉴저지의 작은 산업 연구소에 처박혀 지냈다. 에디슨은 하루에 18시간 이상을 일했다. 집안일을 등한시하는 것은 물론 책상머리에서 식사를 하고, 잠을 자지도 않고 씻지도 않는 생활을 몇 주씩이나 계속하기 일쑤였다. 그는 목욕을 싫어했기 때문에, 늘 땀 냄새와 화학 용액 냄새를 강하게 풍겼다. 그러다가 피로를 이기지 못하게 되면, 탁자 밑에 기어들거나 아무데나 널브러져 토막잠을 잤다(아내가 보다 못해 뉴저지의 웨스트 오렌지에 있던 연구소에 침대를 들여놓기도 했다). 에디슨은 발명을 할 때 집요하면서도 체계적인 탐구 절차를 밟았다. 그는 특허를 낼 만하거나 시장성이 있는 것이 발견될 때까지 계속해서 여러 가지 재료로 실험을 했다. 그의 창고는 구리선에서 말발굽,

양의 뿔에 이르는 각종 재료가 가득했다고 한다.

에디슨이 부와 명성을 거머쥔 것은 축음기와 전구 필라멘트 덕택이었다. 하지만 비교적 알려지지 않은 발명품 중에도 현대 생활에 중요한 영향을 미친 것들이 많다. 그중 하나가 압축 '탄소 단추'인데, 에디슨은 1877년에 이것을 전화기의 송화구 안에 넣으면 음성 송신의 품질과 강도가 크게 향상된다는 사실을 알아냈다(그러기까지 납, 구리, 망간, 흑연, 오스뮴, 루테늄, 규소, 붕소, 이리듐, 백금을 비롯한 다양한 액체와 섬유로 실험을 했다). 10년 후에 에디슨은 음성 송신기에 석탄에서 추출한 구운 탄소 가루를 사용할 것을 제안해 탄소 단추를 개선했다. 이 발견으로 인해, 전화기는 비로소 시장성이 있는 발명품으로 거듭났다.

에디슨의 재능은 새로운 발명품을 만들고, 기존 발명품을 아무도 상상하지 못할 만큼 더 잘 작동하도록 만드는 데 있었다. 그러나 에디슨은 발명품의 작동 원리를 그다지 중요하게 여기지 않았다. 한때 에디슨의 제자였던 니콜라 테슬라Nikola Tesla의 말과는 달리, 에디슨은 문헌이나 사상을 싫어하지 않았다. 그는 신문과 고전을 비롯하여 많은 글을 탐독했다. 에디슨은 어릴 때 읽은 토머스 페인Thomas Paine: 미국의 작가이자 혁명 이론가의 글이 자신의 인생 행보를 결정했다고 말하곤 했다. 그는 연구소에 방대한 장서를 보관했고, 발명을 할 때면 화학 관련 문헌을 정독했다. 그러나 한편으로 에디슨은 과학 이론에 관한 이야기를 경멸했고, 전기에 대해서는 거의 아는 게 없음을 인정하기도 했다. 학교에서 대수학 이전의 과정은 배운 적이 없다는 것을 자랑삼아 이야기하기도 했다. 에디슨은 이론적 토대에는 관심이 없었기 때문에, 필요할 때면 수학 및 과학 교육을 받은 조수들에게 자기 발명품의 원리를 조사하게 했다. 그는 가장 유명세를 떨치던 시기에 이런 말을 하기도 했다. "저는 언제든 수학자들을 고용할 수 있습니다. 하지만 그들이 저를 고용할 수는 없지요."

그 말은 사실이었다. 한 과학사학자의 말에 따르면 "산업 혁명의 절정기에 재봉틀이나 가시철사 등의 제품을 발명하는 데는 과학 지식이나 교육이 아니라 기계를 다루는 솜씨와 독창성이 필요했다."고 한다. 광업, 고무, 에너지 분야의 엔지니어들이 학계의 지질학자, 화학자, 물리학자에게 자문을 구하는 일이 있기는 했다. 그러나 전반적으로 산업용 기계는 과학자나 연구소는커녕 대졸 엔지니어도 없이 꾸준히 발전했다. 기술 발전은 기계공 강습소 수강 정도가 학력의 전부인 독창적인 기술자의 시행착오에 의존했다. 실제로 머빈 켈리가 미주리 광업 대학에서 학업을 시작한 1910년에는 미래를 생각하는 남학생이라면 대부분 공학을 고려하고 있었다. 새로운 산업 시대에 가장 필요한 인재는 더 크고 더 좋은 기계를 만들 수 있는 사람이었기 때문이다.

한편으로는 물리학 등의 분야에서 교육을 받은 과학자들도 흥미롭고 중요한 일을 할 수 있다는 생각에 점점 힘이 실리기 시작했다. 미국인이 과학에 대해 전혀 모르는 것은 여전했지만, 새로운 발견에 대한 풍문을 듣기 시작한 것이다. 이런 현상 뒤에 감춰진 발견의 근원은 유럽이었다. '방사능', 'X선', '양자陽子'와 같은 단어가 미국 대학과 신문을 통해 확산되기 시작했다. 이런 개념은 미주리 주까지 흘러들었을 것이 분명하다. 당시 미주리 주의 롤라에서는 켈리가 주립 지질 조사소State Geological Survey에서 광물 표본에 번호를 붙이며 1주일에 18달러를 받아 방세(금속공학 건물의 3층에 있는 방을 사용했다)를 내고 있었다. 한 번은 여름 방학 때 유타 주에 있는 구리 광산에서 일하기도 했는데, 이 일을 계기로 광산기술자 일을 완전히 포기하고 순수 과학의 길을 걷게 됐다. 졸업 후에는 1년 동안 켄터키 대학University of Kentucky에서 대학원생에게 물리학을 가르쳤다. 그도 같은 학교에서 물리학 석사 학위를 받았고, 그 후 그는 북쪽에 있는 시카고로 향했다.

＊ ＊ ＊

몇십 년 동안은, 미국에서 진지하게 과학을 공부하는 학생이라면 유럽에서 교육을 받아야 했다. 주로 독일의 베를린과 괴팅겐에 있는 학교에서 스승의 발치에 앉아 강의를 듣거나 실험을 지켜봤다(언어도 독일어였다). 그러나 20세기 초반 존스 홉킨스Johns Hopkins, 코넬Cornell, 시카고 대학University of Chicago 등 몇 군데의 미국 대학이 물리학과 화학 분야에서 걸출한 졸업생들을 배출하기 시작했다. 1916년, 시카고 대학의 로버트 밀리컨Robert Millikan은 학계를 선도하는 물리학자이자 교육자로서 자리매김을 하고 있었다. 40대였던 1923년에는 노벨 물리학상을 수상했고, 1927년에는 「타임」의 표지를 장식하기도 했다. 더 훗날에는 캘리포니아 공과 대학California Institute of Technology을 미국 유수의 과학 교육 기관으로 성장시키고, 교수 생활을 하면서 우수한 학생들을 AT&T에 취직시켰다. 켈리와 같은 학생의 눈에 밀리컨은 영웅이었을 것이다. 그가 쓴 물리학 교과서는 대학 교육의 표준이었고, 켈리가 시카고에 도착했을 때 진행 중이던 전자 전하량 측정법 실험은 학계의 물리학자들 사이에서 밀리컨을 유명인으로 만들었다.

켈리도 그랬지만 밀리컨도 지극히 미국적이었다. 비록 파리, 베를린,

괴팅겐에서 총 1년에 이르는 기간 동안 교육을 받긴 했지만, 밀리컨은 오하이오 주 목사의 아들이었다. 그는 쾌활하고 성실하고 보수적이며 잘 생겼고, 항상 목깃이 달린 셔츠와 나비넥타이로 깔끔하게 차려 입었다. 켈리도 그랬지만 밀리컨도 활동가였다. 그는 에디슨만큼 극단적이지는 않았지만 매우 열심히 일해 노력의 원칙이 발명가뿐 아니라 물리학자에게도 적용될 수 있음을 보여줬다. 젊은 시절에는 사무실에서 과학 원고를 검토하느라 자신의 결혼식에 참석 못할 뻔도 했다.

20세기 초반은 물리학자들 중에 이론을 중시하는 진영과 실험을 중시하는 진영으로 나뉘기 시작하던 때였다. 밀리컨은 실험 물리학자였다. 그는 실험을 치밀하게 고안하여 이론을 입증했다. 뿐만 아니라 제자인 폴 엡스타인Paul Epstein의 표현을 빌자면 '개선할 수 있는 약점을 발견'하여 다른 실험 물리학자의 실험을 보완했다. 밀리컨이 유명세를 얻게 된 계기는 '기름방울 실험'이라는 것인데, 20세기 초 실험 물리학의 대표적인 업적이었다. 이 실험은 창의적이고도 고된 작업이었다. 일상적인 재료로 만든 작은 장치를 통해 우주의 요소를 알아내려고 했다는 점에서는 매우 독창적이었고, 정확한 결과를 얻기 위해서는 몇 년에 걸친 후속 작업이 필요했다. 또한 머빈 켈리가 깊고 근본적인 연구를 처음 접하는 계기가 되기도 했다.

밀리컨의 말에 따르면, 기름방울 실험은 전자의 존재를 입증하는 가장 직접적이고 확실한 증거가 될 것이었다. 보다 구체적으로 말하면, 이 실험의 목표는 전자의 전하량에 정확한 값을 부여하는 것이다. 그러면 아원자 물리학 분야에서 여러 가지 정확한 계산이 가능해질 터였다. 이미 다른 연구자들이 전기를 띤 물방울을 관찰함으로써 전하량을 측정하려고 한 적이 있었다. 실험자는 2.5센티미터 미만의 간격으로 두 금속판을 가로로 배치한 후, 그 사이에 물을 분무한다. 이때 금속판 하나는 음전하를 띠고 다른 하나는 양전하를 띤다. 그러면 두 금속판 사이의 전기장 때문에 물방울의 낙하 속도가 느려진다. 이 실험의 목표는, 아니 희망 사항은 금속판 사이에 물방울을 띄우는 것이었다. 그런 다음 물방울의 낙하 속도와 그 속도를 늦추는 데 필요한 전기장의 강도를 측정하면, 전하량을 계산할 수 있다. 그러나 한 가지 문제가 있었다. 물방울이 너무 빨리 증발하는 바람에 관찰할 수 있는 시간이 몇 초밖에 되지 않았던 것이다.

밀리컨의 획기적인 발상 중 하나는, 측정 대상 물질을 물에서 기름으로 바꾼 것이다. 기름은 증발하지 않으므로 보다 정확한 측정이 가능했다. 밀리컨은 매니토바 평원을 가로지르는 열차에서 이 생각이 떠올랐다고 말하곤 했다(하지만 밀리컨의 대학원생 제자 하비 플레처Harvey Fletcher가 물을 기름으로 바꾸자는 제안을 하고 실험 기구 제작을 도왔을 가능성이 크다). 이윽고 실험은 다음과 같은 형태를 갖추게 됐다. 연구자가 상자처럼 생긴 밀실 앞에 서서 분무기로 기름을 분무하는 것이다. 그리고 나서 기름방울에 빛을 비춘 후, 근거리 망원경으로 관찰한다. 금속판에 전기를 흘린 뒤 스톱워치를 든 채 기름방울이 공중에 떠서 위아래로 움직이는 데 시간이 얼마나 걸리는지 측정하고, 측정치를 기록한다.

밀리컨의 제자 하비 플레처는 처음 이 실험을 했을 당시, 망원경으로 공중에 뜬 채로 '끊임없이 흔들리는 별'처럼 빛나는 기름방울을 보았을 때 흥분한 나머지 소리를 지르고 싶은 충동을 느꼈다고 한다. 몇 날 며칠, 몇 시간이고 이 실험을 하면서 특정량의 전류가 작용했을 때 특정 크기의 기름방울이 특정 거리를 오르내리는 데 걸리는 시간을 측정한다는 건 쉬운 일이 아니었다. 플레처는 이런 일에 적격이었지만 성질이 급한 사람이나 조용하고 꼼꼼한 관찰이 체질적으로 안 맞는 사람에게는 밀리컨 연구실에서의 생활이 고문이었을 것이다. 나중에는 플레처의 역할을 더 젊은 대학원생인 머빈 켈리가 맡게 되었다. 그때 켈리는 대학원에 다닐 때 만나 사귀던 롤라 출신의 미인 캐서린과 막 결혼을 한 참이었는데, 가끔은 아내를 데리고 연구실에 오기도 했다. 캐서린은 시카고 남부에서 밤이 늦도록 남편과 함께 기름방울을 측정하곤 했다.

머빈 켈리가 1915년에 밀리컨의 연구실에 오기 오래 전, 켈리의 경력과 벨 연구소의 궤도를 바꿔놓을 연쇄반응이 시작됐다. 이 연쇄반응이 어떻게 시작되었는지를 이해하려면, 밤이 늦도록 연구실에서 기름방울을 세고 있는 젊은 물리학자의 모습을 잠시 떠올려보고, 그로부터 몇 년 전인 1902년으로 돌아가야 한다. 그해에 로버트 밀리컨은 결혼을 했다.

벨 연구소의 첫 소장 프랭크 주잇.
ⒸAT&T Archives and History Center

밀리컨의 결혼에서 중요했던 것은 결혼식이 아니라 신랑의 들러리였다. 그는 프랭크 볼드윈 주잇Frank Baldwin Jewett이라는, 머리가 벗겨지고 시가를 피우는 마른 체격의 물리학자였다.

주잇은 시카고에서 박사 과정을 밟고 있을 때 밀리컨을 만났다. 밀리컨은 그보다 아홉 살이 많은 신임 교수였고 두 사람은 같은 하숙집에 살았다. 밀리컨과는 달리 주잇은 유복한 환경에서 자랐다. 그는 철도 및 전력 회사 임원의 아들이었고, 그의 가족은 훗날 패서디나와 로스앤젤레스 대도시권에 편입된 지역에 넓은 땅을 소유하고 있었다. 그러나 주잇은 속물이 아니었다. 그는 머리 회전이 빠르고 말주변이 좋았기 때문에, 거의 모든 사람들과 대화하는 것을 좋아했고 금방 친해질 수 있었다. 그는 특히 연장자의 신뢰를 얻는 데 능했다. 시카고에서 졸업했을 때 주잇은 서부로 돌아가 아버지처럼 캘리포니아 실업가의 대열에 합류할 생각도 했다. 그러나 우선은 매사추세츠 공과 대학Massachusetts Institute of Technology, 이후 MIT에서 교편을 잡기로 했다. 물리학 강사 일을 반년쯤 했을 때, 주잇은 우연찮게 AT&T의 엔지니어를 만나 그에게 깊은 인상을 주었다. 1904년에 주잇은 AT&T에서 입사 제의를 받았고 곧 승낙했다. 당시 그의 연봉은 1,600달러로 지금으로 치면 3만 8,000달러에 달하는 액수였다.

기업 사상 최고의 홍보 단체에 의해 만들어진 말년의 부드러운 이미지와는 달리, 설립 후 10년간 '마벨Ma Bell: '벨 아줌마라는 뜻으로 AT&T의 모든 자회사를 일컫는 애칭'의 이미지는 공공의 적에 가까웠다. 벨 회사의 적들은 언론을 상대로 이 회사가 무자비하고 탐욕스러운 '벨 문어'라고 비판하곤 했다. 한 전화 회사의 변호사는 이렇게 말하기도 했다. "벨 회사는 그 어떤 특허권에 기반한 것보다 훨씬 수익성이 좋고, 훨씬 강압적이며, 훨씬 얄미운 독점권을 행사하고 있습니다." 주잇이 이 업계에 뛰어든 것은, 알렉산더 그레이엄 벨Alexander Graham Bell이 전화에 대해 특허권을 따내고 약 30년이 흐른 후였다. 그 시점에서는 미국 내에서 약 200만 명의 가입자(주로 북동부 사람들)가 AT&T의 전화와 서비스를 이용하고 있었다. 그런데도 회사는 경영난을 겪고 있었다. 전화에 대한 벨의 특허권은 1890년에 만료됐고, 그 후 몇 년간 수많은 독립 전화 회사들이 사업에 뛰어들어 AT&T에 필적하는 가입자 수를 확보하기 시작했다. 이때 이미 AT&T는 경쟁사를 무자비하게 공격하고 윤리적 경계를 노골적으로 무시하는 경쟁 관행으로 인해 많은 적을 만든 상태였다. 거의 벨 시스템이 설립된 날부터, 실제로 전화에 대한 특허권을 가질 자격이 있었던 엘리사 그레이Elisha Gray라는 발명가를 상대로 알렉산더 그레이엄 벨이 몇 년에 걸쳐 소송을 한 것을 시작으로, 벨 회사는 툭하면 소송을 걸었다. 그러나 독립 전화 회사를 상대로 한 싸움에서는, 법정 싸움에서 한 발자국 더 나아가 경쟁사의 전화선을 파손하거나 경쟁사의 장비 공급 회사를 몰래 인수하기도 했다.

그동안 회사는 다른 서비스 공급자에 대해 '불허' 정책을 고수했다. 이는 곧 AT&T가 경쟁사의 시외 장거리 전화 연결을 허락하지 않았다는 뜻이다. 이런 관행은 대도시 지역에서 불필요한 낭비를 낳았다. 다른 서비스 공급자를 이용하는 사람과 대화를 하려면 가정이나 기업에서 전화를 두세 대씩 갖고 있어야 했다. 그 동안 AT&T는 고객의 충성도를 높이기 위한 노력은 거의 하지 않았다. AT&T의 전화 서비스는 툭하면 끊겼고 음질이 나빴으며 연결이 불안정했고 혼선도 잦았다. 전원 지역에서는 전화 가입자들이 '공동 전화선'을 사용해야 했다. 공동 전화선이란 약 열 채에서 수십 채의 가정을 그 지역의 교환원과 연결하는 선으로, 한 번에 한 명만 통화할 수 있었다. 가입자들은 이웃의 통화를 엿들어서는 안 된다는 것이 원칙이었지만, 그래도 들리는 것은 어쩔 수 없었다.

AT&T의 구원자는 시어도어 베일Theodore Vail이었다. 그는 밀리컨의 친구 프랭크 주잇이 입사하기 몇 년 전인 1907년에 AT&T의 사장이 되었다. 베일의 겉모습은 마치 금박 시대Gilded Age: 남북전쟁 이후의 대호황기의 임원을 나타낸 캐리커처 같았다. 통통하고 군턱이 졌고, 흰 팔자수염을 기르고 둥근 안경을 끼고 흰머리가 살짝 보이는, 위엄과 자신감에 가득 찬 인물이었다. 그러나 사실 그는 한낱 전보 교환원으로 일을 시작했다. 베일은 매우 사려 깊은 사람이었고, 논쟁을 다각도에서 볼 줄 알았다. 또한 마음먹기에 따라 비판 세력을 누그러뜨릴 수도 있었고, 꾀로 이길 수도 있었다. 베일은 벨의 운영을 감독하면서, 높은 경쟁 비용으로 인해 전화 사업의 수익성이 과거보다 훨씬 떨어졌다는 사실을 알게 되었다. 어느 정도였냐면, 베일이 첫 해에 기업 보고서에서 회사가 '비정상적인 부채'를 쌓아둔 상태임을 솔직하게 인정했을 정도였다. AT&T가 살아남기 위해서는, 기업 이미지를 향상시키는 한편 효과적인 경쟁 전략을 수립해야 했다. 베일이 처음 취한 조치 중의 하나는 법정 싸움을 자제하고 그 분야에서의 전략을 재검토하는 것이었다. 그는 직원 1만 2,000명을 해고하고 프랭크 주잇이 일하던 뉴욕 사무실을 중심으로 시카고와 보스턴 등지에 흩어져 있던 공학 부서를 통합했다. 그런 한편으로는 중소 전화 회사를 짓밟지 않고 그들과 협력하기로 했다. 그는 독립 전화 회사들을 최대한 많이 인수하는 것이 AT&T를 위해 장기적으로 유리하다고 판단했다. 그리고 몇 년 후, 정부가 이 전략을 우려하는 듯한 낌새를 보이자, 베일은 정부의 허가 없이 기업을 인수하지 않겠다는 데 동의했다. 또한 독립 전화 회사로부터 수수료를 받고 장거리 전화를 연결해주는 데에도 동의했다.

물론 베일이 이타적인 마음에서 이렇게 한 것은 아니다. 그는 AT&T가 항상 추구하던 독점(또는 유사 독점)에 도달하기 위해서는, 힘자랑만 할 게 아니라 정부의 관리 감독에도 순응해야 한다고 생각했다. 그리고 그의 핵심 논거는 단 한 가지였다. 그는 전화 서비스가 '생활에 꼭 필요하게' 됐다고 주장했다. 게다가 기술적인 단일성 및 호환성이 높은 시스템이 대중들에게 보다 질 좋은 서비스를 제공할 수 있으며, 따라서 하나의 기업이 그 시스템을 관리하는 것이 좋다고 주장했다. 베일은 정부나 정치인들이 전화 가입자들은 독점으로부터 보호받아야 하며 AT&T의 지출, 가격, 수익을 연방 및 지역 당국에서 결정해야 한다고 주장할 것임을 이미 알고 있었다. 몇 년 전에 미국 우체국을 현대화시켜 높은 평가를 받은 바 있는 전(前) 공무원으로서, 베일은 정부를 적대시하지 않았다. 그럼에도 불구하고 규제를 받아들이는 대가로 마벨이 합당한 수익을 올리고 업계의 우위를 확보할 길이 트여야 한다고 생각했다.

　베일이 보기에 AT&T의 부활에 핵심적인 역할을 한 또 다른 요소는, AT&T가 수많은 엔지니어들이 시스템 개선을 위해 끊임없이 일하는 기술 선도 기업으로 자리매김한 것이었다. 기업사학자인 루이스 갈람보스Louis Galambos가 훗날 지적한 바에 따르면, 베일의 전략이 진화함에 따라 AT&T의 임원진들은 가까운 훗날뿐만 아니라 아주 먼 훗날에도 기술을 활용할 수 있는 방법을 상상할 수 있었다고 한다. 결국 벨 시스템 내부에서는 기술 혁신이 필요 없게 되는 날이 결코 오지 않으리라는 공감대가 형성됐다. 간단히 말해, 베일의 전략은 회사의 발전을 '몇 년 단위가 아니라 몇십 년 단위로' 평가하는 것이었다. 베일은 또, '기술 선도자'라는 개념을 '넓은 사회적 시각'이라는 개념과 통합했다. 회사의 홍보 부서에서 기업 이미지를 향상시키기 위해 창안한 표어를, 베일이 회사의 핵심 철학으로 받아들인 것이다. 매우 간단한 표어다. "하나의 정책, 하나의 시스템, 세계적인 서비스." 이것은 희망사항이었지만 그 것은 그리 중요한 것이 아니었다. 첫째로, 시스템이 매우 많았다. 특히 전원 지역에서는 각 지역별 전화 회사가 수백만 명의 미국인에게 서비스를 제공하고 있었다. 둘째로, 장거리 전화라고 해봐야 뉴욕과 시카고 정도의 거리가 한계였다. AT&T의 서비스는 세계는커녕 국내에도 다 닿지 않고 있었다.

AT&T의 엔지니어들은 처음부터 거리 문제로 고심을 했다. 전화는 기본적으로 인간의 목소리를 전기 신호로 바꾸는 기계이다. 20세기 초의 전화기에서는 이 과정이 목소리에서 발생하는 음파가 팽팽한 진동판을 통과함으로써 이뤄졌다. 진동판은 주로 얇은 알루미늄으로 만들어졌고, 뒤에는 얇은 금속판이 덧대어져 있었다. 두 판 사이에는 미세한 전류가 흘렀고, 두 판 사이의 공간에는 에디슨이 발명한 탄소 가루가 들어 있었다. 목소리가 발생시키는 음파로 위의 진동판이 흔들리면, 그에 따라 아래에 있는 탄소 가루로 압력이 전달된다. 압력이 변하면 금속판 사이에 흐르는 전류에 대한 저항이 변한다. 이 과정에서 음파가 전파로 변환하는 것이다. 이 간단한 과정은 전파로 변한 음성신호가 케이블을 흘러 교환대에 도달하고, 또 다른 케이블을 흘러 또 다른 교환대에 도달하고, 마침내는 수신자의 고막에 전달된다. 그러나 전화의 음성신호는, 전보의 간단한 모스 부호보다 훨씬 더 약하고 섬세했다. 설상가상으로, 안 그래도 약한 신호가 몇 킬로미터를 지나면 더 약해지곤 했다(전화 회사에서는 '감쇠'라는 용어를 썼다).

　전화가 발명된 후 처음 몇십 년 동안, AT&T의 엔지니어들은 더 먼 거리까지 전화를 연결하는 방법에 여러 가지가 있다는 것을 알게 됐다. 철선보다 동선이 성능이 좋았고, **뻣뻣한 인발동선**hard drawn copper wire 은 그보다 더욱 성능이 좋았다. 가장 좋은 것은 직경이 큰 인발동선이 었다. 엔지니어들은 또 전선에 '장하 코일loading coil'이라는 발명품을 삽입하면 신호 전달 거리가 더욱 증가한다는 사실을 알았다. 마지막으로 '중계기repeater'가 있었다. 이것은 약해지는 목소리를 수신한 다음 소리를 키워서 통화가 몇 킬로미터 더 전달될 수 있도록 하는 증폭기였다. 그러나 하나의 회선에 설치할 수 있는 중계기 수에는 한계가 있었다. 통화의 음량 증가로 얻는 이점이, 신호의 왜곡과 감쇠로 상쇄되기 때문이다. 이로 인해 엔지니어들은 마지막 난관에 부딪혔다. 공학 기술을 통해 뉴욕에서 덴버까지의 거리에 해당하는 2,700킬로미터를 정복할 수는 있었지만 더 이상은 좀처럼 나아갈 수가 없었다.

　1909년, AT&T의 선임 관리자가 된 프랭크 주잇은 상사인 AT&T의 최고 엔지니어 존 J. 카티John J. Carty와 함께 샌프란시스코를 찾았다. 그들은 도시 일부가 아직 폐허인 것을 보았다. 주잇은 이렇게 회상했다. "1906년 있었던 지진과 화재의 잔해가 여전히 남아 있었지만, 대대적인 재건 사업이 시작되고 있었다." 두 사람이 샌프란시스코를 방문한 것은 그곳의 전화 시스템 수리 방법을 결정하기 위해서였다. 하지만 그곳에서 주잇과 카티를 만난 시어도어 베일은 1914년에 있을 파나마 태평양 만국박람회Panama-Pacific International Exposition에 맞춰 뉴욕과 샌프란시스코를 잇는 대륙 횡단 전화선을 개통 가능성을 타진하고 싶어 했다. 그럼으로써 전 세계 서비스를 향해 한 걸음 더 나아갈 수 있기 때문이다. 카티와 주잇은 좀 더 신중했다. 세 명은 밤낮없이 이 문제를 논의했는데, 그러다 보면 자정을 넘기기가 일쑤였다. 이들은 엄청난 기술적 장벽이 그들을 가로막고 있다는 걸 알았지만, 극복하지 못할 정도는 아니라고 생각했다. 예를 들면, 산과 사막에 효과적으로 개설할 수 있으면서 날씨와 스트레스를 견딜 수 있는 케이블이 필요했다. 그러나 보다 심오한 과학적 난관도 있었다. 다음은 주잇이 카티와의 대화에 대해 남긴 글이다. "문제의 핵심은 만족할 만한 전화 중계기 또는 증폭기를 만드는 것이다. 우리가 과연 그런 중계기를 개발할 수 있을까? 아니다. 왜? 우리가 과학에서 아무런 방법을 찾지 못했기 때문이다. 그렇다면 언젠가는 찾을 수 있을까? 그렇다. 너무 늦지 않게? 아마도 그럴 것이다. 2년 안에 '아마도'를 '확실히'로 만들려면 어떻게 해야 할까?"

이런 식으로 밤이면 밤마다 끝없는 대화가 이어졌다.

카티와 주잇은 결국 베일에게 그 일을 맡겠다고 말했다. 그리고 곧 주잇이 그 일을 책임지게 됐다. 이는 여러모로 위험한 일이었는데, 주잇은 기술적인 문제를 이해하는 데는 빨랐지만, 그 문제를 해결하는 데 있어서 적임자라고 볼 수는 없었다. 하지만 그는 관리와 사교 쪽에 재능이 있었기 때문에 누구에게 도움을 청하면

1915년 AT&T의 회장 시어도어 베일은 조지아 주 제킬 아일랜드의 자택으로 휴가를 갔다가 뉴욕과 샌프란시스코 사이를 오간 최초의 대륙 간 전화 통화에 대해 듣게 된다.
©AT&T Archives and History Center

되는지를 잘 알고 있었다.

주잇은 1910년에 시카고 대학으로 돌아가 오래 알고 지낸 밀리컨을 찾아가서는 거두절미하고 바로 본론을 꺼냈다. "내 상사인 존 카티와 벨 시스템의 높은 사람들이 샌프란시스코 박람회가 열리는 1914년에 뉴욕에서 샌프란시스코까지 전화를 연결하기로 결정했습니다." 그는 이어서 당시의 방법으로 샌프란시스코까지 전화를 개통하는 것은 불가능하다고 설명한 후, 밀리컨의 전자에 대한 연구를 통해 다른 방법을 알아낼 수 있을 것 같다고 말했다. 그런 후 주잇은 밀리컨에게 도움을 요청했다. "지금 교수님 밑에서 박사 과정을 밟고 있고, 교수님의 연구 분야에 정통한 학생을 두세 명 주시면, 뉴욕에 있는 우리 연구실로 데려가서 전화 중계기 개발을 맡길까 합니다."

이처럼 엔지니어가 아니라 과학자에게 답을 구한 것은, 문제를 해결하는 새로운 방법이었다. 밀리컨의 기름방울 실험을 도운 조수 하비 플레처에게 처음으로 제안을 했으나 거절당했다. 플레처는 고향인 솔트레이크시티로 돌아가 브리검 영 대학Brigham Young University에서 교편을 잡고 싶었던 것이다. 다음으로 제안을 받은 사람은 해럴드 아널드Harold Arnold였다. 그는 뛰어난 실험 물리학자로, 제안을 승낙하고 곧 주잇 밑에서 일하던 뉴욕의 공학팀에 합류했다.

2년 안에 아널드는 중계기 문제에 대해 몇 가지 해결책을 찾았지만, 그는 주로 오디언audion이라는 증폭기를 개량하는 작업에 매달렸다. 오디언은 1912년에 리 디 포레스트Lee De Forest라는 예일대 출신의 독립 발명가가 AT&T에 가져온 것이었다. 초기의 오디언은 마법과도 같았다. 그것은 작은 백열전구와 비슷하게 생겼는데, 뜨거운 전선 필라멘트 대신 세 개의 전극이 있었다. 뜨거워져서 전자를 방출하는 금속 전극(음극)과, 차가운 상태로 전자를 끌어들이는 금속판(양극), 그 사이에 설치된 금속망인 그리드가 그것이었다. 오디언의 그리드에 약한 전류 또는 신호를 가하면, 그것이 뜨거운 음극에서 차가운 양극으로 흐르던 다른 전류에 의해 크게 증폭된다. 아널드는 시행착오를 거쳐 가장 좋은 재료와 오디언 관을 진공 상태로 만드는 방법을 알아냈다(그는 고진공 상태에서 오디언의 효율이 높아질 거라는 가설을 세웠는데, 그 가설은 맞았다). 아널드는 오디언 개량을 마친 후 필라델피아에서 주잇과 밀리컨을 만나, 오디언을 다른 중계기 아이디어들과 비교했다. 그리고 세 사람은 다양한 중계기를 통과한 전화 통화를 들어본 결과, 오디언이 월등히 낫다는 사실을 확인할 수 있었다. 곧 진공관이라는 이름으로 알려지게 될 오디언과 그 후에 만들어진 것들은, 20세기 통신에 일대 혁명을 일으키게 된다.

새로운 진공관 중계기 몇 개를 전략적인 위치에 배치한 대륙 횡단 회선은 1915년으로 미뤄진 태평양 만국박람회에 맞춰 완공됐다. 해럴드 아널드가 개량한 중계기는 세 개의 전선이 만나는 받침대 위에 세 개의 극이 들어 있는 유리구가 여러 개 놓여 있는 모습이었다. 대륙 횡단 회선 자체는 네 가닥의 구리선(각 방향에 두 가닥씩)으로 이뤄져 있었으며, AT&T의 전선공들이 13만 개의 나무 전봇대를 이용해서 대륙 끝에서 끝까지 연결했다. 자기가 설립한 회사에서 일상 업무를 하지 않은 지 오래된 발명가 알렉산더 그레이엄 벨이 홍보를 위해 뉴욕에 앉아서 샌프란시스코에 있는 옛 조수 토머스 왓슨Thomas Watson에게 전화를 걸었다.

"왓슨, 이리 와주게. 자네가 필요해." 이제 늙은이가 된 벨이, 거의 40년 전에 보스턴에서 전화를 발명한 날 왓슨에게 했던 말을 흉내 내면서 말했다.

"지금 거기까지 가려면 1주일이 걸릴 텐데요." 왓슨이 대답했다.

우스꽝스러운 상황이었다. 하지만 AT&T에는 베일이 주창한 '세계적 서비스'라는 목표가 실제로 가능하다는 증거이기도 했다. 적어도 가는 데 1주일이나 걸리는 캘리포니아에 있는 사람과 3분 통화하는 데 21달러(현재의 440달러에 해당)를 지불할 여유가 있었던 고객들에게는 말이다.

한편 프랭크 주잇은 대륙 횡단 회선 개통을 계기로, 자기 밑에 있는 젊은 과학자들이 기술적으로 불가능해 보이던 일을 해낼 수 있다는 사실을 알게 됐다. 그리하여 그는 해럴드 아널드와 같은 사람들을 더 많이 고용하려 노력했다. 주잇은 밀리컨의 대학원생이었다가 솔트레이크 시티로 돌아간 하비 플레처에게도 계속 편지를 보냈다. 5년 동안 봄마다 AT&T에 와 달라고 정중하고도 설득력 있는 편지를 보낸 것이다. 마침내 1916년에, 플레처는 브리검 영 대학을 떠나 주잇 밑에서 일하기로 했다. 그동안 밀리컨도 계속 시카고 대학 졸업생들과 옛 친구들 사이에서 가교 역할을 하고 있었다. 1917년에는 기름방울 측정을 끝낸 머빈 켈리가 주잇에게서 2,100달러의 연봉을 제안받고 뉴욕행을 결심했다.

벨 연구소, 첫발을 내딛다

플레처와 켈리가 입사한 기업은 그 규모와 구조가 실로 어마어마했다. AT&T는 그 자체가 전화 회사였을 뿐만 아니라, 다른 대기업도 여러 개 거느리고 있었다. 예컨대 미국의 각 지역에는 지역별 전화 회사가 있었다. 뉴잉글랜드 전화 회사New England Telephone, 퍼시픽 벨 전화 회사Pacific Bell: 캘리포니아 지역의 전화 회사 등이다. 이런 회사들은 대부분 AT&T의 소유였고 각 지역의 전화 가입자들에게 서비스를 제공했다. 그러나 이런 지역별 전화 회사에서는, 전화 서비스를 가능하게 하는 장비를 생산하지 않았다. 그 일은 AT&T의 또 다른 자회사인 웨스턴 일렉트릭Western Electric이 담당했다. 웨스턴 일렉트릭 하나만 해도 대부분의 미국 제조 업체보다 더 컸다. 웨스턴 일렉트릭의 공장에서는 소비자가 볼 수있는 장치는 물론(케이블과 전화기 등), 잘 보이지 않는 장치(교환대 등)도 생산했다. 마지막으로 AT&T의 세 번째 분야가 있었다. 여러 지역과 주를 서로 잇는 장거리 서비스를 관리하는 것은 지역별 전화 회사도, 웨스턴 일렉트릭도 아니었다. 그것은 AT&T 장거리 회선 부서의 업무였다. 장거리 회선 부서에서는 장거리 서비스를 구축하고 고객에게 제공했다.

AT&T와 웨스턴 일렉트릭에는 대규모의 공학 부서가 있었다. 두 부서 사이에는 업무가 일정 부분 중첩됐고 때때로 마찰이 생겼다. 일반적으로 AT&T의 엔지니어들은 벨 시스템의 표준과 장기 목표를 결정했다. 한편 웨스턴 일렉트릭의 엔지니어들은 새로운 장치와 기기를 발명하고 설계하거나 개발했다. 플레처와 켈리가 오기 바로 전인 1916년에 프랭크 주잇은 웨스턴 일렉트릭 공학 부서의 부서장으로 임명돼, 수천 명의 엔지니어를 관리했다. 웨스턴의 본사는 뉴욕의 웨스트 가(街), 그리니치 빌리지의 서쪽 끝자락에 있었다. 노란 벽돌로 지어진 13층의 대형 건물에서는, 뉴욕 항을 드나드는 예인선과 페리가 내려다보였다. 바다를 내려다보며 엔지니어들은 저물어가는 19세기의 세상에서 20세기를 뒤집을 반란을 꿈꾸고 있었다. 근처의 로스팅 공장에서 건물의 커다란 창문으로 커피 원두 향기가 흘러들었다. 붐비는 항구로 이어지는 철도가 웨스트 가를 따라 건물 앞에 남북으로 뻗어 있었다. 1920년대에 이곳에 근무했던 직원은 이렇게 회상했다. "열차는 웨스트 가를 따라 달리며 배에 실을 화물을 운반했습니다. 땅거미가 질 때면 말을 타고 등불을 든 남자가 기차를 안내할 때도 있었지요."

웨스턴의 엔지니어들은 주잇의 지휘 아래, 단풍나무 널빤지가 깔려 있고 건물의 어마어마한 규모를 지탱하기 위해 몇 미터마다 기둥이 있는 넓은 방에서 연구를 했다. 승강기는 손으로 조작하는 방식이었다. 웨스트 가의 거대한 본사는 총 3만 7,000제곱미터가 넘는 면적을 자랑하고 있었다. 게다가 이것은 옥상을 포함하지 않은 면적이었다. 옥상에서는 화학자들이 다양한 래커와 페인트, 금속이 악천후를 얼마나 잘 견디는지를 실험했다. 켈리와 플레처는 웨스턴 일렉트릭의 작업실에 도착한 후 며칠간, 수많은 남자들과 몇 명의 여자 조수들을 만났다. 건물의 널찍한 방 몇 개는 생산에 앞서 제품 설계도를 그리는 곳으로 사용했다. 빳빳한 흰 셔츠를 입고 소매를 팔꿈치까지 걷어 올린 남자들이, 줄지어 늘어선 제도용 탁자 위로 몸을 구부리고 있었다. 그러나 제도실에서 장치가 만들어지기까지는 길고도 엄격한 개발 과정을 거쳐야 했다. 웨스트 가에는 전화기, 케이블, 스위치, 전선, 코일을 비롯하여 수많은 필수 부품 연구실들이 빽빽이 들어차 있었다. 전선용 합금, 케이블 피복 등 신소재의 특성을 관찰하는 화학 실험실도 있었다. 한편 전선과 다이얼과 건전지가 어수선하게 널려 있는 작업실도 많았는데, 그곳에서는 직원들이 전류와 스위칭 회로의 조합에 따른 영향을 시험하거나 새로운 회로 구성을 연구했다. 또한 연구소의 많은 부분이 라디오 송신 연구에 할애됐다. 주잇의 상사 존 J. 카티에 따르면 무선 송신이야말로 미래의 주역이 될 것이며, 전선을 연결할 수 없는 곳에도 갈 수 있는 방법이 될 것이고, 언젠가는 뉴욕과 런던을 연결하는 비즈니스가 될 수도 있기 때문이다.

웨스트 가에서는 엔지니어와 과학자를 구별하지 않았다. 굳이 말하자면 모두가 엔지니어로서, 미국을 연결하고 있던 전화 서비스를 개선하는 수천 가지 방법을 연구하는 임무를 맡고 있었다. 한편으로는 해럴드 아널드와 함께 연구 부서에서 일하는 사람들도 있었다. 이 부서는 아널드가 대륙 횡단 전화 중계기 연구를 시작한 직후 설립돼, 그 후로 꾸준하면서도 서서히 성장했다. 프랭크 주잇과 존 J. 카티는 이 연구팀이 AT&T의 사업 전략에 없어서는 안 될 존재라고 생각했다. 이 젊은 과학자들은 대부분 밀리컨의 소개로 입사했으며, 시어도어 베일이 수립한 AT&T의 장기적 미래상을 완성해가는 존재들이었다. 즉, 동료 엔지니어들의 작업을 결정하는 일상적 문제(5년에서 10년 앞을 내다보기만 해도 대단한 것이었다)를 뛰어넘어, 물리학과 화학에 관련된 근본적인 의문이 훗날 통신에 미칠 영향을 연구하는 것이었다. 바꿔 말하면, 과학적 연구는 미지 세계로의 도약이었다. 아널드는 나중에 이 팀에 대해 이렇게 말했다. "발명품이 값진 결과물이긴 했지만, 발명을 계획하거나 강제해서는 안 된다." 이들 실험의 목적은 '천재성을 발휘할 수 있도록' 자유로운 환경을 만들어주는 것이었다. 아널드의 요지는 일반적인 공학이 회사 운영에 도움이 되듯, 천재성도 회사 운영에 도움이 된다는 것이었다. 그러나 천재성은 예측할 수가 없으므로, 알아서 발휘될 여지를 줘야 한다.

* * *

물리학 박사조차도 웨스턴 일렉트릭에 들어온 이상 AT&T의 방식을 배워야 했다. 하비 플레처는 입사 첫해에 전봇대에 올라가는 방법, 전화를 설치하는 방법, 교환대를 작동시키는 방법 등을 배웠다. 켈리도 비슷한 경험을 했을 것으로 생각되지만, 켈리가 입사했을 때는 마침

제1차 세계대전이 막바지로 치달으면서 AT&T가 군용 장비 생산에 점점 깊이 개입하고 있을 때였다. 켈리와 그의 아내 캐서린은 북부 맨해튼 에지컴 가의 작은 아파트에 살고 있었다. 캐서린은 매일같이 창문으로 몇십 블록 남쪽의 언덕 위에 있는 성 요한 대성당의 공사 현장을 지켜보곤 했다. 그동안 켈리는 해럴드 아널드 부서에서 일을 시작했다. 그는 클린턴 J. 데이비슨Clinton J. Davisson이라는 물리학자와 연구실을 같이 썼다. 친구들에게는 데이비라고 불렸던 데이비슨은, 연구소에서 거의 유령 같은 존재였다. 말수가 적고 수줍음이 많았으며 체격도 작았기 때문이다. 켈리는 다음과 같이 회상한다. "그는 몸무게가 52킬로그램을 넘은 적이 없었어요. 그리고 오랫동안 45킬로그램 근처를 맴돌았죠." 켈리는 데이비가 얌전한 데는 이유가 있다고 생각했다. 데이비는 기본적으로 쓸 수 있는 에너지가 '적었기' 때문에, 불필요한 행동이나 논쟁을 최소화함으로써 에너지를 절약해야 했다. 그랬기 때문에 에너지를 실험에 쏟아부을 수 있었을 거라는 것이 켈리의 생각이었다.

두 사람은 묘하게 대조적이었다. 익살스럽고 씩씩한 켈리가 유령 같고 느릿느릿한 데이비슨과 짝이 된 것이다. 그러나 켈리는 얼마 지나지 않아 데이비슨에게 깊은 감명을 받았다. 데이비슨도 중서부 출신이었다. 일리노이 주 블루밍턴 출신이었던 것이다. 또 켈리와 마찬가지로 시카고 대학의 밀리컨에게 빚을 지고 있었다. 밀리컨은 데이비슨이 웨스턴 일렉트릭에 오기 전에 퍼듀 대학Purdue University과 프린스턴 대학Princeton University에서 강사로 임용되도록 해줬다. 게다가 데이비슨은 뛰어난 실험 물리학자로, 켈리가 나중에 기초연구라 정의한 연구에 한 치의 흔들림도 없이 전념했다. 이때 기초연구란, 제품이나 회사에 직접 적용할 수는 없으나(데이비의 경우에는) 사물의 본성에 대한 기초 지식을 탐구하는 연구를 말하는 것이다. 전자의 움직임에 대한 연구가 좋은 예이다.

웨스턴 일렉트릭에서 데이비슨은 행동거지뿐 아니라 관심사 때문에도 특이한 존재였다. 산업 연구소는 기초연구보다는, 특정한 제품이나 목표를 염두에 두고 진행하는 '응용'연구에 관심을 갖고 있었다. 기초연구는 학계에 맡기는 편이 좋다고 생각한 것이다. 둘 사이의 경계가 항상 분명한 것은 아니었지만(때로는 응용연구의 결과로 과학에 대한 기초적인 통찰이 나오기도 한다), 일반적으로 기초연구 다음에 응용연구가 이뤄지고, 응용연구 다음에 개발이 이뤄진다. 또 개발 다음에는 생산이 이뤄진다.

켈리와 데이비슨의 근무 첫해인 1917년과 1918년에, 미군 측에서 유럽에서도 이용할 수 있는 기술 개발을 요청했다. 혹독한 전투 상황에서도 견딜 수 있도록 가정용 기계 시장에서 사용되는 것보다 더 높은 기준으로 설계한 무전기와 케이블, 전화기를 주문한 것이다. 켈리와 데이비슨은 내구성 강한 진공관 개발을 맡았다. 당시 내구성 강한 진공관은 통신 분야에서는 매우 새로운 것이었기에, 대량생산에 들어가지 못한 단계였다. "전화 서비스 확대 및 유지에 필요한 소량의 진공관은 웨스턴 일렉트릭 공학 부서의 연구실에서 생산했습니다." 켈리가 그때를 돌이키며 한 말이다. 따라서 웨스트 가에서는, 전문 유리 세공인들의 도움을 받아 진공관을 설계하고 제작한 후 하나씩 불량 검사를 했다. 바꿔 말해, 그곳은 전시의 긴급한 군수품 수요에 빠르게 대응하기 위한 개발 작업실이었다. 전쟁이 끝날 때까지 기초연구는커녕 응용 연구를 할 시간도 없었다.

켈리와 데이비슨은 함께 일을 했다. 켈리의 말을 빌자면 '급한 분위기' 속에서 일했다고 한다. "일의 진행이 빨랐던 데다가, 불완전한 답을 받아들여야 했고 경험적으로 직감을 믿어야 했기 때문에, 데이비슨에게는 생소했을 겁니다." 그러나 데이비슨은 시행착오의 연속인 접근 방식과 연구에서 개발로의 변화를 불평 없이 받아들이는 듯했다. 어떤 면에서 데이비슨과 켈리는 오래 전에 에디슨이 사용하던 발명 방식으로 퇴보한 셈이었다. 그러나 이 과정에서 켈리가 데이비슨에 대해 알게 된 사실이 있었다. 진공관 작업실에서 일하는 웨스턴 일렉트릭 엔지니어들은 어려운 문제가 생기면 데이비를 찾았고, 데이비는 며칠이 걸려서라도 해답을 찾아 설득력 있는 답을 알려주곤 했다. 그러자 켈리와 다른 직원들은 어려운 문제에 봉착하면 마지막 수단으로 데이비를 찾는 일이 점점 더 많아졌다. 켈리를 비롯한 웨스턴의 물리학자들은 새로운 진공관의 작동 여부를 아는 게 어렵지 않았지만 쉽게 이해하지 못할 때도 있었던 듯하다.

데이비슨은 전쟁이 끝난 후에도 웨스트 가에서 일하기로 했다. 회사에서는 그를 관리직을 거부하는 과학자로 보고, 관심 있는 프로젝트만 맡아서 혼자, 또는 한 두 명의 실험 물리학자와 팀을 이뤄 연구할 수 있도록 해줬다. 그는 자신의 연구가 전화 회사에 도움이 될지, 또 어떻게 도움이 될지에 대해서는 별로 관심이 없는 것 같았다. 또 실험을 계획할 때는 오랜 시간을 들여 정확하고 꼼꼼하게 했기 때문에, 성과가 비교적 빈약해 보였다. 동료들이 계속 질문을 하러 찾아온다는 점을 감안하더라도 말이다. 프랭크 주잇은 웨스턴 일렉트릭 작업실이 인류의 지식을 증진하고 있다는 환상을 품고 있지는 않았다. 그들은 어디까지나 전화 회사의 수익 증가를 위한 일을 하고 있었다. 그럼에도 주잇과 그

부관 해럴드 아널드가 데이비슨에게 자리를 준 것은, 그에게 경제적인 가치가 있다고 생각했기 때문이다. 현실적인 문제를 담당한 다른 연구원들에게 도움이 되기만 한다면, 곁에 둘 가치는 충분했다.

"아마도 그가 가장 친한 친구였을 것이다." 켈리는 나중에 이런 글을 쓴 바 있다. 두 사람은 나중에 뉴저지 주 쇼트힐즈에서 약 1.5킬로미터 떨어진 곳에 살았고, 데이비슨이 이런저런 병으로 자주 아플 때면 켈리가 찾아가곤 했다. "그는 어김없이 실내복을 입고서, 무릎에 메모장을 놓고 손에는 연필을 든 채 파이프를 피우면서 고민을 하고 있었지요." 데이비슨은 사람들에게 자기가 게으르다고 말했지만, 켈리는 오히려 반대라고 생각했다. "그는 느리긴 했지만 꾸준하게 일했습니다." 그로부터 몇 년 후 켈리는, 데이비가 벨 연구소에서 '기초연구의 아버지'라 할 만한 인물이라고 말했다. 두 남자가 권력이나 명성을 얻기 오래 전부터, 켈리는 데이비슨을 친구이자 훌륭한 과학자뿐 아니라 미래의 본보기로도 여겼던 것이다.

켈리가 AT&T에 입사했을 때쯤, 미국 정부는 AT&T를 확장해야 한다는 시어도어 베일의 주장에 동의하기 시작했다. 한 무리의 상원 의원들이 전화 사업의 민감한 기술적 특성(약한 음성신호를 전달하기 위해서는 단일성과 호환성이 높은 기반 시설이 필요하다) 때문에 AT&T의 사업은 '정당한 독점 사업'이라는 보고서를 발표했다. 하원의 한 위원회에서는 기업 대표 한 명만을 상대한다는 점이 기꺼웠던 듯, 전화 경쟁은 '끝없는 골칫거리'라고 불평하기도 했다. 마침내 미국 의회는 1921년의 윌리스 그레이엄 법령Willis Graham Act을 제정해서, 연방 독점금지법 적용 대상에서 전화 사업을 공식적으로 제외했다.

그때는 소위 '정당한 독점 사업'은 더욱 크게 성장해 있었다. 실제로 웨스트 가 본사의 공학 부서는 너무 비대해져 있었기 때문에, AT&T 임원진은 1924년 12월의 이사회에서 공학 부서를 반독립적인 회사로 분리시키기로 결정했다. 회사의 이름으로는 '벨 전화 연구소'라고 정했다. 그 이유는 지금까지도 불분명하다. 「뉴욕 타임스」에 실린 연구소에 대한 짤막한 기사는 이렇게 말했다. "이 신생 회사는 전화 산업의 실험적 측면에 더욱 집중할 예정이라고 한다." 바꿔 말하면, 벨 연구소의 연구가 전화 회사를 경영하는 데 있어서 더욱 큰 역할을 할 것이라는 생각으로 분리를 정당화한 것이다. 한편 프랭크 주잇이 개인적으로 남긴 메모를 보면, AT&T와 웨스턴 일렉트릭의 공학 부서가 서로 겹치는 부분이 있어 불필요한 중복과 회계 문제가 발생하고 있었음도 알 수 있다. 따라서 두 회사를 보조하는 하나의 중앙 연구소를 설립해 AT&T의 효율을 높이려 한 것이었다.

1925년 1월 1일, AT&T는 공식적으로 벨 전화 연구소를 분리했고 웨스트 가의 사무실을 약 3만 7,000제곱미터에서 약 5만 6,000제곱미터로 확장했다. AT&T와 웨스턴 일렉트릭이 반반씩 소유한 새 회사는 뭔가 복잡했다. 증권 거래소에서는 연구소의 주식을 매매할 수 없었기 때문이다. AT&T의 최고 엔지니어 존 J. 카티와 벨 연구소의 신임 소장 프랭크 주잇이 이끄는 새로운 이사회가 연구소를 관리하게 됐다. 연구소는 웨스턴 일렉트릭을 위해서 새로운 장비를 연구·개발하고, AT&T를 위해서는 교환 및 통신을 설계하고 통신 관련 장치를 발명하기로 했다. 그리고 이 두 회사가 벨 연구소의 연구 자금을 대기로 했다.

초기 예산은 약 1,200만 달러였는데 이는 현재의 1억 5,000만 달러에 해당하는 금액이다.

벨 연구소의 소장이 된 주잇은 거대한 작업실을 지휘하게 됐다. 산업 연구소가 연구 및 개발에 집중하는 것은 그리 새로운 일은 아니었다. 실제로 독일의 대형 화학 및 제약 회사에서 반세기 전에 성공을 거두기도 했다. 그러나 벨 연구소는 이 개념을 훨씬 더 큰 규모로 실현했다. 2,000명의 기술 전문가들 중에 대다수는 제품 개발을 담당했다. 클린턴 데이비슨Clinton Davisson과 머빈 켈리를 비롯한 약 300명의 직원은 해럴드 아널드 밑에서 기초 및 응용 연구를 담당했다. 아널드의 설명에 따르면, 그 부서는 물리화학 및 유기화학, 금속공학, 자기학, 전도, 방사능, 전자공학, 음향학, 음성학, 광학, 수학, 기계학 분야는 물론 생리학, 심리학, 기상학 분야까지 아우른다고 했다.

남부 맨해튼의 웨스트 가에 있는 웨스틴 일렉트릭의 본사 자리에 1925년 벨 연구소가 처음으로 들어섰다. 켈리, 쇼클리, 피어스, 피스크, 섀넌 모두에게 이 건물은 첫 직장이었다. 전쟁이 끝나자 이들은 연구소의 주요 연구 프로젝트를 갖고 뉴저지로 옮겼다.
ⒸAT&T Archives and History Center

주잇과 아널드는 처음부터 연구소의 목표가 뚜렷하지 않을 수 있다는 데 의견을 같이 한 듯했다. 아널드의 부하 직원들이 어떤 응용법을 개발할지 어찌 알겠는가? 게다가 그 아이디어들 중에서 어떤 것이 연구 부서에서 개발 부서로, 또 웨스틴

48

일렉트릭에서의 대량생산으로 넘어갈지 어찌 알겠는가? 한편 두 사람은 더 큰 목표에 대해서는 뚜렷한 생각을 갖고 있었다. 벨 연구소가 설립된 지 몇 년 후에 미국 특허청이 새로 문을 열었을 때, 평소 장황하고 과장된 화법을 구사하던 프랭크 주잇은 다음과 같은 말로 벨 연구소의 본질을 표현했다. "산업 연구소란 창의력을 지닌 지성인이 모인 집단으로, 과학적 개념 및 방법론에 대한 지식을 익혔으며 자신이 몸담고 있는 특정 산업을 연구하고 개발하기 위한 설비와 비용을 제공받는 집단이다." 그는 또 현대 산업 연구의 목표는 간단히 말해 일상의 '다반사'에 과학을 적용하는 것이라는 말도 덧붙였다. "산업 연구소는 맹목적인 반복 실험으로 인해 발생하는 실수를 대부분 예방할 수 있는 기관이다. 또한 개인의 지적 역량에 내재된 어떤 힘보다도 막대한 창의력을 당면한 문제에 쏟을 수 있는 기관이다."

주잇의 장광설에는 명확한 선언이 숨겨져 있다. 벨 연구소는 그곳에서 일하는 과학자들이 좋은 아이디어를 찾는 일을 하고 있다는 통념에 반기를 들었다. 얼마 지나지 않아 켈리와 데이비슨 같은 사람들도, 좋은 아이디어는 널리고 널렸다는 말을 하기도 했다. 사실 그들은 좋은 문제를 찾고 있었던 것이다.

켈리는 제1차 세계대전이 끝난 후 진공관 작업에 몰두했다. 켈리의 직급이 서서히 높아짐에 따라, 그는 벨 연구소가 웨스턴 일렉트릭을 위해 제작하는 진공관 개발을 책임지게 됐다. 켈리로서는 그때까지의 자신의 일생에서 가장 중요한 발명품 개량을 책임지게 된 것이다. 진공관의 기능은 약한 전화 신호나 라디오 송신을 증폭하는 데 그치지 않았다. 교류를 직류로 바꿀 수 있었기 때문에, 전력망에서 교류를 받아서 직류로 부품을 구동시켜야 했던 초기 라디오 및 TV에 없어서는 안 되는 요소였다. 게다가 진공관은 전류를 켜고 끄는 단순하고 빠른 스위치 기능도 했다. 켈리의 재임 초기에, 그의 작업실에서 열다섯 가지 모델을 만들었다. 고출력 라디오 방송국에서 사용하는 와인병 크기의 대형 수냉식 진공관, 확성 장치에 사용하는 소형 진공관, 그리고 대륙 횡단 회선을 준비할 때 해럴드 아널드가 개발한 그 유명한 중계기도 있었다.

전화 통화를 전국으로 전달하는 중계기에 사용되는 진공관은 많아야 고작 수백 개를 만들 수 있었다. 게다가 켈리의 작업실에서 생산하는 진공관은, 마치 보석을 세공할 때처럼 정밀하게 작업해야 했고 실수는 용납되지 않았다. 중계기가 망가지면 수많은 사람들이 통화를 할 수 없게 되므로 돈은 물론 생명까지 잃을 수도 있는 중요한 문제였다.

켈리는 진공관을 전자 통신 시대를 불러올 '기적의 장치'라 불렀다. 그러나 진공관을 만들기가 얼마나 어려운지 누구보다도 잘 알고 있었다. 노동 집약적이고, 복잡하고, 비용도 많이 들었다. 작동하는 데 전기가 많이 필요하다는 사실과 엄청난 열이 발생한다는 사실도 알고 있었다. 무엇보다도 진공관은 완벽해야 하지만 실제로는 그렇지 않은 경우가 많다는 사실을 알고 있었다. 켈리의 아내가 그때를 돌이키며 이렇게 말했다. "진공관은 만들기가 엄청 어려웠고 툭하면 부서졌어요. 하지만 그이는 항상 무언가가 있을 거라고 말했지요." 다시 말해 진공관만이 할 수 있는 일을 대신할 무언가를 말하는 것이었다.

1920년대 후반에는 미국 경제와 더불어 벨 연구소와 진공관 작업실의 작업도 호황을 누렸다. 1929년에 주식시장이 붕괴했지만 대공황의 수렁이 아직은 보이지 않았던 몇 달 동안, 켈리는 다른 동료 몇 명과 함께 '점심시간 세 시간three-hours-for-lunch' 모임에서 활동했다. 그들의 활동은 경찰에 발각돼 폐업당하기 전인 맨해튼의 최신 주류 밀매점을 찾아다니는 것이었다. 일종의 연구소 직원들의 도락 모임이었다. 그러나 비즈니스 환경은 점점 암울해지고 있었다. 제조 업체의 일자리가 급격히 줄어들고 혹독한 재해가 미국의 곡창지대를 덮치면서 전화 가입자가 급감하고 있었던 것이다. 이와 함께 AT&T의 수익도 급감하기 시작했다. 1930년에서 1933년까지의 3년 동안 250만 가구 이상이 전화 가입을 탈퇴했고, 그중 대부분은 AT&T 가입자였다. 1932년 한 해에만 벨서비스를 이용하는 전화기가 165만 대나 감소했다. 웨스턴 일렉트릭은 직원의 80퍼센트를 해고해야 했다. 벨 연구소에서는 봄마다 전국 대학으로 채용 담당자를 파견했고, 그들은 교수와 이야기를 나누며 산업 연구에 적합한 대학원생들을 찾곤 했다. 그렇게 매년 수백 명의 신입 사원을 채용하던 벨 연구소도 채용을 중단할 수밖에 없었다. 그럼에도 불구하고 예산이 쪼들리자, 그때까지도 소장이었던 프랭크 주잇이 급여 삭감과 주4일 근무를 도입했다.

그때 해럴드 아널드가 세상을 떠났다. 주잇의 연구 담당 부관이던 그가 7월의 어느 날 새벽 3시에 뉴저지 주 서밋의 집에서 마흔아홉의 나이로 심장마비를 일으킨 것이다. 주잇은 곧 후임을 임명했다. 올리버버클리Oliver Buckley라는 키가 크고 생각이 깊은 실험 물리학자로, 연구소 생활의 대부분을 해저 케이블에 영향을 미치는 특수한 문제를 연구하며 보낸 사람이다. 해저 케이블은 물 밑을 지나며 섬과 본토를 연결하는 케이블로, 지하 전화선의 경우와는 또 다른 각종 자극에 노출된다. 버클리의 꿈은 대서양 횡단 케이블을 가설하여 북아메리카와 영국을 연결하는 것이었다. 그러나 이 프로젝트는 대공황과 각종 기술적 어려움으로 인해 무기한으로 보류된 상태였다.

버클리가 승진하고 얼마 지나지 않아 머빈 켈리도 승진했다. 그는 진공관 작업실에서 연구원과 생산 책임자로 일하면서, 웨스턴 일렉트릭의 중계기용 진공관의 수명을 1,000시간에서 8만 시간으로 늘렸다. 그의 대단한 업적 덕분에 비용이 크게 절감했다. 1936년 켈리는 연구부장이 됐다. 프랭크 주잇이 서열의 제일 위에 있었고 버클리가 바로 아래, 그 다음이 켈리로 자리 잡은 벨 연구소의 서열은 그 후 10년간 유지됐다. 엄밀히 말하면 켈리가 총책임자는 아니었으나, 그 사실은 별로 상관없었다. 그 후의 일을 통해 알 수 있듯이, 켈리는 직급이나 지위와 관계없이 연구소를 이끌었기 때문이다.

켈리가 승진한 1930년대 중반은 마침 대공황이 조금 진정됐을 때였다. 전화 가입자가 다시 증가하기 시작했고, 그와 함께 전화 회사의 수익도 증가했다. 그 시점에서 켈리는 회사를 설득해 연구 부서에 과학자들을 고용할 자금을 확보했다. 그는 거의 아무나 마음대로 고를 수 있었다. 그 이유는, 예전에 켈리와 연구실을 같이 썼던 데이비슨 덕분에 연구소의 명성이 높아졌기 때문이다. 그는 '전자회절'이라는 현상에 대한 실험으로 학계에서 명성을 얻었고, 1937년에는 노벨상을 탔다. 한 실험에서 데이비슨은 니켈 결정에 전자를 퍼부었고, 그 결과 전자는 파동으로 움직인다는 오스트리아 물리학자 에르빈 슈뢰딩거Ervin Schrödinger의 가설이 증명됐다. 그러나 켈리가 뽑은 신입 직원에게는, 데이비슨의 명성보다 높은 연봉이 더 중요했을 가능성이 높다. 그 누구도 자금이 없던 때였지만 켈리에게는 자금이 있었던 것이다. 전국의 대학에서 예산을 대폭 삭감했기 때문에 교수직을 구하기는 거의 불가능했다. 또 그나마 연구직이나 교수직을 구할 수 있는 대학에서도 초봉이 연구소 초봉인 3,000달러의 반이거나 그것도 아니면 잘 해야 3분의 2 정도에 그쳤다. "저는 2,600달러만 돼도 거의 왕처럼 살 수 있다는 계산을 해둔 상태였습니다." 밀리컨(이때 그는 시카고 대학에서 캘리포니아 공과 대학으로 옮긴 상태였다)에게 사사하고 연구소에 입사한 딘 울리지Dean Woolridge의 말이다. "3,000달러라니, 그저 환상적일 따름이었지요."

이런 사람들이 뉴욕의 벨 연구소에 모인 것은 어떻게 보면 신기한 일이었다. 대부분 MIT, 시카고 대학, 캘리포니아 공과 대학 등의 일류 대학원을 졸업한 사람들이었다. 그곳의 물리학, 화학, 공학 교수들이 이들을 눈여겨봤다가 켈리를 비롯한 연구소 사람에게 귀띔해준 것이다. 그러나 그들은 대부분 벽지 중의 벽지에 자리한 아주 작은 마을에서 자라났다. 마을 이름도 대개 치카사(울리지의 경우), 퀘이커넥, 페토스키 따위의 듣도 보도 못한 것이었다. 전근대적인 시골이었던 켈리의 고향 갤러틴과도 비슷했다. 그들의 아버지는 과수원 주인이거나 상인이거나 삼류 변호사였다. 그들 대부분은 이 시골 마을에서 벗어나고 싶었다. 그 계기를 제공한 사람은 대부분 고등학교 선생님으로, 그들의 재능(예컨대 수학에 대한 놀라운 소질이나 전기에 대한 끝없는 호기심 등)을 알아보고 과제를 내준다든지 방과 후 개인 교습을 통해 그 재능을 길러주려고 한 사람들이었다. 선생님들은 그들이 대학에 진학해 밭을 갈거나 계산대에서 돈을 세는 등의 삭막한 삶을 벗어나게 해주고 싶었고, 그들은 다행히도 대부분 몇 년 후에 그 목표를 달성했다.

젊은 벨 연구소 직원들에게는 다른 공통점도 있었다. 대부분 어릴 때부터 별, 전화선, 무엇보다도 라디오에 이상할 정도로 관심이 많았고 특히 무전기를 직접 만드는 데 관심이 많았다. 대부분이 무전기를 만들어본 경험이 있었고, 그 결과 공중에서 소리가 전달되는 원리를 깨달은 사람들이었다.

켈리는 MIT 출신의 젊은 박사 두 명을 직접 고용하기도 했는데, 바로 윌리엄 쇼클리와 짐 피스크였다. 이 두 사람은 연구소의 미래에 지대한 영향을 미친다. 그리고 엔지니어인 딘 울리지와 존 피어스는 캘리포니아 공과 대학 출신이었고, 화학자 윌리엄 베이커는 프린스턴 출신이었다. 피어스와 베이커 역시 벨 연구소의 운명에 큰 영향을 미쳤다. 캘리포니아 공과 대학 졸업생 중에는 찰스 타운스Charles Townes라는 물리학자도 있었는데, 그는 사우스캐롤라이나 주 그린빌 근처의 농장에서 자랐다. 그는 나중에 말하기를, "농장에서 자란 덕분에 자연의 세계에 관심을 갖게 됐고, 기계를 다룰 수 있게 됐고, 현실적인 문제를 해결하는 법을 배웠으며, 수중에 있는 도구를 갖고도 혁신적으로 물건을 고칠 수 있게 됐다."고 했다. 타운스의 관점에서는 '농장과 소도시가 실험 물리학자의 산실'이었던 셈이다.

이는 그 혼자만의 생각이 아니었다. 타운스보다 몇 년 먼저 연구소에 입사한 젊은 실험 물리학자도 같은 생각을 했다. 월터 브래튼Walter Brattain 은 워싱턴 주의 전원 지역에 있는 월라월라에서 자랐다. 그는 대학에 진학하기 전 1년 동안 집 근처의 산에서 소 떼를 몰며, 길면 몇 달씩이나 혼자 천막에서 소총을 곁에 두고 잠을 잤다. 대학원에 진학하기 위해 워싱턴 주를 떠나 미네소타 주로 갈 때는 화물 열차에 몰래 올라탔다고 한다. 브래튼은 훗날 자기가 물리학자로 성공한 데 있어서 "외할아버지와 증조할아버지 앤드루 맥컬리Andrew McCalley가 방앗간을 하신 것, 그리고 고등학생 시절과 대학생 시절의 상당 부분을 아버지가 하시는 방앗간에서 보낸 것이 중요했다."라고 회고하기도 했다. 브래튼은 자동차 엔진을 쉽게 분해하고 조립할 수 있었다.

　신입 사원들의 또 다른 특징은 겁이 없다는 점이었다. 찰스 타운스는 캘리포니아에서 벨 연구소로 가는 기차표 값으로 100달러를 받자, 임시변통을 하면 100달러를 더 잘 쓸 수 있겠다는 생각을 했다. 그는 로스앤젤레스에서 그레이하운드 버스로 투손까지 가서는, 멕시코시티로 가는 값싼 기차표를 샀다. 그는 길을 떠나기 전에 독일인 학생에게서 산 아코디언을 갖고 있었다(그 학생은 히틀러가 얼마나 중요한 일을 하고 있는지 떠벌리는 '열렬한 나치 추종자'였다고 한다). 타운스는 1939년 여름 멕시코시티로 가는 3등석 열차에서 결코 편하다고 할 수 없는 나무 널 의자에 앉아, 아코디언을 연주하며 미국의 농장에서 과일 따는 일을 하고 돌아가던 멕시코인들과 함께 노래를 불렀다. 이질에 걸릴까 봐 기차역에서 현지 음식을 먹기가 꺼려졌기에 이틀 동안 병맥주만 마셨다. 멕시코시티에서 과테말라 국경까지 갔지만, 다리가 폐쇄돼 있어서 더 이상 갈 수 없었다. 그래서 그때까지만 해도 관광지가 아니었던 아카풀코로 가서 하룻밤에 50센트인 해변 오두막을 빌려서 며칠 동안 따뜻한 열대의 바다에서 헤엄을 치기도 했다. 그런 다음 다시 값싼 기차표를 사서 텍사스로 왔고, 버스를 타고 사우스캐롤라이나에 살던 가족을 만나러 갔다.

그리고 버스를 타고 뉴욕으로 돌아왔다. 타운스가 그때를 회상하며 말했다. "전체 경비를 벨 연구소에서 받은 100달러로 딱 맞게 충당할 수 있었지요."

뉴욕에서 지낸 처음 며칠 동안 '기술직 직원들(연구소에서 그들을 일컫던 이름)'은 웨스트 가에 대해 배웠다. 그들은 자세하게 적힌 메모를 보며 연설을 하는 연구소 부소장 버클리와, 눈을 감고 기억을 되짚어 연설을 하는 연구부장 켈리의 환영사를 들었다. 그러나 무엇보다도 새로운 상사(타운스의 경우 하비 플레처였고, 빌 쇼클리의 경우 클린턴 데이비슨)를 만나서, 앞으로 하게 될 일에 대해 이야기를 들었다. 그리고 들어온 지 며칠 안됐을 때, 언젠가 미래에 자신의 발명품에 대한 특허를 회사에 양도하라는 요청을 받았다. 연구가 어떤 결과를 낳든, 그것은 벨 연구소와 전화 가입자를 위한 것이기 때문이다. 젊은이들은 아무도 거부하지 않았다. 그리고 서명을 한 대가로, 빳빳한 1달러짜리 지폐를 한 장씩 받았다.

아이디어에 효율성과 경제성을 입히다

3
장

켈리가 대공황 말미에 고용했던 쇼클리, 피스크, 올리지, 타운스 등의 물리학자들은 하나의 아이디어가 지구 한편에서 반대편으로 이동하는 게 얼마나 쉬운지 알고 있었다. 아이디어는 보통 독일의 「물리학 연보 Annalen der Physik」와 뉴욕의 「피지컬리뷰Physical Review」 같은 방대한 학회지 형 태로 인쇄돼 봉투로 봉해져 우편 열차로 뉴잉글랜드와 중서부, 서부 해 안으로 향했고 그곳에서 다시 하버드 대학, 시카고 대학, 캘리포니아 공 과 대학의 젊은 물리학자들에게 배달됐다. 또한 의지가 있는 독자라면 「벨 시스템 기술Bell System Technical Journal」이라는 출판물을 통해 전달받을 수 도 있었다. 이 기술지에서 특히 돋보인 사람은 밀리컨에게 사사한 카 를 대로Karl Darrow라는 물리학자였다. 그는 원자구조의 최신 모형을 비롯 해 스스로 '동시대의 과학 발전'이라고 부른 것을 요약하는 데 재능이 있었다. 반면에 수전증이 있어서 실험은 할 수 없었다. 그런데 해럴드 아널드가 죽기 전 대로의 정보 전파 능력을 알아봤다. 그는 그 당시를 이렇게 회상했다. "저는 학계에서 일자리를 찾아야겠다고 생각하고 있었습니다. 그때 아널드가 남아서 하고 싶은 일을 해도 된다고 말했죠." 조건은 전화 회사의 업무와 보다 직접적으로 연관된 일을 하는 다른 엔지니어만큼 높은 연봉을 기대하지는 말라는 것이었는데, 대로에게는 그리 나쁠 것 없는 거래였다. 그때부터 그의 일은 여름마다 유럽으로 가서, 유럽과 미국 사이의 과학적 아이디어 중개인 역할을 하는 것이었다.

1920년대 후반과 1930년대 초반에는, 과학 아이디어들을 실물을 통해 마주할 수 있는 기회가 점점 많아졌다. 어떤 해에는 카를 대로가 캘리포니아를 방문해 강의를 하기도 했고, 어떤 해에는 곳곳에서 찾아온 학생들이 존 밴블렉John Van Vleck이라는 물리학 교수의 강의를 듣기도 했다. 밴블렉은 전국의 철도 일정표를 정밀하게 편성하는 데 기여했기 때문에 여객 열차를 무료로 탈 수 있었다. 또한 1930년에 독일 물리학자 아르놀트 좀머펠트Arnold Sommerfeld가 세계 순방을 한 것처럼 외국 학자가 캘리포니아 공과 대학과 미시간 대학의 학생들에게 새로운 아이디어를 전하기도 했다. 실제로 방앗간 주인의 아들인 벨 연구소의 실험 물리학자 월터 브래튼은 미시간에서 여름 학기 수업을 듣다가, 원자구조에 대한 좀머펠트의 강의를 듣기도 했다. 브래튼은 충실히 필기를 해서 뉴욕으로 그 아이디어를 가져왔다. 그리고 웨스트 가에서 벨 연구소 동료들에게 비공식적으로 강의를 하기도 했다.

한 달이 멀다 하고 전파할 가치가 있는 물리학, 화학, 금속공학에 대한 새로운 연구들이 공개됐다. 결정의 원자구조, 초고주파 전파, 금속 표면을 덮는 막에 대한 연구 등이었다. 이런 아이디어에 대해 배울 수 있는 장소 중의 하나가 벨 연구소 웨스트 가 사무실의 위층 강당이었다. 넓은 강당은 벨 연구소의 행사가 개최되는 곳이자 아이디어 공유의 장이었다. 1920년대에는 매주 월요일 오후 5시에 한 시간짜리 세미나가 개최돼서 로버트 밀리컨이나 엔리코 페르미Enrico Fermi 등의 외부 학자와 데이비슨, 대로, 그리고 당시 겨우 스물일곱 살이었던 쇼클리 등 내부 학자가 벨 연구소 기술직 직원을 대상으로 최근의 과학 발전에 대해 강의를 했다(알베르트 아인슈타인도 1935년에 웨스트 가를 찾았지만, 강의보다는 하비 플레처와 함께 마이크 제작실을 둘러보는 데 더 관심이 있었던 듯하다). 새로운 아이디어를 배울 수 있는 또 다른 장소는 근처 대학이었다. 공교롭게도 대공황은 과학적 지식을 배우는 데 있어서는 축복이었다. 벨 연구소에서는 어쩔 수 없이 직원의 근무 시간을 줄였는데, 시간이 많아진 젊은 직원들이 맨해튼 외곽에 있는 컬럼비아 대학Columbia University에 등록한 것이다. 보통 직원들은 이지도어 아이작 라비Isidor Isaac Rabi라는 교수의 수업을 수강했는데, 그 교수는 훗날 노벨상을 수상했다.

마지막으로, 웨스트 가에서 아이디어가 전파되는 장소가 한 군데 더 있었다. 하지만 이곳에 참석하려면 초대를 받아야만 했다. 대공황 후 연구소에 입사한 신입 사원 몇몇이 더 깊은 공부를 하기 위해 연구회를 조직한 것이다. 그들은 1주일에 과학 서적 한 챕터씩을 읽고, 이론 및 실험 물리학의 최신 정보에 대해 돌아가면서 강의를 했다. 그중에서도 웨스트 가 연구소의 윌리엄 쇼클리가 이끌고 브래튼, 피스크, 타운스, 울리지가 자주 참여했던 연구회는 목요일 오후 모임이었다. 이들은 훗날 '고체 물리학'이라 불리는 물리학 분과에 특히 관심이 있었다. 고체 물리학이란, 고체의 원자구조와 표면에서 무슨 현상이 일어나는지를 살핌으로써 고체의 자성과 전도성 같은 특성을 탐구하는 학문이었다. 또 이들은 전자가 금속의 결정격자를 통과할 때 보이는 움직임에 특별히 관심을 갖고 있었다.

"제 생각에, 그때 이 젊은 박사들은 근본적으로 학문적인 개념을 산업 연구소에 도입하려고 했습니다." 연구회 회원이었던 애디슨 화이트Addison White는 그로부터 몇 년 후 물리사학자인 릴리언 호드슨Lillian Hoddeson에게 이렇게 말했다. "예를 들어 퇴근 시간이 5시인데 이 세미나는 4시 45분에 시작했다는 점에서 우리는 특권을 누렸지요." 이들은 구내식당에서 차와 쿠키를 무료로 먹을 수도 있었다. "모두 대학의 전통입니다. 하지만 당시 산업 연구소에서 흔한 일은 아니었죠." 화이트는 이렇게 말했다. 올리지의 기억에 따르면, 쇼클리를 제외한 모두가 연구 자료를 어려워했다고 한다. 쇼클리는 자면서도 자료를 읽는 사람이었다. 이들은 습관적으로 서로를 이름이 아닌 성으로 불렀다. 브래튼에 따르면 항상 '빌'이나 '딘'이 아니라 '쇼클리'와 '올리지'라고 불렀으며, 절대로 '쇼클리 박사'나 '올리지 박사'라고 부르지 않았다고 한다.

연구회의 저녁 모임이 끝나면, 회원들은 그리니치 빌리지에 있는 브래튼의 아파트로 가서 저녁을 먹고 술을 마시곤 했다. 그때면 시간이 8시나 9시쯤 되었고 헤어질 시간이었다. 쇼클리는 그 근처인 웨스트 17번가의 아파트에 살았다. 쇼클리는 그때를 회상하며 말했다. "우리는 그때 우리의 아이디어들이 기술의 중심에 서게 될 날이 머지않았다는 사실을 몰랐습니다. 얼마나 먼 훗날의 일인지 그때는 알 도리가 없었지요." 겉보기에 그 연구회는 새로운 아이디어를 배우기 좋아하는 전화 회사 직원들의 모임일 뿐이었다. 그들은 아직 근무 시간을 자율적으로 조정할 만큼 유명하지도 않았다. 다음날 아침 8시 45분이면 빳빳한 흰 셔츠와 재킷, 넥타이를 차려 입고 웨스트 가에 있어야 했던 것이다.

훗날에는 AT&T의 홍보 기관 덕분에, 1930년대와 1940년대에 과학자들이 연구소에 온 것은 과학의 발전을 위해서였다는 인식이 생기기도 했다. 그러나 그것은 우연찮은 부산물이었을 뿐이다. 머빈 켈리가 최고의 연구원을 뽑은 것은 시스템의 발전을 위해서였다. 신입 사원들은 이제 전봇대에 올라가거나 교환대를 작동하지 않아도 된 것이다. 그러나 처음 몇 주 동안은 모두 벨 시스템의 운영 방식에 대한 긴 세미나를 들어야 했다. 연구소 부소장인 올리버 버클리는 신입 사원들에게 이렇게 말했다. "우리 일은 기본적으로, 두 사람이 전 세계 어느 곳에 있든지 서로 마주 보고 있는 것처럼 분명하게 이야기할 수 있도록 효율적이고 경제인 설비를 고안하고 개발하는 것입니다." 이것은 시어도어 베일이 주창한 '하나의 정책, 하나의 시스템, 세계적인 서비스'라는 표어와도 일맥상통했다. 그러나 한편으로는 해야 할 일이 어마어마하다는 뜻이기도 했다. 당시에 이미 매일 7,300만 통의 전화 통화가 벨 시스템을 통해 이뤄지고 있었고, 그 수는 점점 증가하고 있었다. AT&T 초창기에 회사의 엔지니어들은 그런 성장 속도를 따라잡기가 얼마나 벅찬지를 깨달았다. 시스템이 커질수록, 그 복잡성과 구조적 완전성을 관리하기가 어려워지기 때문이다. 또한 시스템이 커질수록, 개인 가입자가 부담해야 하는 비용도 많아진다. 그것을 막기 위해서는 기술의 효율성을 높여야 했다. 이와 같이 시스템의 성장은 운영에 끊임없는 문제를 낳았고 주잇, 버클리, 켈리 같은 과학자들은 끊임없이 창의적인 해결책을 만들어야 했다. 그러나 엔지니어들이 무조건적으로 시스템의 기능을 향상시키려고 애쓴 것은 아니었다. 연방 정부 및 주 정부와 맺은 협약에 따라, 경제적으로 시스템의 기능을 향상시켜야 했던 것이다. 웨스트 가의 모든 직원들은 미래에 대해 비슷한 가치관을 지녔다. 전화 서비스의 품질과 범위를 확대할 뿐만 아니라, 가격도 낮춰야 한다는 것이었다.

하지만 모든 사람이 마벨의 기업 표어를 액면가 그대로 받아들인 것은 아니었다. 실제로 1930년대 후반 AT&T는 웨스턴 일렉트릭에서 전화 장비를 사들이면서 과도한 값을 지불하고 있는 것은 아닌지, 따라서 전화 사용자들에게 과도한 요금을 청구하고 있는 것은 아닌지에 대해 연방의 조사를 받고 있었다. 몇 년에 걸친 조사 결과 N. R. 대니얼리언N. R. Danielian이라는 연방 변호사는 AT&T에 대한 통렬한 비판을 담은 책을 내놓았다. 그는 『AT&T: 산업 정복의 이야기AT&T: The Story of Industrial Conquest』라는 책에서, 벨 시스템을 공공 서비스보다는 주가와 기업 확장 속도를 유지하는 데에만 관심이 많은 괴물 같은 존재로 그렸다. 대니얼리언은 1920년대에 마벨의 임원진이 책, 정기 간행물, 단편 영화 등의 선전을 이용해 기업 이미지를 향상시키려고 노력한 것도 추잡한 짓으로 묘사했다. 게다가 AT&T의 규모와 지배 성향을 보면 AT&T가 공민의식이라는 막에 가려진 '산업 독재 정부'가 아닐까 하는 의문이 든다고 했다. 대니얼리언은 다음과 같이 지적했다. "기업 역사상 하나의 민간 업체가 이렇게 많은 자본을 통제한 것은 벨 시스템이 처음이다. 펜실베이니아 철도회사Pennsylvania Railroad Company와 US 철강회사US Steel Corporation를 합친 것보다도 더 크다. 벨 시스템의 총수익은 연간 10억 달러로, 전 세계 정부 중에도 이에 필적할 곳이 거의 없다. 벨 시스템은 200개가 넘는 자회사를 거느리고 있다. 그중 약 140개 회사가 시내전화 서비스의 80~90퍼센트, 국내 장거리 전화선의 98퍼센트를 장악하고 있다." 뿐만 아니라 벨 시스템은 라디오 송신에 이용되는 통신선을 보유하고 있으며, 영화 장비 등의 다른 분야에도 발을 들여놓았다. 벨 시스템은 매년 '수억 달러'에 상당하는 원자재를 사들이며, 벨 시스템의 은행 예금에는 '미국에서 영업 중인 은행의 3분의 1'이 관련돼 있었다. 투자자도 거의 100만 명에 달했다. 또 미국에서 가장 많은 일자리를 창출하는 곳이기도 했다.

켈리는 때로 주 또는 연방의 공공사업 위원회 앞에서 맹세를 하고서 벨 연구소의 목표는 AT&T와 그 산하의 지역 회사가 '가장 훌륭하고 완전한 전화 서비스를 최대한 낮은 가격에 공급할 수 있게 하는 것'이라고 말하곤 했다. 그는 뿌리 깊은 확신을 갖고 오랜 시간 동안 벨 시스템이 연구소를 통해 과학 연구를 후원하는 것이 얼마나 값진 일인지 이야기할 수 있었다. 문제는 그런 견해가 대니얼리언의 견해와는 상반된다는 것이었다. 해결 방법은 양립이 불가능하다는 사실을 인정하는 것이었는지도 모른다. 두 가지 견해가 모두 진실이었다고 할 수 있기 때문이다. 이 전화 회사의 감독자들, 즉 AT&T의 최고위 임원들은 돈에 혈안이 돼 있었고 공격적이었으며 실업계의 거물이 모두 그렇듯이 거만했다. 그러나 가입자에게 제공하는 전화 서비스는 안정적이고 고품질이었으며 터무니없이 비싸지도 않았다. 그 점은 대니얼리언도 인정했다. 한편 발명품에 대해 공격적으로 특허를 취득하는 AT&T의 전략으로 인해 개인과 중소기업은 경쟁에 참여하기 어려운 것이 사실이었다. 특허는 또한 수익 창출의 수단이기도 했다. 그러나 대니얼리언은 벨 연구소에서 이뤄지는 발명이 사회 전반의 발전에 없어서는 안 될 역할을 했음을 인정했다. 그는 과학자들과 엔지니어들이 "물건을 개량했을 뿐만 아니라, 새로운 서비스와 업계를 만들었다. 그들은 또한 순수 과학에도 큰 기여를 했다. 이 점에 대해서 찬사를 보내는 데 거부할 사람은 없으리라."라고 평가했다.

이 모든 사건에서 알 수 있는 것은, 벨 연구소가 신비롭고 낭만적인 과학의 세계에 발을 들이는 한편 항상 전화 회사에서 중요한 자리를 차지하고 있었다는 사실이다. 연구소의 경영진은 과학자들이 회사와 관련된 껄끄러운 정치 문제에 신경을 쓰지 않도록 노력을 기울였다. 그러나 경영진 스스로는 연구소가 기술, 정치, 경제에 어떻게 맞물려 돌아가는지를 알아야 했으며 항상 유념해야 했다. 회사가 번창하면(회사를 번창시키는 것이 머빈 켈리 같은 사람들의 주된 업무이기도 하다) 연구소도 번창하기 때문이다.

20세기 초에 완성된 대륙 횡단 전화선은 전화 시스템이 중계기 진공관과 같은 발명품을 낳은 한 가지 예였다. 그러나 이는 그야말로 한 가지 예에 지나지 않았다. 20세기 초 전화 사업이 빠르게 발전함에 따라, '전화' 하면 생각나는 모든 것들이 하나씩 개발된 것이다. 벨 연구소의 과학자들과 엔지니어들은 나중에 한 연구원이 표현했던 것처럼 '문제가 많은 환경'에서 일하고 있었다. 처음에는 전화벨도 존재하지 않았다. 발신인이 수화기에 대고 크게 소리를 질러서(보통 "어이!"라고 했다) 수신인이 전화를 받도록 했다. 전화를 끊는 단추도 존재하지 않았고, 공중전화도 전화박스도 교환원용 헤드폰도 존재하지 않았다. 전화기에 사용되는 건전지는 성능이 좋지 않았다. 제대로 된 케이블도 없었고 교환대도 다이얼도 버튼도 없었다. 발신음과 통화 중 신호도 발명돼야 했다. 전봇대에 연결된 전화선은 성능이 좋지 않았고 불통도 잦았다. 도심지에 꼭 필요한 지하 전화선은 훨씬 복잡한 송신 문제를 일으켰다. 또한 전파를 통해서도 메시지를 전달할 수 있다는 사실이 밝혀진 후로 전화 엔지니어들은 '대기 간섭' 같은 생각지도 못했던 수많은 문제에 봉착했다. 그러나 그들은 서서히 문제를 해결했고, 그 결과 곧 '시스템'이라고 불리게 된 것이 탄생했다.

시스템의 문제와 보완해야 할 부분은 너무 많아서, 어디부터 설명해야 할지 알기도 힘들 정도였다. 시스템 때문에 몇 팀의 화학자들은 저렴한 피복을 발명하느라 그들의 일생을 바쳐야 했다(전화 케이블에 비와 얼음이 스며드는 것을 막기 위해서였다). 또 몇몇 팀의 화학자들은 피복과 전화선 사이의 절연을 향상시키는 데 일생을 바쳤다. 한편 전자공학을 전공한 엔지니어들은 반향, 지연, 왜곡, 피드백을 비롯한 각종 문제를 연구함으로써 그 문제를 피할 수 있는 전략이나 회로를 발견하려고 했다. 음의 크기, 신호 강도, 채널 용량 등을 평가할 수 있는 측정 장치도 존재하지 않았기 때문에 그들이 만들어야 했다. 측정할 수 없는 것은 연구를 통해 개선할 수 없기 때문이었다. 또한 매일 수백 만 통씩 이뤄지는 통화의 현황을 파악해야 했는데, 그러려면 방대하고도 기발한 과금 시설이 필요했다. 모든 통화에 대한 기록을 남겨야 했던 것이다.

"할 일은 항상 넘쳐 나는데 일손이 모자랍니다." 켈리의 이 말은 곧,

시스템을 개선하는 작업에는 끝이 없다는 말이었다. 시스템이 엄청난 속도로 확대됨에 따라, 문제도 빠른 속도로 늘어났기 때문이다. 한 사람이 다른 사람에게 전화를 하기 위해서는 벨 시스템이 개발하고 웨스턴 일렉트릭이 생산한 수만 가지의 기계적, 전자적 요소가 유기적으로 기능해야 했다. 게다가 시스템을 구성하는 모든 부품이 40년간 작동하도록 설계되고 제작됐다. 이에 따라, 웨스트 가 작업실에서는 아무리 사소한 시스템 부품이라 해도 까다로운 내구성 시험을 거쳐야 했다. 연구실 엔지니어들은 수화기가 받침대에 수만 번 떨어지면서 받는 '격한 충격'을 재현하기 위해 '투하기'를 발명했다. 또 광택제와 마감재의 긁힘 방지 특성을 시험하기 위해 '부지런한 새의 움직임'을 모방해 '딱따구리 기계'를 만들었다. 그리고 수화기의 청취 감도를 시험하기 위해 탁상용 마이크처럼 생긴 '인공 입'을 제작하기도 했다. 게다가 버튼을 누르고 다이얼을 돌릴 때 전화기에 가해지는 부담을 시험하기 위해, 가짜 손가락이 붙어 있는 기계도 만들었다. 그러나 전화기 다이얼의 내구성을 측정하는 것만으로는 부족했다. 다이얼 회전 속도를 정확히, 아니 거의 완벽에 가까운 수준으로 측정하는 작업에 몇 팀에 달하는 엔지니어가 투입됐다.

웨스트 가에는 교환대 자판에 들어가는 스프링만 연구하는 사람들도 있었고, 스프링 속의 금속만 연구하는 사람들도 있었다. AT&T의 전선공들은 가죽 벨트로 높은 곳에 매달려 목숨을 걸고 일했기 때문에, 연구소의 기술자들은 5센티미터 가죽 벨트의 강도 및 규격을 확실히 하고 (소금, 글루코스, 유리산free acid, 재, 수용성 재료의 함량을 제한했다) 철제 리벳과 기타 부품을 개량했다. 수백만 개에 달하는 시스템의 부위들은 납땜으로 연결됐다. 그래서 연구실의 엔지니어들은 판금의 접합선, 구리선과 놋쇠 케이스의 납땜 부위 등을 강화하는 데 어떤 용제와 화합물이 가장 적합한지를 몇 년 동안 연구해야 했다. AT&T 전화선은 장거리로 글을 전송하는 기계인 텔레타이프Teletype의 신호도 전송했기 때문에 '512A 도구'라 불리는 텔레타이프의 주유기注油器도 개량해야 했다. 주유기는 작고 네모난 기름 깡통이었다. 그러나 엔지니어들은 단순한 기름 깡통을 만드는 것으로는 만족하지 않았다. 윤활유를 딱 열다섯 방울씩 내보내는 복잡한 메커니즘을 내장해야 했던 것이다. 512A는, 좋은 문제가 좋은 발명품으로 이어진다면 그것은 또 다른 발명품으로 이어지며 아무리 작고 부수적인 것일지라도 개선할 수 있다는 증거였다. 시스템에는 개선할 곳이 많았고 따라서 많은 신제품이 필요했으며, 한편으로는 확실한 내구성도 보장돼야 했다. 따라서 참신한 제품이 있다 하더라도 그 제품의 내구성이 강한지, 그 제품으로 인해 개선될 점이 있는지를 확인하기 위해 새로운 방법을 개발해야 했다. 그리고 웨스턴 일렉트릭에서 생산하는 제품들이 특정 사양과 품질을 충족하는지 확인하기 위해, 월터 슈하트Walter Shewhart라는 연구소의 수학자는 대량생산을 통계적으로 관리하는 기법을 창안하기도 했다. 이 기법은 곧 '품질관리Quality Control'라는 이름으로 널리 불리게 된다. 이 기법은 그 후 몇십 년간 벨 시스템 내에서 제품 생산의 지침 역할을 했으며, 이윽고 전 세계의 산업 공정과 제품에도 적용되기에 이르렀다.

시스템상의 필요로 인해, 뉴저지 서부의 체스터라는 시골 마을에 연구소의 지점이 설립되기도 했다. 그곳에 근무하는 사람들은 야외 전화장비의 손상 양상을 연구했다. 연구소의 엔지니어들이 전봇대로 로지

폴 소나무가 가장 적합하다고 판단했기 때문에, 체스터의 근무자들은 소나무 전봇대를 3미터 깊이로 묻고 몇십 년에 걸쳐 전봇대의 손상 양상을 관찰했다. 그와 동시에 마치 마녀가 비약을 조제하듯 착색제와 살균제를 섞어서 땅에 묻은 전봇대에 바른 후, 그 효과를 평가했다. 또한 나무와 케이블을 쏠아서 매년 수십 만 달러의 피해를 야기하는 땅다람쥐와 흰개미의 행동도 조사해야 했다. 귀찮은 땅다람쥐를 쫓는 한 가지 전략은, 케이블을 철테이프로 감아 보호하는 것이었다. 케이블과 관련해서는 그 외에도 여러 가지로 연구할 것이 많았다. 체스터 지점의 책임자였던 도널드 퀄스Donald Quarles라는 벨 연구소 엔지니어는 「바람 속에서 전화선의 움직임Motion of Telephone Wires in the Wind」이라는 긴 논문을 썼다. 그의 부하 직원들은 적정 간격(전봇대 사이의 간격이 얼마나 돼야 하는가?), 적정 묶음(전선을 얼마나 세게 묶어야 하는가?), 전화선 사이의 적정 세로 간격(회사 관행은 30센티미터였으나, 엔지니어들은 20센티미터만 되어도 마찰을 방지할 수 있다는 사실을 발견했다) 등을 몇 년에 걸쳐 철저하게 시험했다. 한편 시스템에서 가장 중요한 케이블 중에는 공중에 가설된 것뿐만 아니라 지하에 매설된 것도 많았다. 체스터에서는 케이블 매설과 관련해 직접 발명한 특수 트랙터와 관련된 새로운 공정을 개발해야 했고, 케이블을 잇는 기법도 개발해야 했다. 또한 해저 케이블을 집중적으로 연구하는 엔지니어들도 있었다. 해저 케이블에는 특수 재료와 특수 기법뿐만 아니라, 방대한 짐칸에 거대한 케이블 감개를 싣고 해저에 부드럽게 케이블을 놓을 수 있는 특수 선박도 필요했다.

시스템상의 필요 때문에 연구소 사람들은 적합한 재료를 시험하고 획득하기 위해서라면 어디든지 갔다. 전화선이 한 번에 수백 통의 통화를 전송할 수 있는 것은 여러 주파수로 전송하기 때문이다. 햇빛에 들어 있는 여러 가지 색깔의 스펙트럼을 생각하면 된다. 켈리는 이에 대해 다음과 같이 설명했다. "수십 통, 수백 통의 통화를 하나의 도체로 전송해 경제성을 높이기 위해서는 양쪽에 복잡한 장비가 있어야 합니다. 그 모든 통화를 섞어 한 꾸러미로 만든 다음에 반대쪽 끝에서 풀어 각각의 통화가 목적지로 갈 수 있도록 해주는 것이지요." 이와 같이 통화를 섞고 풀기 위해서 양쪽 끝에 있는 전자 필터가 채널을 분리하는 역할을 했다. 프리즘이 빛을 분산시키는 것과 같다고 보면 된다. 이 전자 필터의 필수 부품이 석영 결정을 잘라 만드는 석영 판이다. 연구실 사람들은 이 용도에 가장 적합한 석영은 브라질산 석영이라는 사실을 발견했다. "이 용도에 적합할 만큼 크기도 크면서 품질도 좋은 결정이 나는 곳은 브라질뿐이었습니다."라고 켈리가 말했다. 벨 연구소 관리자들은 완벽한 석영을 구하기 위해 특별 공급선을 확보했다. 그럼으로써 완벽한 석영 필터를 만들었고, 그것은 본질적으로 결코 완벽해지기 힘든 시스템을 조금씩 완벽해지도록 하고 있었다.

우리는 발명이 순식간에 일어난다고 생각하고, 발명가 혼자서 순간적으로 놀라운 깨달음을 얻어 '유레카'를 외치는 모습을 상상하는 경향이 있다. 그러나 실제로는 기술적 도약이 어디서 비롯됐는지 콕 집어 말할 수 있는 경우가 거의 없다. 처음에는 한 무리의 사람과 아이디어가 한데 모이면서 발명과 관련된 힘이 수렴되기 시작하고, 그 현상이 몇 달 또는 몇 년 또는 몇십 년에 걸쳐 점점 뚜렷해지고 빨라지면서 다른 아이디어와 관계자의 도움이 추가된다. 이때 운과 때도 중요하다. 알맞은 대답,

알맞은 사람, 알맞은 장소 또는 이 세 가지 모두가 알맞은 문제와 맞아떨어져야 하기 때문이다. 그리고 나서야 때때로 도약이 이뤄진다. 이러한 도약은 나중에 뒤돌아봐야 비로소 뚜렷이 보인다. 아인슈타인과 함께 세계 최고의 물리학자였던 닐스 보어Niels Bohr는, 1938년에 우라늄 원자를 쪼개면 엄청난 에너지가 방출된다는 이야기를 듣고 이마를 치며 이렇게 말했다고 한다. "아, 우리 모두 정말 바보였구나!"

그 1년 전에 머빈 켈리는 윌리엄 쇼클리를 신입 사원 연수 프로그램에 참가시켰는데, 그 프로그램에는 진공관 연구실 견학도 포함돼 있었다. 하루는 켈리가 쇼클리의 웨스트 가 연구실을 찾아와(아마 쇼클리와 연구실을 같이 쓰던 데이비슨을 찾아온 것이었는지도 모른다) 이야기를 시작했다. 쇼클리는 그때의 일을 다음과 같이 회상했다.

당시 연구부장이던 켈리 박사님이 내게 장광설을 늘어놓으셨다. 전화 통화에서 접점을 개폐하는 계전기를 몽땅 전자 기기로 교체해서, 계전기로 인해 발생하는 문제를 줄일 수 있었으면 좋겠다는 이야기였다.

다시 말하면 높은 내구성과 품질을 요구했던 시스템의 두 가지 핵심 부품이 내구성과 품질 모두 떨어졌다는 말이었다. 그 두 가지는 바로 계전기와 진공관이었다. 앞에서 살펴본 것처럼 진공관은 제작이 극히 어렵고 까다로웠다. 전력 소모도 많았고 발열도 심했다. 고객의 전화가 시스템의 방대한 망을 거쳐 정확한 대상에게 전달되도록 하는 원리인 스위치에도 비슷한 문제가 있었다. 스위치는 까다로운 기계장치였다. 스위치에 사용되는 계전기는 금속 접점이 많았기 때문에 고장도 잦았고 시간이 지나면 마모됐다. 또한 실제로 열렸다 닫히는 움직임이 있으므로 움직임이 없는 전자 스위치보다 속도가 훨씬 느렸다. 켈리는 쇼클리의 머릿속에 흥미로운 목표를 하나 심어준 것이다. 쇼클리는 신입 사원 교육을 마친 후 혼자서, 또는 연구회와 함께 고체의 물리적 특성을 연구할 때면 항상 그 목표를 염두에 두고 있었다. 켈리의 해결책은 간단했다. 하나의 제품을 만드는 것이었다. 그러나 그 제품을 만드는 방법은 그때까지 아무도 알지 못했다. 연구소에는 부서지기 쉬운 부품이 없으며 오직 전자파로만 동작하는 고체 스위치나 고체 증폭기를 개발해 점점 늘어가는 계전기와 진공관을 교체하면 되는 것이었다. 쇼클리는 켈리의 장광설에 담긴 하나의 아이디어가 쇼클리 자신의 야망을 일깨웠으며, 한편으로는 모든 현대 기술의 출발점이 됐다고 생각했다.

* * *

빌 쇼클리는 나이가 들고 과학적 업적으로 명성을 얻은 후 비과학적인 인종관으로 악명을 얻었는데, 자신의 어린 시절에 비정상적인 점이 있었다고 말하곤 했다. 예를 들면 여덟 살 때까지 학교에 가지 않고 집에서 교육을 받았다는 점과 부모님이 이사를 너무 자주 다녔기에 특정 학교에 다니는 이유나 특정 지역에 사는 이유를 설명하기 어려울 때도 있었다는 점 등은 쇼클리 스스로도 인정했다. 그러나 쇼클리가 쉽게 인정하지 않은 점도 있었다. 겨우 걸음마를 뗐을 때쯤 쇼클리는 도저히 달랠 수 없을 정도로 성질을 부리곤 했다. 부모인 메이와 윌리엄은 쇼클리를 '빌리'라고 불렀는데, 당시 아버지의 일기에 따르면 아들이 손쓸 수 없을 정도로 심한 감정 폭발을 일으킨 적이 많다고 했다. 빌리는 부모를 때리거나 다른 아이에게 돌을 던지기도 하고 개처럼 짖기도 했다. "빌리는 하고 싶은 것을 못하게 되면 늘 화를 냈다." 빌리가 겨우 두 살가량이었던 1912년 5월에 그의 아버지가 '빌리의 분노'라는 제목으로 예언이라도 하다시피 쓴 일기다. 그로부터 1주일 후의 일기에서는 "순할 때는 정말 순하다. 그런데 까다로울 때는 정말 끔찍하다."라고 썼다.

쇼클리는 외동이었고 혼자 있기를 좋아했다. 쇼클리가 세 살이었을 때 메이와 윌리엄은 캘리포니아 팔로 알토에 정착했고 메이가 자란 소도시에서 중산층의 삶을 꾸리기 시작했다. 광산기술자였던 쇼클리의 아버지는 신중한 사람이었고 일을 하면서 상당한 자산을 모아둔 상태였다. 그러나 팔로 알토에서는 일자리도 돈도 쉽게 구할 수 없었다. 일거리가 자주 끊겼기 때문에 집에 있으면서 아들에게 수학을 가르치고 과학에 대한 호기심도 길러줬다. 그러나 쇼클리는 자신에게 가장 큰 영향을 미친 사람은 펄리 로스라는 이웃이었다고 말한다. 그는 X선을 연구하는 스탠퍼드 대학 교수였고, 쇼클리는 그의 어린 딸들과 주로 어울려 놀았다. 로스는 쇼클리에게 물리학의 기초를 가르쳤다.

쇼클리가 10대일 때 가족들은 팔로 알토에서 로스앤젤레스로 이사를 했고 쇼클리는 그곳에서 고등학교를 졸업하고 캘리포니아 공과 대학에 입학했다. 약 170센티미터의 키로 체격은 작았지만 체조와 수영에 열심이었던 만큼 체력은 좋았던 그는 눈에 띄는 대학원생이었다. 어릴 때처럼 심하게 화를 내는 일이 줄어들었고 상냥한 모습으로 내면의 치열한 경쟁심과 거친 성격을 숨겼다. 이 과학 신동은 강박적이다시피 사람들을 끌어들이고 웃기려 했으며 학계의 따분한 관례에 도전하려고 했다. 그러는 그의 태도에는 유머와 공격성이 미묘하게 섞여 있었다. 쇼클리는 혼자서 간단한 속임수와 아마추어 마술을 익혀 파티에서 사람들을 즐겁게 해주기도 하고, 엄숙한 행사를 방해하거나 강사에게 창피를 주기도 했다. 갑자기 공이 나타나 튀어다니고 화분이 폭발하는가 하면 악수를 하는 순간 소맷부리에서 꽃다발이 튀어나오는 따위였다. 이런 작은 사건들을 통해 사람들은 학교생활의 진지함을 잠시 잊고 쇼클리에게 다시금 관심을 집중하며 이렇게 물었다. "대체 어떻게 한 거니?" 쇼클리가 복잡한 장난을 즐긴 것도 이상한 일이 아니었다.

　한 캘리포니아 공과 대학 학생의 기억에 따르면 캘리포니아 공과 대학의 한 수업에서 쇼클리는 동료 학생들과 교직원 몇 명의 도움을 받아 '헬바 스카드Helvar Skaade'라는 가상의 학생을 등록시키는 데 성공했다. 장난의 대상은 출석에 대해 너그럽기로 유명했던 프리츠 즈비키Fritz Zuicky라는 교수였다. 캘리포니아 공과 대학을 졸업한 켈리의 신입 사원인 딘 울리지는 훗날 이렇게 회상했다. "시험은 보통 오픈북이었습니다. 아무 책이나 참고할 수 있었지요. 처음에 교수님이 들어오셔서 칠판에 문제를 쓰셨어요. 즈비키 교수님은 항상 다섯 문제를 내셨고, 그러고 교실을 나가서 끝날 때쯤 돌아오셨지요." 쇼클리는 시험지 한 장을 교실 밖으로 빼돌려서 이 수업을 이미 들었던 대학원생 몇 명과 함께 문제를 풀고는, 헬바 스카드의 이름을 적어서 시간 내에 제출했다. 신비로운 젊은 천재 스카드는 마지막 문제를 제외하고 모든 문제에 훌륭히 답을 했다. 그가 쓴 마지막 문제의 답은 "젠장, 너무 취해서 더 쓸 수가 없네요."였다. 스카드는 학급 최고 점수인 A⁻ 학점을 받았다.

　쇼클리는 동부로 오면서 자신의 명성을 더욱 빛내는 모험담을 탄생시켰다. 1932년 여름, 쇼클리는 프레드 자이츠Fred Seitz라는 지인과 함께 자신의 1929년형 데소토 로드스터를 타고 캘리포니아를 출발했다. 쇼클리는 MIT에서 박사 과정을 밟기로 하고 그곳으로 가는 길이었다. 자이츠는 프린스턴에서 물리학 박사 학위를 딸 예정이어서 쇼클리가 자이츠를 프린스턴에 데려다 주기로 한 것이었다. 쇼클리는 여행에 앞서 장전된 권총을 구해 조수석의 사물함에 넣어뒀다. 둘은 애리조나, 뉴멕시코, 텍사스, 아칸소를 지나는 남쪽 길을 택했는데 하마터면 여행길에서 죽을 뻔했다. 사막을 달릴 때는 며칠 밤 동안 폭우가 쏟아져 앞을 보기가 힘들었고, 켄터키에서는 2차선 도로의 두 차선을 모두 차지하고 산 굽이 길을 돌던 트럭 두 대와 정면충돌하는 것을 가까스로 피했다. "하나님이 보살피셨는지, 좁은 갓길이 있었던 덕분에 앞에서 오는 트럭을 겨우 2센티미터 차이로 피할 수 있었지요. 제 평생 그 몇 초만큼 죽음에 가까웠던 적이 없었어요." 자이츠는 이렇게 회상했다. 며칠 후 달밤에 친구를 뉴저지에 내려준 쇼클리는 아름다운 프린스턴의 캠퍼스를 보고 놀랐다. 다음 날 MIT에 도착하자 주변 공장의 연기가 강한 바람을 타고 얼굴로 날아들었고, 캠퍼스의 건물도 학교라기보다는 공장 건물 같았다. 그 모습을 본 쇼클리는 자신이 실수한 것은 아닐까 생각하기도 했다. 하지만 MIT는 결국 쇼클리에게 좋은 경험이 되었다. MIT에서 양자역학 기초 지식을 쌓았고, 훗날 그의 진로에 결정적인 역할을 할 두 친구를 만났기 때문이다. 그 두 사람은 급우였던 짐 피스크와 교수였던 필립 모스Philip Morse였다.

쇼클리가 이삼십대였을 때도, 쇼클리를 아는 사람은 그에게 혼란스러운 감정을 느꼈다. 그는 호감가는 인물이었을까? "어떤 면에서는 그랬습니다." 그의 전 동료였던 필 앤더슨Phil Anderson의 말이다. 쇼클리의 에너지와 물리학에 대한 끝없는 열정은 동료들을 끌어들일 정도로 전염성이 있었고, 동료들은 적어도 잠시 동안만은 그의 공격적인 자아를 눈감아주었다. 쇼클리는 따뜻하고 재치 있고 재미있었기에 함께 있으면 즐거운 사람이었다. 게다가 직장이라는 공적 환경에서 쇼클리는 더욱 빛을 발했다. 훗날 노벨상을 수상한 이론 물리학자인 앤더슨은 다음과 같이 덧붙인다. "그는 제가 아는 사람 중에 가장 두뇌 회전이 빨랐습니다." 모두 빠르게 움직이는 연구소에서 쇼클리는 특히 더 빨랐다. 동료인 애디슨 화이트는 이렇게 말했다. "그의 지능은 정말 대단했습니다. 쇼클리가 무슨 말을 하면 바로 맞는 말인 걸 알 수 있었지요."

쇼클리는 특히 어려운 문제를 해결하는 방식이 남달랐다. 문제를 훑어보고는 방법을 금방 찾아 순식간에 답을 찾아냈는데, 그 방법이란 보통 거꾸로 푼다든지 뒤집어서 푼다든지 다른 사람은 보지 못하는 구멍을 찾아서 푼다든지 하는 등 '비정상적'인 방법이었다. 1936년에 MIT에서 쇼클리를 만난 머빈 켈리는 이런 재능을 바로 알아봤다. 쇼클리는 훗날 이렇게 이야기했다. "켈리가 저와 이야기를 나눈 후에 바로 뉴욕에 전화를 걸어 제게 입사 제안을 해도 되는지 확인하는 모습을 보고 감명을 받았습니다. 제가 그 자리에서 바로 결정을 내려야 하는 상황이었거든요."

켈리가 이끄는 웨스트 가의 연구 부서에서 쇼클리는 호기심이 끌리는 곳이라면 어디든 가도 된다는 사실을 알게 됐다. 그리고 쇼클리의 종착지는 대개 고체 물리학이었다. 또한 그는 연구소가 실험 물리학자와 이론 물리학자가 함께 일하기를 장려하고, 화학자와 금속공학자도 얼마든지 함께할 수 있다는 사실도 알게 됐다. 이들 과학자 사이의 관계 자체는 가벼웠지만 업무는 가볍지 않았다.

새로 입사한 기술직 직원은 모두 종이와 가죽으로 양장 제본이 된 200쪽의 줄 노트를 지급받았다. 쇼클리 아래에서 일한 실험 물리학자인 월터 브라운Walter Brown의 증언에 따르면, 대부분의 연구실에 노트를 놓는 탁자가 있었다고 한다. "가로 45센티미터, 세로 30센티미터 정도의 크기에 다리는 세 개였고 검은 칠이 돼 있었습니다. 탁자 위에 놓인 노트에는 실험 내용과 실험 결과는 물론 미래를 위한 아이디어와 계획을 기록했습니다. 가치가 있다고 생각되는 결과나 아이디어는 다른 엔지니어가 확인한 후 서명을 했습니다. 아이디어를 발견한 시간을 기록으로 남기기 위해서였지요." 과학자들은 페이지를 뜯어낼 수 없었고 종이 낱장을 노트에 끼워 넣을 수도 없었다. 브라운이 말을 이었다. "한 번 쓴 것은 지울 수 없었습니다. 실수 위에는 줄을 그어 표시했고, 줄을 그은 사람의 머리글자도 써야 했습니다." 또한 노트에는 번호가 매겨져 있어서 어느 과학자가 몇 번 노트를 지급받았는지 기록됐고, 관리자들과 연구소 변호사들이 번호를 관리했다. 누가 무슨 일을 했는지에 대해 혼란이 생기면 안 됐기 때문이다. 이 노트들이 특허 출원의 근거가 됐다.

1939년 후반에 쇼클리는 전자 증폭기 제작 방법에 대한 아이디어를 정립했다. 해럴드 아널드가 만들었던 구식 중계기 진공관과 비슷했지만, 이번에는 고체 재료로 만드는 것이었다. 켈리가 진공관 작업실을 관리하던 시절 이후로 진공관 생산에도 발전이 있었지만 근본적인 문제는 여전했다. 진공관은 깨지기 쉽고 전력 소모가 많았고 발열이 심했던 것이다. 쇼클리가 그랬듯이 처음 고체 증폭기 제작을 시도할 때는 진공관의 구조를 본떠 만들었다. 쇼클리는 나중에 다음과 같이 회상했다. "작동하는 '고체 증폭기'에 대한 기록이 노트에 처음 등장한 것은 1939년 후반이었던 것으로 기억한다." 정확히는 1939년 12월 29일이었다. 쇼클리는 그때 이미 반도체(구리처럼 전도성이 좋지도 않고 유리처럼 절연성이 좋지도 않고 그 중간에 있었기 때문에 그런 이름이 붙었다)라는 물질이 진공관을 대체할 이상적인 고체 재료일 수도 있다는 결론을 내린 상태였다. 반도체는 특정 상황에서 '정류기'로 기능하기도 했다. 즉, 반도체에 흐르는 전류가 한 방향으로만 흐르도록 한다는 말이다. 이런 속성으로 인해 반도체는 특정 전자회로에서 유용하게 활용될 가능성을 지니고 있었다. 쇼클리는 반도체를 이용해 전류를 증폭하는 방법도 있을 거라고 생각했다. 그는 직관적으로 흔한 반도체인 산화구리부터 시험을 해봐야겠다는 판단을 내렸다.

쇼클리는 실험 물리학자보다는 이론 물리학자로서 훨씬 뛰어났다. 한편 웨스트 가에서 그의 동료였던 월터 브래튼은 벨 연구소 최고의 실험 물리학자였다. 브래튼은 못 만드는 게 없다는 것을 자랑으로 삼고 있었다. "하루는 쇼클리가 저를 찾아와서 산화구리 정류기를 잘만 만들면 증폭기가 될 수도 있을 거라고 말했습니다. 저는 그 말을 가만히 들었지요. 저는 쇼클리와 사이가 좋았기 때문에 설명을 다 듣고 나서는 코웃음을 쳤어요." 브래튼은 이미 다른 동료와 함께 그와 비슷한 아이디어를 실험해본 적이 있었던 것이다. 그러나 쇼클리는 집요하게 브래튼을 설득했고, 브래튼은 결국 쇼클리가 정한 사양에 따라 시험 제작 원형을 만들어주기로 약속했다. 1940년 초겨울 브래튼은 쇼클리의 사양에 따라 두 대를 만들었다. 그리고 브래튼이 이렇게 말했다 "시험을 해보니 결과물이 전혀 없었습니다. 증명된 것이 전혀 없었다는 말입니다."

그러나 쇼클리는 자기 아이디어가 틀렸다고 생각하지 않았다. 그리고 나중에 그때 그 증폭기 실험을 계속 발전시킬 수 있었다면 어떻게 됐을지 생각하곤 했다. 하지만 실험은 어쩔 수 없이 중단됐다. 사실은 연구소의 누구도 평소의 작업을 계속할 수 없었다. 그것은 유럽에서 들려온 소식 때문이었다. 독일이 1939년에 폴란드를 침공한 데 이어 1940년 봄에 벨기에, 프랑스, 네덜란드를 차례로 침공한 것이다.

4장

연구소가
전쟁에 참가하는 방법

1940년 중반, 벨 연구소의 연구 부서는 연구에서 거의 손을 뗀 상태였다. 연구소 일의 75퍼센트가 군용 전자 기기를 개발하는 일이었기 때문이다. 처음에는 유럽의 연합군을 돕기 위해서였고, 얼마 후부터는 미육군과 해군을 지원하기 위해서였다. 벨 연구소 소장 프랭크 주잇은 거의 모든 시간을 워싱턴에서 보내며, 미국의 과학자들이 전쟁에 기여할수 있는 방안에 대해 정치 지도자들에게 조언을 했다. 연구소 부소장이던 올리버 버클리는 전화 회사의 운영에 필요한 업무에 집중했다. 벨연구소의 한 연구원에 따르면 제2차 세계대전 때 버클리는 벨 연구소를 실질적으로 머빈 켈리에게 맡겼다. 실제로 버클리는 그 시점부터 켈리에게 연구소의 일상 업무를 관리하게 했다. 전쟁 발발 이후로 켈리의연구 부서는 거의 해체된 채, 여러 개의 개발 프로젝트를 진행하고 있었기 때문이다.

유럽에서 전쟁이 발발한 후 연구소가 처음으로 맡은 일 중 하나는 주 잇의 정치적 연줄에서 비롯된 것이었다. 정부의 명령을 받아 핵반응에 대한 최신 논문 몇 편의 내용에 비춰 평범한 우라늄으로 무기를 만드는 것이 실제로 가능한지 알아내는 것이었다. 켈리는 쇼클리와 짐 피스크 (쇼클리가 MIT에서 만난 친구로, 연구소의 물리학 부서에 입사했다)에게 따로 시 간을 내서 보고서를 작성해달라고 부탁했다. 쇼클리가 계산을 거의 도 맡다시피 했다. 두 사람은 곧 천연 상태의 우라늄으로는 파괴적인 무기 를 만들 수 없다는 결론을 내리는 한편, 특수하게 농축한 우라늄 덩어 리를 가까이 두면 지속적인 저준위 반응을 유발할 수 있다는 가설을 세 웠다. 쉽게 말하면 원자로를 만드는 법을 알아낸 것이다. 두 사람은 이 아이디어에 대해 특허를 받으려고 했지만, 정부와 특허 법원의 반대에 부딪혔다. 피스크의 회상에 따르면 그 이유는 물리학자 엔리코 페르미 와 레오 실라르드Leo Szilard가 거의 같은 시기에 같은 아이디어를 생각했 기 때문이었다. 누가 더 빨랐는지는 모르겠다. 아마 앞으로도 아무도 모를 것이다.

켈리와 마찬가지로 쇼클리도 한 가지 프로젝트를 오래 붙잡고 있지 않았다. 샤워할 때 아이디어가 떠올라 발견한 원자력의 기초 개념은, 정신없는 와중에 발생한 흥미로운 일 정도에 지나지 않았다. 실제로 그 는 일정이 매우 바빴기 때문에 끊임없이 움직여야 했다. 1940년 켈리 는 쇼클리에게 레이더라는 신기술을 응용한 제품을 개발하는 기밀 프 로젝트를 맡겼다.

다른 기술직 직원들은 켈리와 데이비슨이 20년 전 제1차 세계대전 때 그랬듯이 연구를 잠시 제쳐놓으라는 지시를 받았다. 이 문제에 대해 연구소의 임원진에게 항의를 하는 건 아무런 소용이 없었다. 지시를 내리는 것은 켈리였기 때문이다. 그는 여전히 젊었을 때와 마찬가지로 무뚝뚝했으며 강압적이고 때로는 무시무시하게 권력을 휘두르는 상사였다. 그리고 켈리 부서의 연구원들은 전쟁에 참여하는 데 이의가 없었다. 찰스 타운스는 일을 시작한 지 얼마 안 됐을 때 타임스 광장을 걷다가 전혀 모르는 사람에게 "제복을 안 입었군! 부끄러운 줄 알게! 자네 나이의 남자라면 제복을 입고 전쟁에 참여해야 마땅하지."라는 말을 듣기도 했다. 하지만 타운스는 일주일에 50~60시간 동안 전쟁에 참여하고 있는 셈이었다. 그러나 전쟁의 승패에서 기술도 전략만큼 중요한 역할을 한다는 사실을 모르는 대중은 과학자들의 역할에 대해 잘 알지 못했다.

국내 전선에서는 전쟁으로 인해 기존에 확립된 과학, 공학, 사업의 표준이 완전히 뒤집혔다. 머빈 켈리는 오래전부터 과학 연구란 '미지에 대한 추구'로서 본질적으로 기업이나 정치와는 무관하다는 생각을 지니고 있었다. 1940년대 초까지 위대한 과학적 발견은 경계와 국경을 초월하는 것이었다. 켈리의 친구인 시카고 대학의 로버트 밀리컨이나 벨 연구소의 데이비 데이비슨의 연구도 마찬가지였다. 이들의 연구 결과는 국제적인 학회와 합동 연구를 통해 널리 공유되고 서로 논의하고 발전했다. 그러나 공학 분야는 달랐다. 켈리는 공학을 '과학을 응용하여 사회에 영향을 미치는 문제를 해결하는 일'로 정의했다. 엔지니어들은 자신의 산업과 국가를 위해 과학이라는 '공공 저수지'에서 물을 길었다. 따라서 엔지니어들은 평시에는 자동차나 전화 장비 등 돈이 되는 상품을 주로 만들었고 전시에는 군함, 군용 비행기, 군수품과 군용 통신 장비를 주로 만들었다. 전시에는 엔지니어들에게 또 다른 책임이 주어졌다. 모든 것을 더 좋게 만들 뿐만 아니라 더 빨리 만들어야 했던 것이다. 즉, 상품을 개선하는 동시에 공정도 개선해야 했다.

1943년 여름에 켈리는 「다리The Bridge」라는 공학 잡지에 기고한 글을 통해, 연합군의 싸움에 대한 미국 엔지니어들의 기여를 알렸다. 특히 미국 산업이 추축국의 군사경제를 빠른 속도로 따라잡았음을 지적했다. 그는 이렇게 말했다. "일부 기술 분야에서 평시였다면 10~20년이 걸릴 만한 속도의 발전을 4년 만에 이뤘다." 당시 벨 연구소에서 제작됐던 제품 중에는 4년 전까지만 해도 존재하지 않았던 것이 많았다. "이 놀랍도록 짧은 기간에 우리는 수많은 군수품을 개발하고 설계하고 생산했으며, 전례 없는 속도로 그 생산 속도를 끌어올렸다. 그렇게 생산된 군수품은 현재 미 육군 및 해군에서 유용하게 사용하고 있는 군수품의 대부분을 차지한다." 다시 말해 빠르게 늘어나는 전화 시스템에 대한 평소의 수요가 발명의 원동력이었다면 전쟁은 여기에 박차를 가했던 것이다.

한 가지 당연한 이유는 전쟁으로 긴박감이 형성됐기 때문이다. 켈리가 즐겨 들던 예 한 가지는 전화 필터에 사용되는 석영 결정의 공급 문제였다. 전화 필터는 케이블의 양끝에서 신호를 뒤섞고 푸는 역할을 하는 중요한 장비인데, 1930년대 후반 남아메리카에서 들어오는 석영의 양이 눈에 띄게 줄어들었다. 전 세계가 귀중한 자원을 놓고 경쟁하기 시작한 것이다. 켈리는 이렇게 설명했다. "우리는 전쟁이 터지기 전부터, 연구실에서 석영을 기르는 실험을 하고 있었다. 용액을 이용해서 석영과 똑같은 전기적, 기계적 특성을 지닌 결정을 기르는 실험이었다." 전쟁을 계기로 실험에 속도가 붙었다. 기술자들은 실제로 화학물질(과학자들은 100번에 가까운 실험 끝에 이 화학물질의 조성을 결정했다)이 담긴 수조에 작은 '씨앗'을 넣으면, 커다란 얼음사탕처럼 생긴 15센티미터 길이의 인공 결정을 길러낼 수 있다는 사실을 발견했다. 「뉴욕 타임스」의 설명에 따르면, 그 시점에서 완전히 자라난 결정을 수조에서 꺼낸 다음 얇게 잘라서 특정한 두께가 될 때까지 연마하고, 특수한 받침대에 끼운 후 전기 회로에 설치했다. 켈리가 보기에 이것은 미국의 과학자와 엔지니어가 전쟁에 어떻게 반응했는지를 잘 보여주는 예였다. 연구소에서 생산된 인공 결정의 수는 수십만 개에 달했다.

또한 전쟁과 함께 신기술 연구에 엄청난 돈이 흘러들어 왔다. 연방 정부는 장비 개발을 최대한 앞당기려고 1941년경부터 수억 달러에 달하는 자금을 웨스턴 일렉트릭, 벨 연구소 등의 공학 회사에 쏟아붓기 시작했다. 진주만 피습 이후 몇 년 동안 벨 연구소는 군을 위해 전차용 무전기로부터 산소마스크를 쓴 조종사를 위한 통신시스템, 비밀통신을 암호화하는 기계에 이르기까지 거의 1,000건에 달하는 프로젝트를 진행했다. 이에 따라 켈리는 직원 수를 수천 명 더 늘려야 했다. 전쟁 전에 4,600명이었던 연구소 직원이 전쟁 중에 9,000명으로 두 배나 불어났다. 올리버 버클리의 글에 따르면, 웨스트 가의 사무실에는 몸을 돌릴 공간도 없었다. 엘리베이터는 직원으로 들어차서 끼어 타기도 힘들었다. 또한 주 6일 근무가 실시됐다.

모든 새로운 직원들이 예전의 전화 엔지니어와 잘 조화가 되는 것은 아니었다. 약 700명의 벨 연구소 직원이 현역 군인으로 복무했다. 「벨 연구소 기록지에는 이런 내용이 있다. "괌에 연구소 사람이 너무 많아서, 마치 서태평양 지부를 연 것 같았다." 연구소의 임원진은 군 복무 중인 남직원을 대체하기 위해 수백 명의 여직원들을 고용했다. 게다가 연구소에서는 연구소의 기저에 흐르던 반유대주의에 대항해 처음으로 유대인을 고용하기 시작했다. 물론 켈리는 반유대주의자가 아니었던 것이 분명하다. 이런 변화가 일어난 정확한 이유는 알 수 없다. 그러나 연구소 직원 몇 명이 훗날 회상하기로는, 1940년쯤에는 전쟁의 여파로 인해 벨 시스템에 예전부터 존재하고 있던 편견이 사라지고 있었다고 한다. 이와는 조금 다르게 능력을 중시하는 벨 연구소에서 종교를 이유로 최고의 과학자를 외면하면 경쟁력에 저해가 된다는 사실을 알았기 때문이라는 해석도 있다. 쇼클리의 MIT 동료인 젊은 과학자 리처드 파인먼을 맨해튼 프로젝트에 내어줌으로써 이미 그런 실수를 저질렀던 것에 대한 반성인지도 모른다. 이유야 어찌 됐든 연구소의 나이 많고 완고한 과학자 중에는 켈리의 전시 체제와 유대인 고용을 못마땅하게 생각하는 이들도 있었다. 예를 들어 대도시 사이에서 전화 신호를 전달하는 굵은 동축 케이블을 발명했으며 올리버 버클리의 선임 고문이었던 로이드 에스펜시드Lloyd Espenschied는 공공연한 고립주의자였다. 전쟁이 한창일 때, G. E. 슈워츠라는 육군성의 조사관이 웨스트 가에서 근무 중이던 에스펜시드를 찾아갔다. 에스펜시드는 슈워츠의 질문에 다음과 같이 답했다. "우리가 이 꼴이 된 것은 영국인과 유대인의 선전, 루즈벨트의 제국주의 때문입니다."

프랭크 주잇과 올리버 버클리는 에스펜시드의 '엄청난 어리석음'에 경악했다. 두 사람이 못마땅해한 것이 에스펜시드가 이야기한 내용 때문이었는지, 그런 이야기를 공개적으로 했다는 사실 때문인지는 분명하지 않다. 주잇은 이 대화에 대한 개인적인 수기에서 다음과 같은 관점을 밝혔다. "그의 문제는 자신의 관점을 무절제하게 드러내려고 하는 것이다." 그 후 에스펜시드는 전쟁과 관련된 업무에 관여하는 것도, 그런 업무를 맡은 연구소 직원과 접촉하는 것도 금지당했다. 그러나 해고당하지는 않았다. 버클리는 이 사건에 대한 보고서를 작성하여 '기밀 F. B. I.'라는 도장을 찍어 보관했다. 주잇과 버클리는 무엇보다도 연구소에 최고의 엔지니어 한 명이 애국심과 적극적인 참전으로 유명했던 연구소의 명성에 누를 입힐까 봐 걱정됐을 것이다.

하지만 그런 걱정은 불필요한 것이었는지 모른다. 켈리 휘하에 있는 수천 명의 남녀 직원들은 군수품 개발에 열중하고 있었고, 그들의 공헌에 대해 대중의 인지도도 높아지고 있었다. 언론은 '물리학자의 전쟁'을 여러 가지 측면에서 조명하며 찬사를 보냈다. 그럼에도 많은 기술직 직원들은 전시 상황에서 힘든 철학적 변화를 겪어야 했다. 과학자의 아이디어는 공개와 전파를 통해 힘을 얻는다. 그러나 엔지니어의 아이디어는 기밀이 유지돼야만 힘을 얻을 수 있었으며, 전시에는 더욱 그러했다. 제2차 세계대전 발발 후 몇 년 동안 '레이더(전파 탐지 및 거리 측정)'라는 단어는 대중에게 거의 알려지지 않았다. 그 결과 「뉴욕 타임스」의 한 기자는 레이더가 '이 전쟁에서 가장 철저하게 지켜지는 기밀'이라고 말하기도 했다. 그 말은 사실이 아니었다. 맨해튼 프로젝트야말로 극비리에 진행됐기 때문이다.

그러나 벨 연구소에서 일하는 켈리의 직원들에게는 그 말이 어느 정도 사실이었다. 레이더 시스템을 개발하고 있는 직원들은 아내를 비롯해 누구에게도 그 내용에 대해 말해서는 안 됐고, 레이더와 그 자매 기술인 해저 탐지와 관련된 모든 정보는 전쟁이 끝날 때까지 철저히 비밀에 부쳐졌다. 예를 들어 1940년대 초반에 음향학 지식으로 벨 연구소의 수중 음파 탐지기 개발에 기여한 하비 플레처는 승전이 선포된 후 50년이 지날 때까지도 자신의 역할에 대해 말하지 않으려고 했다. 켈리 또한 전시에 자신이 한 일에 대해서 자세히 말한 적이 없었고, 군사에 관련된 개인 서류를 파쇄하거나 폐기했을 가능성이 높다. 비밀주의로 인해 켈리의 임무와 권한을 알기가 어려웠다. 연구소의 제2차 세계대전 관련 업무에 대해 300쪽에 달하는 내부 기록이 편찬됐을 때도, 켈리의 이름은 한 번도 언급되지 않았다.

레이더 기술은 세부적으로 들어가면 간단하지 않을지 몰라도 원리 자체는 상당히 간단했다. 벨 연구소 직원들에게 배부된 문서에 보면, 레이더는 고주파 전파의 반사를 이용해 공간 속에서 보이지 않는 물체의 존재와 위치를 파악하는 강력한 전자 '눈'이라 할 수 있다고 설명했다. "레이더 시스템은 구체적으로 다음의 기능을 수행한다. (1)고출력 전파를 생성하고, (2)안테나를 통해 이 전파를 좁은 빔의 형태로 방출하고, (3)사거리 내에 있는 물체에 부딪혀서 돌아오는 전파를 감지하고, (4)전파를 해석해 형광 화면에 일정한 형태로 나타낸다." 이 문서에는 이 전파가 빛의 속도인 초속 30만 킬로미터로 이동한다는 내용도 있었을지 모른다. 따라서 레이더 전파가 안테나에서 출발해 다시 안테나로 돌아오는 시간을 측정하면, 거리는 속도에 시간을 곱한 값이라는 지식에 근거해 보이지 않는 물체까지의 거리를 산정할 수 있었다(레이더 장비는 전파의 이동 거리를 반으로 나누도록 설계됐다. 장비를 조작하는 사람에게는 왕복 거리가 아닌 편도 거리가 필요했기 때문이다). 이 모든 일이 순간적으로 일어났다. 물체가 레이더로부터 914미터 떨어진 곳에 있는 경우에는 반사파가 돌아오는 데 600만분의 1초밖에 걸리지 않았다.

레이더를 개발하는 과학자들은, 원자폭탄은 전쟁을 끝냈을 뿐이며 전쟁에 이긴 것은 레이더 덕분이라는 말을 하곤 했다. 이것이 소수의 의견은 아니었다.

미군의 레이더 프로젝트는 복잡성 면에서는 맨해튼 프로젝트와 비슷했으나 몇 가지 차이가 있었다. 우선 레이더는 미국 정부가 가장 많은 자금을 투자한 프로젝트였다. 원자폭탄에 20억 달러를 투자한 반면 레이더에는 30억 달러를 투자했던 것이다. 게다가 레이더 장비는 한 가지가 아니라 여러 가지였다. 기술적 원리는 모두 비슷했지만 지상, 수중, 공중에서 사용되는 장비는 수십 가지였다. 무엇보다 중요한 점은 레이더가 공격용 무기이면서 방어용 무기이기도 했다는 점이다. 레이더는 적기를 탐지하고, 총알 및 폭탄을 유도하고, 적 잠수함을 발견하고, 짙은 어둠과 안개 속에서 비행기를 착륙시키는 등 다양한 용도로 사용될 수 있었다. 미군에서 레이더가 처음 사용된 것은 1930년대였다. 당시 해군 연구소에 근무하던 과학자 몇 명이 머리 위를 지나가는 비행기에 발신기로 전파를 쏘면 전파의 일부가 반사돼 되돌아온다는 사실을 발견했다. 1937년에 해군은 벨 연구소에 레이더 기술 개량을 도와달라는 요청을 했다. 처음 개발된 장비는 원시적이었고 문제가 많았지만 제2차 세계대전이 시작됐을 때 레이더는 이미 영국에서 사용되고 있었다. 해안을 따라 정교하게 배치한 레이더 기지는 영국군이 독일 폭격기의 맹공격을 막아내는 데 도움을 줬다. 미군 역시 태평양에서 레이더 기지를 사용했다. 진주만 공격 때에도 일본 전투기가 진주만에 도착하기 한참 전에 레이더에 잡혔다. 하지만 기지에 근무하던 장교들이 레이더에 잡힌 신호가 아군기라 생각하고 무시한 것이다.

시간이 지나면서 이와 같은 문제는 극복됐다. 적기와 아군기를 구별하는 방법이 개발된 것이다. 그러나 켈리가 전쟁의 혁신력에 감탄한 계기가 된 1937년과 1943년 사이, 레이더의 빠른 발전에는 수많은 난관이 있었다. 혹시라도 1940년 초에 벨 연구소의 전파 엔지니어들이 이상적인 레이더 장비에 대해 나누는 이야기를 엿들었다면, 진공관의 도움을 받아 전자파(초당 1,000회 정도)를 파장이 10~15센티미터인 좁은 빔의 형태로 쏘아 보내는 기술에 대한 이야기를 들었을 것이다. 이것은 음악과 뉴스를 전달하는 라디오 전파(때로는 파장이 수백 미터에 달하기도 했다)보다 훨씬 짧은 파장이었다. 그마저도 현실이 아니라 이상이었다. 유럽에서 전쟁이 시작됐을 때 초기 레이더 장비에 사용된 진공관은 대부분 파장이 1미터가 넘는 전파를 내보냈다. 이 전파는 너무 분산돼 있어서 조종사들이 목표물을 조준하는 데 도움이 되지 않았다. 게다가 미국 과학자들은 파장 30~40센티미터의 단파를 방출하는 장비를 제작하려다가 진공관의 출력이 부족해서 강한 신호를 내보낼 수 없다는 사실을 발견했다. 「타임스」에서는 이렇게 설명했다. "레이더 기술의 큰 난관은 먼 곳에서도 반사파를 탐지할 수 있을 만큼 강한 출력을 내는 것이었다. 하늘을 향해 레이더 빔으로 방출되는 총 에너지 중에 극히 일부만이 비행기 같은 목표물에 부딪히고, 그중에서도 극히 일부가 수신기로 돌아온다. 엔지니어들의 말에 따르면 방출되는 에너지가 해변의 모래사장이라면,

돌아오는 에너지는 모래 한 알에 지나지 않는다고 한다."

어떻게 해야 강한 단파를 내보내는 장비를 만들 수 있을까? 이 문제에 대한 해결책은 배에 실려 왔다. 1940년 늦여름 영국 과학자들이 기밀 임무의 일환으로 미국에 보낸 검은 상자에 그 해결책이 담겨 있었던 것이다. 상자 안에는 '캐버티 마그네트론cavity magnetron'이라는 것이 들어 있었다. 이것은 버밍엄 대학University of Birmingham의 물리학자 두 명이 발명한 금속 장치로 작은 낚시용 릴처럼 생긴 물건이었다. 벨 연구소의 한 과학자는 다음과 같이 설명했다. "유리구를 통해 부품이 보이는 일반 진공관과 달리, 새로운 관은 음극판과 동축선이 튀어나와 있는 불투명한 구리관이었다." 마트네트론은 내부에 있는 6~8개의 둥근 공동에서 전자를 회전시켜 파장이 10센티미터인 단파와 강한 신호를 내보냈다. 영국 배가 미국에 도착하고 얼마 지나지 않아, 마트네트론은 웨스트 가 연구실의 켈리에게 전달됐다. 벨 연구소가 기술과 설계를 개량하는 데 성공하면 웨스턴 일렉트릭이 마트네트론을 생산하는 것이 합리적이라고 판단한 것이었다. 켈리는 10월 6일 뉴저지 주의 윕패니에 있던 연구소의 작은 지부에서 미국 최초의 마트네트론 시연을 목격했다. 당시 방에 있던 엔지니어들은 마트네트론의 출력에 깜짝 놀랐다. 이것은 레이더 공학 분야의 엄청난 발전이었다. 그날은 그곳에 없었지만 이후 마트네트론 설계를 직접 담당하게 된 물리학자 루이스 알바레스Luis Albarez는 마트네트론을 통해 레이더 기술이 3,000배나 발전했다고 말했다. 그는 또 이런 말을 하기도 했다. "자동차가 그렇게 발전했다면 오늘날의 자동차는 가격이 1달러 정도일 것이고 휘발유 1리터당 400킬로미터를 달릴 수 있을 것이다."

마트네트론의 생산에 앞선 개발 업무는 MIT와 벨 연구소에서 합동으로 진행했다. MIT에서는 수많은 과학자와 나중에는 수천 명에 달한 엔지니어가 조를 짜서, 보안이 철저한 캠퍼스 건물에서 일을 했다. 유리창이 검게 칠해진 건물로 '방사능 연구소'라 불리는 건물이었다. 벨 연구소에서 레이더 프로젝트를 담당한 과학자는 대부분 짐 피스크의 지휘하에 일을 했다. 피스크는 빌 쇼클리와 함께 진행한 우라늄 프로젝트로 신임을 얻었던 것이다. 켈리는 피스크에게 웨스트 가 사무실 근처의 건물에 작업실을 마련하라고 지시했다. 원래 비스킷 공장이었던 건물로 근처에는 뉴욕 경찰서의 마구간이 있었다. 벨 연구소 기술자들은 우선 영국산 마트네트론의 X선 사진을 촬영해서 청사진을 만들었다. X선 사진으로 보면 마트네트론은 내부에 여덟 개의 작은 원이 들어 있는 작은 원형 금속판처럼 보였다. 마치 구식 영사기의 감개 같기도 했다. 그러나 마트네트론을 제작하는 방법은 쉽게 알 수가 없었다. 연구소 엔지니어들은 발명품과 대량생산품 사이에는 엄청난 차이가 있으며 때로는 그 차이를 극복할 수 없다는 점을 알고 있었다. 피스크는 여러 가지 의문을 갖고 있었다. "과연 마트네트론을 빠르게 대량으로 생산할 수 있을 것인가? 동작 수명은 만족스러운가? 효율과 출력을 크게 증가시킬 수 있는가? 비슷한 마트네트론을 파장 40센티미터, 30센티미터, 1센티미터짜리로도 제작할 수 있는가?"

어떻게 보면 피스크가 당면한 일은 켈리의 철학과는 모순되는 것이었다. 피스크는 과학적 연구를 바탕으로 개발을 한 후 대량생산에 착수하는 것이 아니라 역설계를 하고 있었던 것이다. 즉, 이미 존재하는 장치를 분석해서 연구 계획을 수립한 후 그것을 바탕으로 개발에 착수해야 했던 것이다. 그는 얼마 지나지 않아 마트네트론의 크기를 바꾼다고 해서 단파의 출력과 파장이 바뀌는 것은 아니라는 사실을 발견했다. 선박용, 비행기용 마트네트론을 비롯해 여러 가지 마트네트론을 제작하기 위해서는 내부 공동의 크기와 개수, 공동의 모양, 입력 전압 등 마트네트론의 모든 측면을 철저히 연구해야 했다. 피스크는 스케치와 아이디어를 담는 노트를 갖고 다녔다. 그리고 가끔은 클린턴 데이비슨에게 조언을 구하기도 했다. 야위고 조용한 연구원인 데이비슨은 개발에는 참여하지 않았으나 전자와 관련된 어려운 문제가 있다면 언제나 머리를 빌려줬던 것이다.

막 서른이 넘은 피스크가 미국에서 가장 중요할지도 모르는 과학 프로젝트를 담당하게 된 것이었다. 그로부터 2년 전, 대학원 졸업을 앞두고 일자리를 찾기 시작했을 때 그는 옛 MIT 친구인 빌 쇼클리를 만나기 위해 웨스트 가의 연구 부서를 찾아왔다. 피스크가 가고 나서 쇼클리는 동료를 돌아보면서 말했다고 한다. "기억해 둬. 저 친구가 고용된다면 우리는 10년 내에 저 친구 밑에서 일하게 될 거야." 피스크 자신은 벨 연구소에서 일을 시작할 때 관리직에 욕심이 없었지만 전쟁이 그의 경력을 예기치 못한 방향으로 틀어버렸다. 피스크는 전시의 마트네트론 프로젝트에 참여한 여러 연구원에 대해서 이렇게 말한 바 있다. "일이 모두 끝났을 때, 우리는 다른 사람이 돼 있었다." 한편 켈리는 맨해튼 중앙의 한 호텔에서 점심을 먹으며 처음 피스크에게 일자리를 제안했을 때부터 관리자로서의 재능을 알아봤다. "짐은 머빈의 수제자였습니다." 켈리의 사위가 말했다.

피스크는 뉴저지 쇼트힐즈에 있었던 켈리의 자택을 자주 찾았다고 한다. 데이비슨, 버클리, 가끔 미국에 올 때마다 켈리를 찾는 물리학자 닐스 보어와 함께 켈리의 단골손님이 된 것이다. 어떤 면에서 피스크와 켈리는 공통점이 많았다. 둘 다 머리 회전이 빨랐고 의사 결정에 타고 난 재능을 보였다. 그리고 둘 다 골프와 원예를 좋아했다. 켈리는 꽃을 기르고 피스크는 채소를 기르긴 했지만 말이다. 늘씬하고 귀족적이고 정중하고 차분한 피스크는 스승보다 조금 더 세련된 인물이었다. 항상 시가를 들고 있었던 그에게는 켈리에게 없는 부드러움과 생기가 있었다. 그들은 뉴욕을 출발해서 시카고에 있는 웨스턴 일렉트릭 공장으로 가는 일이 흔했는데 동료들과 오랜 기차 여행을 하고 나면 피스크는 때때로 서던 컴포트Southern Comfort: 과일, 향신료, 위스키 향료로 빚은 미국 술를 한 병 꺼내서 돌리곤 했다.

피스크는 수상쩍은 약을 파는 돌팔이 의사의 고객 명단에 동료의 이름을 올리는 일을 즐겼다. 친구 한 명이 일주일간 뉴햄프셔의 휴양지로 떠났을 때는 암흑가의 폭력배가 일당에게 보내는 지시를 흉내 내서 전보를 몇 통 보내기도 했다. 옛 비스킷 공장에 마련된 마트네트론 연구실에서 피스크는 가끔 철도 엔지니어의 줄무늬 모자를 쓰고 줄무늬 작업복을 입은 채 회의에 참석했다. "우리는 모두 엔지니어니까요." 그는 이렇게 말하곤 했다. 그의 친구 래리 워커Larry Walker에 따르면, 비스킷 공장에서의 작업은 허리 높이의 칸막이가 있는 1층의 커다란 방에서 이뤄졌다고 한다. 워커는 그때를 이렇게 회상한다. "사무실에 앉아 있으면 지나가는 사람의 상체만 보였지요. 피스크는 나가면서 누군가와 눈이 마주치면 걸어가면서 무릎을 점점 굽히곤 했습니다. 그걸 본 사람이라면, 턱을 들고 눈은 정면을 향한 채로 바닥의 구멍 속으로 사라지는 듯한 피스크의 모습을 잊을 수가 없었을 겁니다."

사람들은 켈리를 두려워하는 것과 같은 이유로 피스크를 좋아했다. 그는 얼마 지나지 않아 '피스크 식' 경구로 유명해졌다. "뭘 해야 할지 모르겠으면 아무거나 해라."라든지, "우리는 기한을 하나도 지키지 않고 모든 기한을 넘기는 데 성공했습니다."라는 식이었다. 마트네트론 프로젝트도 그렇게 될 것만 같은 상황이었다. 직원들은 밤까지 새어 가면서 원래 모델의 생산에 돌입할 뿐만 아니라 장치를 개량해서 새로운 용도를 개발해야 하는 엄청난 어려움을 해결하려 애쓰고 있었다. 피스크의 팀이 겪은 최악의 시기는 진주만 공격 다음날 작동하지 않는 마트네트론 더미(진공 상태가 나빴던 것이 분명하다) 사이에 앉아 태평양에서 전해지는 암울한 소식을 들었을 때였다. 작업이 한창일 때 피스크는 상어의 추진 체계를 연구하면 해전에 응용할 수 있겠다는 생각을 했다. 아마도 힘든 주 6일 근무 와중에 머리를 식히려던 것이었으리라. 그는 벨 연구소 경영진을 상대로 건물의 지하에 수영장을 건설한다는 명목으로 5만 달러를 요청해보기로 했다. 이것은 그럴싸해 보이도록 꾸민 장난이었다(실제로 한참 후 벨 연구소에서는 생물학적 체계도 연구 주제로 받아들여진다). 피스크의 요청은 몇 건의 승인을 받고 위로 올라갔지만, 켈리가 대번에 그 요청을 거절했다.

* * *

피스크와 그 휘하의 직원들은 결국 새로운 레이더 기기에 사용될 열다섯 가지의 마트네트론 설계를 내놓았다. 그의 팀은 결과물을 웨스턴 일렉트릭에 전달했고 웨스턴 일렉트릭은 제2차 세계대전에 사용된 레이더 장비의 절반 이상을 생산했다. 벨 연구소의 스타였던 빌 쇼클리는 처음부터 레이더 작업에 관여했지만 전쟁을 계기로 다양한 기회가 찾아왔다. 1942년 초에 쇼클리는 친구였던 필립 모스에게서 한 가지 제안을 받았다. 모스는 MIT 교수로서 당시에 워싱턴에서 흔히 'ASWORG'라고 일컬어지는 '대잠수함 작전 연구 단체Anti-Submarine Warfare Operations Research Group'를 조직하고 있었다. 모스는 쇼클리에게 이 단체의 연구 책임자가 돼 달라고 부탁했고, 켈리는 그에게 휴직을 허락했다. 소규모 두뇌 집단인 ASWORG의 구성원 중에는 통계학자와 물리학자는 물론, 체스 그랜드마스터도 있었다. 그들은 머리를 맞대고 복잡한 확률 계산을 통해 군사 문제를 해결했다. 처음에 그들에게 주어진 임무는 대서양을 누비며 파괴를 일삼던 독일 유보트U-boat를 어떻게 하면 보다 잘 탐지하고 파괴할 수 있을지 계산하는 것이었다. 이 작업은 실험적이기보다는 개념적인 것이었기에 쇼클리와 잘 맞았다. 그는 동료들과 함께 통계 정보를 보면서 보다 효율적인 전투 방법을 궁리했다.

초반에 이들에게 주어진 한 가지 문제는 "왜 연합군 비행기에서 투하하는 폭탄은 수면에 올라온 독일 잠수함을 폭파하지 못할까?"라는 것이었다. 쇼클리는 폭탄이 약 23미터 깊이에서 폭발하도록 설정돼 있다는 사실을 깨달았다. 수면에 있는 잠수함을 침몰시키기에는 너무 깊은 곳에서 폭발했던 것이다. 쇼클리는 폭발 깊이를 9미터로 바꿀 것을 제안했다. 모스에 의하면 폭발 깊이를 변경하고 두 달 후에 연합군의 폭탄으로 침몰하는 잠수함의 수가 5배로 증가했다고 한다.

쇼클리를 비롯한 ASWORG 구성원들은 현장에는 거의 나가지 않았다. 그러나 군 관계자들은 책상머리에 앉은 민간인 과학자들이 내놓는 의견의 효과를 마지못해 인정할 수밖에 없었다. ASWORG팀은 IBM 데이터 처리 시스템의 도움을 받아서 미군의 모든 대잠수함 작전에 대한 기록을 관리했다. 그들은 컴퓨터 전문가 한 명과 보험계리인 몇 명을 초빙해서 '명중'과 '빗나감'에 대한 데이터를 분석했다. 쇼클리는 이 작업에 심취했다. 실제로 워싱턴에서의 일정이 점점 바빠짐에 따라, 쇼클리는 대학생 회관에 방을 얻어서 워싱턴으로 이사를 했고 주말에만 가끔씩 기차로 뉴저지 주 매디슨의 집에 돌아가 가족을 만났다. 따라서 결혼 생활은 순탄하지 않았다. 딸과 갓난아이인 아들을 거의 보지 못했다. 그는 또 지칠 때까지 스스로를 밀어붙이기 시작했다. 그때부터 너무 바빠서 도저히 정리할 수 없는 삶을 정리하려 애쓰는 것이 그의 새로운 습관이 됐다.

쇼클리는 전쟁이 시작된 후 죽을 때까지 여러 개의 달력과 일지를 사용하며 군 관련 작업과 연구 작업, 가정생활을 따로 관리했다. 전쟁 관련 일지만 보더라도 그의 삶이 운동, 병원 방문, 기차 여행, 점심 모임과 저녁 모임은 물론 아이디어와 약속과 전화 통화로 꽉 차 있었음을 알 수 있다. 게다가 여행 일정마저 정신이 없었다. 그는 육군 장관으로부터 기밀 정보 취급 인가와 함께 국내에서 언제든 마음대로 민간 항공기를 탈 수 있는 권한을 부여받았다. 일정상 국내는 물론 유럽도 오가야 했다.

일, 여행, 전쟁의 압력, 그 모든 것이 쇼클리에게 부담이었다. 게다가 쇼클리는 여남은 명의 부하를 힘겹게 관리하고 있었는데, 그중 몇 명은 쇼클리가 보기에 자기만큼 똑똑하지도 열성적이지도 않았다. 처음으로 쇼클리의 한계가 드러나기 시작한 것이다. 즉흥적인 유머로 방에 가득 찬 과학자들의 긴장을 풀어준다든지 부하 직원들에게 하고 싶은 일을 자유롭게 하게 해주는 등, 친구인 짐 피스크가 이처럼 쉽고 자연스럽게 할 수 있었던 일이 쇼클리에게는 어려웠다. 사람을 관리하는 일이 도무지 맞지 않았던 것이다. 그로부터 약 50년 후 쇼클리의 전기 작가인 조엘 셔킨Joel Shurkin은 쇼클리의 개인 서류 중에서 봉인된 편지 봉투를 발견했다. 봉투는 이 시기의 것이었고 그 안에는 아내에게 방금 자살을 시도했다는 말을 전하는 내용이 들어 있었다. 리볼버로 러시안 룰렛을 한 것이었다. "총알이 장전된 약실이 격침 아래에 오게 될 확률이 6분의 1이었다." 그는 이렇게 쓰고는, 특유의 정확성을 발휘해 다음과 같이 덧붙였다. "물론 그래도 불발 확률은 있었다." 그는 아내에게 가정 문제에 좋은 해결책을 찾지 못해서 미안하다고 사과했다. 쇼클리는 편지를 아내에게 부치지 않고, 다시 전쟁과 관련된 일에 착수했다.

벨 연구소의 부소장인 올리버 버클리는 1944년 1월에 군 복무로 휴직 중이었던 벨 연구소 직원들에게 일괄적으로 편지를 보냈다. 때는 전세가 연합군에게 유리해지기 전이었다. 디데이D-day: 연합군이 노르망디 해안에 상륙한 1944년 6월 6일을 가리킴와 유럽 침공까지는 6개월이 남아 있었다. 그러나 점점 희망적인 소식이 들려오고 있었다. "전후 계획에 대한 이야기가 많이 들려오고, 다른 회사에서는 전후에 대비해 연구 및 개발을 진행하고 있다는 소식도 들립니다." 버클리의 편지는 이런 내용이었다. "하지만 우리는 그렇지 않습니다. 우리는 승전을 목도한 후에 다음 작업에 착수할 것입니다."

이 말은 사실이 아니었다. 머빈 켈리는 그로부터 거의 1년 전에 29쪽 분량의 글을 쓰기 시작했다. '벨 전화 연구소와 웨스턴 일렉트릭의 전후 문제에 관한 중대한 생각의 첫 번째 기록'이라는 제목의 글로, 1943년 5월에 버클리를 비롯한 연구소 임원들이 이 글을 회람했다. 켈리가 이 글을 쓴 목적은 전쟁이 끝난 후 회사에서 생산할 제품을 지정하자는 것이 아니었다. 그보다는 급격히 성장할 것이 분명한 전자 산업에서 전쟁 후 재정비를 마친 벨 연구소가 차지할 자리에 대한 전망을 밝히고자 한 것이었다. "전쟁이 끝난 후 10년 동안에 지난 30년 동안 일어난 변화보다 훨씬 중요한 변화가 일어날 것이라 예상한다." 켈리는 이렇게 내다봤다. 켈리는 덧붙여 말하기를 레이더로 인해 전파 및 마이크로파 기기 사업에 엄청난 기회의 문이 열렸다고 말했다. 또한 켈리는 통신 산업이 제품 면에서나 속성 면에서 라디오, 텔레비전 등의 자매 산업과 비슷해질 가능성이 크다고 예측했다. 전쟁 전에는 그렇지가 않았다. 벨 연구소는 전화 서비스의 특수한 속성과 문제에 적합한 장비를 연구하고 설계했다. 그러나 켈리는 코앞으로 다가온 시대에는 다른 접근법이 필요하다고 생각했다. 긴 글의 중간쯤에서 켈리는 이런 말을 했다. "우리는 보수적이고 비경쟁적인 조직이었다. 우리는 수명이 길고 유지비가 낮으며 안정적인 고품질 서비스 제공을 생산 및 설계 철학의 기본 요소로 여긴다. 그러나 우리의 기본 기술은 빠르게 변하며 경쟁이 심하고 활발히 성장하는 신생 산업의 기술과 점점 비슷해지고 있다." 바꾸어 말하면 전자 분야에서 곧 혁신이 일어날 것이라는 말이었다. 그리고 켈리의 생각으로 벨 연구소는 혁신에 편승하는 게 아니라 혁신을 주도해야 했다.

켈리는 1930년대에 자기 손으로 구성한 팀을 되찾고 싶었다. 그는 우선 빌 쇼클리를 찾았다. 쇼클리는 1944년 1월에 해군에서 육군성으로 옮긴 상태였고, 당시에는 팀과 함께 B-29 폭격기의 레이더와 관련된 일을 하고 있었다. 정신없는 일정에는 변함이 없었다. 「벨 연구소 기록지」에 따르면 쇼클리는 전 세계의 B-29 기지를 순방했다고 한다. "그는 영국과 이탈리아를 경유해 미국과 영국의 폭탄 병기창을 방문했다. 인도의 B-29 기지에서 6주 지낸 후에, 오스트레일리아를 경유해 마리아나 제도에 위치한 제21 폭격 사령부를 방문하고, 태평양을 건너 미국으로 돌아왔다. 그때가 1945년 1월이었다." 그로부터 얼마 지나지 않아 켈리는 쇼클리를 벨 연구소로 초대해 몇 차례의 회의를 가졌다. 두 사람은 쇼클리의 산업 연구 복귀에 대해 논의했고 쇼클리는 결국 워싱턴을 떠나 켈리의 연구실로 돌아오기로 했다. 1945년 봄에는 연구소를 자주 드나들면서 파트타임으로 일을 했다. 전쟁은 드디어 막바지로 치닫고 있었다. 그러다 그해 5월, 드디어 독일이 연합군에 항복하게 된다. 쇼클리가 물리학 연구에서 손을 뗀 후로 몇 년이 흘렀지만 벨 연구소에서의 회의와 논의를 통해 그는 전쟁 직전에 연구하던 고체 증폭기 등의 기술에 다시 흥미를 느꼈다. 그는 히로시마와 나가사키에 원자폭탄이 투하된 직후부터 연구소에서 풀타임으로 근무하기 시작했다. 켈리는 쇼클리에게 새로운 프로젝트를 생각하고 있다고 말했다.

5장

재능과 성격이
전혀 다른 사람들의 공동체

제2차 세계대전은 과학 기술과 비즈니스 분야에서 과거와 미래를 단절 시켰다. 이는 연구자들의 삶도 마찬가지였다. 예를 들어 쇼클리만 하 더라도 맨해튼 웨스트 가에 있는 벨 연구소로는 다시 돌아가지 않았다. 켈리는 전쟁이 끝난 후 벨 연구소와 자신의 운명에 대해 계획을 세우고 있었다. 이는 맨해튼을 떠나느냐 마느냐의 문제였다. 5년의 전쟁 기간 동안 켈리는 뉴저지에 있는 나무가 무성한 언덕에 대규모의 연구동을 건설할 계획을 세우느라 많은 시간을 보냈다. 새로운 연구소는 뉴프로 방스New Providence와 버클리하이츠Berkeley Heights라는 조용한 교외 마을 사 이에 위치한 머레이힐Murray Hill에 짓기로 했는데, 뉴욕에서 약 40킬로미 터 떨어진 곳이었다. 이에 대해 몇 년이 지난 후 켈리는 "30대 중반이 었을 때부터 뉴욕에서 벗어나려는 마음을 먹고 있었어요."라고 말했다.

당시 웨스트 가의 연구동은 제 기능을 못할 정도로 노화된 상태였다. 새로운 연구소 건설을 위해 머레이힐 지역에 약 91만 542제곱미터의 부지가 이미 선정돼 있었다. 1930년 7월, 벨 연구소의 소장이던 프랭크 주잇이 부지 근처에서 공청회를 열어 토지 매입 사실과 연구 시설 건립 계획을 발표했다. 하지만 대공황의 여파로 계획이 보류됐다가, 1938년에 주잇과 당시 연구소 부소장이던 올리버 버클리, 연구부장이던 켈리가 이 계획을 다시 추진하게 됐다.

이들이 연구 시설 건설 계획을 되살리기로 결의한 데에는 연구 자체를 위한 마음이 컸다. 벨 연구소는 수년 간 홈델Holmdel이나 딜Deal 같은 해안가 마을이나 뉴저지 북부의 산림 지역인 윕패니처럼 뉴저지 근처의 외곽 지역에서 소규모의 연구 시설들을 운영해왔다. 이는 장파 및 단파 수신기를 연구하는 연구원들이 연구 및 계측을 제대로 진행하려면 뉴욕 및 다른 연구팀으로부터 발생하는 전파의 혼선을 피해야 했기 때문이다. 머레이힐이 새로운 연구소 부지로 선정된 이유도 같은 맥락이었다. 이 외곽 지역으로 이사를 가면 물리, 화학, 음향학 연구원들이 쓰레기나 소음, 진동 등 뉴욕에서 발생하는 일반적인 방해 요소에서 벗어날 수 있었기 때문이다.

그러나 이런 이유를 차치하더라도 벨 연구소는 빠르게 덩치가 불어나고 있어서 시설이 부족할 지경이었다. 버클리는 주잇에게 보낸 개인적인 메모에서 "머레이힐에 지어질 새 건물들이 뉴욕의 그 위험천만하고 불편했던 연구소 환경을 완화해주겠죠."라고 적었다. 새로운 연구소가 지어지면 수많은 임대 연구소와 웨스트 가 463번지의 지하 연구동에 뿔뿔이 흩어져 있는 연구진들이 한곳으로 뭉칠 수 있을 것이었다.

또한 버클리가 이 메모에서 군이 언급하진 않았지만, 머레이힐로 이전하는 것을 찬성하는 이유가 하나 더 있었다. 새로 선정된 연구소 부지는 그와 주잇의 집에서 가까웠다. 버클리는 메이플우드Maplewood에서 조금 떨어진 곳에 살고 있었고, 주잇은 켈리와 데이비슨과 마찬가지로 쇼트힐에 살고 있었다. 쇼클리도 근처 메디슨Madison에 살았다. 다시 말해 연구소 이사진들은 자기 집 뒷마당에 새로운 연구소를 지은 격이었다.

무려 410만 달러가 투입되었으니 새 건물이 평범한 연구소가 될 리는 없었다. 1930년대 후반 머레이힐 연구동은 그 자체가 하나의 R&D 프로젝트였다. 버클리, 켈리 및 수많은 엔지니어들이 설계 과정에서 세심한 관심을 기울였다. 이로 인해 벨 연구소의 공간 부족 문제가 해결됐을 뿐 아니라 연구원들을 색다른 방식으로 조직해 추후에 대규모의 팀으로 확장하는 것도 가능해졌다. 켈리, 버클리, 주잇은 벨 연구소가 곧 세계 최고의 연구 시설이 될 것이며, 이미 그렇게 됐다고도 생각했다. 1930년대 중반에 자신들의 프로젝트를 위한 아이디어 사냥차 미국과 유럽의 산업 연구소들을 돌아본 이들은 자신들의 생각을 굳혔다. 그러니 새 연구소는 벨 연구소가 과학계에서 갖는 높은 위상과 학문적인 권위의 표상이어야 했다. 버클리의 말을 빌리면 '공장보다는 대학을 연상시키는', 그러나 대학과는 작지만 뚜렷한 차이가 있어야 했다. 버클리는 주잇에게 "하지만 건물들이 각각 따로 떨어져 있는 대학 캠퍼스의 느낌을 주려고 하지는 않았습니다. 오히려 건물들을 서로 연결해서 부서 간에 고정돼 있는 지리적 구획을 없앴습니다. 서로 자유롭게 교류하고 긴밀하게 연락할 수 있게 말이죠."라고 덧붙였다. 사실 물리학자, 화학자, 수학자들은 서로를 피해 다닐 운명이 아니다. 연구자들 역시 개발자들을 피하는 게 아니라 끊임없이 교류해야 할 운명을 갖고 있는 것이다.

그래서 새 연구소는 의도적으로 복도를 걷다 보면 다른 사람들과 만나게 되는 구조로 지어졌다. 기술자들은 종종 연구실과 소규모 사무실 두 곳에서 작업을 하곤 했다. 그런데 작업장이 서로 다른 구역에 있었기 때문에 걸어서 이동하다 보면 연구소 동료 한둘과는 꼭 마주쳤다. 이와 마찬가지로 물리 연구진이 사용하는 건물의 복도도 의도적으로 기다랗게 지어졌다. 길이가 200미터가 넘는 이 복도는 한 쪽 끝에서 다른 쪽 끝이 보이지 않을 정도로 길었다. 이렇게 긴 복도를 걸어가다 보면 지인과 마주치기도 하고, 문제가 일어나기도 하고, 연구원들이 잠깐 한눈을 팔기도 했으며 문득 아이디어가 떠오르기도 했다. 요점은 바로 이것이었다. 머레이힐 연구소에서는 과학자 한 사람이 연구소 식당에 점심을 먹으러 이 긴 복도를 걸어가노라면 마치 자석이 철가루를 끌어 모으듯 온갖 일들이 벌어졌다.

머레이힐 연구소의 첫 건물은 1942년에 공식적으로 문을 열었다. 이 건물은 나중에는 '1번 건물'이라고 불렸다. 건물 내부는 그야말로 깔끔하고 융통성 있게 지어진 구조였다. 모든 사무실과 연구소는 1.8제곱미터짜리 블록으로 구획돼 있었고, 필요에 따라 손쉽게 공간을 넓히거나 줄일 수 있었다. 이는 공간을 나누는 데 사용된 방음 처리 강철 칸막이를 쉽게 이동시키는 것이 가능한 덕분이었다. 그렇기 때문에 공간만 허락된다면 5.5제곱미터의 방을 사용하던 연구진이 약 7.3제곱미터로 넓이를 금세 넓힐 수 있었다. 더불어 각 블록에는 파이프가 달려 있어서 압축공기, 증류수, 증기, 가스, 진공 장치, 수소, 산소, 질소 등 실험에 필요한 모든 기초 재료가 공급됐다. 직류 및 교류 전원도 설치돼 있었다.

바깥에서 보면 머레이힐 연구동은 알파벳 H 모양이었다. 대부분의 연구실은 양쪽 세로획 건물에 자리했고, 서로 마주보고 있는 이 4층짜리 세로획 건물 두 채가 가로획 건물을 통해 이어지는 구조였다. 도로에서 300미터 정도 멀찍이 떨어진 1번 건물은 석회암과 갈색 벽돌로 지어졌다. 건물의 구리 지붕은 몇 년이 지나면 고색창연한 녹색을 띠게 될 것이었다. 그리고 건물 앞쪽으로는 널따란 잔디밭이 펼쳐져 있었다.

버클리와 켈리는 마침내 그들이 원했던 고요함을 얻었다. 연구동 전후좌우에 있는 도로에는 차가 많이 다니지 않았다. 또한 건물 뒤로는 자연 보호 구역으로 지정된 언덕에 숲이 수십 만 제곱미터나 펼쳐져 있었다. 매일 아침 9시가 되기도 전 900명이 넘는 과학자들과 기술자들이

제2차 세계대전 직후 뉴저지 외곽 머레이힐에 지은 첫 번째 건물. 켈리는 모든 분야의 과학자들과 개발자들이 가까이 모여 있을 수 있게 만든 이 건물의 디자인이 벨 연구소가 이루어낸 또 다른 혁신이라고 생각했다.

ⓒAT&T Archives and History Center

이곳으로 출근했다. 녹음에 둘러싸인 이 거대한 건물에는 장엄하고도 고상한 고요함이 깃들어 있었다. 벨 연구소의 경영자들은 그저 새로운 연구소를 지은 것만이 아니었다. 그들은 하나의 요새를 쌓은 것이었다.

미국 산업계는 전쟁 이후의 시기를 준비하는 과도기에 들어서고 있었다. 이에 전국의 과학자들이 마치 성지순례를 하듯 머레이힐을 찾았다. 켈리는 머레이힐 연구소를 벨 연구소의 자랑스러운 발명품처럼 여겼고, 실제로 1940년대 중반 이렇게 말한 적도 있었다. "전시 동안 군사적 목적의 연구 활동을 하는 데 있어 머레이힐 연구소는 그 가치를 충분히 증명했다고 생각합니다." 그는 "머레이힐 연구소는 세간의 주목을 한몸에 받았죠. 80여 개가 넘는 연구소의 대표들이 머레이힐을 방문했습니다. 그러고는 우리 연구소가 어떤 기능과 특성을 갖추고 있는지에 대해 자세한 정보를 얻어갔죠." 하고 덧붙였다. 머레이힐 연구소를 본뜬 수많은 연구소들이 미국 내에 세워졌고, 유럽에서도 연구 관리자들과 건축가들이 머레이힐을 찾아 연구소를 살펴봤다. 또한 연구소 건물뿐 아니라 그 위치 역시 기업들의 관심을 받아서, 여러 산업 연구소들이 머레이힐 근처에 세워졌다. 이를 두고 한 신문에서는 뉴저지 근교를 '연구 거리'라고 이름을 붙이기도 했다.

이제 벨 연구소는 온전히 켈리의 것이나 다름없었다. 공식적으로 그랬다. 전쟁과 워싱턴의 정치판에 더 관심이 있었던 주잇은 결국 1944년에 벨 연구소 회장이라는, 직함뿐인 명예직으로 자리를 옮겼다. 이에 소장직을 맡게 된 버클리는 뉴욕 AT&T 경영 회의에 의무적으로 참석하면서 동시에 전국을 돌며 강연이나 모임에 나가는 바쁜 일정을 소화해야 했다. 결국 부소장이 된 켈리에게 연구소 운영의 전권이 떨어진 것이다. 켈리는 부소장이 되고 나서 우선 1945년 7월 중 하루 날을 잡아 머레이힐 연구소를 통째로 재편해버렸다. 그날 아침에 몇 명의 주임들의 지위가 강등됐다. 반면 빌 쇼클리처럼 고체 물리학 분야에 정통한 젊은 직원들이 높은 위치에 올라갔다. 이에 대해 딘 울리지는 과학사학자인 릴리안 후데슨Lillian Hoddeson에게 이렇게 말했다. "부소장님이 전쟁이 끝난 후 상황을 재정비하는 거라는 소문이 돌았죠. 그렇게 직원 전체가 소집됐으니 모두 무슨 일이든 벌어질 거란 걸 알고 있었어요." 연구 부서에 몸담고 있었던 주임들 대부분이 함께 큰 방으로 불려 갔다. "부소장님은 방 앞쪽에 앉아서 종이를 읽어내려 갔어요. '지금부터 여러분은 이것을 해야 하고 어느 그룹에 속하게 될 것이며 이곳으로 옮기게 된다. 또 이런 종류의 일을 할 것이라든가 이걸 해야 할 것이다.'식의 내용이었죠." 켈리는 새로운 조직의 구조를 세심한 부분까지 신경 써서 작업했다. 그 회의는 거의 그날 하루 종일 진행됐다.

켈리가 새로 세운 시스템은 서로 다른 분야의 사람들을 하나의 그룹으로 묶는 것이었다. 화학자, 물리학자, 야금학자, 엔지니어가 한 팀이 되었다. 또는 이론 과학자를 실험 과학자와 묶어 새로운 전자 기술을 연구하게 하는 식이었다. 하지만 쇼클리와 같이 젊은 직원들을 관리직에 앉힌 그의 결정은 고령의 연구원들을 실망시켰다. 그럼에도 비교적 젊은 기술직 직원으로 전쟁 전 쇼클리의 주간 스터디에 참여했던 애디슨 화이트는 과학사학자인 후데슨에게 '켈리의 결정이 그의 입장을 고려해볼 때 깜짝 놀랄 만큼 뛰어난 경영술'이라고 생각한다고 말했다. 켈리는 지난 수십 년 간 함께 일한 사람들의 직함을 박탈하기도 했다. 애디슨은 이를 두고 경영자로서 용기 있는 행동이라고까지 말했다. 그는

"그때 그중 한 분은 제 사무실에서 우셨어요. 하지만 저는 부소장님의 결단이 연구소 혁신에 꼭 필요했다고 생각해요."라고 말했다.

지금까지도 켈리가 어떤 이유로 그런 행동을 취했는지를 충분히 설명해줄 만한 기록도 개인적인 글도 나오지 않았다. 당시에 그는 지금도 설명할 수 있을 만큼 뚜렷한 의도로 새로운 체계를 만들고자 한 것일까? 아니면 그저 무언가 쓸모 있는 게 나올 것이란 느낌만으로 움직인 것일까? 그저 뛰어난 재능을 가진 사람들을 한 팀으로 묶으면 놀라운 발견으로 이어질 것이라고 생각한 것일까? 조직 재편은 거센 혁명과도 같았다. 하지만 이와 관련된 문건은 단 하나만 남아 있다. 이 문건은 새로 꾸린 팀들에 대한 자금 지원 승인서로, 켈리 자신이 사인한 것이었다. 벨 시스템 운영 방침에 따르면 벨 연구소의 연구 비용은 AT&T, 웨스턴 일렉트릭이나 퍼시픽 텔레폰Pacific Telephone 등의 지역 기업에 청구됐다. 각각의 연구 프로젝트는 '사례별로' 분류돼 경영진의 승인을 받아 진행되거나, 드문 경우긴 했지만 반려되기도 했다. 예를 들어 진공관 개발 프로젝트도 기초 물리학 연구 프로젝트와 동등하게 케이스 번호를 부여받았다. 켈리가 수영장을 만들어 달라는 피스크의 요청을 받아들이지 않은 데에는 이렇게 독특한 '사례별' 시스템도 하나의 이유였다. 수영장 하나를 통째로 새로 짓는다는 것은 케이스 시스템 하에서는 말도 안 되는 이야기였기 때문이다. 만에 하나 연구소에서 허가를 내준다고 해도 자금을 지원할 AT&T 본사에서 회의적인 태도로 나올 것이 분명했다.

1945년 6월 21일 켈리는 케이스 38139호를 승인하면서 다음과 같이 썼다. "고체 물리학 문제들에 대한 통합적 접근은 큰 가능성을 갖고 있습니다. 그렇기 때문에 고체 물리학 분야의 이론 및 실험에 대한 접근 방식을 통합하기 위해 고체 분야의 모든 연구 활동들을 하나로 묶을 것입니다." 어려운 학술 용어 탓에 그 의미가 쉽게 다가오지 않을 수도 있다. 하지만 결국 이 새로운 시도는 통신 분야에 있어 '뛰어난 성능의 부품'을 개발하는 데 유용한 지식의 습득'을 목적으로 하고 있었다. 켈리는 이 6쪽짜리 문서의 마지막 부분에서 이 연구가 통신 업계에 즉각적인 성과를 가져다 줄 것이라고 여기진 않는다고 했다. 다만 이런 연구가 향후 '업계 발전의 토대가 될 것이며 업계 전반에 광범위한 중요성을 띠게 될' 것이므로 통신 업체들로부터의 자금 지원이 필수적이라고 설명했다. 연구 초기 비용으로는 41만 7,000달러가 책정됐는데 대부분은 연구팀에게 지급될 급여였다. 하비 플레처, 짐 피스크, 그리고 켈리 자신이 이 케이스 승인서에 서명했으며 비용은 AT&T에 청구됐다.

한편 군사적인 이유 등으로 웨스트 가 연구소를 떠났던 이들이 하나, 둘 돌아오기 시작했다. 전장에 나갔던 사람도 있었고 워싱턴으로 일하러 떠났던 사람들도 있었다. 또는 레이더 세트의 설계를 위해 윕패니나 맨해튼의 담갈색 건물에서 일하던 사람들도 있었다. 월터 브래튼은 전쟁 초반에는 워싱턴에서 잠수함 탐지에 대한 연구를 했다. 하지만 벨 연구소에 돌아와서는 전쟁이 끝날 때까지 군사공학 연구를 진행했다. 켈리의 새로운 체제에서 브래튼은 빌 쇼클리가 이끄는 고체 물리 연구팀에 합류하게 될 예정이었다. 브래튼의 반도체 실험 기록장(노트 18194호)의 전쟁 전 마지막 기록은 1941년 11월 7일 웨스트 가 연구소에서였다. 그는 4년 뒤에 새로운 머레이힐 건물에서 그 기록장을 집어 들었다. 그리고 40쪽에 이렇게 적었다. "전쟁은 끝났다."

1940년과 1950년대에 벨 연구소에서 혁신적인 기술들이 탄생할 수 있었던 것은 빌 쇼클리 같은 열정적인 물리학자들의 등장과 양자역학에서 새롭게 제시된 파격적인 개념들 덕분이라는 것이 통념이다. 실제로 당대의 신진 과학자들은 원자의 가장 깊은 곳까지 효과적으로 들여다볼 수 있었다. 또한 이들은 그때까지 불가능하다고 여겼던 여러 가지 발명에 대한 이론을 구축했다. 하지만 기술의 시대가 열릴 수 있었던 보다 근본적인 원인은 재료과학 분야에서 일어난 조용한 혁명이었다. 화학 분야의 신기술로 인해 새롭게 개발된 재료들이나, 야금학자들의 처리를 거친 초고순도의 희소금속 및 일반 금속이 없었다면, 당시 물리학 분야의 발명들은 불가능했을 것이다. 아마 쇼클리는 이론이라는 우아한 덫에 사로잡혀 평생을 보냈을지도 모른다.

벨 연구소의 몇몇 과학자들은 이에 대해 남들보다 더 빨리 눈치를 챘다. 옛날 토마스 에디슨의 연구소에서는 동물 발굽이나 말총으로 실험을 했다. 이와 마찬가지로 통신 업계가 태동한 뒤 30~40년 동안은 주변에서 흔히 볼 수 있는 물건들이 실험 대상이 됐다. 하지만 점차 자연의 한계에 저항하는 새로운 아이디어와 연구 프로젝트들이 늘어나기 시작했다. 이에 대해 제2차 세계대전 직전에 벨 연구소에 들어온 화학자 윌리엄 베이커는 "우리는 기준이 매우 구체적이었기 때문에 일반적인 재료로는 만족하기 어려웠죠."라고 설명했다. 그의 말대로 문제 해결을 위해서는 완전히 새로운 소재를 개발해야 했다.

금속 분야 연구진 역시 비슷한 문제로 씨름하고 있었다. 벨 연구소 초창기, 머빈 켈리가 남부 맨해튼에서 진공관 작업장을 운영하고 있을 무렵이었다. 당시 연구소의 야금학자들은 진공관 내 금속 필라멘트에 특수 코팅을 하면 진공관의 성능이나 내구성이 향상될지 연구하기 시작했다. 이를 위해 연구진은 흔하지 않은 원소나 합금의 쓰임새를 철저히 탐구했다. 또한 이들의 혼합물을 가열하거나 식힐 수 있는 참신한 방법을 고안해야 했다. 비슷한 상황은 전화 수화기에 들어가는 진동판(말하는 이의 목소리에 따라 진동하는 금속판) 성능 향상을 위한 연구에서도 있었다. 진동판 연구진은 퍼멘듀르Permendur: 바나듐이 2퍼센트 첨가된 철과 코발트의 합금라는 명칭의 합금을 만들었다. 하지만 곧 퍼멘듀르는 더 나은 진동판을 만들기 위한 하나의 과정일 뿐이란 것이 분명해졌다. 합금의 원재료에 가령 탄소나 산소, 질소 등의 불순물이 미량이라도 섞이면 완성된 퍼멘듀르에 결함이 생겼던 것이다. 벨 연구소 초대 소장인 프랭크 주잇은 다음과 같이 설명했다. "얼마 전까지만 해도 10만분의 1, 1만분의 1의 확률로 화학 혼합물에 다른 물질이 섞여 들어간다고 해도 그건 그냥 사고일 뿐이고 화학적 특성에는 아무 영향도 못 미친다고 생각했죠. 하지만 최근 몇 년 간 그게 완전히 틀렸다는 걸 알았습니다."

엔지니어나 과학자라면 전후 전자공학의 전성기에 대해 벨 연구소 사람들과 의견이 같은 것은 당연한 일이었다. 그들은 새로운 기기들은 물리학자들과 엔지니어들이 머리를 맞대고 기초연구를 진행하는 과정에서 발견된다고 믿었다. 전자공학 분야는 새로운 아이디어들과 개발 엔지니어들의 꼼꼼한 작업을 통해 앞으로 나아갈 수 있었다. 머빈 켈리는 1947년 5월 "저는 우리 앞에 이전만큼, 아니 이전보다도 더 넓은 길이 펼쳐져 있다고 생각합니다."라고 선언하듯 말했다. 하지만 보다 신중하게 보면 새 시대의 도래는 하나의 장대한 퍼즐을 풀어낼 수 있느냐에 달려 있었다. 기술과 비즈니스의 분야에서의 진전은 결국 새로운 재료에 달려 있었다. 그런데 이 새로운 재료들은 지구상에 어지럽게 흩어져 있다. 이 중에는 그 자체로 유용하게 사용할 수 있는 물질도 있고 혼합물로 사용될 수 있는 물질도 있다. 이들을 조합할 수 있는 경우의 수는 무한했다. 그런데 이 각각의 물질들은 다시 연구소에서 놀랄 만큼 다양한 순도로 정제될 수 있다. 딱 맞는 물질을 딱 맞는 순도로 정제해서 새로운 기기를 고안해내는 일, 누군가는 성공하고 누군가는 실패할 터였다.

벨 연구소 연구진의 순도에 대한 추구는 프랭크 주잇나 머빈 켈리가 생각지도 못한 수준까지 발전했다. 1939년 쇼클리와 브래튼은 구리 산화물로 고체 증폭기를 만들려고 했지만 실패했다. 바로 그해, 연구소의 화학자들과 야금학자들은 이미 반도체적 성질을 띤 일련의 금속들을 주의 깊게 연구하기 시작했다. 그들이 특히 주목한 것은 실리콘이었다. 물리학자들은 이미 여러 반도체 물질들이 원자구조에 있어 특이한 행동들을 보인다고 결론지은 바 있었다. 원자들은 양성자와 중성자로 이루어진 원자핵을 가지며, 그 주위를 전자들이 각각 궤도(혹은 껍질)에 따라 진동하며 회전한다. 구리와 같이 우수한 도체의 경우, 원자핵에서 가장 먼 궤도에는 전자가 한두 개밖에 없어 거의 비어 있는 것과 같다. 이 최외각전자들outermost electrons: 원자의 가장 바깥 껍질에 있는 전자들을 일컬음 은 종종 튕겨 나가 옆에 있는 구리 원자로 옮겨가기도 한다. 한편 유리와 같은 절연체에서는 상황이 정반대가 된다. 원자핵에서 가장 먼 궤도에 일고여덟 개의 전자가 존재하므로 거의 꽉 차 있는 상태이다. 그 결과 전자들이 거의 고정된 위치에 있게 된다. 바로 이런 차이가 특정 물질이 얼마나 전류를 잘 전달하는지를 결정한다. 전류는 고체 상태 물질 내부를 이동하는 전자들의 '흐름'이라고 생각할 수 있다. 도체에서는 전자들이 자유롭게 움직일 수 있지만 절연체에서는 그렇지 않다. 이에 대해 벨 연구소 연구진들은 아마 고체 상태인 절연체의 전자들이 '단단한 시멘트'처럼 작용해서 원자들을 고정한다고 설명했을 것이다.

이름 그대로 도체도 절연체도 아닌 반도체는 유별난 경우이다. 반도체를 이루는 원자들은 최외각 궤도에 3~5개의 전자들을 가지며, 도체나 절연체의 원자들과는 다른 특성을 보인다. 20세기 초에 물리학자들은 반도체 물질이 온도가 올라가면 전도율이 높아진다는 사실을 발견했다. 이는 구리와 같이, 우수한 도체이면서 동시에 금속인 물질들과는 반대되는 특징이다. 반도체들은 또한 특정한 상황에서 빛을 쬐면 전류를 발생할 수도 있는데, 이를 광전 효과photovoltaic effect라고 한다. 무엇보다도 반도체 물질들은 정류가 가능했다. 다시 말해 전기적 신호가 항상 한 방향으로만 흐르도록 함으로써 교류를 직류로 변환할 수 있었다. 이는 벨 연구소의 엔지니어라면 누구나 잘 알고 있던 유용한 특성이었다. 벨 연구소의 많은 과학자들이 어릴 적 들으며 자란 광석라디오crystal wireless radio: 실리콘 등의 광석을 사용하여 만들 수 있는 매우 단순한 구조의 라디오 역시 실리콘 등의 반도체 결정이 중요한 역할을 한다. 실리콘 결정이 라디오에 입력되는 신호를 처리(미약한 교류 신호를 직류로 변환)함으로써 헤드폰으로 소리를 들을 수 있게 되는 것이다.

벨 연구소 연구진 중에서도 특히 잭 스캐프Jack Scaff, 헨리 토이러Henry Theurer, 러셀 올Russell Ohl이 30년대 후반 실리콘 연구에 매진했는데, 실리콘이 라디오 송수신 관련 분야 연구에 있어 큰 가능성을 갖고 있다고 생각했기 때문이었다. 스캐프와 토이러는 폴리실리콘 분말을 유럽에 주문했다. 하지만 나중에는 듀퐁과 같은 미국 기업에서 받은 다음 석영 도가니에서 초고열로 녹였다. 이 실리콘은 실험 및 관찰을 위해 다시 작은 잉곳ingot: 결정성 덩어리 상태로 응고됐다. 석탄처럼 새까만 덩어리인 실리콘 잉곳은 너무 빠르게 식으면 여기저기 틈이 벌어진다. 이 잉곳들 중 일부는 전류를 한 방향으로만 흐르게 했다. 반면 그 반대 방향으로 전류를 흐르게 하는 잉곳들도 있었다.

그러다가 러셀 올이 두 가지를 모두 하는, 즉 윗부분과 아랫부분의 전류 방향이 반대인 샘플을 찾았다. 이 잉곳은 또 다른 흥미로운 점이 있었다. 올이 이 잉곳에 빛을 쬐였더니 놀랄 만큼 큰 전압이 발생한 것이었다. 이는 전혀 예상치 못했던 신기한 현상이었다. 결국 어느 오후 올은 머빈 켈리의 사무실에 불려 가서 직접 시연을 했다. 이 놀라운 현상을 본 켈리는 바로 월터 브래튼을 자신의 사무실로 불렀다. 하지만 올, 켈리, 브래튼 세 사람 모두 왜 이런 현상이 일어나는지 속 시원히 설명하지 못했다. 야금학자였던 스캐프는 후일 "올과 저는 이 수수께끼들을 풀려면 우선 이들에 걸맞은 이름을 붙여줘야겠다고 생각했죠."라고 이야기했다. 올과 스캐프는 전화 통화로 이 두 종류의 실리콘을 p형positive 실리콘과 n형negative 실리콘이라고 부르기로 했다.

연구가 시작될 때에는 두 종류의 실리콘이 존재한다는 사실이 그렇게 중요한지, 아니 중요하기나 한 건지도 분명하지 않았다. 하지만 1940년대 초, 스캐프와 올은 서로 다른 불순물이 극소량 유입됨으로써 이 두 종류의 실리콘이 만들어진다는 사실을 점차 확신하게 됐다. 반도체 물질 내부 원자들은 다른 원소들과 쉽게 결합한다. 스캐프와 그의 연구진은 n형 실리콘(원자번호 14)을 전기톱으로 잘게 썰 때 분명 유황(인, 원자번호 15) 냄새가 난다는 사실을 알았다. 계측 장비로는 도저히 찾을 수가 없었지만, 그들은 유황 냄새를 맡았다. 이후 연구진은 p형 실리콘에도 극미량의 알루미늄(원자번호 13)이나 붕소(원자번호 5)가 함유돼 있다고 믿었다.

보다 중요한 깨달음의 시작이었다. 가령 인과 같은 특정 원소가 실리콘에 더해지면 실리콘 원자의 최외각궤도에 전자가 남는다. 그리고 이 잉여 전자excess electron들이 자유롭게 움직이면서 실리콘에 전류가 흐르게 되는(구리와 같은 도체에서 일어나는 현상과 동일) 것이다. 야금학자 스캐프와 올은 이 점에 생각이 일치했다. 이것이 n형 실리콘이다. 이와는 다르게 붕소와 같은 원소들이 실리콘에 더해지면 최외각궤도에 전자를 더 받아들일 수 있는 텅 빈 공간, 즉 정공hole이 생긴다. 이 정공들 역시 잉여 전자처럼 자유롭게 움직이며 전류를 운반할 수 있었다. 이는 마치 액체 속을 떠다니며 공기를 옮기는 공기 방울들과도 비슷했다. 이것이 p형 실리콘이다. 스캐프와 토어러, 결국 벨 연구소 고체 물리 연구진 모두가 이런 현상이 발생하는 데에는 반도체의 순도가 중요하구나 하고 생각하게 됐다. 그러나 동시에 잘 통제된 불순물 역시 필요 불가결했다. 훅 불면 날아갈 정도로 적은 양의 불순물이 실리콘에 유입된다고 해보자. 즉, 실리콘처럼 순수한 반도체 물질 원자 500만 개, 1,000만 개 사이에 붕소나 인 원자가 하나 슬쩍 들어간다고 생각하는 것이다. 이것이 결국 이 반도체가 전류를 전달할 수 있을지, 얼마나 잘 전달할 수 있을지를 결정했다. 간단히 말해 벨 연구소에서 때로 사용하던 용어를 빌자면 '기능성 불순물'이었다.

제2차 세계대전이 미국으로까지 확대됐을 때에도 올, 스캐프, 그리고 다른 몇몇 야금학자들은 계속해서 실리콘 다루는 기술을 갈고닦았다. 다른 대학 연구소 및 산업 연구소의 과학자들도 마찬가지였다. 실리콘 결정은 특히 벨 연구소가 설계하고 웨스턴 일렉트릭이 제작하던 항공기 레이더에 중요한 부품이었다. 실리콘 다이오드는 광석라디오에서와 마찬가지로 레이더 수신기에서도 레이더 입력 신호를 처리, 즉 정류해주는 중요한 기능을 수행했다. 벨 연구소의 야금학자들은 듀퐁에서 구매한 고순도 실리콘을 녹였다. 그러고 나서 응고되기 전에 미량의 불순물을 간단히 첨가하기만 하면 됐다.

이것이 쇼클리가 벨 연구소로 돌아와 자신의 고체 물리 연구팀과 함께 일하기 시작했을 때의 상황이었다. 연구팀은 쇼클리와 브래튼이 전쟁 전 실험했던 구리 산화물로 실험을 계속할 수도 있었다. 하지만 자신들이 보기에 해당 금속 분류를 가장 잘 대표하면서도 보다 기본적인 물질들을 깊이 연구하는 게 좋겠다고 생각하고 있었다. 고체 물리 연구 프로젝트 내부 기록에는 "실리콘과 게르마늄은 가장 단순한 반도체이다. 이들은 기존의 이론으로도 대부분의 특성을 설명할 수 있으나 아직 완벽히 연구되지 않은 문제들이 많이 남아 있다."라고 적혀 있다. 게르마늄은 1800년대 후반 유럽에서 발견됐다. 곧 실리콘과 더불어 레이더 탐지기용으로 웨이퍼wafer: 반도체의 재료가 되는 얇은 원판 상태로 가공됐고 전쟁 동안 그 유용성을 인정받았다. 연구진은 미주리, 오클라호마, 캔자스 등지에 군사용으로 소량 비축된 게르마늄을 조금 얻어다 실험에 사용했다.

광택이 도는 은색 물질인 게르마늄은 매우 희귀했다. 그래서 벨 연구소의 한 과학자는 1940년 이전에 게르마늄을 실제로 본 적이 있는 사람은 전 세계를 통틀어 손에 꼽을 것이라 말하기도 했다. 게다가 그때까지 사람들은 게르마늄을 아무 쓸모도 없는 물질이라고 여겼다. 벨 연구소의 야금학자였던 고든 틸Gordon Teal은 오히려 바로 그 점 덕분에 쓸모가 있는 게 아닐까 생각했다. 후에 그는 "연구자라면 쓸모없는 것에서 쓸모를 발견하기 위해 계속 연구하는 겁니다."라고 말했다.

사람도 역시 하나의 재료다. "단일 연구 주제를 위해 모인 연구진치고는 올스타 수준이었죠. 최고의 팀이었어요."라고 월터 브래튼은 말했다. 연구소 사람들은 매달 소속 부서의 직원 명단을 받아 보았다. 브래튼은 머레이힐에서 자기 자신 및 쇼클리와 함께 일할 연구진 명단을 쭉 훑고도, 다시 한 번 더 읽었다. '다행히 인간 말종인 사람은 없군.' 브래튼은 이런 팀에 들어갈 수 있어서 기분이 좋았다. 하지만 그것도 잠시, 전혀 다른 생각이 들었다. '내가 인간 말종인 거 아냐?'

그럴 수도 있었다. 브래튼은 한 번을 지는 법 없이 꼬박꼬박 말대꾸를 하기로 유명했다. 라이플총을 들고 있다거나 한 것은 아니지만, 고상한 과학의 성역에 몸담고 있다고 해서 그가 워싱턴 주 변두리에서 배운 싸움닭 기질이 어디로 가는 것도 아니었다. 큰 키에 말랐지만 강단 있는 몸, 가늘게 기른 콧수염과 이마에서 똑바로 빗어넘긴 가는 회색 머리카락. 하지만 브래튼에게는 미워할 수 없는 구석이 있었다. 그는 같이 있으면 즐거운 사람이었고, 쇼클리와는 다르게 종종 자기 비하에 빠지기도 했다. 좋은 동료였고, 수다쟁이였으며, 실험에도 골프 한 판에도 늘 투지를 불태우곤 했다. 뿐만 아니라 연구실을 꾸려가는 데 있어서도 솜씨 좋은 아이디어맨이었다. 그런 점에서는 그 팀에 있던 또 한 명의 실험 과학자인 제럴드 피어슨Gerald Pearson도 브래튼과 비슷했다. 브래튼과 피어슨은 머레이힐 1번 건물 4층에 있었던 커다란 실험실을 함께 사용했다. 브래튼은 반도체 물질의 표면을 연구하고 싶었다. 실리콘 혹은 게르마늄으로 만든 작은 판이나 실린더에 열을 가하거나 다양한 유형의 회로에 연결했을 때 과연 표면에 무슨 일이 일어날까 하는 게 관심사였다. 그에 비해 피어슨은 반도체 물질들의 전반적인 특성을 연구하고자 했다. 즉, 물질 내부를 탐구하길 원한 것이다. 외부니 내부니 하는 구분이 일반인들에게는 의미가 없어 보일지도 모른다. 하지만 아원자subatom: 고체 원자를 구성하는 기본입자의 세계까지 내려가면 물질의 표면과 내부에서 입자들의 움직임이 항상 같지만은 않다.

벨 연구소의 다른 과학자들도 정도는 다르지만 이 고체 물리 연구팀과 함께했다. 화학자도 있었고, 회로 전문가, 야금학자, 기술 보조도 있었다. 자연스럽게 쇼클리가 팀을 이끄는 이론학자의 역할을 맡았고, 초반 실험을 주도한 것도 그의 아이디어였다. 하지만 쇼클리는 이 연구팀이 불완전하다고 생각했다. 짐 피스크는 전쟁 동안 마그네트론 연구의 수장이었다. 그는 릴리안 후데슨에게 이렇게 말했다. "빌 쇼클리는 가장 뛰어난 이론학자 중 한 명이었고 항상 그랬죠. 하지만 쇼클리는 우리가 그에게서 더 많은 걸 바란다는 것을 잘 알고 있었습니다. 쇼클리와 우리는 전국을 통틀어서 이 팀에 합류할 만한 인물은 세 명밖에 없다고 결론을 내렸어요." 그 셋 중에서도 쇼클리와 피스크는 특히 한 사람에게 눈독을 들였다. 그는 바로 메릴랜드에 있는 해군 군수품 연구소 Naval Ordnanve Laboratory에서 광산 및 잠수함 전시 관리직으로 복무를 막 끝낸 존 바딘John Bardeen이었다. 고체 물리학 영역은 갓 태동한 데다 몸담고 있는 이도 아직 많지 않았다. 그 때문에 바딘은 벨 연구소 과학자들 여럿과 이미 아는 사이였다. 바딘은 1930년대 중반에 쇼클리와 처음 만났는데, 당시 바딘은 하버드 대학원생이었고 쇼클리는 MIT 대학원생이었다. 그때쯤 해서 바딘은 역시 하버드 대학원 연구원인 피스크와도 친구가 됐다. 또한 브래튼의 남동생과 같이 대학원에 다닌 탓에 월터 브래튼과도 면식이 있었다.

피스크와 쇼클리가 바딘을 고용하라고 머빈 켈리를 설득했다. 이에 켈리는 바딘에게 어떤 대학 연구소 봉급보다도 훨씬 높은 금액을 제시했다. 결국 1945년 10월, 바딘은 벨 연구소의 일원이 됐다. 전쟁 동안 워낙 대량의 작업이 진행된 통에 당시 1번 건물은 사람과 물건으로 꽉 찬 상황이었다. 하지만 2번 건물이 될 새로운 건물은 계획만 있었지 건축이 시작되진 않았다. 그래서 바딘이 벨 연구소에 도착했을 때 사용할 사무실이 없었다. 바딘은 차선책으로 브래튼과 피어슨이 함께 쓰던 연구실에 자신이 이론 연구를 할 공간을 꾸렸다.

고체 물리 연구팀원들이 각자의 재능만큼이나 성격도 다르다는 점은 누구나 한눈에 알 수 있었다. 쇼클리는 별 이유도 없이 주변 사람의 심기를 쑤셔댔다. 실험 과학자인 브래튼은 수다스러운 회의론자였고, 피어슨은 항상 느긋하게 연구실을 지켰다. 검고 가느다란 머리칼, 중간 정도의 체격, 운동을 좋아했지만 운동 신경은 없었던 바딘은 조용한 사람이었다. 사실 그냥 조용한 수준이 아니라 거의 말을 하지 않았다. 말을 할 때에도 좋게 말해 옹알거리는 수준이었다. 바딘과 쇼클리는 기질뿐만 아니라 과학적인 접근 방식도 서로 달랐다. 쇼클리는 문제에서 삐죽 나와 있는 실마리를 찾아내는 것을 즐겼다. 그래서 마치 마법처럼 그 실마리를 쑥 잡아당겨 풀고는 다른 것을 하러 떠나는 것이다. 반면 바딘은 늘 한결같이, 지치지도 않고 결국 알맹이가 그 모습을 드러낼 때까지 그를 둘러싼 문제의 여러 귀퉁이를 당겨보았다. 때로는 바딘도 편하게 사람들과의 대화에 끼었다. 하지만 그럴 때는 맥주가 몇 잔 들어간 후인 경우가 보통이었다. 바딘은 주로 다른 이들을 지켜보면서 그들의 말을 묵묵히 들었고, 다양한 각도에서 작업을 계속했다. 브래튼은 바딘이 굳이 데이터를 분석하거나 질문을 하려고 할 때에는 무언가 깊이 있는 깨달음이 있을 조짐이라는 걸 알아챘다. 나머지 팀원들도 곧 이 사실을 깨달았다. 그래서 바딘이 말을 할 때에는, 모두가 하던 걸 멈추고 그의 말에 귀를 기울였다.

바딘이 내성적이라면 브래튼은 활발했다. 바딘이 가설을 세우면 브래튼이 실험으로 검증했다. 이 두 사람은 서로 꽤 손발이 잘 맞는다는 걸 발견했다. 실제로 이 두 사람은 서로에게서 떼어놓으면 아무것도 못하는 것처럼 보일 때도 있었다. 브래튼은 나중에 이렇게 회상하곤 했다. "나는 실험 과학자였고 바딘은 이론가였죠. 제가 가끔 다른 부서에 가야 할 때가 있었는데, 연구실에 혼자 남게 된 바딘은 실험을 마저 끝내야 한다고 불안해했어요. '바딘, 우리가 하던 게 어딜 가진 않잖아. 한 시간 안에 돌아올게.'라고 말하고 한 시간 뒤에 돌아오면 그는 자리에 없었죠. 연구실에 있던 다른 사람들한테 무슨 일이 있었냐고 물어보면 '아, 5분쯤 혼자 하다가 제길! 하더니 나가 버리더라고.'라고 말했어요."

이들의 연구는 더 큰 고체 물리 연구 그룹 안에서 서로 의견을 주고

받으면서 더욱 활기를 띠었다. 이 그룹은 하루에 한 번, 적어도 일주일에 한 번은 쇼클리의 주도 하에 모였다. 의견을 교환하고 실험을 되짚어 보는 시간이었다. 브래튼은 다음과 같이 말했다. "우리가 얼마나 끈끈한 사이였는지는 말로 표현할 수 없을 정도예요. 오후에 마음 내키면 정말 불쑥 만나서 중요한 실험 단계들을 의논하곤 했죠. 정말 자유로운 토론이었어요. 우리 중 상당수가 그 토의 그룹에서 아이디어를 얻었다고 생각해요. 한 사람이 불쑥 내뱉은 말이 다른 사람에게 아이디어를 던져주는 식이었죠." 이 그룹은 모임에서 토의하던 내용을 식당에서 점심 식사를 하면서 이어가곤 했다. 그렇지 않으면 차에 올라 남쪽으로 난 다이아몬드힐 길을 달렸다. 이 좁다랗고 구불구불한 길을 수킬로미터 달리면 스너피스Snuffy's라는 작은 햄버거 가게가 나왔다. 스너피스에는 벨 연구소 식당에서 찾아볼 수 없었던 맥주가 있었다.

새롭게 만들어진 고체 물리 연구진의 목적은 무언가를 만드는 것이라기보다는 무언가를 이해하는 것이었다. 공식적으로 쇼클리가 이끌던 이 연구팀은 실험물질들에 대한 기초 지식을 쌓는 것을 목적으로 하고 있었다. 하지만 그중 몇 명은 마음 속 한 구석에 곧 벨 시스템에 유용한 발명을 하게 되리라는 믿음을 품고 있었다. 여러 가지 면에서 이들의 연구는 벨 연구소에서 일반적으로 진행되던 연구들보다 훨씬 단위가 작은 극미세 세계(혹은 나노 세계)를 대상으로 했다. 반도체에 얽힌 이야기를 책으로 냈던 어니스트 브라운Ernest Braun과 스튜어트 맥도널드Stuart Macdonald는 몇 년 뒤 이렇게 말했다. "고체 내에서 일어나는 일들은 워낙 눈 깜짝할 사이에 벌어진다. 현미경은 고사하고 전자현미경으로도 기본적인 움직임 하나 관찰할 수가 없다. 그렇기 때문에 이들은 눈에 보이지 않는 현상들을 머릿속에 그려보면서 추상적으로 사고해야 하는 것이다. 평범한 사람들은 이런 게 불가능하다." 그래서 벨 연구소의 이론학자들은 칠판을 사용했다. 반도체 원자 구성 요소들의 세계까지 내려가서 표면과 내부를 '관찰'하기 위함이었다. 이렇게 이론학자들이 칠판을 써서 세운 가설은 실험 과학자들에 의해 작업대 위에서 검증됐다. 실험용 회로판(구멍이 송송 뚫린 나무판)이나 전기회로에 실리콘이나 게르마늄 조각을 꽂고 계측 장비로 기록하는 식이었다. 이론학자들이 세운 가설을 검증하기 위해 실험 과학자들이 실험을 진행하면, 그 실험에서 나온 자료를 다시 이론학자들이 취합하고자 애썼다.

이는 분명 '선순환'이라 할 만했지만, 그렇다고 항상 정답이 나오는 것은 아니었다. 연구 초반에 쇼클리가 '필드 효과field effect'라고 이름을 지은 현상에 대해서 가설을 하나 내놓았다. 적당한 상태의 반도체 물질 웨이퍼 표면에 전류를 흘리면 전도율이 올라가 증폭 기능을 하게 될지도 모른다는 생각이었다. 다들 그럴싸하다는 반응을 보였다. 하지만 실제로는 아니었다. "제 계산이 맞는다면 아주 미세한 전기 저항의 변화가 일어나야 했어요."라는 것이 쇼클리의 나중 이야기였다. "하지만 그런 변화는 관찰되지 않았죠. 1945년 6월 23일에 저는 분명 변화가 일어났을 테지만 내 예상보다 적어도 1,500배 정도 작은 변화가 일어났을 거라고 기록했습니다." 쇼클리는 화가 났다. 게다가 거의 일 년이 다 돼 가도록 '필드 효과'를 구현하고자 여러 가지로 애를 써봤음에도 아무 소득이 없었다. 쇼클리는 이때를 두고 "서투르게 자신의 방식을 찾아가던, 자연스러운 과정이었다."라고 말했다.

그게 뭐였건 간에, 1946년 1월까지 고체 물리 연구팀은 '수없는 시행

착오-발명'이라는 기존의 공식 중에서 수없는 시행착오만을 겪고 있었
다. 그렇게 탐구를 계속했음에도 새로운 깨달음도 작은 실마리도 보이
지 않았다. 브래튼의 연구실 동료 제럴드 피어슨이 후에 이야기한 것처
럼, 그들은 어둠 속을 더듬고 있었다.

6장

세상에 없던
트랜지스터를 만들다

1947년 초가을, 바딘과 쇼클리는 매일 아침 차를 몰고 집 근처에 있는 머레이힐 연구소로 향했다. 쇼클리는 메디슨 타운에서, 바딘은 서밋 타운에서 출발했으며 브래튼도 근처의 모리스타운에서 카풀로 이곳에 오곤 했다. 이 반도체팀은 일 년이 넘는 시간 동안 과학에 대한 뜨거운 열정뿐만 아니라 인간적으로도 *끈끈한* 사이를 유지했다. 특히 바딘과 쇼클리는 지난 여름에 몇 주 동안이나 함께 유럽 각지의 연구소들을 방문했다. 가을이 깊어지고 머레이힐 캠퍼스에 새로 심은 나무들에서 낙엽이 떨어질 무렵, 이들은 실리콘과 게르마늄 웨이퍼에 대한 실험 연구를 시작했다. 이 실험은 그들에게 계속해서 새로운 깨달음을 가져다줬다.

그들은 작년의 실패에서 얻은 것이 많았다. 1946년 봄에 바딘이 쇼클리의 '필드 효과 가설'의 실패에 대해 말하던 중, 그에게 뭔가 깊은 깨달음이 왔다. 그는 반도체의 성질을 띠는 물질의 '표면 상태Surface States'에 대해 가설을 하나 제기했다. 간단히 말해, 반도체에 전하가 가해지면 반도체 표면에 존재하는 전자들은 내부에 존재하는 전자들처럼 자유롭게 움직이지는 못하리라는 것이었다. 쇼클리의 말을 빌리면 표면의 전자들이 표면 상태에 갇혀 움직일 수 없게 되는 것이었다. 그 결과, 이 표면 전자들은 반도체 물질 내부와 외부 간에 전자가 흐르는 것을 막는 단단한 벽(공핍층depletion layer 혹은 장벽층barrier layer이라고 부름)을 형성한다. 이런 깨달음은 이들의 연구 방향을 크게 바꾸었다. 고체 상태의 물질을 갖고 증폭작용을 하는 기기를 만들고자 할 때, 즉 실리콘이나 게르마늄 판에 전류를 연결하고 이 전류 전압의 30퍼센트 정도에 해당하는 낮은 입력 신호를 걸어 증폭 효과를 얻고자 한다면(이는 진공관에서 일어나는 현상과 매우 비슷하다), 이제 해야 할 일은 분명했다. 우선 표면 상태의 장벽을 부숴야만 하는 것이다. 브래튼은 후에 바딘의 통찰력 덕분에 연구에 있어 운신의 폭이 넓어졌다고 이야기했다.

1947년 11월 중순에 벨 연구소 머레이힐 건물의 장엄한 입구로 걸어 들어간다는 것은 뜻 모를 이야기와 실험으로 가득 찬 영역으로 발을 들여놓는 것과도 비슷했다. 새로 지은 이 건물의 아르데코 풍 로비를 지나 넓은 층계참을 잠깐 오르면 경비실이 나왔다. 그 앞을 지나 목재 난간이 굽이치며 이어지는 대리석 층계참 여덟 개 반을 걸어 올라가면, 놀랄 만큼 길고 환한 복도에 빨간 테라초 대리석이 깔려 있었고 바로 그 복도에 브래튼의 연구실 IE455호가 있었다. 작업대 위에는 온갖 눈금과 계량기가 잔뜩 붙은 덩치 큰 측정 장비들이 놓여 있었다. 브래튼의 연구실은 시가, 담배, 납땜질에서 나는 매운 연기가 자욱하게 뒤섞여 있을 때가 다반사였다. 그 안에서 브래튼, 바딘, 쇼클리 세 명은 반도체 결정 표면을 들여다보며 '쌍극자dipole: 크기는 같고 부호가 반대인 두 전하가 나란히 선 배치를 이름'나 '공간 전하층space charge: 주어진 공간 영역에 존재하는 전하', '이력 현상hysteresis: 어떤 물리량이 그때의 물리 조건만으로는 일의적으로 결정되지 않고 그 이전에 그 물질이 경과해온 상태의 변화 과정에 의존하는 현상' 등의 마치 다른 세계에서나 쓸 법한 단어들을 사용하며 이야기를 나눴다. 하지만 그들의 연구는 결국 실험 물질의 표면을 어떻게 하면 깨끗하게, 혹은 적절한 상태로 만들 수 있는가에 달려 있었다. 이들은 전류가 실리콘을 통과할 때 실리콘 내부의 전자나 정공, 혹은 둘 모두가 어느 정도로 자유롭게 움직이는지 보기 위해 여러 종류의 실리콘으로 실험을 했다.

11월 17일 브래튼과 전기화학자인 로버트 깁니Robert Gibney는 전해액(전기를 띤 용액)을 사용하면 표면 장벽을 뚫을 수 있지 않을까 하는 생각에 실험을 해봤다. 실험은 성공적이었다. 후에 쇼클리는 이에 대해 '마법의 달'을 열어준 하나의 돌파구라고 기억했다. 이후 몇 주 동안 일어난 사건들은 정말로 마법 같아 보였다. 느리지만 조직적인 연구가 결국 예정된 운명으로 그들을 인도해준 것이다. 과학자들이 내린 결론이라기에는 이상했지만 말이다. 그러나 월터 브래튼은 정말로 자신이 오랫동안 기다려온 것을 마침내 발견한 듯한 '신비한 느낌'을 받았다고 말했다.

전해액을 사용하여 실험을 하던 일주일 중 하루였다. 브래튼은 그날을 이렇게 기억했다. "아침에 바딘이 내 사무실로 찾아왔죠. 그러고는 고체 증폭기를 만드는 데 있어 기하학을 활용해보는 게 어떠냐고 묻는 거예요. 그래서 연구실에 가서 해보자고 했죠." 철사에 전해액을 살짝 묻혀 반도체 웨이퍼 표면에 접촉시키는 실험이었다. 바딘이 가끔 어깨 너머로 실험을 지켜보는 가운데, 브래튼과 연구실 보조 한 명이 실험 장비를 대강 만들기 시작했다. 실리콘 판 위에 뾰족한 금속 막대기를 접촉시킨 것이었다. 금속 막대기를 통해 전류를 실리콘으로 몇 번 흘려 보내자 전기신호가 약간 강해졌다. 희망이 보였다. 그날 11월 21일 금요일 밤 브래튼은 카풀 동료들에게 그날의 실험, 즉 자신의 인생에서 가장 중요한 그 실험에 대해 이야기했다. 하지만 주말쯤 되자 자신과 바딘이 한 실험이 정말 중요한 것이라면 사람들 입에 회자되면 안 된다는 생각에 불안해졌다. 그래서 그는 월요일 출근길에 동료들에게 반도체 실험에 관해 자신이 한 이야기를 잊어 달라고 부탁했다. "비밀을 지키겠다는 맹세까지 받아냈죠."라고 브래튼은 말했다.

바딘 역시 조금만 더 하면 완성이라고 생각했다. 그는 주말 내내 실리콘 결정 내에서 무슨 현상이 벌어질지에 관해 자신의 생각을 노트에 적었다. 바딘과 브래튼은 쇼클리에게도 자신들의 발견에 대해 알렸다. 그런데 실험을 해야 할 브래튼이 감기로 앓아누웠다.

브래튼이 12월 중순까지 자신의 연구실에서 실험에 쓰던 장치는 조그만 데다 그다지 우아하게 생겼다고는 할 수 없었다. 금속판 위에다가 10원짜리 동전 4분의 1 크기의 반도체 조각을 얹은 것이 다였다. 원래는 실리콘을 얹었지만 바딘의 제안으로 n형 게르마늄으로 바꿨다. 금속판에는 전선이 하나 연결돼 있었고, 얼핏 보기에 화살촉처럼 생긴 세모꼴의 조그만 플라스틱이 게르마늄 웨이퍼 표면에 거의 맞닿아 있었다. 하지만 실제로는 이 플라스틱은 게르마늄에 접해 있지 않았다. 브래튼은 화살촉의 끝부분을 얇은 금박으로 싸서 알파벳 V모양의 금사를 만들었다. "전쟁 전에 쓰던 금인데 그때까지 남아 있었죠."라고 브래튼은 말했다. 그는 면도칼로 정확하게 V의 꼭짓점 부분을 잘라서 거의 보이지도 않을 틈을 만들었다. 그러니까 다시 말하면 V 모양 금사라기보다는 금사 두 개를 V꼴로 게르마늄 판 위에 놓은 것이었다. 연구팀은 이를 '점point'이라고 불렀다. 바딘은 브래튼에게 두 점 사이의 틈이 무엇보다 중요하다고 말했다. 그는 1센티미터의 수천 분의 일 정도로만 틈이 벌어져야 증폭기 개발에 성공할 수 있을 것이라고 생각했다.

브래튼은 화살촉 양 끄트머리 점들을 각각 전선으로 이어서 배터리에 연결시켰다. 이로써 간단한 회로를 하나 만든 것이었다. 연구진은 반도체 물질(p형, n형 게르마늄 및 실리콘), 점(다양하게 간격을 줌), 화학물질 구성, 전해질 용액 등에 변화를 줘가며 2주 간 다양한 설정으로 실험을 진행했다. 설정이 바뀔 때마다 새로운 사실이 발견됐고 조금씩 증폭 효과가 달라졌다. 그리고 12월 16일 아침 브래튼은 마침내 정답을 발견

첫 번째 트랜지스터. 화살표 아래에 있는 게르마늄 금속판은 10원짜리 동전의 4분의 1 크기다. ⓒAT&T Archives and History Center

했다. 나중에 브래튼이 말한 것처럼 딱 맞게 살짝 건드려서 두 개의 금점이 게르마늄 조각에 접촉하게 되면 놀라운 증폭 효과가 있었다. 이 순간 장치 내에서는 점을 타고 흘러들어온 전류와 금속 내의 불순물이 서로 반응했고, 이로 인해 발생한 전자와 정공들이 떠 다녔다. 엄청나게 복잡한 현상이 벌어지고 있던 것이다. 그 당시에는 브래튼과 바딘조차 이 현상을 제대로 이해하지 못했다. 하지만 중요한 건 증폭작용 그 자체였다. 수년

후, 고체 증폭기가 어떻게 세상에 태어나게 됐는지에 대해 말하고 싶었던 쇼클리는 브래튼의 예전 노트들을 샅샅이 훑었다. 쇼클리는 브래튼의 노력이 진정한 결실을 맺은 것은 바로 12월 16일이었다고 결론지었다. 바로 그날 전기신호의 뚜렷한 증폭이 관찰된 것이다.

이후 며칠 동안 브래튼과 바딘은 벨 연구소 경연진에게 자신들의 기기를 시연하기 위한 준비를 했다. 시연 날짜는 1947년 12월 23일이었다. 머빈 켈리 부소장은 시연에 초대되지 않았다. 켈리는 연구자들에게 충분한 자유를 보장해줘야 한다고 믿고 있었다. 따라서 바딘과 브래튼의 연구에 대해 묻지 않았고, 이에 대한 보고가 올라가지도 않았다. 또한 벨 연구소 내에서는 중요한 연구라도 얼마간은 중간급에까지만 보고하는 게 관례였다. 연구진은 혁신적인 발명이 이뤄졌다는 이야기가 최고 경영진의 귀에 너무 일찍 들어가는 것을 꺼렸다. 처음에는 중요하게 보였던 연구가 자세히 살펴보면 사실 별 것 아닐 수도 있다는 우려 때문이었다. 주임은 어떤 연구에 대한 확신이 있을 때에만 상부에 보고했고, 브래튼이 기억하기로 그 과정은 1~2주 정도의 시간이 걸렸다. 연구에 대한 확신 없이 켈리 부소장에게 보고하는 것이야말로 최악의 시나리오였다.

1947년 크리스마스 이브, 브래튼은 전날 있었던 일을 노트에 적고 있었다. 그는 줄이 그어진 노트에 자신이 만든 증폭기를 대강 그렸다. 또한 이 조그맣고 못생긴 증폭기 안의 회로로 음성신호를 입력하는 기기의 설계도도 그려넣었다. 이 기기는 그와 몇몇 동료들이 함께 고안한 것이었다. 브래튼은 "이 회로에 대고 말을 하면서 스위치를 조작하면 목소리의 크기가 확연히 커지는 것을 알 수 있다."라고 적었다. 음질의 변화는 거의 없었으며 신호 증폭 정도는 18배 이상이었다. 브래튼은 이어서 "많은 이들이 이 실험을 지켜보았고 또 들었다."라고 덧붙였다. 그날 방 안에는 바딘, 브래튼, 쇼클리, 브래튼의 연구실 동료인 피어슨, 연구를 도운 화학자 기브니R. B. Gibney와 역시 연구를 한몫 도운 회로 전문가 무어H. R. Moore가 함께했다. 물리 연구부장인 하비 플레처도 있었다. 그는 오래 전 밀리컨 연구실에서 머빈 켈리와 함께 벨 연구소로 건너와 이곳에서 자신의 커리어를 마무리하고 있었다. 과학자들은 자신이 노트에 기록한 참가자 명단에 서명을 하며, 제3자가 이를 확인해준다. 브래튼의 기록에도 마찬가지로 "기록 내용을 읽고 이해함 G. L. 피터슨 및 H. R. 무어 1947.12.24"라는 확인이 붙었다.

그날 오후 그 방에는 연구부장인 랠프 바운Ralph Bown도 있었다. 온화한 성품으로 존경받는 관리자인 바운은 켈리가 연구소 부소장이 되었

1947년 12월 24일, 월터 브래튼이 트랜지스터를 탄생시킨 노트 원본.
ⓒAT&T Archives and History Center

을 때 연구부장 자리에 올랐다. 바운은 켈리보다 더 열린 사고의 소유자였기 때문에 다가가기가 더 쉬웠다. 머레이힐 연구동은 두 개의 큰 건물이 거대한 복도로 이어져 있었는데 바운은 그 복도에서 사람들과 이야기를 나누고 있을 때가 많았고, 사람들도 그를 보러 그 복도로 가곤 했다.

바딘과 브래튼의 시연에 참석한 이들 중에서 바운은 가장 중요

한 사람이었지만 제일 회의적이기도 했다. 그는 실험에 대해 의문을 제기했다. "저 장치가 진짜 제 기능을 하는지 보려면 증폭된 전기신호의 파형이 물결 모양을 그려야 하네."라고 딱 잘라 말했다. 증폭기라는 정의 그대로 입력된 전기신호보다 더 큰 전기신호가 출력되는지 보기 위한 특별한 방법이 있었다. 출력 신호가 다시 입력되게 회로의 전선을 재배치하면, 사인 그래프처럼 일정한 물결 모양의 신호가 출력된다. 마치 진자 운동과 같은 모습을 보여주는 것이다. 통신시스템에서 진자 운동은 매우 중요하다. 전화 다이얼 톤에서부터 전파 송수신에 이르기까지 진자 운동이 이용되기 때문이다. 브래튼과 동료들은 자신들이 발명한 증폭기를 바운의 요구 사항에 맞도록 바로 손봤고, 그제야 바운은 만족스러워했다. 후에 바운은 그 장치를 보자마자 중요한 것이라는 사실을 알아챘다고 솔직히 인정했다. 그의 생각에 그 장치는 단순한 증폭기나 스위치, 진공관의 대체물 그 이상이었다. 하지만 그날은 크리스마스 이브였다. 한 해가 거의 저물고 있었고 동부 해안에는 세찬 폭풍이 몰아치던 날이었다. 이 장치로 인해 앞으로 무슨 일이 일어날 것인지, 아니 얼마나 모든 것이 꼭 들어맞았는지 깨닫는 데에는 시간이 조금 필요할 터였다.

바딘과 브래튼이 고안한 장치에 대해서 바운은 '그동안 세상에 없었던 새로운 물건'이라고 간단하게 평했다.

새로운 물건이 만들어지면 특허를 내야 한다. 1948년 초, 장치가 고안된 지 한 달 정도가 지나서야 머빈 켈리의 귀에 새로운 발명에 대한 소식이 들어갔다. 당시 바딘과 브래튼은 벨 연구소 법무팀과 특허 출원 준비를 시작했다. 이 두 사람, 특히 그중에서도 브래튼은 미국이나 다른 나라 과학자들이 비슷한 장치에 대한 특허를 이미 갖고 있을지도 모른다고 걱정했다. 전쟁 동안 반도체 실험을 진행하던 퍼듀 대학 연구진이 특허를 냈을 수도 있었다. 중요한 발명은 소름 끼칠 정도로 여기저기에서 동시다발적으로 일어난다는 걸 벨 연구소 과학자라면 누구나 잘 알고 있었다. 자신들이 몸담고 있는 벨 연구소 자체가 이에 대한 교과서적인 사례였으니까. 일례로 알렉산더 벨은 엘리사 그레이Elisha Gray보다 특허국에 일찍 도착했기 때문에 전화 발명자로 인정받을 수 있었다.

새로운 물건에는 이름도 필요했다. 벨 연구소 직원 및 임원, 고체 물리 연구팀 31명에게 회람이 돌았다. 회람에는 "이렇게 새로운 장치에 이름을 붙이는 문제에 있어, 본위원회가 선택지를 하나만 드리기는 불가능합니다."라는 설명과 함께 몇몇 후보가 적힌 투표용지가 첨부돼 있었다. '삼극진공관Triode'이라는 이름이 제일 그럴듯했다. 음극과 양극, 격자grid: 그물이나 나선 모양으로 양극과 음극 사이에 장치돼 주로 두 극 사이의 전자 흐름을 제어로 이뤄진 진공관과 마찬가지로, 새 장치도 점 두 개와 베이스로 구성돼 있었기 때문이다. 응답자들은 마음에 드는 차례대로 번호를 매기면 됐다.

- 반도체 삼극진공관Semiconductor Triode
- 표면 장벽 삼극진공관
- 결정 삼극진공관
- 고체 삼극진공관
- 아이오테트론Iotatron
- 트랜지스터Transistor

• 기타 의견 _____

벨 연구소의 엔지니어들은 단어 끝에 '−이스터-istor'를 붙이길 좋아했다. 배리스터varistor: 반도체 저항 소자나 서미스터thermistor: 온도에 따라 전기저항치가 달라지는 반도체 회로 소자라는 이름의 소형 장치들은 이미 통신시스템의 전기회로망에 있어 필수불가결한 요소로 사용되고 있었다. 메모에는 '트랜지스터'라는 이름은 '상호 전도도trans-conductance: 진공관의 증폭률을 양극 저항의 값으로 나눈 것' 또는 '전송하다transfer'라는 단어와 '배리스터varistor: 반도체 저항 소자'라는 단어를 합친 것이라는 설명이 달려 있었다. 다른 이름들 역시 연구소 핵심 간부들이 좋아할 만한 것이었다. 아이오테트론에 대해서는 '미세한 요소라는 뉘앙스를 충분히 전달'한다는 설명이, 반도체 삼극진공관에 대해서는 조금 길고 복잡하긴 해도 '꽤 괜찮은 이름'이라는 설명이 붙었다. 하지만 역시 뚜껑을 열어보니 트랜지스터가 의심할 바 없는 일등이었다.

이제 마지막 단계로 트랜지스터란 이름이 붙은 이 장치에 대해 낱낱이 파고들 필요가 있었다. 연구부장 바운은 "각 부서마다 가장 뛰어난 전자 엔지니어들을 불러 다양한 각도에서 트랜지스터를 연구하고, 증폭기로서 어떤 기능이 가능한지 실험했죠."라고 회상했다. 게르마늄에 첨가된 미량의 불순물 덕에 마치 진공관 같은 증폭 기능이 일어난다는 사실은 분명했다. 하지만 전압이 걸렸을 때 어떻게 전공과 전자들이 반도체 판 안을 돌아다닐 수 있는가를 알려면 더 많은 연구가 필요했다.

1948년 5월 초, 트랜지스터에는 '벨 전화 연구소 공식 기밀 기술'이라는 딱지가 붙었다. 말하자면 '벨 연구소 특급 기밀'로 지정된 것이었다.

랠프 바운은 트랜지스터에 대해 아는 이들에게 장문의 회람을 돌려 비밀 엄수를 당부했다. 더불어 트랜지스터 연구 및 그와 관련된 모든 것에 '표면 상태 현상'이라는 코드네임이 주어졌다. 하지만 벨 연구소에서 이 기밀을 얼마나 지킬지, 아니 얼마나 지켜야 하는 건지도 의문이었다. 연구소 임원들은 트랜지스터를 일반에 공개하기 전 우선 군에 보여야 하지만, 그렇다고 군사 전용이 되는 것은 거부해야 한다는 점에 일찍부터 의견 일치를 보았다. 한편 켈리와 바운을 비롯한 모든 임원들은 이 트랜지스터가 대중에 알려졌을 때 이에 대한 권리를 과연 벨 연구소에서 소유할 수 있을까에 의문을 가졌다. AT&T가 시장에서 독점적 위치를 유지할 수 있었던 것은 정부가 뒤에 있었기 때문이었고, 이 덕분에 AT&T가 진행하는 과학 연구는 대중의 이익을 위한 것이었다. 트랜지스터가 고수익을 보장하는 것으로 드러나 연구소에서 한몫 챙기고자 한다면, 정부에서 나온 감사관들이 AT&T가 기업으로서 시민 의식을 다하고 있느냐며 AT&T의 독점적 지위에 제동을 걸 것이 분명했다. 그리고 사실 경쟁자들과 기술을 공유하는 것은 전자 분야에서는 오히려 득이 될 수도 있었다. 먼저 AT&T는 특허권 사용료를 벌어들일 수 있었다. 또한 벨 연구소가 기술 개발 경쟁에서 몇 달이나마 치고 나갈 수 있다면, 이 싸움에서 주도권을 잡게 될 것이었다. 그뿐 아니라 트랜지스터 기능 향상 연구를 위해 벨 연구소로 모여들 과학자 및 기술자들을 맞아들이는 주인의 입장에 서게 될 터였다. 이 전략을 '좋은 의미의 이기주의'라고 칭한 바운은 "특정 기술에 뒤따르는 발견을 제대로 이해하고 이를 제대로 이용할 수 있는 사람이 그 기술을 개발한 당사자 말고 누가 있겠습니까?"라고 말했다.

1948년 5월 26일 오전 9시에 바딘과 브래튼, 쇼클리 및 몇 명의 벨 연구소 직원들은 랠프 바운의 널찍한 머레이힐 사무실에서 회의를 했다. 다들 꽤 심각한 수준의 피해망상에 사로잡혀 있었다. 퍼듀 대학이나 다른 연구진의 연구가 이미 거의 완성 수준이고, 벨 연구소보다도 먼저 발표할 가능성이 있다는 이야기가 오갔다. 모두 특허 출원에 요구되는 기간 이상 동안 비밀을 지키고 싶어 하지 않았다. 특허 출원 준비는 거의 끝나갔다. 특허 출원 준비에 마저 박차를 가하고, 바딘과 브래튼은 「피지컬리뷰」에 트랜지스터에 대해 설명하는 서한을 쓰기로 했다. 이를 통해 과학계에서 트랜지스터에 대한 자신들의 입지가 다져질 터였다. 이와 더불어 연구소 홍보부는 보도 자료 작성을 시작하는 동시에 기술 발표를 어떤 식으로 진행할 것인지 궁리해보기로 했다.

1948년 6월 중순, 트랜지스터의 특허 출원은 이미 마무리됐다. 또한 그달 말에 벨 연구소의 맨해튼 웨스트가 사무실에 있는 큰 강당에서 회의가 잡혀 있었다. 사공이 많으면 배가 산으로 간다고, 보도 자료 작성 하나에 쇼클리, 바딘, 바운, 브래튼을 포함해 5~6명이 함께 덤벼드니 정신이 없었다. 이때를 두고 쇼클리는 "그 보도 자료는 N번 이상 새로 쓰였는데, 이때 N은 6보다 큽니다."라고 이야기했다. 보도 자료에는 트랜지스터가 신발 끈 끄트머리보다 조금 더 큰 정도라 손을 쫙 펴면 손 안에 100여 개는 너끈히 들어간다고 적혀 있었다. 보도 자료는 꽤 장황했다. 트랜지스터에 대한 묘사만 7쪽이었다. 반면 「피지컬리뷰」에 바딘과 브래튼이 자신들의 발명에 관해 보낸 서신은 뛰어난 성취를 이룬 고체 물리학자의 글로서 나무랄 데가 없었다. 야금술과 양자역학 및 전자공학에 대해 세계적 수준의 지식을 가진 독자가 아니면, 지난 몇 년 간 과학계의 성취가 집약돼 있는 이들의 글을 도무지 따라갈 수가 없었다.

1920년대 아직 고등학생이었을 적 쇼클리는 수학 시험을 치고는 주말 내내 우울해했다. 나중에 쇼클리는 "성격이죠. 기술직에 종사하는 사람들 중 상당수가 이런 성격일 거예요."라고 설명을 했다. 시험을 망쳐서 그런 것은 아니었다. "어떤 한 친구가 계속 신경 쓰였어요. 별로 공부를 잘 하는 애도 아니었는데 말이죠. 내가 그 녀석보다 수학 시험을 더 잘 봤는지 아닌지 걱정하느라 주말 내내 우울해 있었어요."

1947년 가을, 바딘과 브래튼은 트랜지스터 개발에 점점 더 가까워지고 있었는데 담당 주임이었던 쇼클리는 이들의 연구에 상당한 흥미를 가졌다. 그래서 그는 가끔 실험에 대한 제안을 하기도 하면서 주기적으로 진행 상황을 보고받고 있었다. 12월 트랜지스터가 발명됐을 때 쇼클리는 복잡한 심경이었다. 후에 그는 "왜 좀 더 개인적으로 관여하지 않았을까 하고 낙담했죠. 이건 시인하지 않을 수 없겠네요. 그 팀의 성공으로 정말 기뻤지만 동시에 내가 그 발명자들 중 한 사람이 아니라는 아쉬움도 있었죠."라고 털어놓았다. 쇼클리는 어쩌면 바딘과 브래튼보다도 이 새로운 장치가 어떤 의미를 지니는지를 더 잘 이해하고 있었다. 수년 전 켈리가 자신의 사무실에 들러서 전기 스위치라는 아이디어를 꺼낸 이후로, 쇼클리는 그게 구현되면 어떤

브래튼의 어수선한 머레이힐 내 실험실에서, 탄탄한 삼두체제의 세 사람. 좌측부터 월터 브래튼, 윌리엄 쇼클리, 존 바딘.
©AT&T Archives and History Center

모습일까를 상상해왔던 것이다.

12월 23일 벨 연구소 임원진을 대상으로 트랜지스터 시연을 하고 얼마 되지 않아서였다. 바딘과 브래튼을 따로따로 자신의 사무실로 부른 쇼클리는 "때로는 열심히 한 사람들이 칭찬을 못 들을 때도 있지."라고 말했다. 브래튼의 말에 따르면 그때 쇼클리는 자신의 '필드 효과' 때문에 트랜지스터 특허를 자신이 먼저 따내면 두 사람의 후속 연구를 무색하게 만들 수 있다는 자신감에 넘쳐 있었다. 하지만 쇼클리가 특허를 따는 게 불가능한 이유는 많았다. 우선 바딘과 브래튼이 힘을 합쳐 최초로 트랜지스터를 발명했다는 사실을 많은 이들이 알고 있었고, 두 사람의 연구 기록도 증거가 되었다. 그리고 쇼클리가 특허를 받고자 하는 필드 효과의 경우, 이미 줄리어스 릴리언필드Julius Lillienfield라는 발명가가 20년 전 유사한 아이디어를 낸 바 있었다. 그가 실제로 작동이 되는 장치를 만들었는지, 특허 출원된 장치가 제 기능을 하는지는 알 수 없었다. 더군다나 반도체 이론에 대한 이해는 고사하고 아원소 수준에서 정공과 전자들이 움직인다는 사실조차 알고 있었는지 어땠는지도 확실하지 않았다. 그러나 법적으로는 엄연히 릴리언필드가 최초 개발자였다. 반도체에 대한 접근 방식은 달랐지만, 바딘과 브래튼도 자신들의 아이디어의 최초 개발자였다.

쇼클리에게는 힘든 크리스마스였다. 그는 주말에 중서부에서 열리는 회담에 참석하기 위해서 뉴저지를 나섰다. "12월 31일 저는 시카고에 혼자 있었어요. 두 회의가 거의 연달아 열리는 바람에 뉴저지로 잠시 돌아오는 것은 비효율적이어서 그냥 시카고에 남아 있기로 했죠." 그는 열의에 타올라 호텔 방에서 혼자 트랜지스터 연구를 계속했다. "이틀 만에 노트 19장 분량의 메모장을 다 썼죠. 제 노트는 벨 연구소에 있었기 때문에 메모장에다 썼어요. 그러고는 동료 주임인 모건S. O. Morgan에게 우편으로 보내 그와 바딘에게 그 기록들을 확인받았죠. 나중에 그 메모장을 제 노트에다 고무줄로 묶었어요." 이후 3주 간 그의 기세는 꺾일 줄 몰랐다. 그는 1월 하순까지 바딘과 브래튼의 트랜지스터와는 외양도 기능도 다른 트랜지스터에 대한 이론 및 설계를 완성했다. 바딘과 브래튼의 트랜지스터가 점접촉형이었다면 쇼클리의 것은 접합형이었다. 반도체 물질 조각에 두 금속점을 찔러 넣는 대신, 쇼클리는 두 n형 게르마늄 사이에 현미경으로 봐야 보일 법한 크기의 p형 게르마늄이 끼워진 고체 블록을 만들었다. 샌드위치에 비교해도 크게 다르지 않을 모양새였다. 다른 점이 있다면 샌드위치 모양의 그 반도체가 옥수수 씨눈 정도의 크기라는 점 정도였다.

쇼클리의 아이디어는 몇 가지 점에서 정도正道를 벗어나 있었다. 벨 연구소에는 거의 표면 상태 수준으로 단단한, 기술직 직원들이 넘어서는 안 되는 선이 있었다. 양말을 안 신는다거나 일하러 나와서 통신업과는 하등 관계없어 보이는 장난감을 만든다거나 하는 괴짜 짓은 용서받을 수 있었다. 하지만 기술 관리직들이 비서들을 유혹한다든지 문을 닫은 채로 일하는 것은 허락되지 않았다. 또한 직위나 부서를 막론하고 필요한 경우 반드시 동료에게 도움을 줘야 했다. 그중에서도 가장 중요한 것은 주임들은 자신이 감독하는 사람들을 이끌어야지 이들의 연구에 간섭하면 안 된다는 것이었다. 트랜지스터의 발명이 있은 지 얼마 되지 않아 벨 연구소에 들어온 물리학자 필 앤더슨은 "최소한의 간섭 및 아랫사람들과의 경쟁 금지가 이곳의 오랜 관리 방침이었어요. 쇼

136

클리는 이 금기를 깼고, 결국 용서받지 못했죠."라고 설명했다. 수년 전 쇼클리의 고체 물리 스터디 그룹의 일원이었던 매니저 애디슨 화이트는, 쇼클리를 아는 사람이라면 왜 그가 바딘 및 브랜튼과 트랜지스터 경쟁에 나섰는지 분명히 알 것이라고 말했다. "저는 쇼클리보다 뛰어난 재능을 가진 사람은 본 적이 없어요. 그가 제일 뛰어난 사람이라는 타이틀을 포기하면서까지 조직을 위할 순 없었던 거겠죠."라는 게 그의 말이었다.

쇼클리는 자신이 설계한 트랜지스터를 한 달여 동안 비밀에 부쳤다. 하지만 2월 중순 고체 물리 연구 그룹과의 회담에서 쇼클리의 동료 존 시브John Shive가 일어섰다. 그리고 자신의 최근 연구 결과에 대해 설명했는데, 하필 이것이 쇼클리의 접합형 트랜지스터 개념과 밀접한 관련이 있었다. 마침 바딘과 브랜튼도 그 자리에 있었다. 쇼클리는 몇몇 이들이 시브의 설명에 반응하는 것을 눈치챘다. 누군가 수분 내로 바로 자신이 한 달 전 고안한 이론인 '소수 운반자 주입minority carrier injection: 평형 상태에서 총수의 반 이하를 차지하는 운반자를 주입하는 방식'과 비슷한 개념을 생각해낼 수도 있었다. "그 단계까지 오면 금속 점접촉 대신 p-n 접합을 쓸 수 있겠다고 생각하는 건 금방이죠. 그러면 접합 트랜지스터라는 개념이 도출되는 겁니다."라는 것이 쇼클리의 이야기였다.

그래서 쇼클리는 말 그대로 벌떡 일어섰다. 자리에서 일어선 그는 앞으로 나가 거기 있던 이들에게 자신이 고안한 트랜지스터의 이론 및 설계에 대해 발표했다. 쇼클리는 이에 대해 "접합 트랜지스터 경쟁에서 밀리고 싶지 않았어요."라고 말했다. 많은 이들이 말문을 잃었다. 쇼클리가 이끌었던 고체 물리 연구 그룹은 자유로운 아이디어의 교환을 원칙으로 삼고 있었다. 그런데 그 원칙을 바로 쇼클리가 한 달 간 무시한 것이었다. 이와 동시에 그곳에 있던 이들은 경탄을 금치 못했다. 그들은 바딘과 브래튼의 초기 연구를 기반으로 한 또 다른 기술적 돌파구를 목격하고 있었던 것이다. 이것이 쇼클리의 재능과 노력의 결과이건 교활하고 상처입은 자존심의 결과이건 그게 무슨 상관인가?

쇼클리에 따르면 실용적인 장치의 부품으로서는 접합형이 점접촉형보다 훨씬 뛰어났다. 하지만 문제가 있었다. 연구소에 있는 누구나 실제로 만들 수 있었던 점접촉 트랜지스터와는 달리, 접합 트랜지스터는 아직 이론에 불과했다. 더군다나 초소형 n−p−n 게르마늄 샌드위치를 만드는 데 필요한 물질들을 야금학자들이 제조해야 했는데, 이는 상당히 어려운 과제였다. 또한 적어도 그 순간만큼은 참 아이러니했던 점이 하나 있었다. 쇼클리의 말뿐인 발명인 접합 트랜지스터가 말 그대로 쓸모라고는 없는 또 다른 발명인 점접합 트랜지스터를 기반으로 했다는 것이었다. 점접합 트랜지스터는 생산돼 판매된 적도 없는 데다가 그때까지 계속 비밀에 부쳐지고 있었다. 그 때문에 세상에서 그 존재를 아는 사람은 고작 십 수 명에 불과했다.

20세기에서 가장 중요한 두 기술인 원자폭탄과 트랜지스터는 거의 삼 년의 간격을 두고 공개됐다. 1945년 7월 16일 오전 5시 29분, 뉴멕시코 주 사막에 위치한 트리니티에서 원자폭탄 실험이 시행됐다. 이 실험은 새로운 물질들이 갖고 있는 힘과 이에 따른 공포를 숨김없이 드러냈다. 야구공 크기로 제련된 금속, 정확히 말하면 당시 새롭게 발견된 원소인 우라늄 약 5킬로그램이 중간 크기의 도시 하나를 날릴 수 있었던 것이다. 트랜지스터 역시 미량의 불순물이 첨가된, 1그램이 채 되지 않는 게르마늄으로 새로운 물질들의 힘을 드러냈지만, 그 중요성은 훨씬 미약해 보였다. 1948년 6월 30일, 맨해튼의 그리니치 빌리지에서 열린 작은 행사에서 트랜지스터가 세상에 첫선을 보였다. 진공관의 대체물이라는 뻔한 소개말과 함께였다. 진공관보다 작고 울퉁불퉁하며 전력을 적게 소비하는 트랜지스터는 종종 수도꼭지에 비교됐다. 물 대신 전기를 껐다 켰다 했고, 전기를 세차게 흘려보낼 수도 있었다. 손잡이를 살짝 돌려주면 큰 증폭 효과를 발생시킬 수 있었다.

회담을 이끈 건 연구부장인 랠프 바운이었다. 그는 바딘과 브래튼에게 트랜지스터 회로를 인정받고 싶으면 회로가 진자 운동을 하게 만들라고 지시한 장본인이었다. 주로 청중들의 질문에 대답한 것은 쇼클리로, 깊이 있으면서도 낭랑한 목소리로 차분하지만 자신감 있게 말을 또박또박 이어갔다.

청중들은 모두 헤드폰을 지급받았다. 거의 사람만 한 크기의 점접촉 트랜지스터 모형 옆에는 우아하게 차려입은 휜칠한 키의 바운이 서 있었다. 이 시연에는 세 번의 하이라이트가 있었다. 먼저 청중은 바운의 목소리가 회로를 거쳐 전환 및 증폭되는 것을 보면서 트랜지스터의 증폭작용을 경험했다. 다음으로 진공관 대신 트랜지스터가 사용된 세트에서 라디오 방송을 들었다. 그리고 트랜지스터를 사용하여 주파수를 발생시킴으로써 진자 운동을 시연하는 것이 마지막 하이라이트였다. 지난 6개월 동안 바운과 동료들은 트랜지스터를 사용하여 무엇을 할 수 있을까를 고민했다. 이 기기가 갖는 중요성을 일부러 축소할 생각은 없었다. 반도체 개발 이야기를 책으로 쓴 마이클 리오던Michael Riordan과 릴리안 후데슨은 바운이 청중에게 이 "조그만 물건이 진공관의 모든 기능, 그리고 진공관이 할 수 없는 몇몇 기능까지도 할 수 있습니다."라고 말했다고 적었다.

대부분의 신문사에서는 이 작은 장치의 가치를 알아보지 못했다. 「뉴욕 타임스」는 편집상의 판단 착오를 하나 저질렀는데, 이는 나중에 꽤 유명한 이야기가 됐다. 웨스트 가 강당에서 열린 트랜지스터 시연에 대한 보도 기사를 46쪽에 네 문단 분량으로 줄여서 실은 것이었다. 이 칼럼의 제목은 '라디오 뉴스'였다. 벨 연구소 소장인 올리버 버클리는 재미 때문이었는지 개인적인 불만의 표시였는지는 모르겠지만, 죽을 때까지 이 기사를 개인 파일에 보관하고 있었다. 하지만 충분한 관심을 받지 못한다고 해서 벨 연구소의 과학자들의 기가 죽지는 않았다. 대중은 무관심했지만 전자 업계 내에서는 열광적인 반응이 있었기 때문이었다. 특히 대중 앞에서의 시연 후 업체 임원들을 대상으로 한 특별 프레젠테이션이 있었다. 그 뒤 바운을 비롯하여 켈리, 버클리, 쇼클리, 바딘, 브래튼, 이 고체 물리 연구 프로젝트와 조금이라도 관련이 있는 이들을 수신인으로 한 편지들이 전자 업계 전 분야의 임원들로부터 속속들이 날아들어 왔다. 진지하고도 넉살 좋은 투로 트랜지스터 샘플을 요청하는 편지들이었다. RCARadio Corporation of America: 1919년부터 1986년까지 존재한 전자 회사, 모토로라, 웨스팅하우스Westinghouse를 비롯하여 수많은 라디오 및 텔레비전 생산 업체들이 샘플을 얻고자 했다.

벨 연구소의 발표는 학계의 비상한 관심을 모아서 하버드, 퍼듀, 스탠포드, 코넬 및 수많은 대학들이 연구소에서 쓸 샘플을 요청했다. MIT의 전자공학부 부장이었던 제이 포레스터Jay Forrester는 1948년 바운에게 보낸 서한에 "트랜지스터가 전자 컴퓨터 회로에서 중요하게 쓰일 듯합니다. 고속 디지털 컴퓨터에서 트랜지스터가 어떻게 사용될지 연구하려 하는데 트랜지스터 샘플이 있으시면 몇 개 부탁드립니다."라고 썼다. 바운이나 쇼클리, 켈리가 트랜지스터가 컴퓨터 내의 논리 회로에 어떻게 사용될 수 있을까를 고려했는지는 알 수 없다(당시 진공관은 컴퓨터 논리회로에 이미 쓰이고 있었지만, 어마어마한 에너지 소비량과 잘 깨지는 속성 탓에 절반의 성공일 뿐이었다). 하지만 제이 포레스터가 보낸 서신은 트랜지스터가 컴퓨터 회로에서도 활용될 수 있다는 점을 보여주었다. 바운은 즉시 "트랜지스터가 컴퓨터에 쓰일 수 있다고 생각하신다니 흥미롭습니다."라고 회신을 보냈다. 그리고 컴퓨터 내에서 트랜지스터의 쓰임새와 개선 방안에 대해 MIT 과학자들의 의견을 기다리겠다고 덧붙였다.

언론이나 일반 대중이 트랜지스터가 어떤 실용적 혜택을 가져다줄지 똑똑히 이해하기를 바라는 것은 시기상조였다. 그러나 벨 연구소 연구진은 시간이 지나면 학계는 물론 전자 업계 임원들과 자신들이 알고 있는 것을 대중들도 이해할 것이라고 확신했다. 시연 다음 날 연구소 소장인 버클리는 종이를 한 장 꺼내 연구소 회장인 프랭크 주잇에게 짧은 편지를 썼다. 당시 주잇은 건강이 나빠져서 매사추세츠의 마사스 빈야드에 있는 여름 별장에서 휴가를 보내고 있었다. 버클리는 편지와 함께 트랜지스터에 대한 장문의 언론 보도 자료도 함께 보냈다. 옛 친구이자 상관인 주잇은 연구소의 현재 상황에 대한 소식을 듣지 못하고 있는 것이 분명했다. 버클리는 편지에서 "첨부한 보도 자료를 보면 향후 어떤 일이 일어날지에 대한 내 짐작을 대충 알게 될 걸세. 트랜지스터는 꽤나 중요한 것 같다네."라고 썼다.

새로운 기술에 대한 용어는 거의 항상이라고 해도 좋을 정도로 어느 것이 옳은지 헷갈리는 데다 부정확하다. 인류의 진보에 있어 아이디어가 가장 기본적인 단위라고 한다면 다음으로 중요한 것은 무엇일까? 브래튼과 바딘은 발견을 한 것일까 발명을 한 것일까? 이 둘 간의 구분은 현실적으로 충분히 가능하다. 발견은 자연에 대해서 과학적 시선으로 관찰한 것을 기술하는 것이다. 예를 들어 목성에 달이 있다는 사실을 처음으로 알았다든지, 치명적인 전염병을 유발하는 박테리아를 판별했다든지 하는 것이 발견이다. 또한 발견은 과학적으로는 큰 성과이지만 경제적 수익으로 이어지지 않을 때도 있다. 예를 들어 1930년대 칼 잰스키Karl Jansky라는 한 젊은 엔지니어가 대기 중 소음 연구를 위해 이동 가능한 안테나를 만들었다. 그는 안테나에 은하수로부터 발생하는 히스hiss: 고음역의 잡음가 감지됨을 발견했다. 바로 이 순간 그는 전파 천문학이라는 분야를 탄생시킴으로써 그 자신과 벨 연구소의 명성에 오래도록 남을 업적을 이뤘다. 하지만 그렇다고 해서 이 발견이 수익성을 보장하는 통신 관련 발명이나 장비 개발로 이어진 것은 아니었다.

연구진 중 가장 신중했던 존 바딘은 자신의 트랜지스터 연구를 '트랜지스터 작용'을 '발견'하는 작업이라고 칭했다. 그와 브래튼은 미량의 불순물이 섞인 게르마늄에 전류를 흘리면 게르마늄 내부의 매우 작은 정공들의 움직임이 빨라지면서 신호를 증폭하는 과정을 효과적으로 관찰한 것이었다. 이와 반대로 발명이라고 하면, 흔히 새로운 발견 혹은 기존 사실들을 참신한 방식으로 이용하는 공학 작업을 가리킨다. 쇼클리는 트랜지스터라는 장치가 종류가 다양한(점접촉식 및 접합식) 발명품이라고 생각했다. 그는 발견인지 발명인지가 헷갈린다면, 특허를 받은 장치에 대한 법적 보호가 이뤄지는지를 확인하라고 했다. 그러면서 법적인 보호를 받는다는 자체가 이 장치가 발명품임을 보여준다고 단언했다. 미특허국은 발견이 아니라 발명에 특허를 내주는 기관이기 때문이다.

물론 그게 무슨 상관이냐는 이들에게 트랜지스터는 과학 및 공학 양측의 쾌거, 다시 말해 발견과 발명 둘 다에 해당할 것이다. 하지만 트랜지스터는 당시 아직 발명이라고는 할 수 없다고 해야 옳을 터였다.

'발명'이라는 단어의 기원은 16세기 영국으로 거슬러 올라간다. 원래 이 단어는 새로운 것이나 아이디어가 사회에 소개되는 것을 묘사하는 단어로, 철학이나 종교적인 맥락에서 사용했다. 20세기 중반 들어 기술 및 산업 분야에도 '발명하다'와 '발명'이라는 단어들이 적용되기 시작했고, 곧 이 단어들은 새로운 현상을 묘사하는 데 있어 아직 적당한 단어들이 없었던 분야를 채우기 시작했다. 한 아이디어가 어떤 발견을 이끌어내고, 어떤 발견이 발명으로 이어진다고 하자. 그렇다면 결국 발명이라는 것은 한 아이디어가 길고도 대대적인 변화를 거쳐 실용적 목적의 과학기술(혹은 과정)로서 널리 사용되는 것이다. 이 정의대로라면 한 사람이나 한 그룹은 혼자서는 발명을 할 수 없다. 무언가를 발명한다는 것은 너무나 복잡하고, 또한 많은 주체들이 관여돼 있는 과정이기 때문이다.

연구소 임원들은 그들 앞에 곧 닥쳐올 시련에 이미 익숙했다. 트랜지스터 발명에 소요되는 자금 및 자원 마련은 큰 문제가 아니었다. 벨 연구소는 전 세계에서 가장 덩치가 큰 독점 기업의 산하 연구소였으니까. 하지만 트랜지스터와 같은 상품은 불안정한 기술적인 문제나, 지속적인 생산이 어렵다거나 생산 단가가 높다든가 하는 제조 공정상의 문제로 결국 실패할 수 있었다. 또한 시장도 아직 없었다. 진공관이 점접촉 트랜지스터보다 저렴하고 신뢰할 수 있다면 그대로 계속해서 사용하면 되는 것 아닌가?

1940년대 후반에 연구소는 트랜지스터 시장 구축에 대해서 그다지 걱정하지도 않았다. 기술사가史家 어니스트 브라운과 스튜어트 맥도널드는 트랜지스터에 대해서 "만들 수만 있다면 팔릴 겁니다. 아무도 안 산다고 하더라도, 거의 제국과도 같은 규모의 벨 연구소 자체가 충분한 수요가 돼줄 테지요."라고 했다. 그렇기 때문에 기술적, 생산단계상의 문제가 가장 걱정거리였다. 또한 점접촉 트랜지스터는 선전은 떠들썩했지만 실제 장치로서는 쓸모가 없었다. 손으로 건드리거나 습도가 갑자기 올라가는 것만으로도 성능이 달라졌다. 점접촉 트랜지스터는 상당히 민감한 데다가 작동 상태도 제멋대로였다. 누가 옆에서 문이라도 세게 닫으면 때때로 작동이 멈추기도 했다. 랠프 바운은 "점접촉 트랜지스터가 실제로 작동하고 있다는 것을 증명하기 위해 연구소에서 몇 개 만드는 것은 어렵지 않았죠. 하지만 수백, 수천 개를 생산하거나 안정적인 작동과 교환 가능성을 보장할 수 있을 정도로 균일하게 생산하는 것은 또 다른 문제였습니다."라고 말했다. 켈리의 지시로 트랜지스터는 쇼클리의 연구부에서 그보다 훨씬 큰 개발부로 넘어갔다. 트랜지스터 개발 담당자로 선정된 사람은 잭 모턴Jack Morton으로, 술고래에 성격은 심술궂지만 뛰어난 개발자였다. 켈리와 쇼클리로부터 신임을 받고 있던 그가 개발자로 선정된 것은 우연이 아니었다. 벨 연구소에 들어올 당시 35세였던 모턴은 다른 많은 직원들처럼 1930년대 중반에 중서부의 작은 학교를 나왔다. 모턴은 켈리와 만난 그 순간을 기억하고 있었다. 1948년 한여름, 켈리는 모턴을 자기 사무실로 불러 "트랜지스터에 대해서 좀 알 것 같은데……. 그렇지 않나, 모턴?"하고 물었다. 모턴은 용기를 내어 트랜지스터가 매우 중요하다는 건 잘 알고 있다고 대답했다.

켈리는 "시간이 없네. 나는 다음 달에 유럽에 간다네. 돌아왔을 때 이걸 어떻게 개발하면 좋을지 자네의 의견을 들을 수 있으면 좋겠군. 그럼 가보겠네."라고 말했다.

아마 켈리를 제외하면, 모턴은 벨 연구소에 있던 그 누구보다 발명이라는 과정에 대해 깊은 생각을 한 사람일 것이다. 모턴은 발명이 하나의 움직임이 아니라 서로 복잡하게 얽힌 부분들이 이루는 '총체적인 과정'이라고 봤다. 그는 후일 발명은 "새로운 현상을 발견한다거나 어떤 제품이나 생산 공정을 개발한다거나 새로운 시장을 개척한다거나 하는 게 아닙니다. 오히려 발명이란 이 모든 것들이 해당 업계 내에서 상호작용한 끝에 어떤 목표가 달성되는 과정이라고 할 수 있죠."라고 했다. 이와 의견을 같이 한 개발자 유진 고든Eugene Gordon은 모턴의 주장이 다음의 두 가지로 귀결된다고 보았다. 첫째, 무언가를 개발했다 해도 그것을 충분히 많이 만들지 않았다면 그것은 발명이라고 할 수 없다. 둘째, 개발한 상품을 판매할 시장을 찾지 못했다면 그것은 발명이라고 할 수 없다. 하지만 이 두 가지를 깨달은 것은 시간이 흐른 뒤였다. 트랜지스터 생산을 위한 로드맵을 짜라는 켈리의 지시를 받은 고든은 29일 동안 안절부절 못했다. 그러나 한 달 째 되던 날, 마침내 개발 계획이 수립됐다.

1949년 여름까지 모턴의 개발팀은 연구소 야금학자들과 힘을 합쳐 5,000개의 게르마늄 트랜지스터를 생산했다. 그중 상당수는 군에 납품하거나 대학 연구소들에 보완 샘플로 보냈다. 다시 1,000개 정도는 벨 연구소에서 게르마늄 특성 연구에 사용했다. 트랜지스터 생산에 있어 모턴의 과제는 '안정성', '복제 가능성', '설계 가능성'을 달성하는 것이었다. 그는 웨스턴 일렉트릭의 펜실베니아 공장에 트랜지스터 생산 라인을 가동하고자 했지만, 그러려면 먼저 게르마늄을 안정적으로 만들어야 했다. 초기 모델은 다결정질 잉곳에서 절단한 게르마늄을 사용했는데 이것이 문제였다. 잉곳의 다결정多結晶: 결정축의 방위가 일정하지 아니하고 제각각인 여러 개의 작은 알갱이가 결합하여 이루어진 결정 탓에 트랜지스터 구조 내에 결함이 발생해 장치의 성능이 떨어진 것이다. 트랜지스터용 게르마늄 웨이퍼를 만들기에 가장 이상적인 재료는 원자들이 완벽한 대칭 구조를 이루고 있는 게르마늄 단결정이었다. 말하자면 사과나무들이 한방향으로 질서정연하게 무한히 늘어선 과수원과도 같은 구조여야 했다. 하지만 문제는 자연 상태에는 단결정이 존재하지 않는다는 것이었다.

1949년 말, 벨 연구소 야금학자 고든 틸은 드릴 프레스drill press: 누르는 힘을 이용하여 일정한 모양을 찍어내는 판금 기계같이 생긴 장치를 설계해 대형 게르마늄 단결정을 만드는 법을 고안했다. 틸은 순수한 게르마늄 '씨앗'을 용융된 게르마늄에 살짝 담갔다가 천천히 부드럽게 끄집어내면 대형 게르마늄 단결정이 만들어질 것이라고 생각했다. 이 단결정을 얇게 절단해 사용하면 점접촉 트랜지스터의 성능이 향상될 것이었다. 틸의 상관들은 그의 아이디어에 회의적이었기 때문에, 그는 오후 5시부터 새벽 3시까지 벨 연구소에 남았다. 그러고는 빌린 연구실에서 빌린 장비들로 비밀리에 작업을 진행했다. 결국에는 틸의 방법이 효과가 있다는 것이 증명돼 모턴의 전폭적인 지원을 받을 수 있었다. 하지만 이보다 중요한 것은 단결정 게르마늄 생산의 성과 덕분에 틸과 동료인 모건 스파크스Morgan Sparks가 접합 트랜지스터용 단결정도 만들라는 허가를 받았다는 사실이다. 한 해의 마지막 날 쇼클리가 시카고의 어느 호텔 방에서 늦은 밤 끄적인 낙서에서 비롯돼, 이미 수년 전 이론적 근거를 갖고 그 실현이 예견된 장치인 접합 트랜지스터. 나중에 쇼클리는 이 두 명의 야금학자들이 제조한 물질이 자신의 아이디어를 실현시키는 데 빠져 있었던 '결정적인 재료'였다는 것을 시인했다.

1951년 여름까지 잭 모턴이 이끄는 개발팀은 바딘과 브래튼의 점접촉 트랜지스터의 대량생산 준비 작업을 했다. 그리고 점접촉식 트랜지스터 생산이 개시된 것과 엇비슷한 시기에 쇼클리가 웨스트 가 강당에서 접합 트랜지스터를 처음으로 선보였다. 접합 트랜지스터는 점접촉식보다 훨씬 우수한 효율성 및 성능(접합 트랜지스터는 일반적인 진공관이 소비하는 전력의 100만분의 일 정도의 전력만을 사용했다)을 보여주었다. 또한 '기존의 증폭기에서는 찾아볼 수 없었던 뛰어난 기능의 새로운 트랜지스터'라는 설명이 붙었다.

쇼클리는 벨 연구소 연구팀뿐 아니라 이제 3년째에 들어선 트랜지스터 시대를 대표하는 인물이 됐다. 그 개인적으로는 즐거운 일이었다. 하지만 브래튼이 '올스타팀'이라 일컬었던, 트랜지스터를 개발한 쇼클리팀의 팀원들은 크게 허탈해했다. 더군다나 쇼클리는 연구소 내 반도체 연구를 독식하기 위해 관련 직원들에게 강력한 압박을 가했다. 이에 크게 낙담한 존 바딘은 어바나에 있는 일리노이 대학의 교수직을 얻어 연구소를 떠나기로 결정했다. 월터 브래튼도 쇼클리에 대한 불쾌감을 내비쳤다.

이 문제로 머빈 켈리는 어느 날 오후 브래튼을 쇼트힐에 있는 자신의 집으로 초대했다. 두 사람은 켈리가 손님 접대를 위해 이용하는 켈리의 집 서재에서 만났다. 짙은 색의 목재 벽면을 가진 크고 위풍당당한 방이었다. 방 안에는 커다란 벽난로가 있었고 널따란 창문으로는 집 뒤뜰의 튤립 정원이 내려다보였다. 바닥의 버튼을 눌러 일하는 사람을 부를 수도 있었다. 그 방에서 브래튼은 벨 연구소, 그리고 켈리가 소식통으로 삼고 있던 쇼클리에 대해 실망한 부분들에 대해 하나하나 이야기했다. 몇몇 불만 사항에 놀라긴 했지만 켈리는 일단 강하게 되받아쳤다. "까다로운 상대였죠. 부소장님은 제가 제기한 불만들에 하나하나 철저하게 반박하셨어요." 브래튼은 존경심까지 담아 그날을 회상했다. 하지만 브래튼이 쇼클리가 접합 트랜지스터를 정확히 언제 발명했는지 알고 있다고 말하자 켈리의 말투가 달라졌다. 즉, 브래튼은 쇼클리가 자신들보다 트랜지스터를 훨씬 더 늦게 발명했다는 것을 알고 있으며, 이것을 가지고 쇼클리의 트랜지스터 특허 출원건을 복잡하게 만들 수도 있다는 뜻을 켈리에게 비친 것이었다. 특허 싸움까지 가게 된다면, 쇼클리의 트랜지스터가 자신들의 발명에 자극을 받아 발명됐다는 사실을 숨길 필요가 없었다.

그날 이후에 켈리는 브래튼에게 벨 연구소 내에서 거의 완벽한 자유를 보장해줬다. 브래튼은 더 이상 트랜지스터 연구에 관여하지 않았지만, 이제 자신이 관리자로 인정하지 않는 쇼클리에게 어떤 보고도 올릴 필요가 없었다. 결국 고체 물리 연구팀에는 쇼클리라는 인간 말종이 있었던 셈이었다.

벨 연구소는 웨스트 가 강당에서 트랜지스터를 처음 선보인 후 이를 보급하기 시작했다. 이 보급 과정에 대해 이후 여러 기업들이 흥미를 갖고 체계적인 노력을 기울였는데, 이를 신기술이 '확산된다'고 한다. 하지만 당시에 벨 연구소 임원진은 닥쳐오는 상황에 대처했을 뿐이었다. 연구소 고위 간부들은 트랜지스터 기술을 경쟁자들과 공유하고 라이선스를 내줘야 한다고 생각하고 있었다. 만약 벨 연구소가 트랜지스터로 이득을 보려 한다면, 규제 당국에서 제동을 걸어올 것이었다. 그렇기 때문에 기술을 공개함으로써 규제 당국의 비위를 맞춰야 한다는 정치적 논리가 임원들 사이에서 지배적이었다. 또한 기술을 공개함으로써 얻는 이득도 있었다. 벨 연구소에서 이룬 기술 혁신은 연구소의 위상을 한층 더 빛냈다. 당시 일각에서는 벨 연구소의 모기업인 AT&T의 시장 독점으로 과학이나 대중에게 돌아갈 혜택이 있을까라는 의혹의 눈초리가 있었다. 그러나 트랜지스터 기술을 대중에게 공개하면, 이런 불신을 해소하는 계기가 될 것이었다.

1940년대 후반 연구소 임원들은 개발 과정에 대한 설명 없이 트랜지스터 샘플을 단순히 나눠주는 데 만족했다. 켈리는 잭 모턴에게 자신이 돌아올 때까지 트랜지스터 개발 계획을 세워놓으라고 일러둔 후 유럽으로 가, 1948년 여름 북유럽을 느릿느릿 돌며 할아버지가 알사탕을 나눠주듯 트랜지스터를 인심 좋게 나눠줬다. 그해 9월, 벨 연구소 소장인 올리버 버클리는 런던에 있는 사보이 호텔에 머물고 있

초기의 접합형 트랜지스터는 빌 쇼클리의 1948년 이론에 기반해 1951년 만들어졌다. 벨 연구소 홍보부는 이 기술을 완두콩이나 옥수수 알갱이에 비유하곤 했다. 쇼클리는 트랜지스터의 원조 발명가에서 밀려난 타격이 컸다. 그는 이렇게 말했다. "이 일에서만큼은 빠지고 싶지 않았습니다."
©AT&T Archives and History Center

었다. 그는 부소장인 켈리에게 연구소에서 곧 학계 및 업계 과학자들에게 트랜지스터 샘플을 발송할 것이라는 메모를 보냈다. 버클리는 이 메모에서 "벨 연구소 마크가 찍힌 작은 선물 상자에 트랜지스터를 두 개씩 넣어 선물을 할 계획이야."라고 썼다. 트랜지스터가 발명됐지만 아직 세상은 터럭만큼도 변함이 없었다. 하지만 홍보부 입장에서는 이 조그만 장치가 하늘에서 뚝 떨어진 선물과도 같이 쓸모가 있었다.

1950년대 초, 잭 모턴이 점접촉 트랜지스터 생산 계획을 다듬고 있을 무렵 라이선스 준비가 끝났다. 당시에 이미 명실공히 전 세계에서 가장 명성이 드높은 고체 물리학자였던 쇼클리는 피곤의 '피'자도 모르는 듯한 기세로 500여 쪽에 달하는 책을 저술해 출판했다. 『반도체의 전자와 정공Electrons and Holes in Semiconductors』이라는 제목의 이 책은 반도체를 다루는 과학자 및 엔지니어들에게 향후 수십 년 간 길잡이 역할을 했다. 한편 1951년에서 1952년까지 연구소는 머레이힐에서 수일에 걸친 컨벤션을 수차례 열었는데, 라이선스에 관심이 있는 과학자와 엔지니어 수백 명이 전 세계에서 몰려들었다. 우선 잭 모턴이 트랜지스터에 관해 브리핑을 하면, 제럴드 피어슨이 그 뒤를 이어 트랜지스터 이론에 대한 개별 지도를 진행했다. 다음 이틀 동안은 여러 가지 종류의 트랜지스터들과 그 쓰임새에 대한 심도 있는 프레젠테이션들이 이어졌다. 라이선스료는 2만 5,000달러였다. 하지만 트랜지스터를 보청기에 사용하고자 하는 회사들은 라이선스료를 내지 않아도 됐다. 이는 과학자로서의 경력 중 대부분의 기간을 청력을 잃은 채 보내야 했던 AT&T의 창립자 알렉산더 그레이엄 벨에 대한 경의의 표시였다.

"전자 통신 분야의 새로운 시대가 열리고 있습니다. 그리고 어느 누구도 그 중요성이 어느 정도일지 상상하지 못할 것입니다." 1951년 머빈 켈리는 청중으로 온 통신 업계 임원들에게 이렇게 말했다. 그는 트랜지스터에 관해서 "트랜지스터가 향후 가져다 줄 영향은 예측할 수조차 없습니다."라고 덧붙였다. 켈리 자신도 연구소에서 은퇴하기 전에는 트랜지스터가 얼마나 세상을 바꿀지 충분히 알 수 없을 테지만 "제가 살아 있는 동안에, 아마 20년 내에는 트랜지스터가 진공관보다 훨씬 더 극적인 방식으로 전자 업계와 우리의 삶을 완전히 바꿔놓을 것"이라고 말했다. 미래의 전자 통신시스템은 '인간의 두뇌 및 신경계와 더 닮아 있을 것'이라는 게 켈리의 생각이었다. 그는 부피와 전력 소비를 대폭 줄인 이 작은 트랜지스터 덕에 "우리는 특히 교환 및 지역 전송 부문, 그리고 우리가 지금 상상도 하지 못할 부문들에서 완전히 새로운 경제성의 영역으로 들어서게 될 것입니다."라고 말했다. 그는 마음속으로 인류가 가진 네트워크가 확장되는 모습을 그려보고 있는 듯했다. 뚜렷하진 않지만 분명 환상적일 만큼 고도로 기술이 발전된 모습, 통신 전파가 지구 위를 휙휙 오가고 모든 이가 서로 연락을 취할 수 있는 그런 모습을 그리고 있었다.

업계 내에서는 벨 연구소가 트랜지스터에 쏟는 열정이 지나치지 않느냐는 수군거림도 있었다. 트랜지스터 생산에 애로 사항이 있다는 말이 나오자, 이런 회의적인 시각에 기름을 부은 것처럼 시끄러워졌다. 트랜지스터에 대한 켈리의 강한 확신이 이 회의적인 시각에 어떤 작용을 했는지는 모른다. 하지만 그의 확신은 분명히 스스로의 경험에 뿌리를 두고 있었다. 남부 맨해튼에서 진공관 개발을 위해 밤을 지새운 수

많은 나날들, 문제가 끊임없이 터졌던 초반, 하지만 그러던 중 조금씩 꾸준히 성과가 나기 시작했다. 그리고 마침내 상상 이상의 성능과 내구도를 달성했던 그날들을 그는 기억했다. 더불어 진공관이 통신시스템, 라디오, 텔레비전, 자동차 등에 사용되며 확산됨에 따라 이전과 비교하면 말도 안 될 수준까지 가격이 내려간 것도 기억했다. 켈리는 발명이란 결국 경제적인 문제라는 것을 오래 전부터 잘 알고 있었다. 잭 모턴이 말한 것처럼 개발한 것을 판매하지 않는다면 그건 발명이 아니었다. 그리고 적당한 가격이 책정되지 않으면 전혀 팔리지 않았다. 켈리는 트랜지스터를 보며 과거를 떠올렸다. 그 과거란 진공관이었다. 과거를 통해서 그는 직관적으로 미래를 이해할 수 있었다.

동시에 켈리에게는 업계 동료라고 할 수 있는 통신 업계 임원들에게 주의를 당부하고 싶은 부분이 하나 있었다. 트랜지스터 연구를 비롯한 벨 연구소의 연구는 매우 힘들었다. 신중하게 수립한 목표를 실험과 측정을 통해 달성하는 과정이었다. 켈리는 "벨 연구소는 '마법의 집'이 아닙니다."라고 말했는데, 이는 한 잡지에서 최근에 낸 기사의 제목을 염두에 둔 것이었다. 그는 이 제목을 불쾌하게 여겼다. "과학에는 마법과 비슷한 구석이라곤 없습니다. 우리 연구진들은 분명한 계획에 따라 움직이며 이는 시스템의 한 부분입니다. 마법처럼 저절로 되는 게 아니죠." 그의 면전에서 대놓고 이견을 말하는 사람은 없었다. 하지만 그럼에도 불구하고 방문객들에게, 때로는 과학자들에게도 벨 연구소는 살짝 마법과도 같은 분위기에 휩싸여 있는 듯 보였다. 그리고 과학과는 전혀 관계없는 요소들, 가령 요행이나 우연이 벨 연구소에서 이뤄진 발명에 한몫을 했다는 것은 부정하기 어려웠다. 예를 들어 바딘이 사무실이 없어서 브래튼의 연구실 한 구석에 자리를 잡지 않았더라면? 이런 예는 또 있었다. 켈리가 통신 업체 임원들을 청중으로 한 강연을 할 즈음, 연구소에서는 빌 판Bill Pfann이란 야금학자가 어떻게 하면 게르마늄의 순도를 끌어올려 트랜지스터 생산에 도움이 될까를 궁리하고 있었다. 점심을 먹고 사무실로 돌아온 판은 "책상에 발을 올리고 의자를 기울여 창문턱에 기대 잠깐 낮잠을 잤죠. 그 당시 습관이었어요." 잠이 막 들려는 그 순간 해결책이 떠올라 판은 잠에서 깼다. "의자가 탁하고 쓰러졌죠. 아직도 기억이 나요." 판은 타는 듯이 뜨거운 곳을 지나는 상상을 했다. 실제로는 게르마늄 막대기가 초고열로 달궈진 금속 고리를 통과하게 된다. 금속 고리가 이동하면서 게르마늄에 섞인 불순물이 제거되는 것이다.

'존 정제법zone refining'라는 이름의 이 기술은 야금학자들이 여타 금속에 사용하는 방식을 독창적으로 변형한 것이었다. 켈리는 사람들에게 판의 아이디어가 벨 연구소에서 지난 25년 간 나온 발명 중 가장 중요한 것 중 하나라고 이야기했지만, 이 기술이 연구 시간에 졸다가 발명된 것이라는 말은 하지 않았다. 여하튼 이 기술 덕에 벨 연구소 야금학자들은 인류 역사상 가장 고순도의 금속을 정제할 수 있게 됐다. 이렇게 정제된 게르마늄에는 원자 1억 개 당 불순물 원자가 1개꼴로 섞여 있었다. 어느 정도인지 감이 안 오는 이들을 위해서 연구소 임원들은 보다 이해하기 쉬운 비유를 들었다. 1950년대 초부터 벨 연구소에서 제조되기 시작한 초고순도 물질들은 말하자면 설탕만 가득 실은 38칸짜리 화물 열차에 두 손가락으로 소금을 집어 뿌린 것과 비슷한 정도의 순도를 갖고 있었다.

제2부

지속가능한 혁신의 공식을 찾다

7
장

다른 세상에 사는
천재 수학자 섀넌

1948년에는 트랜지스터의 엄청난 중요성에 대해 사람들이 이해했다고 말하기도, 이해하지 못했다고 말하기도 어려운 상태였다. 보통 어떤 장치를 이해하는 데에는 시간이 걸린다. 특히 실제 제품으로 만들어지지 않았다면, 그 장치가 기술 혹은 문화를 앞으로 어떻게 변화시킬지 보여 줄 증거가 없기 때문이다. 하지만 보지 않고도 그 변화를 바로 알아차리는 사람도 있다. 어느 날 쇼클리의 사무실에 한 손님이 방문했다. 그는 대화 도중에 쇼클리의 책상 위에서 철사가 세 개 삐죽 튀어나온 작은 장치를 발견했다. 말을 멈춘 그는 이 장치가 어떤 물건인지 물었다. "고체 증폭기입니다."라고 대답한 쇼클리는 이것이 진공관과 유사한 것이라고 덧붙였다. 쇼클리의 손님이자, 벨 연구소 내에서 고독한 늑대 같은 이미지로 통하던 30대 초반의 깡마른 이 수학자는 쇼클리의 말을 주의 깊게 들었다. 그의 얼굴은 수척했고 투명한 회색 눈동자를 갖고 있었다. 그래서 사람들은 그가 무슨 말을 들을 때 항상 놀라고 있다는 인상을 받곤 했다. 사실 그는 거의 어떤 일에도 쉽게 놀라지 않는 사람이었다. 하지만 훗날 그는 쇼클리가 말한 장치를 본 즉시 중요성을 깨달았다고 말했다. 그가 보았던 것이 트랜지스터의 가장 초기 모델이라거나 생산도 되기 전이라거나, 아직 이름조차 없었다는 사실은 중요하지 않았다.

그 당시 벨 연구소 직원들은 꼭 필요할 때만 이 비밀스러운 장치에 대해 설명을 들을 수 있었다. 가령 고순도 게르마늄을 제조하는 야금팀이나 잭 모턴이 이끌던 트랜지스터 개발 및 대량생산 팀에 뽑힌 경우에만 따로 불려가서 간단히 설명을 들었다. 하지만 눈 깜짝할 사이에 동료들의 지적 수준을 따져 그들을 판단하고 자신보다 낮춰 보기로 악명 높았던 쇼클리마저 그날 자신의 손님이었던 클로드 엘우드 섀넌은 그런 관행에서 예외였다. 그는 지성의 최전선에 서 있다는 평가를 받는 벨 연구소 중에서도 매우 중요한 과학자로, 고체 물리 연구팀이 진행한 연구에 대해 들을 자격이 있었다. 조용하고도 정중한 성격의 섀넌과 함께 있다 보면, 시간이 10년은 과거로 되돌아간 듯한 느낌을 받았다. 그는 내성적이고 조금 별난 사람으로 알려졌다. 하지만 그가 특별한 사람임에는 틀림없었다.

MIT 공대 학장이자 섀넌의 조언자 역할을 했던 베네바 부시_{Vennevar} Bush는 10년 전 이 특별한 학생을 두고 '이전에는 찾아볼 수 없던 유형의 젊은이'라고 말한 적이 있었다. 또 "부끄러움을 타지만 호감이 가는 사람으로, 매우 조심스레 다뤄야 하는 사람이기도 하다."라고 말했다. 부시의 말은 많은 궁금증을 불러일으켰을 법하다. 당최 섀넌을 조심스럽게 다뤄야 할 이유가 뭘까? 177센티미터의 키에 62킬로그램의 호리호리한 체격이긴 했지만 몸이 약하다는 수준의 문제가 아니었다. 섀넌은 강단도 있었고 활력도 넘쳤다. 특히 기계를 만들거나 낡은 장비를 분해해서 조립하며 장치에 필요한 부품을 찾을 때는 더욱 그랬다. 부시가 그런 말을 한 이유는, 1930년대 말 섀넌을 알게 된 부시 및 일련의 수학자들이 섀넌을 재능이 뛰어난 대학원생 그 이상이라고 생각했기 때문이다. 섀넌은 완전히 다른 그 무언가였다. 1930년대 말 MIT의 한 교수는 섀넌이 비행기 조종술에 관한 수업을 듣는다는 말을 들었다. 그는 불행한 비행기 사고로 과학계가 섀넌을 잃는 일이 없도록, 섀넌이 그 수업을 듣지 못하게 말려야 한다고 생각했다. 다시 말해 MIT 교수들 사이에서는 암묵적인 공감대가 형성돼 있었다. 섀넌과 같은 인물은 여간해서는 나오지 않으므로 보호해야 한다는 것이다.

섀넌은 미시간 대학과 MIT에서 수학과 전기공학을 전공했는데, 정확히 어느 쪽에 더 재능이 있는지 말하기가 어려웠다. 그에게는 '뛰어나다'에 대한 기존의 정의에는 전혀 들어맞지 않는 구석들이 있었다. 그는 산수 문제, 가령 18×27 같은 문제를 풀 때 암산이 아니라 칠판에 써서 풀었다. 꼼꼼한 편도 아니었다. 그는 문제를 풀 때, 놀라운 직관력이긴 했지만 같은 수학자의 입장에서는 못마땅하거나 의욕이 없어 보이는 방법으로 풀 때가 있었다. 무엇보다도 섀넌은 머리보다 손을 쓰는 것을 더 좋아했다. 미시간 출신인 그는 학부 때 미시간 대학에 붙은 구인 공고를 보고 MIT로 왔다. 나중에 섀넌은 당시를 이렇게 회상했다. "벽에 작은 종이가 하나 붙어 있었어요. MIT에서 미분해석기differential analyzer: 아

_{아날로그 계산기의 한 가지} 담당 직원을 모집한다는 공고였죠. 그건 베네바 부시 교수님이 미분방정식 해결을 위해 만드신 기계예요." 섀넌은 그 자리에 지원했고 결국 채용됐다.

그 해석기는 초기의 '아날로그' 컴퓨터로, 방 하나를 꽉 채우는 크기에다 몇 명의 작동 기사가 필요했다. 그럼에도 이전의 계산기에 비하면 커다란 진보였다. 미분해석기는 복잡한 수학 공식을 놀라운 속도로 풀었다. 미분해석기에는 전기 스위치 제어회로가 들어 있었고, 막대기나 도르래, 기어, 회전 원반 등이 달려 있어서 섀넌과 같은 조수들이 계속 조작해줘야 했다. 어떤 의미에서 섀넌은 컴퓨터 프로그래머였다. 그는 막대기와 기어를 조작해서 수학 공식의 수치들을 입력할 수 있었다. 그러면 미분해석기가 작동하여 답을 구하는데, 이 답은 스크린이나 프린트로 출력되진 않았고, 대신 가는 바늘이 모눈종이 위를 움직여 답을 표시했다.

섀넌은 MIT에서 미분해석기와 사랑에 빠졌다. 그리고 제어회로 내의 전자 릴레이_{relay: 계전기라고도 하며 미리 설정해 둔 전기량에 대응해서 전기적 입력의 유무, 또는 대소 등의 형태를 식별해 다른 전기회로의 개폐를 제어하는 기기}에 특별히 흥미를 갖게 됐다. 릴레이라는 것은 전류가 걸리거나 끊어지면 '딸깍'하고 열리거나 닫히는 자석 스위치들이었다. 릴레이의 개폐는 어떤 문제에 '예/아니오'로 대답하는 것과 같았다. 또는 일련의 릴레이들이 논리회로의 이쪽이나 저쪽으로 갈 수도 있었는데 이때 스위치가 열리면 AND를, 닫히면 OR을 의미했다. 이를 통해 복잡한 문제의 답을 구하거나 어려운 지시들을 수행할 수 있었다. 시간이 점점 흐름에 따라 섀넌은 이런 회로들의 설계와 기능을 새로운 각도에서 바라보게 됐다. 즉, 불 대수학_{Boolean}

algebra: 컴퓨터와 전자공학에서 참과 거짓을 나타내는 숫자 1과 0만을 이용하는 방식이라는, 잘 알려지지 않은 수학의 한 분파를 활용하면 이 회로들을 더 잘 사용할 수 있다는 것이다.

1937년 여름, 섀넌은 MIT 케임브리지 캠퍼스를 떠나 몇 달 간 웨스트 가에 있는 벨 연구소에서 일하게 됐다. 그곳에서 그는 어떻게 하면 릴레이와 스위치 개폐, 회로에 불 대수학을 활용할 수 있을까를 계속 궁리했다. 그가 벨 연구소에서 여름방학 아르바이트를 하게 된 것은 우연치고는 행운이었다. 당시 전 세계를 통틀어 전기신호 연구를 하기에 벨 연구소보다 더 좋은 곳은 없었다. 릴레이는 벨 연구소 교환switching 연구의 뼈대를 이루는 개념이었다. MIT로 돌아온 섀넌은 베네바 부시의 추천을 받아 자신이 얻은 영감을 논문으로 작성했다. 부시는 "저는 원래 칭찬을 잘 안 하는 편인데, 그 논문은 정말 최고였습니다."라고 말했다. 하지만 그런 칭찬이 부시 자신에게는 예외적이었을지라도, 섀넌의 논문에 대한 학계의 호평에 견주면 아무것도 아니었다. 섀넌은 컴퓨터 회로를 잘 설계하면 힘들게 수고를 기울이지 않아도 효율적으로 수학 공식을 해결할 수 있다는 걸 증명해 보였다. 1939년 섀넌은 이 논문으로 공학 부문에서 유명한 상을 수상했다. 그는 부시에게 보낸 편지에서 "수상 소식을 통보받고 매우 놀랍고도 기뻐서 기절할 뻔했답니다!"라고 썼다.

나중에 벨 연구소에서 함께 일하게 될 동료들 중 상당수와 마찬가지로, 섀넌도 중서부 출신이었다. 그의 고향은 미시간 주의 북쪽 끝에 위치한 인구 3,000여 명의 게일로드Gaylord라는 소도시였다. 섀넌의 말에 따르면 '몇 블록만 걸어가도 금방 시골 풍경이 펼쳐질 만큼' 작은 곳이었다. 사업가이자 유언 재판소 판사였던 섀넌의 아버지는 게일로드의 조그마한 시내에 있던 건물 몇 채를 소유하고 있었다. 섀넌의 어머니는 그 마을 고등학교의 교장이었다. 게일로드에서 제일 가까운 대도시는 그랜드 래피즈와 디트로이트였는데, 게일로드 남쪽으로 240킬로미터도 넘는 거리였다. "기절할 뻔했답니다!"라는 말에서도 알 수 있듯이, 섀넌이 작은 동네에서 자랄 때가 묻지 않았다는 것에는 의심의 여지가 없었고, 자신의 진로에 대한 방향감각 역시 의심할 바 없이 부족했다. 간결하고도 정확한 그의 논문은 고작해야 25쪽 정도에 불과한 분량이었지만, 그 어떤 논문보다도 큰 파급력을 가진 석사 논문으로 역사에 남게 됐다. 이 논문은 당시 막 개발된 초기 모델들뿐 아니라 적어도 한 세대 후에야 만들어진 컴퓨터 모델들의 설계에까지 영향을 미쳤다. 하지만 이 당시로서는 아직 먼 미래의 이야기였다. 무엇을 해야 할지 전혀 확신이 없었던 23세의 섀넌은 베네바 부시에게 편지를 써서 이제 무엇을 연구해야 할지 물었다.

* * *

그 당시 베네바 부시는 과학 연구 지원에 있어 미국 최고의 민간 재단이었던 카네기 연구소의 소장으로 부임하기 위해 막 보스턴을 떠나 워싱턴으로 가려던 참이었다. 또 얼마 후에는 프랭클린 루즈벨트 대통령을 설득하여 제2차 세계대전 중 지출 규모가 어마어마했던 R&D 부문 책임자 자리를 꿰찼다. 이로써 그는 명실 공히 미국에서 가장 영향력 있는 과학자로서, 높은 자존심에 걸맞은 높은 자리에 앉게 됐다. 부시는 사회에서도 학계에서도 인맥이 넓었는데, 그 안에서 학생들이나 지인들을 서로 이어주길 좋아했다. 게다가 섀넌처럼 자신에게 진로에 대한 조언을 구하는 학생들을 자신의 폭넓은 학문적 호기심을 충족시키는 데 이용할 수 있었다. 예를 들어 부시 자신이 유전학에 관심이 있다고 섀넌에게 밝혔는데, 섀넌이 그를 대신해 그 분야를 공부하게 할 수 있었다. 아직 젊은 섀넌이 인간 유전자 연구에 뛰어들어 자신의 수학적 능력을 연구에 적용하는 방법을 찾아낼지도 모를 일이었다. 마침 뉴욕의 콜드 스프링 하버Cold Spring Harbor에 카네기 연구소 산하 연구소가 있었다. 그래서 부시는 섀넌에게 이곳에서 박사 학위를 따면 어떻겠느냐고 제안했고 섀넌은 받아들였다. 몇 달 뒤 섀넌은 부시에게 편지를 썼다. "여름 동안 이곳 콜드 스프링 하버의 버크스 박사님Dr. Burks 밑에서 유전 대수학을 연구하며 보낸 시간은 참으로 즐거웠습니다. 이를 가능케 도와주신 소장님께 감사드립니다. 연구가 잘 진행돼 MIT에서 박사 논문으로 인정받았습니다."

수학자로서의 경력을 화려하게 수놓고 있던 섀넌에게 개인적인 삶의 변화도 찾아왔다. 레드클리프Redcliff 출신의 학부생인 노마 레보Norma Levor와 가까워지기 시작한 것이다. 그들은 MIT 기숙사에서 열린 한 파티에서 처음 만났다. "섀넌은 자기 방이랑 거실 사이에 있는 문턱에 서 있었어요. 그는 파티가 열리는 곳 안으로 들어오지 않았어요. 조금 수줍음을 탔다고 할까요. 사람들 사이에 끼길 원치 않았죠. 저는 그에게 팝콘을 던졌어요. 그랬더니 '음악 듣지 않을래?' 하고 제게 물었죠."라고 노마가 그 당시를 떠올렸다. 클라리넷 연주에 심취해 있었던 섀넌은 자기 방에 재즈 음반들, 특히 딕시랜드 재즈 음반들을 가득 모아두고 있었다. 섀넌과 노마는 금세 사랑에 빠졌다. 어느 날 밤, 섀넌의 제안으로 두 사람은 섀넌이 열쇠를 갖고 있던 미분해석기가 있는 방에서 사랑을 나눴다. 노마는 "섀넌이 그러자고 매달렸죠."라고 말했다. 그날 노마는 살집이 없고 깡마른 섀넌의 외모가 마치 '예수'같다고 생각했다. 결국 두 사람은 1940년 1월에 결혼식을 올렸다.

그해 여름 섀넌이 벨 연구소에 임시직을 얻어 둘은 그리니치 빌리지의 뱅크 가Bank Street에 있는 아파트로 이사했다. 섀넌은 "이런 종류의 일이 잘 맞을지 모르겠습니다."라고 부시에게 걱정을 털어놓았다. "추구하는 연구 유형이 정해져 있는 이런 업계 연구소 일에는 제약이 따르기 마련이라서요." 하지만 이내 그는 새로 이사한 동네가 마음에 들었다. 아파트에서 웨스트 가 463번지의 연구소까지 걸어서 출근했다가 저녁에는 매일 밤 동네 재즈 클럽에 갈 수 있었기 때문이었다. 그리고 수학 연구부에서의 근무는 생각보다 훨씬 재미있었다. 그는 릴레이 회로 설계를 생각하며 대부분의 시간을 보냈는데, 이는 그가 MIT에서 하던 연구와 직접적인 관련이 있던 것이었다.

그 당시 섀넌과 만났던 이들은 베네바 부시가 그에게 받았던 것과 비슷한 인상을 받는 것이 보통이었다. 이 젊은이는 어딘가 달랐지만 호감이 갔고, 놀랍도록 머리 회전이 빨랐다. 그를 좀 더 잘 아는 이들에게도 섀넌은 엉뚱하면서도 장난꾸러기이며, 게임과 기기를 정말로 좋아하는 사람이었다. 하지만 그를 훨씬 더 잘 아는 노마와 같은 이들에게 섀넌은 여전히 차갑고 때로는 멀게 느껴졌으며, 툭하면 우울한 표정으로 뚱해 있거나 멍하니 넋을 놓고 있는 듯했다. 노마와 처음 사귀기 시작했을 때의 섀넌은 생기가 넘쳤다. 섀넌은 비행기 조종 수업에서 몰던 파이퍼컵Piper Cup호에 노마를 태우고 비행을 한 적도 있었다. 노마가 "엉망으로 날아서 얼마나 무서웠는지 몰라요."라고 떠올릴 정도였다. 때때로 그리니치 빌리지에서 재즈 쇼들이 열렸는데, 섀넌은 여기에 함께 가자며 노마를 불러내곤 했다. 재즈 쇼에 가면 그는 술잔에는 거의 입도 대지 않은 채 무대에 빠져들기 일쑤였다. 하지만 그 후에는 의자에 몇 시간씩 앉아 담배꽁초를 옆에 수북이 쌓아놓고 아무것도 쓰지도 말하지 않을 때도 있었다. 또한 노마의 아버지에게 선물로 받은 뷰익buick: GM의 고급 자동차 라인 중 하나을 타고 나갔다가 가벼운 사고를 냈을 때, 울음을 터트리기도 했다.

섀넌은 머릿속에서 생각하고 있는 것들을 다른 사람들에게 말하는 법이 거의 없었다. 1939년 초 베네바 부시에게 보낸 편지에서 섀넌은 어느 한 곳에서 다른 곳으로 '정보'가 움직이는 통신과 그 방법에 대해 생각하기 시작했음을 넌지시 비췄다. 어떻게 보면 이것은 그가 젊은 시절 내내 생각한 주제였다. 섀넌은 어린 시절 신문 배달 일을 했고 웨스턴 유니언Western Union: 미국의 송금 서비스 전문 업체에서 전보를 배달했으며, 길가 울타리를 이용해서 친구 집까지 전보를 보내기 위한 전선을 가설한 적도 있었다. 미시간 대학 재학 시절에 그는 벨 연구소 엔지니어인 랠프 하틀리Ralph Hartley가 쓴 '정보의 전송'이란 글을 읽고 큰 감명을 받았다. 송신기에서 수신기로 보내지는 정보의 속도와 흐름을 가늠하기 위한 방법을 제시한 글이었다. 섀넌은 전화, 라디오, 텔레비전, 전보를 포함한 모든 종류의 매체가 공유하는 보다 근본적인 특성들이 있을지도 모른다고 생각했다. 부시에게 보낸 편지에서 섀넌은 수년 전 하틀리가 제안한 내용을 넘어선 것을 글에 담지는 않았다. 하지만 섀넌은 자신에게 적절한 환경과 시간만 주어진다면, 메시지 및 통신 전반을 아우르는 이론을 구축할 수 있을 거라고 암시했다.

하지만 그가 벨 연구소에서 여름을 나고 뉴저지 주 프린스턴 고등 연구소에서 특별 연구원으로 일할 때까지 아무 일도 일어나지 않았다. 이 연구소에는 알베르트 아인슈타인이 머물고 있었다. 노마는 아인슈타인과 만났을 때를 떠올리며 이렇게 말했다. "박사님께 차를 따라 드렸죠. 그랬더니 박사님이 '자네는 정말로, 정말로 뛰어난 남편을 두었네.'라고 말씀하셨어요."

섀넌은 다시 뉴욕으로 돌아왔다. 수학부에 공식적으로 합류하지 않겠냐는 벨 연구소의 제안을 수락한 것이었다. 섀넌은 이렇게 말했다. "전쟁이 코앞에 닥쳐옴을 느낄 수 있었어요. 군용 연구를 하는 것이 전장에 나가는 것보다 안전할 것 같았죠. 전투에 참여하고 싶지는 않았어요……. 하지만 제 능력이 닿는 한에서는 정정당당하게 참여하고 싶었어요. 또한 제가 전투가 아닌 연구에서 훨씬 더 큰 기여를 할 수 있을 거라고 생각했지요." 벨 연구소의 다른 수학자 및 엔지니어들과 마찬가지로 섀넌 역시 낮 시간 동안에는 전투용 통신 기술을 연구했다.

뉴욕으로 돌아오기 직전 섀넌은 노마와 갈라섰는데, 이는 그에게 엄청난 충격이었다. 노마는 섀넌이 너무 우울해 해서 같이 있기 힘들다고 생각했다. 프린스턴에서 함께 보낸 날들에 대해 노마는 이렇게 말했다. "정신과 치료를 받게 하려고 애썼지만 말을 듣질 않았어요. 성질만 잔뜩 부렸죠. 아파트에서 나가질 않고 점점 더 침울해지기만 했죠. 섀넌이 아무런 노력도 안 한다면 더 이상 함께 못 살겠다는 생각이 들기 시작했어요."

 전쟁이 벌어지던 수년 동안 연구소 동료들은 섀넌이 통신이나 정보, 메시지에 대하여 말하는 것을 거의 듣지 못했다. 다시 싱글이 된 섀넌은 그리니치 웨스트 11번가에 침대 하나 놓인 아파트에서 혼자 살고 있었다. 연구소에서 돌아와서도 다시 개인적인 연구를 진행하던 그는 노트에 깔끔하고 단정한 글씨체로 공식과 이에 대한 설명을 적어 내려갔다. 집에는 먹을 것이 거의 없었다. 그는 도중에 피곤해지면, 연필을 내려놓고 클라리넷을 집어 들어 연주를 하곤 했다.

 벨 연구소의 수학부는 손턴 프라이Thornton Fry라는 한 남자를 중심으로 성장했다. 오하이오 주의 가난한 목수 아들로 태어난 그는 1916년 해럴드 아널드가 인재를 찾으러 위스콘신 대학에 들렀을 때 박사과정을 밟고 있었다. 아직 벨 연구소가 세워지기 몇 년 전, 웨스턴 일렉트릭의 연구부장이었던 아널드는 교환 및 전송 프로젝트에 종종 등장하는 복잡성 이론과 관련해 엔지니어들을 보조할 수 있는 젊은 수학자를 찾고 있었다. 아널드는 면접에서 프라이에게 당시 가장 영향력 있는 통신 엔지니어들을 알고 있는지 테스트하기 위해 수많은 질문을 던져보았다. 이 젊은이가 헤비사이드Heaviside나 캠벨Campbell, 몰리나Molina가 한 일에 대해 알았을까? 프라이는 고개를 좌우로 저었다. 그는 이 중 단 한 사람에 대해서도 알지 못했다. 그럼에도 불구하고 아널드는 프라이에게서 가능성을 봤던 모양이다. 그는 1주일에 36달러를 줄 테니 일해보겠냐고 물었고, 프라이는 당장 승낙했다.

 프라이는 1925년 웨스턴 일렉트릭을 떠나 새로 생긴 벨 연구소로 옮

겄다. 그는 1930년쯤 수학자들의 모임이 비로소 정식 부서로 승격됐고, 여러 수학자들이 새로 합류했다고 말했다. 본래 의도대로 프라이의 수학부는 연구를 하기 위한 부서가 아니었다. 수학부는 그들의 도움을 필요로 하는 연구소의 엔지니어들과 물리학자들, 화학자들의 고민을 들어주는 기관이었다. 프라이는 "당시 엔지니어들은 하나같이 안쓰러울 정도로 수학에 무지했죠. 그래서 누구든 제대로 계산을 할 수 있다거나 수학 이론을 읊을 수 있다고 하면, 그것이 틀렸을지라도 존경을 받을 정도였습니다. 수학자는 마치 수녀 같은 존재였어요. 저절로 존경심이 생기는 거죠. 다른 이들과는 다르니까요."라고 목소리를 높였다.

프라이 아래에 있던 수학자(남자일수도 여자일수도 있었다. 당시 수학부에는 여자수학자도 몇 명 있었다)들은 거의 무엇이든지 할 수 있었다. 관리직의 간섭을 받지 않고 자유롭게 자신의 관심사를 추구하는 것이 가능했다. 혹은 다른 학문 분야에서 생긴 의문점에 대해 생각해보라는 부탁을 받기도 했다. 여기에는 이론 물리학자들의 고민거리이자 웨스턴 일렉트릭에서 생산에 들어가기 위해 벨 연구소에서 준비 중이던 장치와 관련된 문제도 있었다. 이전에 수학부장이었던 헨리 폴락Henry Pollak은 이에 대해 다음과 같이 말하기도 했다. "그들은 다들 저처럼 전문 수학 분야를 갖고 있는 사람들이었습니다. 그저 흥미로운 문제를 거절하지 못했을 뿐이에요. 재미있는 게 생기면 하던 일도 제쳐놓고 문제를 즐겼습니다. 우리가 하는 일은 사람들이 하는 일에 끼어드는 거였으니까요."

1940년대 초 프라이가 섀넌에게 수학부에 들어오라고 제안했을 무렵, 수학부의 수학자 중 많은 이들이 '총기 발사 제어'라는 문제를 푸는 데 골몰하고 있었다. 적의 침공을 막기 위해 사용하는 대형포의 자동 발사 과정에는 복잡한 수학 공식들이 얽히고설킨다. 수학자들은 이 공식들을 연구해 독일군의 로켓이나 비행기의 위치, 속도, 포물선의 정보를 레이더 스캔을 통해 수집할 수 있는 초기 모델 컴퓨터를 개발하려고 했다. 컴퓨터를 사용해 로켓이나 비행기가 어디로 이동할지 즉각 계산함으로써, 폭탄이나 총알로 적을 격추할 수 있게 되는 것이다. 비록 개발에는 수년이 걸렸지만, 결과적으로 이 시스템은 현대전의 양상을 완전히 바꿔놓았다. 결정적인 순간은 1944년에 찾아왔다. '버즈 폭탄'이라고 알려진 히틀러의 V-1 로켓(제트엔진을 사용하여 나는 순항미사일)을 영국이 막아낸 것이다. 벨 연구소의 역사학자 한 사람이 기록한 대로, 영국 측 포격 담당들은 런던을 향해 날아오던 V-1 로켓 중 90퍼센트를 격추했다.

섀넌은 총기 발사 제어 연구에 핵심적인 아이디어들을 냈다. 이 때문에 그는 비밀통신수단 개발을 목적으로 하는 위원회들을 전전해야 했는데 사실 이를 즐기기도 했다. 그는 어릴 적부터 게임을 수학만큼이나 좋아했고, 어떻게 보면 이 두 가지를 전혀 구분하지 않고 있었다. "저는 에드거 앨런 포의 『황금 벌레』와 그런 류의 이야기를 정말 좋아했죠."라고 섀넌은 한 인터뷰에서 말했다. 1843년에 쓰인 이 소설은 짧은 암호를 푸는 이야기 중심으로 돌아간다. 이 암호는 암호학자들이 치환암호라고 부르는 것으로, 숫자와 상징들이 각각 알파벳 한 글자와 대응했다. 이 글자들은 다시 비밀 좌표(북동쪽으로 41도 13분 그리고 다시 북쪽으로)가 되어 큰 튤립나무 근처 어떤 장소를 가리켰는데 바로 여기에 금과 다이아몬드, 루비로 가득 찬 해적 키드 선장Captain Kidd의 보물 상자가 묻혀 있는 것이다. 이런 종류의 암호를 직접 고안하기도 했던 섀넌의 퍼즐에 대한 사랑은 나이가 들어서도 식을 줄을 몰랐다. 벨 연구소 시절에 상금이 1만 달러나 걸린 크로스워드 퍼즐 콘테스트가 열린다는 글을 신문에서 읽은 섀넌은 거의 2주 동안 연구소 도서관에 처박혀 있었다. 이 때문에 코드를 고안하고 또 푸는 것을 연구하는 군사용 연구는 섀넌이 제일 좋아하는 취미 생활을 하면서 돈을 받는 것이나 마찬가지였다.

섀넌은 비밀 통신에 대한 자신의 연구를 114쪽 길이의 명저 『암호학에 대한 수학적 이론A Mathematical Theory of Cryptography』에 담았는데, 1945년에 저술을 끝마쳤다. 이 글은 대중에게 공개되기에는 매우 민감한 주제였기 때문에 즉각 기밀문서로 분류됐다. 하지만 이 책을 읽을 수 있었던 이들에게 이 글은 다양한 비밀 보호 체계의 역사와 방법론에 대한 한 편의 긴 논문과도 같았다. 또한 어떤 방법을 쓰면 보안이 뚫리지 않는지(섀넌은 이를 '이상적'이라고 칭했다), 절대 풀 수 없는 암호 체계라는 것이 매우 복잡하거나 다루기 힘들어 보인다면 현실적으로 가장 효과가 뛰어난 암호 체계는 무엇인지에 대해 설득력 있는 분석이 펼쳐졌다. 열람 허가를 얻었던 소수에게 그의 수학적 논증은 유익한 영감을 제공해줬다. 또한 언어, 특히 영어가 불필요한 중복으로 가득하며 암호의 뜻을 충분히 예측할 수 있다는 사실을 깨닫게 됐다. 실제로 나중에 섀넌은 영어가 75~85퍼센트가량 중복된다고 계산했다. 이는 암호학에 있어 많은 의미를 가진다. 메시지 내에 반복이 적을수록 암호를 해독하기 어려워진다. 게다가 이는 더 효율적인 메시지 전달 방식을 시사하기도 한다. 섀넌은 메시지 발송자가 메시지에서 모음을 제거해도 충분히 정보를 전달할 수 있다는 것을 직접 보여주곤 했다. 섀넌의 이야기를 책으로 다뤘던 암호

역사학자 데이비드 칸David Kahn은 섀넌의 주장을 실제로 보여주려고 예를 하나 들었다.

FCTSSTRNGRTHNFCTN

'현실은 소설보다 더 소설 같다fact is stranger than fiction'라는 메시지를 전달할 때 모음을 빼면 글자 수를 훨씬 줄일 수 있다. 다시 말해, 내용 중 어느 것을 빼지 않고도 메시지를 압축할 수 있었다. 더 나아가 섀넌은 글자나 상징들만 불필요한 것이 아니라고 했다. 때로는 문장에서 한 단어를 통째로 들어내도 문장의 의미는 전혀 달라지지 않는다.

암호학 논문을 탈고할 무렵 전쟁도 끝이 났다. 하지만 섀넌이 매일 저녁 집에서 했던 개인적 연구는 그 후 1, 2년 사이에 많은 진전을 보였다. 연구의 주제는 '통신의 일반적 특성'이었다. 섀넌은 암호화된 메시지를 전달하는 것과 일반적인 메시지를 전달하는 행위 간의 관계는 매우 밀접하다고 말했다. "둘은 매우 비슷합니다. 하나는 정보를 숨기려고 하고, 다른 하나는 정보를 전달하려고 하는 거지요." 암호학에 대한 글에서 섀넌은 스스로 '정보이론'이라고 이름을 붙인 것을 간단히 언급했다. 그러나 이 이론이 무엇인지 섀넌이 전혀 언급하지 않았다는 점에서 이것은 그 자체로 암호화된 메시지였다.

1940년대 중반 벨 연구소 연구진은 어떻게 하면 메시지를 보다 효율적으로 운반할 수 있을지 고민하기 시작했다. 이와 관련된 PCM, 즉 펄스 코드 변조Pulse Code Modulation 이론은 벨 연구소에서 태어나지는 않았지만 이곳에서 완성됐다. PCM의 완성에는 섀넌과 그의 동료 바니 올리버Barney Oliver의 도움이 한몫을 했다. 바니는 개인용 계산기 발명의 숨은 주역 중의 한 명인 동시에 후에 HPHewlett-Packard 연구소를 운영하는, 매우 뛰어난 엔지니어였다. 섀넌과 올리버는 제2차 세계대전 때 PCM에 대해서 알게 됐는데, 당시 벨 연구소 엔지니어들은 이 기술을 이용해서 미국과 영국 간 비밀통신 채널을 구축하는 일에 참여하고 있었다.

섀넌은 PCM을 구현하는 복잡한 과정을 거드는 데는 관심이 없었다. 그건 벨 연구소의 개발팀 몫이기도 했고, 거의 10년 이상의 시간이 걸릴 터였다. "저는 기술을 구현하는 것에는 거의 관심이 없습니다. 어떤 문제가 얼마나 명쾌한지가 제 관심사였죠. '좋으면서 재미있는 문제인가?' 하는 것 말입니다."라고 섀넌은 회고했다. 그에게 있어서 PCM은 '메시지가 한 곳에서 다른 곳으로 어떻게 움직이고, 미래에는 어떤 식으로 움직일 것인가?'라는 보다 일반적인 이론 구축을 위한 촉매제에 지나지 않았다. 1940년대 초에 그가 집에서 진행하던 연구는 1947년 마침내 길고도 명쾌한 한 편의 논문으로 완성됐다. 1948년 7월, 남부 맨해튼에서 열린 기자회견에서 트랜지스터가 공개됐고, 얼마 지나지 않아 「벨 시스템 기술」에 이 논문의 첫 부분이 실렸다. 그 뒷부분은 10월호에 마저 실렸다. 「사이언티픽 아메리칸Scientific American」이 '정보 시대의 대헌장'이라 칭했던 섀넌의 「통신에 대한 수학적 이론A Mathematical Theory of Communication」은 특정한 하나의 주제가 아닌 일반적인 법칙과 통합적인 아이디어들에 관한 것이었다. 섀넌의 동료 브록 맥밀란Brock McMillan은 "섀넌은 항상 깊이 있고 근본적인 관계를 연구했죠."라고 말했다. 그리고 이 논문에서 섀넌은 마침내 그러한 관계들을 밝혀낸 것이었다. 섀넌은 후에 이 논문이 기본적으로 전제하고 있는 것들 중 하나가 "물질 덩어리나 에너지처럼 정보도 물리적 질량을 갖는 존재처럼 다룰 수 있다."라고 이야기했다. 하지만 좀 더 현실적으로 봤을 때, 그는 벨 연구소의 엔지니어들을 오랫동안 괴롭혀온 질문에 대한 답을 내놓아야 했다. 한 곳에서 다른 곳으로 얼마나 빠르고 정확하게 메시지를 전달할 수 있는가?

"통신의 근본적인 문제는 이곳에서 선정된 메시지를 다른 곳에서 정확하거나 거의 정확한 수준 정도로 재생할 수 있느냐 하는 것이다."라고 섀넌은 논했다. 아주 당연한 말처럼 들릴지도 모르지만, 섀넌은 이 문제가 왜 심오한지 설명했다. 벨 연구소가 여전히 '보편적 연결성 universal connectivity'을 추구하고, 미래의 통신시스템이 켈리의 말처럼 '인간의 두뇌와 신경계처럼 생물체의 체계'와 비슷해진다면 이러한 꿈의 실현은 트랜지스터 같은 신기술, 즉 하드웨어만으로 충분하지 않았다. 그에 더해 섀넌 자신이 해온 것처럼 엔지니어들에게 수학적 지침을 제공하는 것이 중요했다. 이 지침은 데이터 전송에 있어 최적의 효율성을 달성하기 위한 청사진이 돼줄 것이었다. 그는 모든 의사소통 시스템을 같은 방식으로 생각할 수 있다고 주장했다. 점심시간의 수다건, 소인이 찍힌 편지건, 전화건, 라디오나 전화 송수신이건 상관없었다. 모든 메시지는 상당히 단순한 패턴을 따라간다.

모든 메시지는 정보원情報源에서 목적지까지 전해지는 동안 잡음이라는 문제와 직면한다. 이는 카페에 있을 때 뒤에서 달그락거리며 나는 소리일 수도 있고 라디오나 텔레비전의 잡음일 수도 있다. 이런 잡음은 메시지의 정확한 전달을 방해한다. 하지만 메시지를 전달하는 채널에서는 모두 어느 정도 잡음이 나기 마련이다.

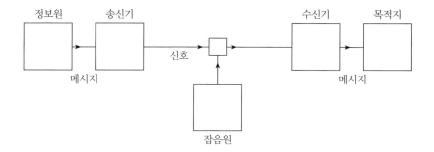

엔지니어가 아닌 이에게 섀넌의 도형은 합리적이긴 하나 무언가를 설명해주진 않는다. 하지만 섀넌이 하고 싶은 말은, 그가 수학적으로도 증명해 보였듯이 어떤 메시지를 의도한 곳까지 분명하고 안정적으로 전달할 수 있는 방법들이 존재한다는 것이었다. 그리고 그 첫걸음은 메시지가 담고 있는 정보에 대해서 생각해보는 것이다. 그는 공학에 있어서 메시지의 의미적 요소는 아무런 관계가 없다고 썼다. 달리 말하면 메시지가 담고 있는 정보를 의미의 측면에서 바라볼 필요는 없다는 것이다. 오히려 정보를 사용하여 메시지의 불확실성을 줄일 방법을 생각해볼 수 있었다. 정보는 메시지 수신자에게 이전엔 몰랐고 예측할 수 없었으며 불필요하지 않은 무엇인가를 제공한다. "우리는 정보란 메시지의 기저에 있는, 생략 불가능한 근본적 불확실성이라고 봤습니다. 이 불확실성은 수신자에 의해 사라지죠." 수년 후 벨 연구소의 임원인 밥 럭키 Bob Lucky는 메시지가 담고 있는 정보에 대해 이렇게 설명했다. 메시지를 전한다는 것은 일련의 메시지들 중 하나를 선택하는 것에 지나지 않는다. 듣는 사람이 다음에는 어떤 메시지가 올지 모를수록 전하는 사람은 정보를 더 많이 줘야 한다. 섀넌의 연구는 몇몇 단어가 일정한 확률로 선택되며, 어떤 메시지는 다른 메시지에 비해 더 자주 선택됨을 보여준다. 이는 복수의 단어나 메시지가 얼마나 많은 정보를 갖고 있느냐를 정확히 측정할 수 있다는 점을 시사한다. 이 개념을 설명하기 위해 섀넌은 'quality'라는 단어를 즐겨 사용했다. 'quality'라는 단어가 q로 시작한다는 사실은 도움이 되지만 그 뒤로 u가 온다는 사실은 그다지 중요치 않다는 것이다. 듣는 사람이 이미 quality라는 단어가 q로 시작한다는 것을 안다면, u의 존재는 아무런 정보도 주지 못했다. 왜냐하면 u는 항상 q뒤에 오기 때문에, 듣는 사람이 스스로 q 다음을 u로 메워 넣을 수 있는 것이다.

섀넌은 어떤 메시지의 정보 함유량과 메시지 내 정보 비율을 측정하는 데 있어서 단위를 사용하면 매우 도움이 될 것이고, 이 단위를 '비트$_{bit}$'라고 부르면 어떻겠냐고 제안했다. 비트라는 단어가 이 의미로 사용돼 출판물에 실린 적은 그때까지 단 한 번도 없었다. 섀넌은 벨 연구소 수학부 동료인 존 터키John Tukey가 '2진 숫자binary digit: 0과 1의 두 가지'라는 말을 '비트'라고 줄여 부르는 것을 듣고 이를 따랐다. 섀넌은 비트가 "같은 수준의 개연성을 지닌 두 가능성 중 하나가 선택되는 순간 생성되는 정보와 대응한다. 만약 동전을 던졌는데, 내가 당신에게 앞면이 나왔다고 말한다면, 이는 내가 이 사건에 대하여 1비트의 정보를 주는 것"이라고 설명했다. 이는 다음의 세 가지로 정리할 수 있다. (1)모든 의사소통은 정보의 측면에서 바라볼 수 있다. (2)모든 정보는 비트를 단위로 가진다. (3)측정 가능한 비트로 구성된 정보는 디지털적 방식으로 바라볼 수 있고, 또 그렇게 바라보는 것이 옳다. 지금 21세기를 살아가는 우리들에게 대수롭지 않은 이 명제들은 막 제2차 세계대전이 끝난 당시의 사람들에게는 큰 놀라움이었다. 이를 두고 섀넌의 한 동료는 '마른하늘에 날벼락'과도 같았다고 말했다.

섀넌이 말하고자 한 것은 결국 모든 정보는 적어도 누군가가 그것을 이곳에서 저곳으로 옮기려고 한다는 점에서 동일하다는 것이다. 그 정보가 전화이거나 마이크로파 송수신, 혹은 텔레비전 신호라는 점은 상관없었다.

많은 측면에서 상당히 철학적인 논의였던 이 주장은 향후 수십 년 간 미국의 과학 기술 전문가들의 사고방식에 느릿느릿 침투해 들어갔다. 하지만 당시 벨 연구소의 엔지니어들에게는 그보다 섀넌이 내놓는 실용적 목적의 수학적 논증이 더 즉각적인 인상을 줬다. 섀넌의 추론에 따르면 하나의 메시지가 가질 수 있는 정보의 총량은 그 메시지가 전달되는 채널의 수용량을 넘지 못했다. 어떤 파이프에 지나갈 수 있는 물의 양이 일정한 것처럼, 송수신 채널은 많은 정보를 일정 속도로 운반할 수 있었지만 그보다 많은 양을 운반하는 것은 불가능했다. 그 이상의 정보가 지나가면 송수신의 질이 떨어졌다. 결과적으로 채널의 정보 수용량과 메시지의 정보 함유량을 측정함으로써 메시지를 얼마나 빠르게 잘 전달할 수 있을지 알 수 있었다. 이제 엔지니어들은 수용량과 정보 함유량을 조정할 수 있었다. 전선이나 케이블, 혹은 마이크로파 송수신기를 이용해 통신시스템을 실제로 설계해본 이들에게 섀넌이 아이디어를 줬다. 하지만 동시에 이 아이디어는 새로운 척도이기도 했다.

섀넌의 글은 당시 사람들에게는 매우 놀라운 내용이라 불가능해 보일 정도였지만, 그의 말이 옳다는 것은 곧 증명됐다. 그는 어떤 디지털 메시지도 에러 수정용 코드만 담고 있다면 전선에 아무리 잡음이 많아도 거의 완벽에 가깝게 전송될 수 있다는 것을 보여줬다. 이때 에러 수정용 코드란 원래의 메시지에 추가로 덧붙은 정보로서, 1과 0으로 구성됐다. 암호학에 대한 이전 글에서 섀넌은 불필요한 부분을 줄임으로써 메시지를 압축해 내용을 더 효율적으로 전달할 수 있음을 이미 보여줬다. 이제 그는 그 반대의 경우를 말하고 있는 것이다. 즉, 특정한 상황에서는 오히려 불필요한 부분을 덧붙임으로써 메시지 전송의 정확성을 끌어올릴 수 있었다. 가장 간단한 예로, 'FCTSSTRNGTHNFCTN FCTSSTRNGTHNFCTN FCTSSTRNGTHNFCTN'처럼 의도적으로 메시지를 세 번 반복함으로써 잡음이 많은 채널에서도 메시지가 분명하게 전달될 가능성을 높일 수 있다. 하지만 섀넌은 사소하지만 보다 명쾌한 방식으로 이런 종류의 자기 수정self-correcting 암호를 만들 수 있음을 보여줬다. 연구소의 몇몇 수학자들은 그 구체적인 방식들을 도출하는데 거의 평생을 바쳤지만, 섀넌은 그런 것에는 크게 관심이 없었다.

자기 수정 암호는 수신된 정보가 송신됐을 때의 상태와 같거나 거의 같다는 것을 보장하기 위한 것이다. 이는 그 이후로 50년이 지나도 엔지니어들의 속을 썩일 문제였다. 섀넌의 친구이자 동료였던 로버트 파노Robert Fano는 후에 이렇게 말했다. "에러가 일어날 확률을 최대한 줄이겠단 말이죠? 섀넌이 어떻게 그런 생각을 했는지, 아니 애당초 그게 될 거라 생각했는지 진짜 믿을 수가 없네요." 하지만 휴대전화 송수신, 콤팩트디스크, 심해 통신에 이르는 현대 공학은 전부 섀넌의 이 생각에 기반을 둔 것이었다.

섀넌의 연구는 얼마간 수학 및 공학계에만 알려져 있었다. 하지만

「통신에 대한 수학적 이론」이 나온 지 일 년 뒤 1949년 이 논문은 광범위한 독자층에 다가가기 위해 책으로 출간됐다. 곧 이 책에 실린 통신 이론은 「정보이론」이라는 이름으로 알려지기 시작했고, 놀라운 성취로 평가받았다. 드디어 그 중요성에 걸맞은 명성을 얻게 된 것이다. 섀넌의 벨 연구소 동료들은 이 이론을 두고 '20세기 가장 중요한 지적 성취 중 하나'라고 불렀다. 몇 년 뒤 섀넌의 추종자인 밥 럭키는 "나는 과학 기술의 지성에 대한 기록에서 이보다 뛰어난 재능을 알지 못한다."라고 썼다. 시간이 흐르면서 어떤 이들은 섀넌의 연구를 아인슈타인의 연구와 같은 수준으로 보기도 했다. 하지만 섀넌 자신은 정보이론을 거창하게 생각하지 않으려 했다. 그는 1950년대 초에 책이 출판되기 전 잡지 기자에게 보낸 서신에서, 「정보이론」을 아인슈타인의 상대성이론과 비교한 부분을 삭제해달라고 상냥하게 부탁했다. "저는 그러길 바랐습니다만, 통신이론은 아쉽게도 상대성이론이나 양자역학만한 이론이 못됩니다."라고 그는 안타까워했다.

어찌 됐건, 섀넌은 다음 단계로 나아갈 준비가 돼 있었다. 후에 그는 점점 '쓸데없는' 것들에 흥미를 갖게 됐다고 농담처럼 말했다. 게임과 로봇, 섀넌이 '오토마타Automata'라고 이름 붙인 작은 기계들이었다. 몇몇 사람들은 섀넌이 의사소통에 관한 눈부신 깨달음을 이어나가는 대신 자신의 천재성을 바보 같은 장난감을 만들거나 의미도 없는 문제를 푸는 데 낭비하고 있다고 생각했다. 섀넌은 끝이 없는 모눈종이 위에서 틱택토 놀이tic-tac-toe: 두 명이 번갈아 가며 O와 ×를 3×3판에 써서 같은 글자를 가로, 세로, 혹은 대각선상에 놓이도록 하는 놀이를 하며 비기는 게임의 패턴을 찾을 수 있을까 궁금해했다. 그 외에 그가 호기심을 가졌던 몇몇 문제들은 보기보다도 실제로 훨씬 더 쓸모없었다. 하지만 섀넌은 자신의 행동을 일일이 설명하는 것이 너무 귀찮아졌다. '자기들 마음대로 생각하라지.'라는 게 섀넌의 생각이었다.

「정보이론」이 나온 뒤 어느 누구도 섀넌에게 무엇을 연구하라고 지시할 수 없었다. 섀넌은 다른 벨 연구소 연구진처럼 자기 사무실로 출근했다. 그렇지만 1950년대 초부터 그는 아예 출근을 하지 않거나, 늦게 어슬렁거리며 나타나서는 체스나 두며 시간을 보냈다. 어슬렁거리며 나타나는 섀넌 탓에 연구소 동료들은 깜짝 놀라기 일쑤였고, 때로는 샘을 내기도 했다. 머레이힐 자기 연구실에서 섀넌은 종종 문을 닫고 연구를 했는데 이는 벨 연구소에서는 거의 듣지도 보지도 못한 경우였다. 하지만 그렇게 규칙을 어겨도 클로드 섀넌이니까 괜찮았다. 브록 맥밀란은 "다른 부였다면 그렇게까지는 못했을 거예요. 수학부 말고 다른 부서 중에 그렇게 앉아서 생각하는 부가 많지는 않거든요."라고 말했다.

섀넌은 그의 아이디어뿐 아니라 독특한 성격으로도 점점 더 사람들의 흥미를 끌기 시작했다. 수학부 동료인 데이비드 슬레피안David Slepian은 이를 두고 "참 특이한 사람이었기 때문에 오히려 친구가 되기 어렵지 않았어요. 게다가 매우 겸손했죠."라고 그를 기억했다. 하지만 그와 친구가 되고 싶어 다가간 이들은 자신이 쏟은 만큼의 관심을 섀넌에게서 돌려받을 수 없다는 것을 알게 됐다. 일단 섀넌을 만나려면 그가 어디 있는지부터 찾아 나서야 했다. 그리고 문을 두드리거나 편지를 쓰거나 집을 찾아가 그를 불러내면, 그의 수줍음과 종잡을 수 없는 성격을 이해해야 했다. 또 편지에 대한 답장을 기다리는 경우도, 차일피일 미루는 습관과 따분한 일은 절대 하지 않으려는 성격을 참아야 했다.

정보이론에 대한 책이 출판되고 얼마 지나지 않아서 섀넌은 중요한 사회적 관계를 하나 맺었다. 연구소 컴퓨터부의 베티 무어Betty Moore라는 젊은 여성과 결혼을 한 것이다. 때때로 베티와 그는 연구소 사람들과의 모임에 갔다. 하루는 빌 쇼클리와 그의 아내도 함께 짐 피스크의 집에 저녁을 먹으러 가기도 했다. 하지만 수학부 사람들이 섀넌에게 초대장을 보내면 대부분의 경우 정중한 거절을 받았다.

1940~1950년대, 벨 연구소의 수학부 사람들은 점심을 먹은 뒤 게임하는 것을 좋아했다. 이 게임을 두고 브룩 맥밀란은 "누가 생각한 건지는 기억이 안 나요. 그렇지만 '웹스터 사전으로 수렴하기Convergence in Webster'라는 이름이 붙었죠. 아무나 한 명이 네 단어짜리 문장을 하나 생각해요. 그러면 다른 사람들이 글자나 단어를 맞추는 거죠."라고 말했다. 사람들이 아무 글자나 말하면, 문제를 낸 사람이 칠판 앞에 서서(행맨처럼) 빈칸을 채워 넣거나, 그 글자가 알파벳 상에서 정답 앞에 있는지 뒤에 있는지 말했다. 웹스터 사전에서 자신이 찾고자 하는 단어를 찾아갈 때처럼, 조금씩 정답에 가까워지는 것이었다. 50년이 흐른 뒤에도 수학부 사람들은 여전히 제일 재미있었던 순간을 똑똑히 기억했다. 하루는 주임 한 명이 게임을 같이 하게 됐는데 순번이 돌아 그가 문제를 낼 차례였다. 빈 칸을 전부 채웠더니 '당신들 전부 해고야'라는 문장이 나왔다. 수학부 사람들은 이에 웃음을 터뜨렸다.

섀넌은 이 세상 안에 살았지만 이 세상의 사람은 아니었다. 대학 파티에서 노마를 만났을 때 방 사이 문턱에 서 있었던 것처럼(노마는 팝콘을

180

던져 그의 주의를 끌려고 했지만, 섀넌은 그녀의 세계로 걸어 들어가는 대신 그녀를 자신의 세계로 불러들였다), 점심 식사 후에 동료들 사무실 옆을 어슬렁거리다가 수학부 사람들이 '웹스터 사전으로 수렴하기' 게임을 하고 있으면 문설주에 기대어 그 모습을 바라봤다.

수학부에서는 연구를 할 때도 혼자보다는 함께 종이에 문제를 푸는 것이 규칙이었다. 이렇게 서로 머리를 맞대고 더불어 발전할 수 있었던 수학부였기 때문에 섀넌의 이런 태도는 그를 외톨이로 만들었다. 하지만 이것마저 사람들의 흥미를 불러일으켜, 당시 연구소 내에서는 발명에 이르는 열쇠가 개인의 천재성 때문인지 협동 때문인지에 대해 고민해보기도 했다.

벨 연구소의 대장, 머빈 켈리의 삶의 목표는 발명에 이르는 과정을 규칙으로 도출하는 것이었다. 그와 같은 사람들에게는 협업이 발명에서 가장 중요하다는 것을 지지하는 근거도 반대하는 근거도 존재했다. 맨해튼 프로젝트, 레이더, 트랜지스터 등 전시 및 전후에 발명된 혁신적 기술들의 상당수가 협업의 산물이었다. 공동의 목적과 상호 보완적 재능을 지닌 사람들이 고안한 아이디어와 발명품들이 어우러져 이런 기술 혁신을 이뤄낸 것이다. 가늠도 할 수 없을 만큼 복잡한 전화 시스템은 그 자체가 협동 작업이었다. 쇼클리가 이후 지적한 것처럼 20세기 중반 전자 업계에서 발명이 이루어지는 과정은 점차 정교하게 발전해서, 이제는 여러 분야의 전문성이 폭넓게 어우러지지 않고서는 노력의 결실을 맺을 수 없을 정도였다. 현대 유전학의 토대를 다진 19세기 과학자 멘델을 두고 쇼클리는 "멘델이 콩을 교배하던 시절에 비교하면 요즘은 정말 복잡합니다. 그때는 화분에 콩을 심고 열매를 따고 꽃에 봉지를 씌우면 충분했죠."라고 말했다. 고체 물리 연구팀이 효과적으로 연구를 진행하려면 금속을 처리하는 사람, 화학 물질을 다루는 사람, 전기적 계측을 진행하는 사람, 이론 물리학을 하는 사람 등이 필요했다. 이 모든 재능을 한 몸에 갖춘 이를 찾기란 하늘의 별 따기였다.

하지만 켈리는 언젠가 "리더십이나 조직, 팀워크에 초점을 맞추는 것도 중요하지만, 결국 이 모든 것들보다 더 중요한 것은 개인입니다. 독창적인 아이디어와 개념이 나오는 것은 한 사람의 머릿속이니까요."라고 말했다. 이를 본질적으로 뒷받침하는 사실도 있었다. 존 바딘은 고체 물리 연구팀원들에게 반도체의 단단한 표면 상태에 대한 연구를 진행하는 게 좋겠다고 불쑥 말했다. 쇼클리도 질투심에 사로잡혀서 시카고 호텔 방에 혼자 앉아 접합 트랜지스터를 위한 기초연구를 했다. 빌 판 역시 점심을 먹고 잠깐 졸다가 마치 예지몽을 꾸듯 게르마늄을 정련하는 새로운 방법을 생각했다.

물론 이 두 가지 의견, 즉 발명에 개인이 중요한지 혹은 그룹이 중요한지는 상호배타적인 것은 아니다. 모든 아이디어는 개인에게서 나오며, 이 아이디어 및 발명에 대한 책임은 그룹 또는 다수의 그룹으로 귀속된다. 하나의 아이디어가 이동하는 과정은 상당히 논리적으로 진행된다. 연구부에서 동료들과 함께 과학적 이해를 추구하는 기초 학자가 낸 아이디어가, 개발부에서 팀과 함께 일하는 응용 학자로 넘어갔다가 마지막으로 웨스턴 일렉트릭에서 생산을 담당하는 엔지니어팀으로 넘어가는 식이었다. 또한 좋은 환경이 뒷받침되는 경우, 그룹이나 현명한 동료는 어떤 개인에게 영감을 줄 수도 있었다. 섀넌이 과학자로서 한창일 때, 벨 연구소의 특허부는 왜 어떤 이들은 다른 사람들보다 더 많은 특허를 내는지, 어떤 원칙이 있는지 연구하고 있었다. 그런데 딱 하나 눈에 띄는 것이 있었다. 특허를 제일 많이 낸 직원들은 벨 연구소 전기 엔지니어인 해리 나이퀴스트Harry Nyquist와 아침이나 점심 식사를 많이 한 사람들이었다. 나이퀴스트가 그들에게 구체적인 아이디어를 준 것은 아니었다. 다만 "그는 사람들을 불러내서 무언가 생각하도록 만들었죠."라고 한 과학자가 회상했다. 무엇보다도 나이퀴스트가 던진 질문이 좋았던 것이다. 섀넌도 나이퀴스트를 알고 있었다. 섀넌은 혼자 일했지만 그럼에도 후에 한 인터뷰에서 벨 연구소의 지적 환경이나 사람들, 자유로운 분위기 등과 벨 시스템의 소소한 기술적 문제들은 그의 정보이론에 꽤 큰 영향을 줬다고 말했다.

자극을 받았던 것인지 직관적으로 그랬던 것인지 알 수 없지만, 섀넌은 완전히 다른 시대를 살고 있는 것처럼 보였다. 그리고 정보이론과 달리 이것에는 벨 연구소가 아무런 영향도 끼치지 못했다. 섀넌의 천재성은 통찰력 그 자체에 있었기 때문이다. 쇼클리 팀의 경우 벨 연구소에서 트랜지스터를 발명하지 못했더라면, 유럽이나 미국의 누군가가 금방 이것을 만들었을 거라는 데에는 이견이 없었다. 오래 걸려봤자 2, 3년이었을 것이다. 하지만 섀넌의 경우 한 학자가 '그의 눈부신 정보이론은 어떤 사람이 한 분야를 다지고, 그 분야에 있어 중요한 문제들을 제시한 후 거의 한 번에 전부 증명해버린' 드문 사례라고 말할 정도였다. 결국 수학자들은 단순히 섀넌이 당대의 다른 수학자들보다 앞서 있었는지를 논하는 것이 아니라 그가 20년, 30년, 50년 등 얼마나 앞서 있었는지 그 기간을 따져봐야 했다.

8장

꿈을 현실에 접목시키다

벨 연구소에 들어온 섀넌은 연구소의 시스템이 단순한 통신 네트워크 이상이라는 것을 이해해가기 시작했다. 특히 연구소에는, 릴레이와 스위치 시설이 전체적으로 설치돼 있어서 누군가에게 전화를 걸면 자동으로 연결됐다. 독특한 시스템이었지만 쇼클리도 곧 이를 받아들이게 됐다. 섀넌은 벨 연구소의 시스템 및 자동 교환 시설에 대해서 "고도로 복잡한 기계를 제대로 보여주는 훌륭한 예이다. 이것은 여러 면에서 인류가 발명한 기계 중 가장 복잡하지만 가장 안정적으로 작동하는 기계다."라고 평했다. 또한 그는 이 시스템이 매우 효율적으로 넓은 범위를 커버하면서도 작동 방식이 복잡하지 않다는 점에 주목했다. 한 통의 전화를 연결하기 위해서 이 시스템은 그저 단순 작업을 수없이 반복했다. 섀넌은 이와 전혀 반대되는 목적을 가진 기계를 만들 수 있을 거라고 생각했다. 즉, 범위가 넓기보다는 깊이 있는 목적으로 사용되는 기계를 말이다. 섀넌은 곧 이런 기계를 어떻게 만들 수 있을지 궁리하기 시작했다. 정보이론에 대한 글이 출판되고 얼마 지나지 않아 섀넌은 체스 게임에 대한 컴퓨터 프로그램 및 논문 작업에 착수했다. 섀넌의 동료 브룩 맥밀란은 "그는 체스를 아주 잘 뒀어요. 우리 모두를 상대로 압승을 거뒀죠."라고 말했다. 하지만 통신 연구소에서 체스를 연구하는 건 별 의미가 없어 보였다. 그 당시 섀넌과 베티는 뉴저지 모리스타운에 있는 아파트로 막 이사를 했는데, 섀넌은 라디오 인터뷰를 준비하면서 질문지에 답을 적어 내려갔다.

Q 의사소통이나 통신에 대한 연구 외에도 다른 일들을 하시죠, 섀넌 박사님? 제가 「사이언티픽 아메리칸」에서 체스 게임을 하는 기계에 대한 박사님의 글을 봤는데, 맞나요? 벨 연구소가 체스에 관심이 있다거나 하는 그런 대답은 마시고요.
섀넌 물론 그렇진 않죠. 하지만 컴퓨터의 잠재력에는 관심을 갖고 있습니다. 컴퓨터는 수분만에 복잡한 문제를 풀 수 있거든요.

Q 그렇지만 그게 체스와 무슨 관련이 있죠?
섀넌 우리가 컴퓨터로 무엇을 할 수 있을지 시험해보는 거죠.

Q 그럼 컴퓨터는 체스를 아주 완벽하게 둔다는 말씀이신가요?
섀넌 아뇨, 사람처럼 실수도 합니다.

Q 그럼 이 기계가 '생각'을 한다는 말씀이신가요?

섀넌 '생각'을 어떻게 정의하느냐에 따라 다르겠죠. 기억하고 판단을 내리는 등의 모든 과정이 컴퓨터에 프로그램돼 있어야만 합니다.

Q AT&T가 컴퓨터를 사용해서 어떤 종류의 일들을 할 수 있을까요?

섀넌 전화 교환 그 자체가 하나의 컴퓨터입니다.

당시 섀넌이 체스 게임을 위한 장치를 이미 만들었던 것은 아니었다. 당시의 컴퓨터는 가장 단순한 것조차 매우 덩치가 크고 복잡해서, 체스와 같은 '사소한 문제'에 사용하기에는 너무 비용이 많이 든다는 것을 섀넌도 인정할 수밖에 없었다. 하지만 그가 이 문제를 진짜로 사소하다고 생각하지는 않았던 듯하다. 얼마 지나지 않아 섀넌은 체스를 둘 수 있는 컴퓨터 초기 모델을 만들었다. 섀넌은 이 주제에 관해 글을 썼는데, 체스 프로그래밍에 대한 글로서는 첫 번째였다. 「사이언티픽 아메리칸」은 이 글을 바탕으로 한 기사를 싣기도 했다. 암호학과 정보에 관한 그의 글과 마찬가지로 이 글 역시 철학과 수학이 어우러진 글이었는데, 체스 컴퓨터의 목적을 탐구하면서 가용 메커니즘에 대한 논리적 이론이 전개됐다. 이와 더불어 이 글에는 특이한 사항이 하나 있었다. 컴퓨터 체스라는, 1949년 당시에는 매우 급진적인 개념이 왜 유용성을 가질 수 있는지에 대한 설명이 바로 그것이었다. 섀넌은 "이 문제에 대해 만족스러운 해결책을 도출함으로써 다른 비슷하고도 훨씬 중요한 문제들을 푸는 데 있어 결정적인 역할을 하길 바란다."라고 설명했다. 다시 말해서 체스를 둘 수 있는 컴퓨터가 있다면 전화 연결 루트 설계, 번역, 전시 중

전략적 결정 수립 등에 이 컴퓨터를 사용할 수 있는 것이다. 또한 논리적 유추를 할 수 있는 컴퓨터를 만들 수도 있었다. 섀넌은 그런 기기들이 경제적이면서도 유용하다고 말했다. 언젠가는 이 기기들이 몇몇 자동화된 과업을 수행하는 데 있어 인간을 대신하게 될 수도 있었다.

섀넌의 상관들은 일부 연구진들이 통신이라는 주제에서 너무 벗어날지도 모른다며 걱정하고 있었다. 그렇기 때문에 체스 프로그램에 대한 섀넌의 변호는 분명 이들의 걱정을 덜어줬을 것이다. 당시 벨 연구소임원들 사이에서는 정부의 규제가 들어올지도 모른다는 우려 섞인 이야기가 암암리에 돌고 있었다. 전화 업계 독점 기업이 고객들의 돈으로게임 같은 괴짜 짓을 연구하고 있다는 것을 정부에서 알게 된다면? 이에 대해 섀넌이 할 수 있었던 일은 약간의 변명뿐이었다. 섀넌은 체스두는 기계를 만드는 것이 "말도 안 되는 시간과 돈 낭비로 보일지도 모른다. 하지만 과학의 역사는 단순한 호기심에서 가치 있는 결과가 도출됨을 보여줬다고 생각한다."라고 말했다. "그는 자신의 아이디어를 두고 다른 이들과 논쟁을 벌이는 일이 없었어요. 사람들이 믿지 않으면, 그냥 그들을 무시했죠." 브룩 맥밀란은 섀넌에 대해 이렇게 말했다.

"섀넌 같은 남자에게 크리스마스 선물로 무엇을 주시겠어요?"라고그의 아내 베티가 물었다. "섀넌은 이렉터 세트erector set: 어린이 조립 완구를좋아했어요. 그래서 저는 제가 찾을 수 있는 제일 큰 이렉터 세트를 사줬는데, 50달러짜리였죠." 섀넌은 밤을 새워가며 이렉터 세트로 작은기계들을 만들기 시작했다. "섀넌이 만든 작은 거북이가 온 집안을 돌아다녔죠."라고 베티는 기억했다. "무언가에 부딪히면 뒤로 물러섰다가 다른 방향으로 갔어요. 그 다음에는 쥐를 만들었어요." 섀넌은 그 쥐에 테세우스라는 이름을 붙였다. 이 쥐는 나무로 만든 작은 몸통에 구리 수염이 달려 있었는데, 섀넌이 만든 미로 안에서 전기 '치즈'를 찾아야 했다. 그래서 난폭한 미노타우로스가 통치하는 미로 안에서 밖으로 나가는 길을 찾아야 했던 그리스 영웅 테세우스의 이름을 붙인 것이다.

섀넌은 이 프로젝트를 「정보이론」처럼 집에서 진행했다. 그래서 그가 벨 연구소로 테세우스를 갖고 왔을 때에는 모두가 놀라워했다. 하지만 사실 테세우스는 미로보다 더 영리하지 못했다. 그 미로는 작은 주방 테이블 정도의 크기로, 이동이 가능한 알루미늄 패널이 설치돼 있었기 때문에 모양을 쉽게 바꿀 수 있었다. "저는 그 쥐를 막대자석으로 만들기로 했어요. 미로 아래에서 전자석을 이용하여 움직일 수 있게 말이죠."라고 섀넌은 설명했다. "쥐 모양 덮개가 씌워진 막대자석을 이리 저리 돌릴 수 있었죠. 그러다 자석이 벽에 부딪히면 컴퓨터 회로에 신호를 보내요. 그러면 컴퓨터가 그 쥐를 다른 방향으로 가게 했어요."

테세우스가 미로 속에서 처음으로 길을 찾는 모습은 그렇게 숨 막힐 정도로 놀라운 건 아니었다. 테세우스는 천천히 전진했다. 그러다가 벽에 부딪히면 다른 방향으로 돌았고, 나가는 길을 찾을 때까지 이 과정을 반복했다. 움직임이 빠르진 않았다. 하지만 어느 쪽으로 가야 할지를 판단하는 데 있어 실수가 없었다. 테세우스가 흥미로웠던 것은 알루미늄 미로를 성공적으로 빠져나갈 수 있었기 때문이 아니었다. 테세우스(보다 정확히 말하자면 미로 바닥 아래의 릴레이)가 미로 속을 헤매면서 벽이나 통로의 위치를 기억하여 동서남북 어디로 갈지를 판단할 수 있었다는 것이 흥미로웠던 것이다. 따라서 두 번째 시도에서는 처음보다 미로를 더 빨리 나올 수 있었다. 거의 15초 정도밖에 걸리지 않았다. 또한 섀넌이 테세우스를 미로 어디에다 놓더라도 테세우스는 미로를 빠져나올 수 있었다.

테세우스는 여러 부서의 과학자들 사이에서 인기가 높았다. 그러나 법무팀은 이것에 대해 조금 시큰둥한 반응이었는데, 그 장난감 회로 특허가 별로 쓸모가 없다고 생각했기 때문이었다. 벨 연구소는 어디까지나 통신 업체였고 통신사업을 하도록 연방 정부에서 못 박은 곳이었다. 이런 불평이 나오긴 했지만, 테세우스는 「정보이론」과는 다른 방식으로 섀넌을 인기인으로 만들었다. 마치 하늘에서 떨어진 선물 같았다. 벨 연구소에서는 테세우스와 미로에 대한 짧은 영상을 발표했다. 이때 몸이 마르긴 했지만 말쑥한 모습의 섀넌이 사회를 봤다. 영상에는 섀넌만의 소탈한 중서부 억양의 내레이션도 들어갔다. 발표회 후 곧 「타임」은 이에 대한 기사를 실었다. "쥐 테세우스는 그리스 신화의 테세우스보다 똑똑하다." 「타임」의 기자는 "그리스 신화에서 테세우스는 자기 기억을 믿지 못해서 실을 풀어가며 미로를 빠져나올 수밖에 없었다."라고 썼다. 이 말은 기계들이 언젠가는 특정 분야에서 인간보다 더 똑똑해질 거라는 섀넌의 직관과 일맥상통했다. 섀넌은 인간의 두뇌는 정말로 뛰어나며

테세우스로 미로 빠져나가기를 통해 오류를 극복하는 클로드 섀넌. 논리 회로는 미로 아래에 설치돼 있다. 벨 연구소 특허 부서는 별 관심이 없었지만, 섀넌의 동료들은 테세우스를 뛰어난 것으로 보았다.
©AT&T Archives and History Center

수십 억 개의 뉴런을 처리하는 능력은 어디에도 비길 데가 없을 정도라고 열정적으로 말하곤 했다. 하지만 그럼에도 그는 기계가 계산, 논리적 과업 수행, 수치 저장 등에 있어 인간보다 훨씬 뛰어난 속도, 효율성, 정확도를 보일 수 있는 잠재력을 갖고 있다고 확신했다. 이것이 실현되는 것은 이제 시간문제일 뿐이었다. 섀넌은 이런 시기가 올 수 있도록 계속 노력하고 있었다.

"동부로 오시면 여기 머레이힐의 아름다운 신축 연구소들을 보여드릴 수 있을 텐데요. 새로운 과학 분야의 발전이 진행되고 있는 것도 보여 드리고 싶고요." 1952년 「타임」에 기사가 실린 지 얼마 되지 않아 섀넌은 고등학교 때 좋아했던 과학 선생님 아이린 앵거스Irene Angus에게 편지를 썼다. "아마 제일 중요한 건 트랜지스터 연구일 겁니다. 진공관과 경쟁하고 있는 작은 게르마늄 장치죠. 제 생각에 트랜지스터는 지난 50년 간 이뤄진 발명 중에서도 가장 중요한 것입니다. 생산 공정상 마지막 단계 버그들을 고치고 대량생산에 들어가기만 하면, 우리가 지금 상상으로만 그려볼 수 있는 전자 기기들이 현실이 될 겁니다." 섀넌은 「타임」에 나온 전자 쥐에 대해서는 '기계가 시행착오를 통해서 학습하고, 문제를 해결하고, 그 해답을 기억할 수 있다는 점을 분명히 보여주기 위한 실험 장치'라고 말했다. 또한 이제는 정말 생각하고 배우며 인간과 의사소통할 수 있는 기계를 만드는 것이 제일 큰 꿈이라고 설명했다. "지금은 스스로 수리를 할 수 있는 기계를 설계하고 있습니다."라고 섀넌은 덧붙였다.

1950년대 초, 전 세계 섀넌의 추종자들이 그를 찾았다. 그들은 벨 연구소에 있는 섀넌이라는 천재에게 컴퓨터나 체스, 정보이론에 대해 물었고 그가 어떤 생각을 가졌는지, 그 이유는 무엇인지에 대해 알아내려고 했다. 공식적인 통로로도 이런 요청이 들어왔다. 1950년 머빈 켈리는 정기적인 유럽 출장 중 런던에서 머레이힐에 있는 랠프 바운에게 편지를 썼다. 그는 그 편지에서 영국 왕립 과학 기술원Imperial College of Science and Engineering의 한 지부에서 섀넌의 방문을 고집스레 요청하고 있다는 것을 전했다. "섀넌을 중심으로 한 정보이론 회담을 만들고 싶어 한다네. 그의 연구는 이곳에 큰 인상을 주었다네."라는 게 켈리의 말이었다. 그 다음 해에는 미국 중앙 정보국Central Intelligence Agency, 이후 CIA 부장인 월터 베델 스미스Walter Bedel Smith도 섀넌에게 암호 관련 도움을 받기 위해 연구소에 연락을 취해왔다. "당국은 당사의 클로드 E. 섀넌 박사님의 도움이 즉시 필요합니다. 최고의 권위를 가진 저희의 정보에 따르면, 섀넌 박사님이야말로 관련 분야에서 그 누구보다도 충분한 자격을 갖춘 과학자이십니다."

그러나 학계, 체스 팬들, 주말에 공학을 취미로 연구하는 사람들, 학생들, 이런저런 애호가들이 보낸 편지의 대부분은 테세우스에 대해 더 알고 싶다는 것이 주된 내용이었다. 가끔은 답장이 가기도 했지만 대부분의 편지들은 섀넌의 사무실에 있는 폴더나 파일에서 먼지에 파묻혀 있었다. 세계에서 가장 주목 받고 있는 학자들에게서도 서신이 왔다. 하지만 이 서신들도 비슷한 운명에 처했다. 데이비드 슬레피안은 이 편지들이 결국 '내가 답장 쓰는 걸 너무 오래 미룬 편지들'이라는 라벨이 붙은 폴더에 처박혔다고 기억했다. 가끔 섀넌이 한번씩 밀린 편지에 답장을 쓰게 되면 첫 줄은 이런 식이었다. "답장이 늦어 죄송합니다. 하지만……." 섀넌은 과학자들에게 어떤 메시지도 손상을 입지 않고 잡음으로 가득한 채널을 통과해 전송될 수 있다고 선언했다. 하지만 이제 그 자신이 그 이론의 예외가 된 듯했다. 메시지는 클로드 섀넌에게까지는 도달했다. 하지만 그보다 더 멀리 가진 못했다.

한편 정보이론은 대중에게 공개될 채비를 하고 있었다. 1953년, 당대의 뛰어난 과학 저술가 중 한 명이었던 「포춘Fortune」의 프랜시스 벨로 Francis Bello는 섀넌의 프로필과 노버트 위너Norbert Wiener의 프로필을 나란히 작성했다. 노버트 위너는 MIT의 수학자로 기계에 대한 지시 및 통제에 관한 '사이버네틱스cybernetics'라는 이론을 전개했는데, 이는 정보에 관한 섀넌의 연구와 매우 밀접하게 관련이 있었다. 벨로는 정보이론을 두고 "지난 5년 간 새로운 이론 하나의 위대함을 증명했다. 이 새로운 이론은 아직 대중에게는 잘 알려지지 않았으며, 통신이론Communication theory 혹은 정보이론Information theory이라 불린다. 이것이 과연 역사에 길이 남을 정도로 위대한 이론인가 하는 문제는 지금 국내외 주요 연구소들에서 검증하고 있다."라고 썼다.

섀넌은 코딩 등 정보이론의 다양한 측면을 연구했다. 하지만 점차 컴퓨터 쪽으로 관심을 기울이기 시작했다. 섀넌은 어떤 아이디어가 떠오르면, 그때 만들고 있던 기계에 적용해보곤 했다. 연구를 위해 기계를 만들 때도 있었지만 단순히 심심풀이용일 때도 있었고, 둘 다의 용도로 만드는 경우도 있었다. 섀넌은 사람들에게 정보를 의미 없는 단어로 생각하라고 했던 것과 마찬가지로, 지금 자신이 만드는 기계가 더 큰 중요성이 있는지 생각해보라는 과제를 줬다. 게임을 위한 기계는 "처음에는 진지한 과학적 연구라기보다는 시간 보내기용 장난감처럼 보일 수도 있다."라고 섀넌은 말했다. "하지만 이런 연구는 중요한 목적을 갖

192

는 진지한 연구다. 적어도 4곳에서 5곳 정도의 대학 및 연구소가 이런 프로젝트를 수행한 바 있다."라고 덧붙였다. 그렇다고 해서 섀넌의 기계가 모두 중요한 목적을 갖는 것은 아니었다. 단순한 호기심의 발로나 장난일 때도 많았다. 가령 섀넌이 만든 트로박THROBAC이라는 커다란 탁상 계산기는 로마 숫자로만 계산을 수행했다. 그가 만든 일부 기계들은 '그걸 만들 수 있을까?', '어떻게 만들 수 있을까?'와 같은 일상적인 의문에 대한 답변에 불과했다. 예를 들어, 섀넌이 자칭 '궁극의 기계'라고 부른 기계는 그의 이런 손장난들에 대한 농담 같은 것이었다. 이 최종적인 기계는 스위치가 하나 달린 나무 상자였는데, 스위치를 켜면 상자 위가 열리면서 기계손이 나왔다. 반대로 스위치를 끄면 기계손이 다시 들어가며 상자가 닫혔다.

1950년대 섀넌은 여러 강연에서 자신이 자동화 기계 그 자체에 관심이 있는 것은 아니라고 말했다. 그는 기계들이 서로 어떻게 전화 교환 시스템에서처럼 상호작용하는지, 기계가 자신을 작동시키는 인간과 어떻게 체스 컴퓨터처럼 상호작용하는지에 대해 관심을 갖고 있었다. 특히 후자의 경우 섀넌은 심리학적인 측면에 흥미를 가졌다. "게임기 설계 연구가 인간 뇌 기능 방식에 대한 새로운 깨달음으로 이어지기를 바랍니다." 이는 전기학에 대한 섀넌의 연구를 바로 곁에서 지켜본 연구소 동료들에게 큰 감동을 줬다. 그동안 섀넌이 고안한 게임이나 기계들은 컴퓨터 대 인간이라는 특징만 갖는 것은 아니었다. 상대방보다 몇 수 앞을 생각하거나 기만하는 전술이 필요한 게임들도 있었다(또는 상대방을 놀리는 게임도 있었다. 섀넌이 고안한 게임 중 하나는 컴퓨터가 사람이 한 번 움직일 때마다 상대방을 비꼬는 말을 던졌다). 이 게임들 중 다수는 상대방을 의

심하지 않으면 지게 돼 있었다. 의심하지 않으면, 그 게임들의 창조자인 섀넌이 승자가 되는 것이었다.

섀넌의 친구 데이비드 슬레피안은 섀넌의 게임 하나를 기억하고 있었다. 이 게임은 두 가지 점에서 특이했다. 우선 컴퓨터는 다음 수를 생각하는 데 있어 말도 안 되게 긴 시간을 들임으로써 상대방인 인간으로 하여금 엄청난 한 수가 나오겠구나 하고 착각하도록 유도했다. 둘째로 말을 움직이는 데 있어 컴퓨터가 더 많은 네모 칸을 확보하고 있지만, 게임판의 설계가 예술적이면서도 수학적으로 정밀한 탓에 인간인 상대방이 그 사실을 눈치 챌 수 없었다. "그 게임을 하는 사람은 자기 쪽에서 보면 게임판의 한 편이 더 짧다는 사실을 알 수 없었어요."라고 슬레피안이 말했다. 슬레피안은 섀넌의 컴퓨터와 그 게임을 몇 판이나 했지만 이길 수가 없었다. 아무도 컴퓨터를 이기지 못했다. 그리고 그걸 보고 섀넌은 흥미로워했고 매우 즐거워했다. 슬레피안은 "제가 보기에 섀넌은 길을 잘못 들었으면 세계 최고의 사기꾼이 됐을 겁니다."라고 말하기도 했다.

1950년대 초, 섀넌이 점심시간에 찾았던 벨 연구소의 몇 안 되는 이들 중 한 명은 데이비드 해이젤바거David Hagelbarger였다. 그는 오하이오 주 출신으로 스스로를 "키가 크고 말랐다."라고 평했다. 그는 미시간 대학을 나와 캘리포니아 공과 대학의 로버트 밀리컨 교수 밑에서 박사 학위를 땄다. 해이젤바거는 항상 보타이를 매고 다녔는데, 연구소의 기계 작업장에서 일하는 걸 좋아하는 탓도 있었다. 보타이를 매고 있으면 선반이나 드릴프레스 작업을 하면서도 넥타이가 말려 들어가지 않을까 걱정할 필요가 없었다. 섀넌이 그에게 끌린 데에는 그가 가진 기계장치에 대한 기술이 한몫 했다. "점심시간쯤 되면 섀넌이 제게 오곤 했어요. 약속을 잡거나 하진 않았죠."라고 해이젤바거는 그 시절을 떠올렸다. 보통 이 두 사람은 이런저런 아이디어들에 대해 이야기했다. 진지한 것도 사소한 것도 있었다. 그중 몇 개는 해이젤바거가 작업장에서 실제로 만들어보기도 했다. 1954년 즈음해서 해이젤바거는 혼자서 기계를 하나 만들었다. 이 기계에는 상대편 인간이 동전의 앞면을 골랐는지 뒷면을 골랐는지 예측할 수 있는 전기 릴레이가 설치돼 있었는데, 이때 상대방의 선택 패턴을 고려함으로써 53퍼센트가량의 승률을 올렸다. 벨 연구소 임원이었던 밥 럭키는 이에 대해 실험을 1만 번 했을 때 '100억 분의 1 정도 확률로나 가능할 일'이라고 말했다. 여기에 마음을 뺏겼던 섀넌은 이 기계를 간소화했고, 메모리는 작지만 계산 속도는 더 빠른 기계를 만들었다. "우리 두 사람은 두 기계 중 어느 쪽이 이길까 오랫동안 이야기한 끝에 실험을 해보기로 했죠."라고 섀넌은 말했다. 이 두 사람은 제 3자의 '심판 장치'를 만들어서 두 기계간에 정보를 교환하고 점수를 기록하게 했다. 섀넌은 "세 개의 기계를 플러그에 꽂고 몇 시간 동안 작동시켰어요. 어느 쪽이 이길지 내기가 오갔고, 사람들의 환호도 많이 받았지요."라고 그때를 떠올렸다.

이것은 섀넌에게 있어 심리학과 기술이 최적의 상태로 결합된 이상적인 실험이었다. 기계와 기계가 함께 혹은 서로에게 맞서서 작동했고, 인간과 기계가 함께 혹은 맞서서 작업했다. 컴퓨터가 발명된 지 50년이 지났던 때였다. 하지만 이 경기가 컴퓨터의 진화에 있어 도움이 될지, 얼마나 도움이 될지 말하기는 어려웠다. 하지만 섀넌에게 있어서 이 경기가 무언가 의미를 갖는다는 것은 분명했다. 섀넌의 기계가 55 대 45

의 '압도적인' 점수 차로 승리하자 그는 흥분에 도가니에 빠졌다.

＊ ＊ ＊

섀넌이 전념해 연구하던 기계들이 모두 전자 기기거나 복잡한 릴레이 회로를 갖고 있는 것은 아니었다. 예술 애호가가 미美를 이해하듯, 섀넌은 움직임 그 자체의 진가를 알고 있었다.

어느 해인가 베티가 그에게 외발 자전거를 선물한 적이 있었다. 섀넌은 그 자전거를 바로 타보더니 스스로 외발 자전거를 만들기 시작했다. 섀넌은 실제로 탈 수 있는 외발 자전거를 얼마나 작게 만들 수 있을지에 도전하고 있었다. 그러다 하루는 모리스타운 집에서 저녁을 먹고 공세 개로 저글링하기 시작했는데, 아파트에 사는 꼬마들이 그 모습을 보고 응원을 보냈다. 그래서 섀넌은 외발 자전거와 저글링이라는 새 취미들을 벨 연구소에서 못할 건 또 뭔가 하고 생각했다. 거기다 이 두 가지를 동시에 하지 못할 이유도 없었다. 사무실에서 일할 때면, 섀넌은 사람이 많지 않은 밤중에 외발 자전거를 타고 긴 복도를 오르락내리락하곤 했다. 외발 자전거를 타는 동시에 저글링을 하지 않을 때면 지나가는 이에게 고개를 까닥하며 인사도 했다. 그러다가 중심을 잃고 넘어지기도 했다. 포고스틱pogo stick: 스카이콩콩 같은 어린이 장난감을 손에 넣은 섀넌은 그걸 갖고 복도를 오르락내리락하기도 했다.

이런 클로드 섀넌의 모습을 상상해보자. 1955년경, 늘씬하고 명민하며 미남이지만 어딘가 다른 세상 사람 같은 구석이 있는 남자. 제때 오는 법이 없는 사람. 하루 종일 체스를 두거나 악기를 연주하는 사람. 툭

196

하면 저글링을 하거나 포고스틱을 타고 복도를 내려가는 사람. 다른 이들이 자신에 대해서, 혹은 자신의 연구에서 대해서 뭐라고 생각하건 정말로 신경 쓰지 않는 사람. 그는 자신이 재미있다고 생각하는 일을 했다. 그는 여전히 과학자였다. 하지만 그가 예술가적 기질과 감수성을 갖고 있다는 점은 분명했다.

1956년 섀넌은 한 학기 동안 초빙교수로 MIT에 머물렀다. 그곳에 도착하자마자 섀넌과 베티는 연극, 콘서트, 강의, 서점, 도서관 등으로 가득한 케임브리지의 지적 환경에 다시 젊어지는 듯한 느낌을 받았다. 섀넌은 "보통 대학에서의 생활은 단조롭거나 지루한 경우가 많은데, 케임브리지 캠퍼스는 활기 넘치는 구조를 갖고 있었죠. 새롭게 개설되는 강좌, 방학, 다양한 학문적 탐구까지……. 뿐만 아니라 일상 자체에도 다양함이 가득했어요."라고 설명했다. 사실 베티는 수년 전 벨 연구소가 맨해튼에서 뉴저지 교외로 이전한 것을 아쉬워하고 있었다. "웨스트 가에서는 점심을 먹고 빌리지로 놀러 가거나 서점에 가곤 했어요. 그런데 머레이힐에서는 밥을 먹고 바로 일하러 돌아가야 했죠." 케임브리지에서 베티는 맨해튼에서의 생활로 돌아간 것 같은 기분이었다.

MIT에 도착한 지 얼마 되지 않았을 때, 학교 측에서는 섀넌에게 정교수직을 제안했다. 벨 연구소 역시 그랬기 때문에 섀넌은 이 문제로 골머리를 앓아야 했다. 결국 10월에 섀넌은 연구소 상관인 헨드릭 노드Hendrik Node에게 편지를 써서 "저는 학문적인 삶을 살기로 결정했습니다."라고 말했다. 편지에서 섀넌은 복잡한 공식을 푸는 수학자처럼 벨 연구소에서의 삶과 케임브리지에서의 삶에 대한 이분법을 전개했다.

"직원들의 수준을 고려하면, 벨 연구소는 학계의 일반적인 수준과 최소한 동등한 수준이라고 생각합니다. 또한 벨 연구소가 자랑하는 몇 개 분야에 있어서는 그보다 훨씬 높은 수준이죠." 그렇지만 MIT의 광범위한 지적 탐구 및 긴 여름방학은 섀넌에게 더 매력적으로 다가왔다. 섀넌은 노드에게 "제가 벨 연구소에서 누리는 자유는 항상 일종의 호의처럼 느껴집니다."라고 말했다. MIT에서 '연구 시간 동안' 누리는 자유는 특별 대우라고 할 수 없는 것이었다.

이즈음 들어 섀넌이 글을 출판하는 일이 줄어들었다. 그가 1940년대 보였던 놀랄 만한 기세를 지속하기 어려운 탓도 있었을 것이다. 또한 여전히 수없이 많은 아이디어가 그의 머릿속에 흘러넘쳤지만, 후에 그가 인정한 대로 그 어느 것도 글로 쓸 만큼 흥미가 없었던 탓일지도 모른다. 베티는 손님들에게 "아직 못 끝낸 글들이 상자 째로 쌓여 있어요."라고 말하곤 했다. 수년이 지난 후 섀넌은 이 쓰다만 글들을 아이디어나 수학적 논의를 끼적인 낙서들과 묶어 '괜찮은 문제들'이라는 이름으로 보관했다. 하지만 그는 일부러 시간을 들여 이 종이 뭉치에서 괜찮은 문제들을 찾아내려는 수고를 들이진 않았다. 그가 벨 연구소를 떠나 MIT로 옮겨왔을 즈음 그에게는 일보다 가정이 우선이었다. 그와 베티 사이에는 세 명의 아이가 있었다. MIT에서 초빙교수로 있은 뒤, 매사추세츠에서 본격적으로 과학자로서의 첫걸음을 시작하기에 앞서 섀넌은 캘리포니아에 있는 행동과학 고등 연구 센터에서 1년 간 연구원으로 일하기로 결정했다. 그는 비행기로 가는 대신 폭스바겐 마이크로버스를 사서 가족들을 태우고 서부로 갔다.

벨 연구소 사무실에서는 섀넌의 기계들과 답장을 쓰지 않은 편지 폴

더들을 정리해서 매사추세츠로 보냈다. 섀넌은 노드에게 제출한 사직서에서 "좋은 점도 안 좋은 점도 전부 하나로 묶어놓고 보니, 벨 연구소와 그곳에서의 학문적 삶은 평균 수준이었던 것 같습니다. 하지만 그곳에서 15년을 보내고 난 지금은 삶이 지루하고 생산적이지 않다는 느낌이 듭니다."라고 적었다. 섀넌이 MIT에서 정확히 무엇을 하게 될지는 분명하지 않았다. 그가 처음으로 하게 될 일은 정보, 통신, 컴퓨터 등 여러 주제에 대해서 학생과 교수진을 상대로 강의를 진행하는 것이었다. 또한 암호학과 국가 간 통신 해독을 주로 하는 국방부 산하의 비밀 조직인 미 국가안보국National Security Agency과도 몇 건의 프로젝트를 함께하기로 했다. 매사추세츠로 이사한 그와 베티는 윈체스터 호숫가 근처에 큰 집을 샀다. 그리고 곧 섀넌은 매사추세츠 교통국 버스를 구입해서 내부를 들어내고 스토브, 2단 침대, 접이식 테이블을 설치해 캠핑차로 개조했다. 섀넌은 자유 시간에, 정말로 자유 시간이었는지는 의문이지만, 여하튼 로켓으로 추진력을 얻는 프리즈비(던지기를 하고 놀 때 쓰는 플라스틱 원반), 가솔린을 연료로 사용하는 포고스틱, 외발 자전거들을 만들었다. 또한 복잡하게 생긴 저글링 기계도 만들었다. 이 기계는 실제로 기계적 장치를 이용해서 공이나 링을 저글링하는 게 아니라 감춰진 실 위로 지나가게 하는 것이었다. 한편 그는 자신의 커다란 집 안에 마루, 천장, 벽면 전체를 거울로 만든 특수한 방을 만들 계획을 세웠다. 그렇게 하면 방 안에 아무도 없는데도 방들이 끝없이 늘어서는 듯한 환상적인 모습을 만들어낼 수 있을 것이었다.

"그는 대부분 집에서 일을 하곤 했어요."라고 베티는 말했다. 간혹 학생들이 집으로 찾아오곤 했는데 연구에 대한 조언을 얻기 위함도 있었지만, 섀넌이 최근 열정적으로 하는 일에 대한 이야기를 듣거나 최근 발명한 전자 기기를 보러오기도 했다. 섀넌은 담배를 끊고 아침마다 3~5킬로미터 정도의 달리기를 시작했다. 편지도 여전히 계속 날아들었다. 사소하거나 심오한 질문을 담은 이 편지들에 섀넌은 여전히 거의 답장을 하지 않았다. 먼 지역에서 연설이나 강의를 부탁하는 초청장도 있었고, 명예 학위 수여와 수상에 대해 알리며 축하하는 편지도 있었다. 때로 "섀넌 박사께서 새로운 책에 글을 써주실 수 있을까요?"라고 묻는 편지도 있었다. 섀넌은 이에 대해 타자기로 답장을 쳐서 보낼 때도 있었다. "안타깝게도 저는 현재 목까지 차오른 엄청난 일거리에 파묻혀 있답니다." 그가 답장을 보내는 편지는 수학보다는 저글링에 관련된 것인 경우가 더 많았다.

처음에 섀넌은 가끔 머레이힐을 찾아갔다. 그는 슬레피안이나 해이젤바거를 찾아가 자신의 최근 아이디어를 들려주고 그들의 의견을 구하거나, 그들의 연구에 몇 가지 제안을 하기도 했다. 그러다 섀넌과 벨 연구소의 상관들은 섀넌이 벨 연구소에서 임시직으로 일해도 되겠다는 데 합의했다. 그래서 섀넌은 계속해서 머레이힐에 사무실을 가질 수 있게 됐다. 하지만 섀넌은 머레이힐에 발걸음이 점점 뜸해지더니 결국에는 아예 오지 않았다. 광택이 나는 이름표가 달린 섀넌의 사무실 문은 굳게 닫힌 채 그를 기다렸다. 그는 여전히 벨 연구소 전화번호부에 이름이 올라 있었다. 그러나 그의 사무실에 전화를 건 이들은 "아뇨, 안타깝게도 섀넌 박사님께서는 오늘 사무실에 안 계십니다."라는 교환수의 말을 들을 수밖에 없었다.

아이디어 생산의 공식

1950년 늦은 겨울에 머빈 켈리는 프랑스, 스위스, 스웨덴, 네덜란드, 벨기에, 영국을 도는 여행에 나섰다. 몇 년 전에도 그는 유럽 여행을 한 적이 있었다. 1948년 트랜지스터가 발명되고 얼마 되지 않았을 때, 한 달가량의 짧은 여행이었다. 그 당시 그가 보았던 유럽 대륙은 사회적, 정치적, 기술적으로 제 기능을 못하고 있었다. 제2차 세계대전으로 깊게 패인 상흔을 치유하고자 하는 노력이 막 싹트던 때였다. 그로부터 2년이 지난 지금, 켈리는 유럽의 연구소들과 통신시스템이 얼마나 예전 모습을 되찾았을지에 매우 관심이 있었다.

　그러나 그가 대서양을 건넌 데에는 또 다른 목적도 있었다. 지난 한 해 동안 켈리는 벨 연구소를 소개하는 긴 발표 준비에 많은 공을 들였다. 그는 유럽에서 '창의적 기술 연구 기관의 표본'이라고 묘사한 벨 연구소에 대해 강연을 할 참이었다. 말하자면 그는 복음을 전도하기 위한 선교사와도 같았다. 영국 엔지니어들이 정보이론에 대해 함께 논의하고 싶다며 클로드 섀넌을 유럽에 보내줄 것을 켈리에게 요청했는데 켈리는 섀넌이나 빌 쇼클리의 연구까지도 아우를 수 있는 좀 더 규모가 큰 계획을 제안했다. 켈리는 이들의 노력이 어떤 식으로 벨 연구소의 아이디어망과 관련되는지 설명하고 싶었다. 켈리를 처음 보거나 그와 말을 해본 적이 없는 이들은 성질이 급하고 참을성 없는 데다가 고집까지 센 그의 성격에 놀라곤 했다. "이때껏 영국에서 그렇게 많은 단어가 한 시간 반 안에 쓰인 적이 없었다는 평을 들었지. 하지만 난 평소 말하던 속도로 말했을 뿐이야." 켈리는 그의 부하 직원인 바운에게 보내는 편지에서 자기가 한 연설에 대해 이렇게 썼다.

1953년 3월 23일 늦은 오후의 런던. 왕립 협회 연단에 선 켈리는 좀 더 공들여 다듬은 원고로 연설을 했다. 평소보다 천천히 말하기 위해 무던히도 애를 쓴 강연이었다. 그 후로 60년이 지났지만, 켈리가 런던에서 한 연설에 대해 한번 찬찬히 생각해볼 만한 가치가 있다. 그는 이 강연에서 자신이 쌓아 올린 벨 연구소라는 제국을 설명하고 그렇게 하고 있는 까닭을 설명했다. 왕립 협회 위원들이 청중석을 가득 메운 자리에서 켈리는 벨 연구소야말로 창의적 기술을 연구하는 기관 중 세계 최고이자 표본이라고 말하고 싶었지만, 예의상 참았다. 섀넌의 아이디어를 빌린 켈리는 이렇게 설명했다. "미국의 전화 시스템은 고도의 기술력을 기반으로 폭넓게 통합된 하나의 기계와도 같습니다. 매우 작고 복잡한 파형을 가진 전류가 4,000만 개가 넘는 지점 중 하나에서 다른 지점으로 전송되죠." 벨 연구소는 3개의 그룹으로 구성돼 이 시스템의 유지와 개선을 도왔다. 첫 번째 그룹은 연구부로 과학자 및 엔지니어들이 '완전히 새로운 지식, 원칙, 물질, 방식, 기술의 저장소'를 제공하는 곳이었다. 두 번째 그룹은 시스템 공학부로, 벨 연구소에서 처음 만들어진 곳이었다. 엔지니어들이 새로운 지식의 저장고 및 기존 전화 시스템을 주시하면서 어떻게 하면 이 둘을 통합할 수 있을까를 고민하는 곳이었다. 다시 말해, 시스템 엔지니어들은 새로운 기술의 이용 가능성, 타당성, 필요성, 경제성을 따졌다. 바로 이 시점에서 세 번째 그룹의 사람들이 함께했다. 이들은 새로운 장치, 스위치, 송수신 시스템을 개발하는 엔지니어들이었다. 켈리의 설명에 따르면 일반적으로 아이디어는 발견되고, 개발되고, 생산됐다.

켈리는 좀 더 구체적인 예를 들었다. 켈리의 말에 따르면 트랜지스터를 개발하고 생산에 들어가기 2년 전, 연구소 고체 물리 연구팀에 새로운 지식의 씨앗이 뿌려졌다. 이와 동시에 시스템 엔지니어들은 이 새로운 지식을 어떻게 하면 기존 전화 시스템에 통합할 수 있을까를 생각하기 시작했다. 트랜지스터가 기술 전반에 미칠 영향은 아직 의문이었지만 켈리에게 트랜지스터는 벨 연구소에도, 향후 몇 년 간 미국의 산업계와 유럽의 산업계에도 그 개발 타당성이 충분해 보였다.

사실 벨 연구소의 세 부서 간 일이 넘어가는 과정은 종종 의도적으로 격식이 없었다. 켈리의 설명에 따르면, 벨 연구소는 하나의 '살아 있는 생명체'와도 같았다. 이는 순수 과학 연구진과 응용 엔지니어들 간의 인간적, 전문가적 교류가 모든 방향으로 오고 가기 때문이었다. 공식적인 논의뿐 아니라 개인적인 사담도 오갔는데, 이런 교류는 벨 연구소 정책 및 머레이힐 건물 자체의 의도적인 설계에 의해 장려됐다. 연구자들과 엔지니어들은 복도에서나 때론 점심을 먹고 난 후에 각각의 문제에 대해 함께 의논하는 경우가 많았다. 또는 자신들의 요청이나 경영진의 판단으로 한 프로젝트에 팀으로 참가하기도 했다. 궁금한 것이 있는 사람은 '수학자나 야금학자, 생물학자, 전자기전파 물리학자, 전지 기기 전문가 등' 해당 분야의 전문가에게 찾아가 직접 질문할 수도 있었다. 연구소에서는 어떤 책을 읽고 나서 바로 그 책을 쓴 사람에게 찾아가 질문할 수도 있었다. 반도체의 쇼클리, 통계학의 존 터키, 정보이론의 클로드 섀넌 등의 전문가들을 복도 하나만 지나면 만날 수 있었기 때문이다. 벨 연구소에 갓 취직해 어려운 문제에 부딪혀 우물쭈물하고 있는 직원이라면, 주임의 주선으로 이들 중 한 명과 만날 수 있었다. 몇몇 젊은 신입 사원들은 섀넌이나 쇼클리에게 질문할 수 있도록 해준다는 말을 들으면 벌벌 떨었다. 하지만 벨 연구소의 정책상 이들은 자신의 궁금증에 대해 답을 들을 자격이 있었다.

켈리는 물리적으로 가까운 것이 무엇보다 중요하다고 생각했다. 즉 사람들이 서로 가까운 위치에 있어야만 했다. 전화 통화만으로는 충분하지 않았다. 그래서 켈리는 웨스턴 일렉트릭 공장에 지점 연구소를 만들어 과학자들이 자신들의 연구물이 개발에서 생산에 이르는 과정에 보다 깊이 관여할 수 있게 했다.

런던 강연에서 켈리는 '발명'이라는 단어를 절대 쓰지 않았지만 몇 년쯤 전부터 벨 연구소의 임원들, 특히 트랜지스터 개발 팀장인 잭 모턴은 발명이라는 단어를 자주 쓰기 시작했다. 하지만 켈리가 런던에서 말하고자 했던 것은 벨 연구소에서 30년 동안 고안돼 마침내 결실을 맺은, 발명에 대한 체계적인 접근 방식이었다. 켈리에게 있어 미래를 발명한다는 것은 단순히 미래에 사용될 물건들을 발명하는 것이 아니었다. 런던 강연에서 켈리는 발명이 하나의 과정으로 전문적으로 육성돼 대규모의 성공을 거두고, 이 성공을 사전에 예측까지 할 수 있다고 말했다. 지난 몇 년 간 벨 연구소의 경험이 이를 증명했다. 이제 산업 과학은 지난 날 에디슨은 생각도 못했을 규모로 복잡하게 발전해가고 있었다. 켈리는 유럽의 청중들에게 자신의 말을 들어달라고 호소하고 있었다. 그에게는 발명의 공식이 있었다.

진실로 새롭고 널리 사용될 기술을 개발하는 일은 언제나 실패할 확률이 높다. 그래서 켈리는 연구부 사람들이 수년 동안이나 구체적인 목표가 없더라도 마음 가는 대로 어슬렁댈 수 있도록 놔뒀다. 그는 연구가 성공보다는 실패할 확률이 더 높다는 사실을 알고 있었다. 과학자로서 첫 발을 내디뎠을 때 켈리는 밀리컨의 연구실에서 기름방울을 세었고 동작이 느리고 유령만큼이나 호리호리한 클린턴 데이비슨과 웨스트 가 사무실을 함께 쓰기도 했다. 이렇게 켈리 자신은 평생 동안 새로운 것들을 실시간으로 배웠고, 그런 과정이 얼마나 어렵고 힘겨운지 직접 겪어야 했다. 그러니 어떻게 한 사람이 매년마다 정말 새로운 것을 만들 수 있겠는가? 1950년 켈리의 강연이 끝난 후 과학 전문 역사가인 어니스트 브라운과 스튜어트 맥도널드는 "지금까지 새로운 것을 많이 발견하게 한 방법이 있다고 하자. 그렇다면 새로운 발견을 하는 데에는 이 방법이 최고라는 논리가 성립된다. 하지만 그렇다고 하면, 새로운 혁신을 가져오는 방법이 이렇게 미리 존재해야 한다는 모순이 생긴다."

라고 말했다.

그래서 딜레마가 생긴다. 새롭고 놀라운 것을 만들었다고 해서 앞으로도 새롭고 놀라운 것을 만들 것이라는 말은 아닌 것이다. 하지만 벨 연구소에서는 언제나 새로운 것이 필요했고 이것이 발명에 유리하게 작용했다. 켈리의 부하 직원 중 한 명이었던 해럴드 프리스Herald Friis가 말한 대로 벨 연구소에서 새로운 발명들은 '절대적인 필요'에서 비롯됐다. 켈리는 시스템 향상을 목적으로 하는 기술부 직원들이 항상 문제와 필요가 존재하는 환경에서 일할 수 있다는 것은 엄청난 이점이라고 생각했다.

때로 발명은 경제적 필요에서 비롯된다. 가령 장거리 전화 같은 경우 여러 통화를 하나의 전선으로 전송하면 보다 가격을 낮출 수 있었다. 즉, 주파수를 다르게 하거나 시간 간격을 다르게 하거나 혹은 두 가지 방법 모두를 통해 통화를 인터리브interleave: 데이터가 서로 인접하지 않도록 배열하는 방식 처리하여 전송한 다음, 수신되는 시점에서 이 통화들을 다시 분리하면 되는 것이다. 때로 발명은 운영상의 필요에서 비롯된다. 어떤 것의 기능을 향상시키고 속도를 끌어올리는 것이다. 가령 직통 다이얼 전화를 개발함으로써 전화를 걸었을 때 교환수를 거치는 과정을 없앨 수 있었다. 또한 발명은 문화적 필요에서 비롯된다는 점 역시 분명했다. 어떤 것을 빠르게 발전하는 사회에 보다 매력적으로 만들어야 하는 것이다. 가령 국가 간 전화나 1950년 즈음 벨 연구소에서 발명된 자동차 전화 같은 것이 여기 해당된다. 때로 군사적 필요에서 비롯된 발명도 있었다. 레이더나 자동 총기 제어기와 같이 국방에 꼭 필요한 것들이 여기에 해당된다.

켈리는 창의적인 기술을 연구하는 기관을 만들기 위해서는 쇼클리나 섀넌 같은 최고의 인재들이 필요하다는 의견에 수긍하곤 했다. 그냥 필요한 것이 아니라 당시 벨 연구소 사람들이 늘 얘기하곤 했던 것처럼(원자물리학에서 따온 캐치프레이즈였다) 아주 많이 필요했다. 그래야만 각 부서에서 강력한 아이디어들을 배양할 수 있는 '임계질량'이 보장되기 때문이었다. 이에 더해 창의적 기술 연구 기관은 아직 이룬 것은 많지 않지만 전도유망한 직원들의 능력 배양에도 힘써야 했다. 이는 이타적 목적에서가 아니었다. 산업 과학 기술이 매우 복잡하게 진화했기 때문에 이제는 미국 대학원을 뛰어넘는 수준의 훈련을 받은 인재들이 필요했던 탓이었다. 1948년 벨 연구소에서는 학점을 제공하지는 않았지만 상당히 난이도가 높은, 대학원 수준의 사내 교육 프로그램을 신설했는데, 이를 통신 개발 훈련 프로그램Communications Development Training program 혹은 CDT라고 불렀다. 하지만 벨 연구소의 누구도 CDT라는 이름을 사용하지 않았다. 켈리 부소장은 언짢았겠지만, 이 프로그램은 비공식적으로 '켈리 대학'이라고 불렸다.

창의적 기술 연구 기관은 임계질량 확보, 그러니까 연구진들을 서로 가까이 둬 아이디어를 서로 나눌 수 있어야 했다. 또한 그들이 필요로 하는 모든 도구를 제공해야 했다. 이 도구들에는 비싼 기기나 연구소용 용광로도 있었다. 그러나 무엇보다 사람이 필요했다. 벨 연구소는 학업 성적이 우수한 대학원생들 정도는 가볍게 뛰어넘는 정규직 기술 보조 수천 명을 채용했다. 기술 보조 중에는 고졸인 사람들도 있었지만 머리 회전이나 손놀림이 비상했다. 박사 학위를 가진 직원들도 가장 뛰어난 동료들에게 보이는 존경심을 그들에게 보였다. TATechnical Assistant라고 불리던 이 기술 보조들은, 과학자들이 벨 연구소에서 하나의 층을 형성하고 있었던 것과 마찬가지로 하나의 거대한 문화 집단을 이루고 있었다. 이들도 점심시간에 서로 유용한 정보들을 나누곤 했다. "말하자면 그들은 실용적인 정보의 수호자들이었죠."라고 실험 물리학자인 존 로웰John Rowell은 기억했다. "비밀스러운 묘책들과 예전에 사용되던 방식들이 마치 옛날이야기처럼 그들 사이에 전해져 내려왔어요." 이들 중 가장 뛰어난 자들은 월터 브래튼이나 다른 물리학자들마저도 이상적으로 여길 만한 재능을 갖고 있었다. 자동차 엔진이나 라디오를 분리하거나 조립하는 것에 타고난 이들도 있었고, 벨 연구소에서 반도체 결정 형성, 접촉에 적합한 표면상태 준비, 혹은 실험 준비에 있어 뛰어난 재능을 보인 이들도 있었다.

창의적 기술 연구 기관에는 안정적인 자본 유입 역시 중요했다. 물리학자 필 앤더슨이 "자금의 중요성을 결코 과소평가해서는 안 됩니다."라고 말한 대로였다. 다행히 벨 연구소는 지역 전화 업체 및 AT&T, 웨스턴 일렉트릭의 전폭적인 지원 덕에 충분한 자금을 확보할 수 있었다. 이를 기반으로 벨 연구소는 단기적 계획 수립뿐 아니라 5년, 10년, 아니 20년 후의 먼 미래를 준비하는 것이 가능했다.

창의적 기술 연구 기관에 가장 중요한 것은 제품에 대한 시장을 확보하는 일이다. 벨 연구소의 경우 전화 사용자들인 일반 고객 및 제조업체인 웨스턴 일렉트릭을 모두 확보하고 있었다. 신품 개발이 아닌 순수 과학 연구를 추구하는 연구진들조차도 궁극적으로는 자신들의 성과가 제품에 적용된다는 점을 분명히 알고 있었고, 이유는 모르겠지만 이에 대한 인식이 그들의 연구에 있어 상당히 효과적인 동기부여가 됐다.

응용과학의 영역에서 연구한다는 것 역시 긍정적이어서 몇 년 후 한 벨 연구소 연구원은 "응용과학은 천재성의 싹을 짓밟지 않습니다. 인간의 사고 과정에 초점을 맞추니까요."라고 말하기도 했다.

마지막으로 하나 더 중요한 것이 있었다. 켈리는 이렇게 말한 적이 있었다. "새로운 기기나 발명을 제대로 활용하기 위해 다른 기기나 발명이 필요한 경우가 종종 있습니다. 발명이 발명을 부르는 셈이죠." 전화의 발명이 교환 및 송수신 분야의 셀 수 없는 발명을 불러온 것처럼 트랜지스터의 발명은 교환, 송수신, 컴퓨터 분야에서 이보다 훨씬 많은 발명의 촉매제로 작용했다. 즉, 하나의 기술적 문제에 대한 해결책은 예외 없이 또 다른 해결책이 필요한 문제들을 야기했다. 따라서 진실로 새로운 것을 만든다는 건, 조만간 또 다른 새로운 무언가를 만들 거라는 것을 의미했다. 하지만 문제가 하나 있었다. AT&T와 같이 정부 규제로 뒷받침되는 독점사가 아니라면 경쟁자들 역시 새로운 것을 만들어낼 수 있다는 점이었다.

켈리는 어릴 적 미주리 주에서 자랄 때에도 성격이 급한 편이었지만, 1940년대 말에서 1950년대 초에는 신출귀몰할 정도로 바쁘게 지냈다. 로버트 오펜하이머Robert Oppenheimer와 다른 과학자들은 켈리가 살인적인 스케줄로 스스로를 몰아붙였지만, 전쟁 때처럼 기진맥진해 보이는 건 아니었다고 기억했다.

켈리의 하루는 길었다. "그 사람은 밤 12시까지 책을 읽다 잠에 들었어요."라고 켈리의 아내는 당시를 떠올렸다. 새벽 5시면 기상해 옷을 입은 켈리는 커다란 2단 지붕 집의 계단을 내려와 뒤뜰 정원으로 향했다. 그의 집에서 사치스럽다고 할 수 있는 것은 여러 단으로 알록달록하고도 화려하게 다듬어진 뒤뜰 정원 정도였다. 켈리는 이 정원에 온정성을 쏟았다. 매년 켈리는 수만 송이의 튤립과 수선화를 신경 써서 배치했고, 이 중 몇 종은 네덜란드에 직접 주문을 하기도 했다. "정원을 계속 유지하기 위해서 매년 구근 1,000개는 새로 사야 했어요."라는 그의 아내의 말이었다. 이 중 대부분의 구근은 그가 고안한 복잡한 색상 분류에 따라 정리됐고, 이후 모래를 덮어서 겨울 동안 지하실 한 구석에 보관했다. 취미치고는 어이없을 정도로 꼼꼼한 원예였다. 하지만 그것이 켈리라는 사람이었다. 정원사들이 도착하기도 전에 조바심이 난 켈리는, 해가 뜨기 전 어둑어둑하고도 서늘한 뒤뜰에서 직접 땅을 꼼꼼하게 일궜다.

작업을 끝낸 켈리는 샤워를 하고 아침 식사를 한 뒤 출근하기 위해 옷을 갈아입었다. 켈리의 복장은 거의 매일 똑같았다. 가는 세로줄 무늬 더블 버튼 정장에 흰 셔츠, 패턴이 들어간 넥타이. 이제 살짝 희끗희끗한 어두운 색 머리는 뒤로 바짝 빗어 넘겼다. 동그란 테의 안경은 딱딱한 인상을 조금 누그러뜨리면서도 전체적으로 학자답게 보이게 했다. 머레이힐 사무실과 맨해튼 웨스트 가에 있는 오래된 사무실 두 개를 쓰던 켈리는 출근길부터 서둘렀다. 벨 연구소의 수학자였던 브록 맥밀란은 "켈리는 회사차를 썼는데, 운전사가 한 명 있었죠. 켈리는 이 운전사를 엄청 닦달해 댔어요. 더 빨리 몰라고 말이죠."라고 말했다. 하루는 켈리가 너무 으르렁대는 바람에 운전사가 주차장에서 차를 빼다가 다른 차와 부딪혔다. 잠시도 주저 않고 차에서 내린 켈리는 사무실로 돌아가 다른 차를 구했다.

"그쪽은 여기에서 하루에 일곱 시간 반을 보내기 때문에 월급을 받는 거요. 하지만 칭찬받고 승진하려면 나머지 열여섯 시간 반을 잘 보내야 됩니다." 첫 출근한 직원들을 사무실로 부른 켈리는 이렇게 말하곤 했다. 켈리는 자신의 말을 충실히 지켰다. 1950년 부소장직에 있었던 켈리는 여전히 올리버 버클리의 부하 직원이었고, 1951년 버클리가 일선에서 물러나면 그 자리를 이어받도록 예정돼 있었다. 당시 버클리는 파킨슨병을 앓고 있었지만 공개적으로 알리지 않았다. 그래서 겉으로는 버클리가 벨 연구소의 운영을 맡고 있었으나 실제로는 켈리가 연구소의 수장이었다. 이렇게 연구소를 관리하던 켈리는 1950년 런던에서 한 강연을 계기로 정치인으로서의 행보도 시작했다. 그는 산업 과학의 사절을 자처했다. 켈리는 미국 전역을 돌며 학계 인사뿐 아니라 전문가 그룹을 상대로 하는 강연에서 벨 연구소의 노력이 미국 과학의 미래와 어떻게 맞물리는지 말했다. 녹초가 될 정도의 일정을 소화하던 켈리는, 과도한 페이스로 결국 몇 번 탈이 났다. 한 동료는 "켈리는 두 번이나 AT&T 사장에게 사직서를 냈죠. 벨 연구소의 중요한 연구가 제대로 자금 지원을 못 받고 있다고 하면서요. 그때마다 켈리는 결국 지원을 받아냈죠."라고 당시를 떠올렸다. 계속되는 여행, 계속되는 회의, 계속되는 강연회, 그리고 줄담배의 악순환으로 때로 체력이 완전히 고갈되곤 했던 켈리는 그때마다 튤립 정원을 가꾸면서 요양을 해야만 했다. 하지만 그는 일이 주면 돌아와 다시 고함을 질러댔다.

1950년에 군 및 정부와 함께 일하게 된 켈리는 거의 일하는 시간의 절반 이상을 그쪽에 쏟았다. 그는 미공군의 과학 자문이었으며 정부 쪽 과학 관련 위원회에도 자문으로 종종 출석했는데, 이로 인해 켈리는

CIA 국장급의 비밀 정보 접근 권한을 누렸다. 이는 제2차 세계대전 중 벨 연구소의 레이더 및 총기 제어 연구와 전후 전자 분야의 혁신적 기술 개발의 덕을 크게 본 것이었다. 이런 연구 성과는 켈리가 과학계 거물들의 비밀스러운 집단에 발을 들여놓는 발판이 됐다. 프랭크 주잇이나 베네바 부시와 같이 학문적인 깊이와 넓은 인맥을 갖춘 이 거물들은 업계, 학계, 군 정보기관, 정책 입안 집단과도 끈이 닿아 있었다. 트루먼 대통령의 자문이었던 윌리엄 골든William Golden은 1950년에서 1951년 초 켈리와 올리버 버클리를 찾아와 누가 대통령 과학 자문으로 적합할지 조언을 구했다. 왜냐하면 바로 켈리와 버클리가 엘리트 그룹이 추천한 유력 후보에 포함돼 있었기 때문이었다(골든은 켈리가 가장 적합한 후보라고 생각했고 후에 "머빈 켈리는 담대한 인물인 반면, 버클리는 소심하다."라고 했다). 하지만 켈리는 그 자리에 흥미가 없었다. 그는 버클리의 뒤를 이어 소장직에 오르길 원했다. 그래서 켈리는 골든을 그와 친분이 있는 과학계 유력 인사들과 연결해줬다. 리 두브리지Lee DuBridge, 캘리포니아 공과 대학 총장, 제임스 코넌트James Conant, 하버드대 총장, 제임스 킬리안James Killian, MIT 총장 및 맨해튼 프로젝트를 성공적으로 수행했으며 당시 프린스턴 고등 연구소에 있었던 로버트 오펜하이머 등이 그들이었다.

대통령 자문이라는 자리가 켈리에게는 왜 매력이 없었을까? 한 가지 이유로, 켈리는 이미 군대 최고위층 및 정치계에 엄청난 영향력을 행사하고 있었다. 당시 일부 대기업들 및 군대 간의 단단한 결속은 이로부터 십 년 뒤 대통령직에서 물러나던 드와이트 D. 아이젠하워 대통령이 '미국의 군부와 군수 산업이라는 거대한 하나의 국방 기계'라고 부를 정도였다. AT&T에 있어서도 군수 산업은 거대한 사업이었기 때문에 벨 연구소와 생산부에 미 육군, 해군, 공군에서 사용할 다양한 비밀 기기의 설계와 생산을 지시하고 있었다. 그리고 연구소에서 진행하던 군의 하청 연구 대부분이 국방에 핵심적이라고 여기던 레이더 및 통신 장비와 관련된 것이었다.

이 계약들로 AT&T가 챙긴 것은 수익만이 아니었다. 20세기도 중반을 넘어선 시기, 군수 산업은 AT&T가 필요로 했던 정부와의 끈을 만들어줬다. 1949년 해리 트루먼 대통령의 법무장관인 토마스 클라크Thomas Clark는 AT&T와 AT&T의 생산 전담 산하 기업인 웨스턴 일렉트릭이 '전화 장비의 생산, 유통, 판매, 설치 전 과정의 교역과 상업을 거의 불법에 가까울 정도로 제한 및 독점'하고 있다는 항의서를 제출했다. 실제로 정부는 AT&T와 그 산하 공장들 간의 관계를 약화시킬 방안을 찾고 있었다. 생산 공장들을 둘로 분리하고, 웨스턴 일렉트릭 역시 세 개의 독립된 사업부로 나눔으로써 AT&T가 경쟁 입찰 과정을 통해 저렴한 가격에 전화 장비를 구매하게 하려는 것이 그 의도였다.

클라크 법무장관과 많은 정부 관리들은 AT&T와 웨스턴 일렉트릭 간에 입을 맞춘 결과 전화비가 부풀려져 있다고 생각했다. 그 생각이 맞을 수도 있었지만, 자료 및 회계 기록에서는 꼬리를 잡기가 상당히 어려웠다. 한편 군부 지도층 및 AT&T 임원들 사이에서는 이런 의문에 반대하는 의견이 암암리에 오갔고, 결국 클라크 법무장관 및 트루먼 대통령까지 이에 수긍했다. 즉, 냉전 시기에 군대를 증강하기 위해 정부가 의지했던 기업을 조각내기보다는 그대로 두는 것이 낫다는 의견이었다. AT&T의 사장이었던 리로이 윌슨Leroy Wilson은 개인적인 서신에서 정부의 분할 정책에 대해 반대 목소리를 냈다. "지난 1월 법무부에서 제기한 반독점 소송은 AT&T만의 고유한 구조인 웨스턴 일렉트릭—벨 연구소—벨 시스템을 무너뜨리고자 하는 시도라는 점에서 매우 염려스럽습니다." 국방부가 AT&T의 광범위한 전문성에서 이득을 취하려 하는 바로 그때 법무부에서는 AT&T를 무너뜨리려는 싸움을 시작한 것이었다. 만약 그것이 사실이라면 윌슨과 켈리는 자신들의 영향력을 행사할 수밖에 없었다. 그들은 AT&T를 국정 운영의 영향권에서 벗어나게 할 수 있는 능력이 충분했다. 이전부터 켈리는 벨 연구소의 기존 구조, 규모, 영향력을 지키기 위해서라면 무엇이든 할 의향이 있었다. 이를 위해 더 열심히 일해야 한다면, 더 열심히 일할 것이었다.

＊ ＊ ＊

시카고를 출발해 캔자스시티를 경유, 태평양까지 달리는 기차는 머빈 켈리와 짐 피스크를 1949년 3월 6일 뉴멕시코 주 앨버커키에 내려놓았다. 이 여행은 피스크의 아이디어였다. 1939년 벨 연구소에 들어와 전시 레이더 마그네트론 연구를 진두지휘했던 물리학자 짐 피스크는 벨 연구소에서 휴가를 받아 워싱턴의 원자력 위원회Atomic Energy Commission에서 잠깐 일하고 있었다. 그해 초 피스크는 캘리포니아 대학이 뉴멕시코에 있던 정부 산하의 샌디아 연구소 운영에서 손을 떼고 싶어 한다는 소식을 들었다. 샌디아 연구소는 로스앨러모스 연구소의, 비교적 소박한 자매 연구소였다. 로스앨러모스 연구소 과학자들이 미사일과 폭탄에 장착되는 핵 부품의 연구 및 개발을 맡고 있는 반면 1,500명 규모의 샌디아 연구소는 비핵 부품의 개발을 담당했다. 샌디아 연구소의 과학자들과 엔지니어들은 새로운 탄도체 시험이나 정교한 도화선 설계 등의 일을 했다. 또한 무기를 사용할 군인들의 훈련도 담당했다.

샌디아 연구소 운영은 연구, 개발, 생산 과정에 있어 보통 이상의 전문성을 요하는 일이었다. 군대 일각에서는 어떤 대학도 샌디아 연구소를 운영하기에는 능력이 충분치 않다는 의견도 있었다. 이때 피스크가 원자력 위원회 상관들에게 제안을 하나 했다. 캘리포니아 대학이 더 이상 샌디아 연구소를 관리하지 못한다면 다른 기관에서 이를 맡아야 했다. 피스크는 머빈 켈리야말로 샌디아 연구소의 현 상황을 분석하여 캘리포니아 대학을 대신해 이 연구소를 담당하는 데 적임자인 기관을 조언해줄 수 있다고 추천했다. 켈리는 연구소를 방문해 정보를 모은 후, 운영 및 행정 개선 사항을 담은 비공식 보고서를 원자력 위원회에 제출할 것이었다.

원자력 위원회는 피스크의 제안을 흔쾌히 수락했다. 그리하여 켈리는 그해 샌디아 연구소를 두 차례 방문했다. 그곳에서 몇 시간 동안이나 미팅에 참가해 습관대로 눈을 감고 관리직들이 그들의 업무에 대해 설명하는 것을 들었다. 1949년 5월 초 장문의 보고서에서 켈리는 샌디아 연구소가 업계 내에서 '경험이 풍부하고 전문적인 노하우 및 사회적 책임 의식이 있는 기관'의 관리 하에 놓여야 한다고 결론지었다. 그달 중순, 원자력 위원회는 벨 연구소 및 AT&T가 샌디아 연구소를 가장 잘 관리할 수 있는 적임자라는 판단을 내렸다. 트루먼 대통령은 AT&T 사장인 리로이 윌슨에게 "원자력 무기 프로그램의 중추적 위치에 있는 샌디아 연구소 운영은 국방에 있어 무엇보다 중요하고도 시급한 문제입니다. 그렇기 때문에 가능하면 최고의 기술력을 확보해야만 합니다."

라고 쓴 서한을 보내 윌슨과 벨 연구소 소장이었던 버클리가 샌디아 연구소 운영을 맡아주길 촉구했다. 켈리는 이 일에 관여하려 하지 않았다. 그 자신이 중립적인 위치의 자문역으로 고용됐기 때문이었다. 6월 초 윌슨의 자택에 마련된 원자력 위원회 회장 데이비드 릴리엔솔David Lilienthal과의 자리에서, 양측은 AT&T가 샌디아 연구소 운영에서 이득을 취하지 않는다는 조건 하에 계약을 성사시켰다. 7월에 릴리엔솔은 과장된 말투로 켈리에게 감사의 뜻을 전하는 편지를 보냈다. "눈부신 활약을 해주셨습니다. 원자력 에너지 프로그램에 진정한 기여를 해주셨다고 생각합니다."

뉴저지에서 멀긴 했지만, 샌디아 연구소는 곧 임원 자리를 노리는 벨 연구소 관리직 직원들이 자주 들르는 장소가 됐다. 그들에게 샌디아 연구소는 모기업의 필요에 따라 마이너리그 투수처럼 교대하며 나갔다 들어오는 장소와도 같았다. 샌디아 연구소에서는 미사일과 폭탄 개발에 중점을 두고 있었기 때문에 방산 산업으로 사업을 확장하던 벨 연구소의 방향과도 잘 들어맞았다. 제2차 세계대전이 끝나 갈 무렵 미 육군 병기국Army's Ordnance Department 및 공군은 '지대공 유도미사일의 실용성 연구'를 벨 연구소에 맡겼다. 육군, 공군, 벨 연구소, 웨스턴 일렉트릭, 더글라스 항공사의 합작품이었던 이 프로젝트에는 승리의 여신의 이름을 따서 나이키Nike라는 코드네임이 붙었으며, 1953년 그 포문을 열었다.

「벨 연구소 기록지」에서는 "기존의 대공 포격기들은 제한된 범위와 고도를 갖고 있다. 본질적으로 방어용 무기인 나이키 시스템은 기존의 포격기로는 불가능했을 수준의 대공 방어 능력을 제공한다."라고 설명하고 있다. 이 나이키 시스템은 비행기 포격을 위한 미사일군##으로,

미 주요 도시 외곽 및 전략적 요충지 근처에 설치됐는데, 벨 연구소 머레이힐 사무소도 여기 포함돼 있었다. 나이키 에이젝스Nike Ajax라는 초기 미사일은 6미터 길이에 직경은 30센티미터 정도였으며, 추진 연료 및 폭발물을 담고 있는 흰색 튜브 주변으로 날카로운 지느러미 같은 톱니가 둘러져 있었다. 에이젝스 미사일은 핵미사일은 아니었다. 하지만 1950년대 후반 개발된 대형 나이키 로켓인 후속형 나이키 헤라클레스Nike Hercules는 핵미사일로서 '강화된 살상력'을 보였다. 이어 보다 정교해진 나이키 제우스Nike Zeus가 개발됐다.

레이더 및 통신 분야의 전문성을 보유한 벨 연구소는 나이키 프로그램에서 필수 불가결한 존재였다. 나이키 시스템의 설치에 즈음하여 켈리는 "통신 기술은 신무기 시스템과 상당히 닮아 있다."라고 말하기도 했다. 복수의 안테나를 장착한 나이키 시스템의 신형 미사일들은 지상 및 대기 중에서 복잡한 통제 시스템에 의해 유도됐다. 어림잡아 150만 개 정도의 부품으로 구성됐던 이 통제 시스템은 무선 탐지 및 유도 기능을 수행했다. 원자력과 통신 분야는 보통 상당히 거리가 있다고 인식하고 있다. 원자력은 군대에서 살상을 위해 사용하지만 통신 분야는 민간에서 평화적으로 사용한다는 이미지를 갖고 있기 때문이다. 하지만 원자력의 시대와 정보의 시대를 분리하는 것은 점점 더 어려워지고 있었다. 실제로 벨 연구소 및 웨스턴 일렉트릭은 군의 요청으로 캐나다 배핀 섬에서 알래스카 북서해안에 이르는 북극권 북쪽 지역 불모지에 지어질 원격 레이더 시설의 설계 및 개발에 착수했다. 「벨 연구소 기록지」의 표현에 따르면 '잠들지 않는 북극의 눈'과도 같았던 이 시설들은 소련의 핵 공격을 경고하기 위한 것이었다. 원거리 조기 경보Distant Early

Warning의 약자를 따 DEW 라인이라는 이름이 붙었으며, 마이크로파 통신을 사용했기 때문에 벨 연구소에서 이뤄진 일련의 비군사적 연구 성과가 없었다면 개발이 불가능했을 것이다. 이 방어 시스템은 벨 연구소의 BMEWS_{Ballistic Missile Early Warning System: 탄도미사일 조기경계 시스템}나 화이트 앨리스 등 다른 군사 프로젝트들의 자매 프로젝트였다. 이중 화이트 앨리스는 알래스카의 무선 센서들을 콜로라도에 있는 공군 사령부와 연결하는 것을 목적으로 한 프로젝트였다.

"샌디아 연구소, 나이키 프로젝트, DEW. 이 모두가 시민 정신의 발로이며 우리만의 위치에서 우리가 해야 할 의무를 충분히 만족시킨다고 생각합니다."라고 켈리는 말했다. 그는 군이 연구소의 통신사업에 관여하지 못하도록, 연구소가 군과 계약을 맺는 것에 제약을 뒀다. 하지만 군사적 연구 자체는 꺼려하지 않았다. 이 프로젝트 모두 AT&T에 있어서 전략적 혹은 재정적 중요성을 갖고 있었기 때문이었다. 또한 호시탐탐 벨 시스템을 노리고 있던 반독점 규제 기관의 접근을 막는 데에도 유용했다. 군사적 연구는 AT&T에게 독점적 지위를 보장하는 정부와의 암묵적 합의의 일환으로, 수월하게 진행됐다.

켈리는 공산주의자들의 비타협적인 태도에 대응하기 위해서는 '양면 방어_{two-front defense}'가 필요하다고 주장했다. 군사력과 경제력, 양쪽 전선 모두가 중요하기 때문이었다. 미국은 "러시아의 전쟁 야욕을 억제하기에 충분한 군사력을 유지하면서 동시에 시민들에게 풍요로운 삶을 보장해줄 수 있는 경제력을 유지해야 한다."는 것이 그의 말이었다. 두 가지 모두 켈리에게 중요했다. 그래서 그는 연구소도, 그의 경력도 둘로 나누기로 결정했다.

10장

발명의 기준,
더 좋거나 더 싸거나 둘 다거나

벨 연구소의 민간 부문에서는 여전히 반도체 연구가 진행 중이었다. 이제 바딘, 브래튼, 쇼클리가 트랜지스터를 발명한 지 5년이란 시간이 흘렀다. 트랜지스터 개발 담당인 잭 모턴은 서서히 트랜지스터 개발 과정에 착수했고, 트랜지스터는 주류 경제로 편입되기 시작했다. 또한 트랜지스터는 벨 연구소 외부에서도 사용되기 시작했다. 회사 임원들은 연구소 내부에만 기술을 한정시켰다가 정부 규제를 받을지도 모른다고 우려했다. 이와 동시에 반도체 산업의 덩치가 커지고 경쟁 기업이 늘어나면 트랜지스터 생산비가 빠른 속도로 감소할 것이라는 확신을 갖고 있었다. 그래서 임원들은 레이시온Raytheon, RCA, GEGeneral Electronics 등에 라이선스를 줬다. 이들 기업들은 웨스턴 일렉트릭의 트랜지스터 사업에 뛰어들 채비를 마친 상태였다. 「포춘」은 정제된 게르마늄 조각으로 만들어진 이 '콩알 크기의 시한폭탄'이 마침내 대량생산에 돌입하여 진공관에 대한 전자 업계의 의존도를 줄이면, 1953년은 '트랜지스터의 해'가 될 것이라고 선언했다. 트랜지스터의 기술을 공개한 후 끊임없이 따라붙던 의혹도 그 후 서서히 사라졌다. 프란시스 벨로는 「포춘」에서 머빈 켈리의 머릿속을 들여다 본 듯 트랜지스터가 "상업과 산업 전반에 반동 전동기reaction motor: 속도가 일정하고 구조가 간단한 전동기로 전자시계 등에 사용됨, 합성섬유, 어쩌면 원자력보다도 더 대대적인 변화를 가져다 줄 것이다." 라고 썼다. 작고 안정적이며 극소량의 전기를 소비하는 트랜지스터는 "이제 우리에게 밀려드는 산업혁명의 두 번째 물살, 그 핵심인 정보처리 및 컴퓨터를 상상할 수도 없을 만큼 복잡하게 만들 것이다." 벨로는 "인간은 트랜지스터 및 새로운 고체 물리 전자학에서 원자력이라는 근육질 몸에 매치되는 두뇌의 발견을 기대할 수 있을 것이다."라고 결론지었다.

진공관과 비교했을 때 트랜지스터는 여전히 가격이 높았다. 그래서 개발 후 걸음마 단계를 거친 5년 간 군부에서 하청을 받은 것이 수익을 내는 데 많은 도움이 됐다. 대부분의 경우, 군에서는 가격보다 실리가 중요했다. 작고 전기 소모가 적은 트랜지스터는 1온스의 무게 차이와 1와트보다도 미미한 전력 차이가 큰 영향을 줄 수 있는 군함과 비행기, 나이키 시스템에 이상적인 부품이었다. 트랜지스터는 진공관이 소모하는 전력의 오직 10만분의 1 수준의 전기만을 사용했다.

소비자 전자 기기 업계 내에서는 트랜지스터가 가장 빛을 발할 부문은 컴퓨터와 통신 기기일 것이라는 공감대가 형성됐다. 하지만 그때까지 트랜지스터는 전화 시스템에 거의 사용되지 않았고, 사용됐다 하더라도 실제 현장에 적용되는 기술보다는 시범 프로젝트에 쓰이는 경우가 많았다. 뉴저지 엥글우드Englewood에서 진행된 전국 대상 직통전화 프로젝트에서 펄스 발생용으로 쓰거나 피츠버그의 한 사무실에서 자동 전화 연결에 사용한 정도였다. 켈리는 전화 시스템 내 전자 스위치를 만들겠다는 꿈을 갖고 오래 전 반도체 연구를 시작했다. 「포춘」에서 지적한 대로 6만 5,000개의 전자 기계식 릴레이가 설치된 전화 교환국은 초당 1,000통에 조금 못 미치는 전화를 연결할 수 있었다. 반면 소량의 전력을 사용하면서도 기기 수명은 훨씬 긴 트랜지스터는 초당 100만 통의 전화를 연결하는 게 가능했다.

그렇다면 벨 시스템은 무엇을 기다리고 있었던 걸까? 켈리는 트랜지스터를 가정 엔터테인먼트 업계 등 다른 분야에서 먼저 적용한 뒤 어느 정도 시간이 지난 후에야, AT&T가 트랜지스터를 이용해 전화 시스템 수익 사업에 뛰어들 것이라고 시인했다. 당시 한창 진행 중이던 법무부의 독점 금지 소송 건이 이에 대한 뚜렷한 이유였다. 즉, AT&T는 민간 기업이 아닌 정부 규제를 받는 독점 기업이었다. 경쟁 기업이 없었으니 서둘러 나설 이유도 없었다. 또한 AT&T는 통화 서비스 품질 대 전화비의 균형을 최대한 신중하게 맞춰야 하는 의무를 지고 있었다. "우리가 디자인하는 모든 것은 기존 제품을 대체할 수 있을지에 대해 충분한 검증을 거쳐야 합니다." 1951년 10월 켈리는 전화 회사 임원들을 대상으로 한 강연에서 이렇게 말했다. "더 좋거나 더 싸거나 둘 다거나 해야지요." 전화 시스템 내의 어떤 요소라도 30년에서 40년은 버틸 수 있게 설계(벨 연구소)되고 설치(웨스턴 일렉트릭)됐다. 특정 기능의 부품을 제 수명이 다 하기 전에 폐기하려면 경제성 측면에서 타당해야 했다. 그도 아니라면 기술적 측면에서 타당성이 입증돼야 했다.

　트랜지스터는 아직 기술적 측면의 타당성을 입증하지 못했다. 적어도 그 당시에는 그랬다. 전화 시스템은 놀랄 만치 복잡하게 얽혀 있던 탓에 급격한 개선이 약속된다고 해도 갑작스러운 변화는 환영받지 못했다. 하지만 켈리는 시간이 지나면 전송량 및 데이터 문제로 진공관과 스위치들을 트랜지스터로 바꿔야 될 것이라고 말했다. 트랜지스터 전화 및 전자식 전화 교환국은 자리 잡는 데 거의 20년 정도 걸릴 거라 예상했지만, 연구소 관리직들은 관련 계획 구상에 이미 착수했다. 한편 당시 전화 시스템은 고객들에게 전화비 대비 합리적인 품질로 안정적인 통화 서비스를 제공하고 있었다. AT&T 주주는 당시 이미 100만 명을 넘어섰기 때문에 AT&T는 세계 최대 기업이었을 뿐 아니라 세계 최대의 주주 숫자를 자랑하는 기업이기도 했다. 그리고 주주들 역시 AT&T의 꾸준한 수익과 상당한 배당금에 만족하고 있었다. 월스트리트의 주식 중개인들은 우량주였던 AT&T 주식을 두고 '과부와 고아' 주식이라고 불렀다. 의지할 곳이 없어도, 마벨의 주식만은 믿고 의지할 수 있었다. 물론 변화에 둔감하고, 몸을 사리는 데다 앞으로의 행동이 뻔한 모기업이 그 산하에 정말 창의적인 연구소를 두고 있었다는 것은 참으로 역설적이었다. 「타임」은 AT&T를 두고 "AT&T보다 보수적인 기업도 없다. 허나 그보다 창의적인 기업도 없다."고 평했다.

　켈리도 깨달았듯이 전화 시스템의 진화를 서두를 필요는 없었다. 하지만 통신사업과 통신 과학은 달랐다. 과학의 영역에서 켈리의 부하 직원들은 그들이 원하는 것은 무엇이든 추구할 수 있었다. 1950년대 중반 연구진들이 직면하고 있던 주요 문제 중 하나는 미래의 트랜지스터, 그로부터 비롯될 미래의 전자 기기들이 게르마늄과 실리콘 중 어느 쪽을 사용할 것인지였다. 당시까지 모든 트랜지스터에는 게르마늄이 사용됐다. 하지만 실리콘이 게르마늄보다 뛰어난 이유가 몇 가지 있었다. 실리콘은 모래에서 추출 가능했던 데 비해 게르마늄은 훨씬 희귀한 금속이었다. 만약 트랜지스터 산업이 「포춘」이 전망한 것만큼 규모가 거대해질 가능성이 있다면, 게르마늄의 희소성 및 높은 가격이 산업의 성장에 있어 어느 순간 걸림돌로 작용할 수 있었다. 더욱 근본적인 문제는 게르마늄의 성능이었다. 게르마늄 전자의 움직임과 관련한 이유로 인해, 게르마늄 트랜지스터는 실리콘에 비해 더 뜨거워졌고 이 때문에 안정성이 떨어졌다. 섭씨 65도 이상의 뜨거운 환경에서는 작동하지 않는 경우도 다반사였다.

1952년 말, 프린스턴 대학에서 박사 학위를 받은 젊은 화학자 모리스 타넨바움Morris Tanenbaum이 벨 연구소 연구부에 들어왔다. 신입들이 흔히 그랬듯, 타넨바움도 머레이힐 연구동을 한번 둘러보라는 말을 들었다. 특정 프로젝트에 합류하기 전에 말 그대로 주변 연구소들을 며칠간 둘러보고 어떤 연구에 흥미가 생기는지 보라는 것이었다. "트랜지스터가 발명된 지 고작 몇 년도 안 됐을 때였죠. 그리고 여전히 게르마늄 결정을 사용한 좋은 연구가 많이 진행되고 있었어요. 하지만 문제는 게르마늄보다 좋은 반도체는 없는가 하는 것이었죠."라고 타넨바움은 그 당시를 회고했다. 그는 이 문제에 관심이 생겼다. 그래서 알루미늄, 갈륨Gallium, 인듐Indium 등 다양한 금속들을 가능한 한 고순도로 확보하는 것부터 시작했다. 이들 금속은 듀폰으로부터 구매하는 것이 보통이었고, 분말이나 작은 덩어리 상태였다. 그나 그의 보조는 이 금속들을 녹여 결정 상태로 만들었다. 타넨바움은 텔루르Tellurium라는 희귀 원소도 실험해봤다. 그 후 독일 지멘스 연구소의 연구 내용을 전해 듣고 나서는 인듐과 안티몬Antimony의 합금을 실험하고 있었다. 그때 쇼클리가 그의 연구에 참여했다.

"쇼클리는 '게르마늄에는 안 좋은 특성들이 많아. 그러니까 실리콘을 연구해보자고.' 말했죠."라고 타넨바움이 당시를 기억했다. 몇 년 전 바딘과 브래튼, 브래튼의 연구소 동료인 제럴드 피어슨이 실리콘 트랜지스터를 만들어보려 했지만 결과는 실망스러웠다. "쇼클리가 같이 할 생각이 있는지 물어왔어요. 저는 쇼클리의 평판을 익히 들어 알고 있었죠."라는 타넨바움의 말이었다. 쇼클리의 악명은 타넨바움이 프로젝트에서 손을 떼고 싶게 만들 정도였다. "쇼클리의 자존심은 하늘을 찔렀어요. 그럴 만도 했죠. 정말 똑똑했으니까요. 하지만 그렇다고 별 문제가 생긴 건 아니었어요. 물리학자가 쇼클리랑 같이 있으려면, 정말로 실력이 뛰어나야 돼요. 그렇지 않으면 지옥을 맛 볼 정도로 엄청 힘들 거예요." 그러나 타넨바움은 쇼클리의 지식 영역 외의 분야에서 일하는 화학자였기 때문에 그의 괴롭힘을 피할 수 있었다.

타넨바움은 곧 쇼클리랑 일한다는 것보다 실리콘 때문에 힘들다는 것을 바로 알아챘다. 하지만 실리콘 트랜지스터 개발에 성공하기만 하면 얻을 것이 많으리란 것은 고체 물리 분야를 연구하는 사람이라면 모두 알고 있었다. 타넨바움은 "실리콘 트랜지스터를 실제로 만들기만 하면 끓는 물 안에서도 작동한다는 걸 알고 있었죠."라고 말했다. 듀퐁은 이미 반도체용 자칭 '순수 실리콘'을 판매 중이었다. 「월스트리트 저널」

에 따르면 이 제품은 1파운드(약 453.5그램) 당 430달러의 가격에 팔렸다. 벨 연구소에 분말 상태로 배달되는 이 실리콘은 쓸 만했지만, 이것은 겨우 시작일 뿐이었다. 실리콘은 녹는점이 거의 섭씨 1,371도 정도로 엄청나게 높았던 데다가 녹는 과정에서 다른 원소에 의해 오염되기도 쉬웠다. 예를 들어 도가니의 성분이 녹아 나와 실리콘에 유입되면 그것만으로도 전자 기기로서 사용이 어려워졌다. 벨 연구소 야금학자들이 실리콘에 약간의 불순물을 첨가코자 한 것은 사실이지만, 실리콘의 전도에 영향을 줘서 유용한 목적으로 사용하기 위한 특정 종류의 불순물이 필요했을 뿐이었다. 야금학자들은 실리콘에 특정 원소의 원자를 소량 첨가하여 n형 실리콘을, 또 다른 원소의 원자로 p형 실리콘을 만들어 이 둘을 접합시켰다. p형과 n형이 접하는 부분이 바로 전자와 정공들이 움직여 트랜지스터 효과를 생성하는 곳이었다.

어느 정도까지는 쉽게 성공할 수 있었다. 연구소 기술자인 에릭 뷸러 Eric Buehler의 도움을 받아 몇 달 간 작업한 끝에 타넨바움은 용해된 실리콘에 실리콘 결정을 담갔다 끌어올리는 속도를 다르게 하는 복잡한 과정을 통해 기다란 실리콘 봉을 만들었다. 끌어올리는 속도에 변화를 주면 실리콘 결정에 유입되는 n형 및 p형 불순물의 양을 조절하는 것이 가능했다. 이 기다란 실리콘 결정은 11.5센티미터의 길이에 폭은 1.9센티미터 정도였는데, n-p-n 샌드위치들이 다닥다닥 쌓아 올려져 있어서 마치 작은 회색 웨이퍼들로 만들어진 얇은 막대기 같았다. 1954년 1월, 이 결정에서 n-p-n 웨이퍼를 하나 절단한 타넨바움과 뷸러 두 사람은 세계 최초로 실리콘 트랜지스터를 만들었다. 이로부터 몇 달 후, 벨 연구소에서 게르마늄 결정 생성 방법을 처음으로 고안한 뒤 '텍사스 인스트루먼츠Texas Instruments'라는 작은 반도체 기업에 몸담고 있던 야금학자 고든 틸 역시 자신의 실리콘 트랜지스터를 공개했다. 하지만 이 두 경우 모두 아직 축하받을 만한 단계는 아니었다. 우선 뷸러와 타넨바움의 실리콘 트랜지스터는 제작 방식이 너무 복잡해서 대량생산에는 적합하지 않았다. 업계 전반을 변화시키기 위해서는, 안정적이고 만들기 쉬운 실리콘 트랜지스터가 필요했다.

그 후로도 1년 정도 실리콘 연구를 이어간 타넨바움은 쇼클리의 연구팀과 함께 머레이힐 2번 건물에 머물렀다. 바로 복도 하나 아래가 잭 모턴의 트랜지스터 개발부였다. 뜰 하나를 사이에 둔 1번 건물에는 타넨바움의 화학부 동료인 칼 풀러Cal Fuller가 있었다. 연구소 연구진 중 대부분이 그런 것처럼 풀러 역시 과학계에서 두각을 보일만 한 출신 배경을 갖고 있진 않았다. 늘씬한 체구에 학자풍 외모의 시카고 출신으로 가난한 도서관 사서의 아들이었던 그는, 10대 시절에 무선 라디오와 화학 실험 세트로 질리지도 않고 실험을 계속했다. 가난한 집안 환경 탓에 풀러는 자신이 대학에 갈 수 있을 거라고는 상상도 못했다. 하지만 그가 다니던 고등학교 물리 선생님의 생각은 달랐다. 메이블 월브리지Mabel Walbridge라는 이름의 이 선생님에 대해서 풀러는 "상당히 깐깐한 분이셨죠. 50대나 60대 초반 여자분이었어요."라고 설명했다. 그녀는 예전에 로버트 밀리컨 교수의 수업을 수강한 적이 있었다. 그녀는 시카고 대학에서 고등학생들을 대상으로 과학과 수학 시험을 치게 한다는 것을 알고 있었다. 또한 이 시험을 통과한 학생들에게는 학교에서 첫 해 전액 장학금을 지급하며 과에서 상위 25명 안에 들 경우 나머지 3년 간 전액 장학금을 지원한다는 사실을 알고 있었다. 월브리지는 풀러에게

226

이 장학금을 목표로 공부하라고 설득했다. "선생님은 저녁에 따로 시간을 내서 저를 가르쳐 주셨어요. 그래서 시험을 보러 갔을 때 시험 문제의 대부분을 풀 수 있었죠." 60년이란 시간이 지났지만 그것은 지금도 여전히 놀라운 일이었다. 결국 풀러는 시카고 대학에서 화학으로 학사 및 박사 학위를 받았는데, 대학원 시절에는 「시카고 트리뷴」에서 오후 4시부터 자정까지 아르바이트를 하며 학비를 충당했다.

벨 연구소에 들어오고 나서 풀러가 처음으로 한 연구는 플라스틱과 고무에 관한 것이었다. 하지만 전쟁이 끝난 후 머빈 켈리가 연구소 연구부를 재편하자, 풀러는 게르마늄이나 실리콘과 같은 반도체로 연구 방향을 선회했다. 특히 그는 불순물이 반도체에 어떤 영향을 주는지에 관심이 있었다. 그는 황동 손잡이를 만진 후에 게르마늄 결정을 건드리면 불순물이 유입된다는 사실을 눈치채고는 불순물에 대한 반도체 결정의 이 놀라울 정도의 민감성을 어떻게 이용할 수 있을까 고민했다. 모리 타넨바움과 알게 됐을 무렵 풀러는 '확산diffusion'이라는 기술을 사용하고 있었는데, 이 기술을 사용하면 실리콘 내 불순물의 농도를 놀라울 정도로 정확하게 조절할 수 있었다.

이제 재료는 갖춰졌다. 타넨바움의 다음 과제는 p형 실리콘에 전기 접촉을 하는 것이었다. 확산을 거친 실리콘 원판 중간에 위치하는 이 p형 층은 두께가 사람 머리카락보다도 훨씬 얇았다. 그는 10원짜리 크기의 원판을 갈아 전선을 연결하거나 그밖에 가능한 모든 방법을 시도하는 데 몇 주의 시간을 보냈다. "하루는 아내가 친구들과 브리지 게임을 하고 있기에 밤에 연구소로 돌아왔어요."라고 그는 당시를 떠올렸다. 타넨바움은 연구소 노트에 '직접적인 방식을 시도해볼 것'이라고 적은 대로 알루미늄 전선을 녹여 반도체의 가장 위층을 뚫어버렸고, 전기 접촉이 발생했다. 1955년 3월 17일 늦은 저녁이었다. 계측기를 확인한 타넨바움은 이 실리콘 트랜지스터가 기존의 어떤 게르마늄 트랜지스터보다도 뛰어난 성능을 보여주는 것을 확인하고 놀랐다. 그는 노트에 "이것이야말로 우리가 기다리던 트랜지스터다. 틀림없이 생산도 쉬울 것이다."라고 적었다. "이 트랜지스터는 대량생산에 꼭 맞을 거란 걸 바로 알았죠."라고 타넨바움은 말했다. 그는 이 사실을 아내에게 알리기 위해 정신없이 집으로 차를 몰았다. 혹시 전부 꿈이었나 싶어 밤새 한숨도 못 잔 그는 아침에 서둘러 연구실로 돌아가 다시 실험을 했다. 곧 주임들이 전부 소집됐다. 그중에는 원자력 위원회에서 돌아와 벨 연구소 연구부 부장을 맡고 있었던 짐 피스크도 있었다.

당시 유럽에 있었던 잭 모턴도 소식을 듣고는 일정을 앞당겨 돌아왔다. 트랜지스터 개발 공정에서 모턴의 의견은 벨 연구소의 최종 결정과도 같았다. 모턴은 이번 성공이 갖는 가치를 즉각 이해했다. 경영에 바쁜 켈리는 모턴이 고려한 기술적 측면을 제대로 분석할 시간이 충분치 않았으므로 이런 류의 결정은 모두 모턴의 의견을 따랐다. 모턴과 켈리는 확산 실리콘 트랜지스터 문제에 있어 한 배를 탄 사람들이었다. 이제 미래의 트랜지스터는 모두 실리콘으로 만들어질 예정이었다.

확산 실리콘에는 다른 쓰임새도 있었다. 뉴저지의 홈델Holmdel에서 발견된 실리콘 조각을 살펴보기 위해 머빈 켈리가 월터 브래튼을 자신의 사무실로 부른 그날 이후로 15년이란 시간이 흘렀다. 이들은 이 검은 덩어리에 빛을 쪼이면 전하가 발생한다는 사실에 깜짝 놀랐다. 켈리,

브래튼, 올은 이에 대해 몰랐지만 그때 그들은 세계 최초의 미가공 실리콘 태양전지를 목격하고 있었던 것이다.

모리스 타넨바움이 실리콘 트랜지스터 개발에 사용한 확산 실리콘을 제조해낸 칼 풀러는 1950년대 초반 실험 물리학자인 제럴드 피어슨과 함께 머레이힐에서 일하고 있었다. 피어슨은 상냥한 성격으로 늘씬하고 잘생긴 외모에 항상 단정한 모습이었다. 어두운 색의 머리칼은 항상 곧게 뒤로 빗어 넘겼다. 피어슨은 월터 브래튼의 옛 연구소 동료이기도 했다. 브래튼과 바딘이 벨 연구소 임원진에게 트랜지스터를 시연해 보인 이후, 1947년 그 운명의 크리스마스 이브에 브래튼의 연구소 노트에 G. L 피어슨이라고 사인을 한 바로 그 피어슨이었다. 이제 풀러와 피어슨은 확산 실리콘을 갖고 실리콘 정류기rectifier: 교류전력에서 직류 전력을 얻기 위해 만든 전기적 회로소자 혹은 장치를 만들고자 노력하고 있었다. 작업 중에 피어슨은 확산 실리콘이 빛에 상당히 민감함을 발견했다. 당시 피어슨의 대학 동창인 대릴 채핀Daryl Chapin도 연구소에서 일하고 있었다. 피어슨이 알기로 채핀은 원격 전화 설비용 전력 공급원 개발에 매달리고 있었다. 원격 전화 설비란 중계기 등이 설치돼 있는 외딴 장소의 설비를 일컫는데, 디젤 발전기나 건전지를 주로 전원으로 사용했다. 하지만 이 건전지는 습한 날씨에서는 문제를 일으키곤 했다. 그래서 피어슨은 채핀이 태양광을 이용할 수 있지 않을까 생각했다.

피어슨을 중개자로 하여 풀러, 피어슨, 채핀 세 사람은 몇 달 간의 작업 끝에 실리콘 태양전지라는 이름의 배터리를 개발했다. 실리콘 태양전지는 다시 말해 확산 실리콘 박막들이 전기회로에 연결된 것으로, 태양광을 받으면 전압이 지속적으로 발생했다. 사실 이 배터리는 최초의 태양전지는 아니었다. 셀레늄Selenium이라는 원소로 만들어 전지 기능을 하는 태양전지들도 이미 있었다. 하지만 벨 연구소의 계산에 따르면 실리콘 태양전지는 기존 태양광 전기 변환기 중 가장 효율성이 좋은 것보다 15배는 더 높은 효율성을 보여줬다. 즉, 최초로 실용적 사용이 가능한 태양전지가 만들어진 것이다. 이들 전지는 가동부moving part가 없기 때문에 수명이 무한대였다. 풀러는 참으로 놀랄 만한데도 종종 간과되는 사실이 이 개발자 세 명이 모두 다른 건물에 있었다는 점이라고 말했다. 그는 "그 태양전지는 진짜 우연히 만들어졌어요."라고 이야기했다. 기존에 말하는 '팀 연구'가 수행된 것은 아니었음에도 태양전지가 개발될 수 있었던 것을 두고 "협동 연구를 하는 데 있어서 상관의 허가를 받지 않아도 됐죠. 벨 연구소에서는 도움을 줄 수 있는 사람에게 직접 찾아갈 수 있었어요."라고 설명했다.

실리콘 태양전지는 발표 당시 열광적인 반응을 불러 일으켰다. "트랜지스터보다 더 큰 관심을 받았어요. 상상 이상이었죠."라고 풀러가 말했다. 누구나 신문 1면 헤드라인만 훑어도 태양광에서 효율적 전력 발전이 가능한 이 전지 덕에 현대 사회가 중요한 전환점에 이르렀으며, 곧 무한한 청정에너지가 전 세계에 공급될 것이라고 금세 생각하게 됐다. 전력 소모가 극도로 적어 새로운 태양전지 기술과 딱 들어맞는 트랜지스터에 대해서 조금이라

최초의 태양전지를 만들어낸 제럴드 피어슨, 대릴 채핀, 칼 풀러. 세 사람이 각자 다른 건물에서 일했던 것을 생각하면, 개발 당시 상황은 엄청난 우연의 일치였다.
ⓒAT&T Archives and History Center

도 아는 사람들에게 이 소식은 또 한번 벨 연구소가 일을 낼 조짐인 모양이라고 짐작하게 했다. 1955년 10월 4일, 벨 연구소 엔지니어들은 애틀랜타에서 남쪽으로 217킬로미터 떨어진 조지아 주 아메리쿠스에 있는 외진 원격 전화 설비에서 태양전지 실험 프로젝트를 시작했다. 이 엔지니어들은 6개월 동안 해당 시설의 설비에 전기를 공급했다. 이는 태양이 빛나는 곳이라면 어디에서나 전기 발전이 가능한, 놀랄 만한 미래가 기다리고 있다는 하나의 암시였다.

하지만 태양광 이용 분야의 혁신적 발명에 대한 열광적인 반응도 점차 잦아들었다. 피어슨의 말대로 이 설비는 '기술적으로는 대성공이었지만 경제적으로는 실패'였기 때문이었다. 태양전지는 별 어려움 없이 원격 전화 설비에 전력을 공급할 수 있었지만, 발전비가 와트 당 수백 달러로 비용이 지나치게 많이 소요됐다. 1956년 대릴 채핀은 일반 주택 소유주가 집에 충분한 전력을 공급하는 데 필요한 태양전지를 구입하려면 거의 150만 달러가 들 것이라 추산했다. 발명에 관한 켈리의 말, 즉 '더 좋거나 더 싸거나 둘 다인 경우'를 기준으로 삼으면 태양전지의 가격 및 조지아에서 진행된 프로젝트의 결과는 결국 태양광 발전이 상업적으로 타당성을 갖기에 멀었음을 의미했다. 기술적으로는 뛰어난 쾌거지만 실용적으로 사용할 수 없는 발명을 가리켜서 업계 과학자들은 "문제를 일으키는 해결책을 발견했다."는 농담을 하곤 했다. 실리콘 태양전지 탓에 아직은 아니지만, 언젠가 문제가 나타날 것이었다.

태양전지 같은 발명을 둘러싼 유명세는 실제로 연구소에서 행해지는 작업에 대해 왜곡된 인식을 불러오곤 했다. 1950년대 초반 켈리는 박사 학위 연구진, 연구소 기술직원, 행정 직원을 포함하여 연구소 직원이 도합 약 9,000명에 달한다고 종종 언급했다. 하지만 9,000명 중 기초 및 응용연구에 종사하는 이는 20퍼센트에 불과했다. 군사적 연구에 종사하는 직원이 다시 20퍼센트 정도를 차지했다. 그 나머지 대다수의 과학자 및 엔지니어들은 벨 시스템 계획 수립 및 개발이라는 끝이 없는 일에 매달려 있었다. 이들의 일은 의심의 여지없이 화려함과는 거리가 있었다. 연구소의 과학자들은 10년이나 20년 뒤에 올 빛나는 미래를 내다봤다. 반면 개발부와 시스템 엔지니어들은 앞으로 2, 3년 간 무엇을 할 수 있을지 생각했다. 하지만 켈리가 부소장으로 있는 동안 개발부 및 시스템 공학부에서 수행한 프로젝트들 역시 과학 연구 프로젝트들만큼이나 야심찬 것들이었다. 논리적으로 따져보면, 개발부 및 시스템 공학부의 프로젝트가 다른 일보다 더 어렵다고 볼 수도 있을 것이다. 개발에서 실수가 용납되지 않기 때문이다. 신제품이나 기술을 고안해 기존 전화 시스템에 통합시키는 일은 항상 완벽을 요구했다.

새로운 아이디어들을 살펴보고 전화 시스템 향상에 도움이 될지 판단하는 일을 맡은 시스템 엔지니어들은 켈리의 '더 좋거나 더 싸거나, 둘 다거나'라는 규칙에 충실했다. 전쟁 직후 장거리 전화망 내의 체증 현상을 완화시키는 데 도움이 될 만한 새로운 아이디어가 시스템 공학부의 승인을 받아 프로젝트화됐다. 당시 벨 연구소는 AT&T의 장거리 전화 사업부와 손잡고 이 프로젝트를 진행했다. 기존에 설치된 케이블들을 대체하는 무선 장거리 회선을 새로 구축하는 것이 기본 계획이었다. 당시 장거리 전화는 미국 전역에 설치된 두꺼운 지하 동축 케이블coaxial cable 을 사용하여 유선 TV 방송 일부와 함께 송수신되고 있었는데, 전국적으로 마이크로파 안테나를 설치해 직선으로 연결하면 통화 및 TV프로그램의 전송 범위를 보다 넓힐 수 있을 것이라 생각했다. 특히 마이크로파를 사용하면 AT&T가 비싼 동축 케이블을 구매, 매설, 확장해야 하는 부담에서 벗어날 수 있었다. 이런 구상을 테스트해보기 위해서 1940년대 말 354킬로미터에 달하는 회선에 7개의 안테나 중계소가 설치됐는데 「벨 연구소 기록지」는 이에 대해 '징검다리 8개 루트an eight-hop route'라고 설명했다. 이 시험 루트는 뉴욕과 보스턴을 연결했고, 8개의 마이크로파 중계탑이 사용됐다. 콘크리트나 철제 기둥으로 지어진 이 중계탑들은 대부분 산비탈(혹은 도시지역 고층 빌딩 위)에 위치했으며 위에는 메가폰처럼 생긴 특수한 모양의 안테나가 설치돼 있었다. 이 안테나는 뉴저지 홈델 벨 연구소 연구부의 수장이었던 해럴드 프리스의 지휘 아래 개발된 것이었다. 중계탑 위쪽 두 개의 뿔 모양 안테나가 전화를 수신하면, 탑 내부 중계 장치가 전파를 증폭한다. 그러면 서로 반대쪽을 바라보고 있는 안테나가 이 증폭된 전파를 즉각 다음 중계탑으로 전송하는 것이다. 무엇보다 중계기의 높이가 중요했다. 마이크로파 전송은 직선으로만 이루어졌으며 전송로에 방해물이 있으면 안 됐다. 건물이나 나무, 산이 놓여 있으면 전송에 악영향을 끼쳤기 때문이다.

1951년에 공개된 장거리 전국망 연결용 107개의 마이크로파 중계탑 중 하나.
ⒸAT&T Archives and History Center

테스트는 성공이었다. 그래서 AT&T와 웨스턴 일렉트릭은 마이크로파 중계망을 전국으로 확대하기로 결정했다. 이에 따라 거의 21킬로미터마다 하나씩 전부 107개의 중계탑을 미국 전역에 건설해야 했다. 이렇게 설치된 중계탑들은 상상하기도 힘든 오지에서 전화를 수신하고 즉시 다른 탑으로 전송했다. 이 장거리 전화망이 개통하던 1951년 8월의 어느 날, AT&T 부사장이 뉴욕에서 샌프란시스코 퍼시픽 벨의 사장인 마크 설리번Mark Sullivan에게 전화를 걸었다.

"잘 지내세요, 마크?"

"목소리를 들으니 좋군요." 설리번이 대답했다. "전 잘 지냅니다. 물어봐 주셔서 감사해요."

특별할 것 없는 사교적인 인사가 오갔지만 이 자리에 잘 어울렸다. 35년 전 최초로 미국 대륙을 가로지르는 전화망이 개통됐을 때와는 다르게, 이번 무선전화망 개통에 대한 반응은 뜨뜻미지근했다. 이제 사람들이 전국적 통신망을 당연하게 생각한다는 증거였다. 마이크로파 중계탑은 통신의 미래와 벨 연구소의 운명을 결정지었지만 이 당시에는 누구도 그것을 알지 못했다.

위대한 제국의 탄생

11장

켈리가 직접 맡아 진행하던 한 프로젝트가 마이크로파 중계탑은 할 수 없었던 방식으로 대중의 관심을 사로잡고, 전화 시스템의 영역을 넓혔다. 이 프로젝트의 이름은 TAT-1이었다. 이것은 최초의 대서양 횡단 통화 케이블 가설 프로젝트로, 벨 연구소와 영국 우정국의 합작품이었다. 캐나다 뉴펀들랜드 주에 있는 클라렌빌이라는 작은 마을에서 스코틀랜드 오반 시로 어느 때건 36통의 전보를 보낼 수 있게 하는 것이 프로젝트의 목표였다. TAT-1란 실제로 양 지점 간에 놓일 두 케이블을 말했다. 케이블 중 하나가 유럽으로 목소리를 전송하면 다른 하나가 미국으로 목소리를 전송했다.

육지에서 메시지를 보내는 것이 바다 넘어 혹은 바다 아래로 전송하는 것보다는 항상 더 쉬웠다. 1850년대 처음으로 북아메리카와 유럽

간 통신이 시도됐고, 그 후로 대서양 북부 해저에 전보 케이블을 놓고자 하는 시도가 뒤를 이었다. 한 영국 천문학자는 당시 "케이블을 그렇게 깊이 매설하는 게 불가능할뿐더러, 가능하다고 해도 신호가 그렇게 먼 거리까지 전송되질 않습니다. 수학적으로 불가능한 문제죠."라고 예측했다. 실제로 처음 두 번의 시도는 실패로 돌아갔다. 배에 구리 케이블을 한 타래 싣고 항해하면서 풀어 내리는 방식으로 케이블을 매설했는데 이는 상당히 위험한 데다 잘못하면 처리에 수백만 달러가 드는 사고로 이어질 수도 있었다. 실제로 케이블이 끊어지거나 무언가에 걸리거나 꼬이거나 찢어지기 다반사였다. 폭풍으로 선원들이 다치거나 장비가 부서졌다. 매설된 케이블이 2주 정도 작동하다가 알 수 없는 이유로 고장이 나기도 했다. 하지만 1866년 질 좋은 재료로 제작되고 전문가들이 심혈을 기울여 매설한 케이블을 통해 마침내 캐나다–아일랜드 간 전보를 전송하는 데 성공했다. 그 후 수십 년 간 엔지니어들은 참신한 방법들을 사용해 해저 케이블의 전송 속도 및 전송량을 향상시켰다. 1900년대 초반 들어 대륙 간 전보 통신은 짭짤한 수익을 올리는 사업이 돼 있었다.

사람의 목소리는 전화 신호와 달랐다. 구리선을 통해 전해지는 전화 신호는 보다 복잡하고 민감했다. 더군다나 전화 신호는 수백 킬로미터 이상 전송되면 강도가 약해진다. 20세기 초반, 그러니까 몇 년 전 프랭크 주잇 역시 뉴욕과 샌프란시스코 간 전화 가설 사업에서 이 문제로 골머리를 썩었다. 당시 주잇은 "가장 곤란한 건, 만족스러운 수준의 중계기나 증폭기가 없다는 점이다."라고 썼다. 당시에 주잇의 밑에서 연구부장을 맡았던 해럴드 아널드가 신호를 증폭해 전달할 수 있는 진공관을 개발함으로써 이 문제를 해결할 수 있었다. 하지만 문제의 해결책을 생각하는 것만큼이나 힘들었던 일은 단단한 지반 및 건조한 날씨와 씨름하며 미국 전역에 케이블 매설 작업을 진행해야 했던 것이었다.

그런데 해저 수킬로미터 아래 튜브와 중계기를 담고 있는 케이블을 매설하고 전류를 지속적으로 공급한다니? 케이블의 피복이 찢어지거나 부품들이 고장 나지 않게 관리해야 한다니? 켈리는 '그렇게나 복잡하고 기술적으로 어려운 시스템을 관리할 능력이 있다는 것'이 반드시 시스템의 운영 가능성을 보장하는 건 아니라고 생각했다. 해저 케이블은 경제적 타당성도 증명돼야 했다. "해저에 매설된 케이블 부분에서 고장이 날 경우, 해저 전선 부설선cable ship이 출동해 해당 부분의 케이블을 끌어 올려 필요한 조치를 취해야 할 겁니다. 이마저도 불가능한 겨울에는 해당 케이블을 두세 달 정도 네트워크에서 빼야 되겠죠. 그러면 너무 많은 비용이 소요됩니다."라는 게 켈리의 지적이었다. 켈리의 계산에 따르면, 해저 케이블 사업에 투자된 비용을 회수할 수 있으려면 케이블이 적어도 20년 동안은 문제 한 번 일으키지 않고 운영돼야 했다.

지난 수십 년 동안은 해저 케이블이라는 개념을 아예 폐기하는 것이 상책이었다. 특히 이탈리아의 발명가인 굴리엘모 마르코니Guglielmo Marconi를 포함한 몇몇 무선통신의 선구자들이 외부 대기권으로 무선 신호를 쏘아 올림으로써 대륙 간 통신이 가능하다는 사실을 증명했기 때문이다. 1920년대 후반 켈리는 벨 연구소의 한 무선통신 연구팀과 일하게 됐다. 이 팀은 롱아일랜드Long Ireland: 미국 동북부 뉴욕 주의 남동쪽 해안에 있는 섬 끄트머리에 통신국을 지어 미국-유럽 간 정기 무선전화 서비스를 구축하기 위한 연구를 하고 있었다. 1950년대에는 미국과 유럽 사이에 16

개의 라디오 무선 채널이 있었는데, 이들 채널은 운영 비용이 적게 들었다(420만 달러, 오늘날 돈으로 환산하면 3억 4,000만 달러가 필요했던 3,540킬로미터 해저 케이블 사업보다는 확실히 비용이 적었다). 그러나 대륙 간 무선통신에는 도저히 뿌리를 뽑을 수 없는 단점이 하나 있었다. 기후 및 대기 상황에 따라 심각한 장애가 생길 가능성이 있다는 것이다. 아서 C. 클라크는 대륙 간 무선통신에 대한 글에서 "여건이 좋을 때는 통신 품질이 뛰어났고 왜곡이나 간섭도 거의 없었다. 하지만 툭하면 괴상한 잡음, 우주에서나 날 법한 소리들이 끼어들었다. 대부분은 짜증스러운 정도일 뿐이었지만 가끔은 통신이 안 들릴 정도였다."라고 썼다. 실제로 일년 중 특정한 시기에는 기상 조건 때문에 대륙 간 무선통신이 불가능했다. 1950년대 초 켈리는 "전선 가설에 버금갈 정도의 지속성과 안전성을 보장하는 방법이 아직 없다."라고 지적했다.

켈리처럼 세계 최고의 통신시스템을 만들고 있다고 생각한다면 이것은 용납할 수 없는 일이었다. 상식적으로 떠올리기는 어렵지만 분명히 답은 있었다. 즉, 약 64킬로미터마다 중계기가 있는 해저 케이블을 매설할 방법을 고안하고, 이 케이블이 20년 동안 새거나 방해받는 일 없이 작동하게 할 방법을 고안하면 됐다. 이는 여러 면에서 과학보다는 기술적 문제였다. 하지만 '엄청난 규모, 장대한 범위, 하나하나의 부품들이 제 기능을 하면서도 20년 간 고장이 나지 않도록 설계돼야 할 필요성' 앞에서는 그 대단한 켈리마저도 초라해 보였다. 다행스럽게도 1953년 켈리가 영국 전화 엔지니어들과 함께 해저 케이블 구축 계획을 짜기 시작할 즈음에는 어떤 방식이 작동을 할지 안 할지에 대한 지식 기반이 작으나마 존재했다. 제2차 세계대전 이후 벨 연구소에서 짧은 루트의 해양 케이블용 중계기를 다양한 모델로 실험했기 때문이었다. 그중 한 케이블이 키웨스트Key West: 미국 플로리다 주 남서쪽에 있는 섬와 쿠바의 수도 하바나를 잇는 데 성공했다. 이 프로젝트를 진행하면서 연구팀은 진공관이 세 개 들어가는 유연한 중계기를 개발했는데, 이 중계기는 케이블 약 64킬로미터마다 설치가 가능했고 해저 전선 부설선의 수평식 스풀spool: 케이블을 감는 데 사용하는 원통형의 장치에 감을 수도 있었다. TAT-1 프로젝트에서는 세계 최대의 해저 전선 부설선인 영국의 모나키Monarch호를 사용할 예정이었다.

기술자가 아니어도 찾을 수 있을 만큼 대서양 횡단 케이블에 달린 중계기는 쉽게 눈에 띄었다. 최종적으로 디자인된 케이블은 길이가 3,621킬로미터에 두께는 3.8센티미터 정도였다. 「리더스 다이제스트」는 "참으로 정밀하게 제작된 이 케이블은, 엔지니어들조차도 경외감을 담아 말할 정도다."라고 평했다. 케이블을 둘러싼 열 겹의 피복을 벗기면(엄청나게 단단했기 때문에 공구가 없으면 이 작업은 불가능했다) 중심에는 구리선이 있고 이를 폴리에틸렌 단열재, 구리 전도성 테이프가 차례로 덮고 있었다. 구리선 및 테이프는 전화를 전달하기 위한 동축 케이블이었다. 나머지 여섯 겹은 케이블을 보호하고 내구력을 향상시키기 위해 입혀졌다. 이 여섯 겹의 피복은 1800년대에 얻은 지식에 기반해 디자인된 것이었다. 여섯 겹 중 첫 번째는 해저 좀조개teredo: 목선 및 해중 목조물에 구멍을 뚫는 특성이 있는 패류 피해 방지용 구리층이었고 그 위를 면, 삼베, 강철, 다시 삼베가 덮고 있었다. 중계기가 삽입돼야 하는 64킬로미터마다 케이블은 서서히 두꺼워져 8.5미터 정도의 길이 동안 직경 7.5센티미터를 유지했다가 다시 3.8센티미터 정도로 얇아졌다. 이를 두고 아서 C. 클라크는 "방금 밥을 먹은 기다란 뱀같이 생겼다."라고 표현했다.

연구소 엔지니어들은 중계기 시스템의 정확한 구조를 설계하는 데 몇 년의 시간을 보냈다. 이에 대해 켈리는 "매몰될 때의 충격 및 수압에 버티기 위해서입니다."라고 설명했다. 북대서양의 해저는 무르지 않았다. 뉴펀들랜드와 스코틀랜드 사이 바다에는 일련의 해저 산맥들과 협곡들이 존재했다. 이는 케이블이 해저 3.2킬로미터까지 내려갔다가 다시 해저 사면을 1.6킬로미터 정도 지나서야 수압이 덜한 지대까지 도달함을 의미했다. 엔지니어들은 케이블의 중계기 부분을 설계할 때 전선 부설선도 염두에 뒀다. "중계기 자체나 케이블에 손상을 주지 않고, 케이블이 스풀의 도르래와 통에서 풀려나가야 합니다. 케이블을 풀 때 배의 속도를 늦추거나 멈추는 일도 없어야죠." 아서 C. 클라크는 실을 뿜어내는 거미처럼 전선 부설선이 케이블을 풀어낸다고 말했다.

켈리는 어떻게 하면 케이블 중계기가 고장이 안 날지를 궁리하는 데 몇 년을 보냈다. 이는 웨스턴 일렉트릭 공장의 품질 제어 및 품질 보증 규율을 고안한 연구소 통계 전문가들이 풀기에 꼭 맞는 질문이었다. 켈리가 고집한 대로 '더 좋거나 더 싸거나 둘 다거나'인 것을 새로 만들려면 우선 케이블의 수명이 매우 길어야 했다. 벨 연구소에서는 전신주 등의 물체를 늪에 파묻거나 극한의 온도에 노출시켜 25년 동안 유지하면서 결과를 꼼꼼히 기록하는 실험은 특이한 축에 끼지도 못했다.

한편 영국 엔지니어들과 켈리는 어느 국가의 기술을 사용할지에 대해 협상을 진행했지만, 상당한 이견이 있었다. 연구소의 한 내부 기록에는 "어느 정도의 타협은 불가피했지만 혁신적인 기술이나 검증되지 않은 방법들을 사용하기에는 너무 리스크가 컸다."라는 내용이 적혀 있다. 실제로 1955년 첫 케이블이 매설 준비를 끝냈을 때(되돌아올 다른 케이블의 매설은 1956년이었다) 켈리는 해저 케이블 프로젝트가 그 자체로는 큰 혁신이어야 하지만, 사용된 부품 중 혁신적인 것은 최소한으로 줄여야 한다는 것을 확실히 했다. 트랜지스터를 사용한 중계기는 언감생심이었다. 트랜지스터 기술은 갓 발명된 데다 해저에서 얼마나 버틸 수 있을지를 보여줄 증거도 없었다. 1930년대 말 켈리가 연구부장이었을 때 설계된 단순한 진공관만이 고려 대상이었다. 이 진공관은 해저 케이블 프로젝트를 위해 뉴저지의 힐사이드에 새로 지은 공장의 특수 설계 청정실에서 최고의 재료들로 만들어질 것이었다. 연구소 엔지니어들은 이 진공관들이 얼마나 잘 작동할지에 대한 대량의 자료를 보유하고 있었다. 16년 간 지속적인 실험을 해왔기 때문이었다.

모나키호가 첫 번째 케이블을 놓을 때 대서양에는 허리케인이 불어닥쳤다. 그것만 빼면 매설 작업은 순조로웠다. 1956년 9월 25일 케이블 개통식이 웨스트 가, 머레이힐, 윕패니 세 곳에서 성대하게 열렸다. 이 개통식에서 AT&T의 회장인 클레오 크레이그Cleo Craig는 영국 우정국 국장인 찰스힐Charles Hill에게 전화를 걸었다. "여기는 뉴욕의 클레오 크레이그입니다. 런던에 계신 힐 박사님 부탁드립니다." 기술적으로 말해 이 음성은 우선 뉴욕과 메인 주의 포틀랜드를 잇는 전화 케이블로 들어갔다. 여기 포틀랜드의 무선 릴레이 시스템의 안테나에서 노바 스코티아에 있는 시드니 마인즈로 전파가 쏘아졌다. 그곳에서 뉴펀들랜드, 클라렌빌로 이어지는 연안 케이블로 들어간 이 음성신호는 마침내 클라렌빌에서 새로 매설된 대서양 횡단 심해 케이블로 전해졌다. 스코틀랜드 오반에 도착하기 전에 이 메시지는 52개의 중계기를 거치며 3,621

킬로미터를 빛의 속도로 날아갔다. 오반에서 케이블을 탄 신호는 힐이 크레이그의 말에 대답하기 위해 기다리고 있던 런던으로 전송됐다. 이 모든 과정은 1초의 10분의 1도 걸리지 않았다.

때로 연안에서 어업을 하던 트롤선 탓에 이 최초의 케이블이 손상을 입기도 했다. 하지만 개통된 후 22년 간 이 기술은 한 번도 문제를 일으키지 않았다.

대서양 횡단 해저 케이블이 개통될 즈음, 트랜지스터에 가장 깊숙이 관여했던 네 사람 중 연구소에서 일하고 있었던 건 머빈 켈리와 월터 브래튼 두 사람뿐이었다. 존 바딘은 일리노이 대학에서 물리학 교수로 자리를 잡았다. 빌 쇼클리는 트랜지스터 회사를 차려 연구소를 떠났다. 캘리포니아 팔로 알토에 있는 '쇼클리 반도체'라는 회사였다. 쇼클리는 켈리로부터 약간의 도움을 받았다. 켈리가 쇼클리에게 몇몇 재력 있는 투자자들을 소개시켜준 것이었다. 켈리가 이타적인 마음에서 그를 도와준 것은 절대 아니었다. 켈리는 쇼클리가 관리직으로는 더 올라갈 수 없다고 판단해 그를 승진시키지 않았다.

쇼클리의 동료이자 후에 벨 연구소의 소장이 된 이안 로스Ian Ross에 따르면, 쇼클리는 벨 연구소에서 자신이 받아야 할 대접을 제대로 못 받고 있다고 생각했다. 1950년대 초 과학자들 몇 명을 감독하는 부서의 장이었던 쇼클리는 자신이 더 높은 자리에 올라 돈도 더 많이 받아야 한다고 생각했다. 켈리에게 실망한 쇼클리는 더 힘 있는 사람들에게 찾아갔다. 한번은 AT&T의 사장한테까지 찾아가기도 했다. 로스는 쇼클리가 더 이상 갈 곳이 없어졌을 때 "젠장, 내 회사를 차려서 돈을 엄청나게 벌어야지. 캘리포니아에 차려야겠어."라고 말한 것을 기억했다.

아직 팔로 알토에는 기술적으로 도입된 것이 많지 않을 때였다. 있는 것이라곤 살구 과수원과 불모지뿐이었다. 하지만 그곳은 어찌됐건 쇼클리가 어린 시절의 대부분을 보낸 고향이었다. 또한 스탠포드 대학도 있었다. 그곳에는 쇼클리의 열렬한 후원자였던 교무처장 프레데릭 터만Frederick Terman이 있었는데, 그는 밸리the Valley로 돌아오라고 쇼클리를 설득했다. 그러면 혁신적인 신생 기업들이 가득한 실리콘밸리에 사무실을 하나 구해주겠노라고 했다.

쇼클리는 벨 연구소 동료 여럿을 서부로 데려가려고 애썼다. 이 당시 쇼클리의 노트에는 자기 회사에 데려가 일을 맡길 만한 동료들의 이름이 빼곡히 적혀 있었다. 그는 자기가 좋아하는 동료들에게 새로운 업계에서의 모험을 약속했다. 특히 실리콘 트랜지스터를 발명한 모리스 타넨바움에게는 벨 연구소에서 받는 봉급의 두 배를 약속했다. 하지만 그가 벨 연구소에서 채용할 수 있었던 건 결국 한 명뿐이었다. 그래서 쇼클리는 대부분 다른 기업들에서 유망한 과학자들을 발굴해 채용했다. 고든 무어Gordon Moore, 로버트 노이스Robert Noyce, 장 회르니Jean Hoerni, 유진 클라이너Eugene Kleiner가 대표적이었는데 이 네 명이 후에 실리콘밸리라는 지명을 지도상에 올리게 된 이들이었다. 신입들 중 어느 누구도 쇼클리가 관리자로서는 부족하다는 점을 신경 쓰는 것 같진 않았다. 설사 좀 부족하다 해도, 쇼클리의 회사에서 일한다는 것은 분명 매력적인 일이었다. 무명에 허덕이던 젊은 고체 물리학자였던 로버트 노이스는 빌 쇼클리의 부름을 받았을 때를 이렇게 묘사했다. "전화를 받았는데, 신에게 온 전화였죠."

켈리는 스웨덴 왕립 과학 위원회의 해외 위원이었다. 쇼클리가 떠날 차비를 하고 있었고 팀이 이미 해체됐음에도 켈리는 트랜지스터팀이 노벨상을 받도록 로비를 벌였다. 몇 년 간 로비에 대한 소문이 돌았다. 그리고 1956년 11월 2일에 브래튼, 바딘, 쇼클리는 자신들이 노벨상을 받게 될 거라는 소식을 들었다. 브래튼은 수상의 영광을 자신의 천재성에 돌리지 않았다. 자신과 바딘이 최초 발명자인 것에 대해 브래튼은 "정말 운이었어요."라고 말했다. 벨 연구소 직원 모두가 그 상이 상당 부분 켈리의 덕임을 알고 있었다. 쇼클리마저 감동하여 그에게 영예를 돌릴 정도였다. "제가 벨 연구소에서 사임할 때 부소장님께 전화로 했던 말을 다시 한번 해야 할 것 같군요." 수상 소식을 전해 들은 쇼클리는 캘리포니아에서 켈리에게 편지를 썼다. "저 같은 고체 물리학자가 트랜지스터를 발명할 수 있도록 연구부장 및 부소장으로서 정말 잘 이끌어주셨다고 생각합니다."

하지만 특별한 일들이 많았던 그해, 켈리에게 가장 기억에 남았던 것은 노벨상 수상이 아니었다. 1949년 법무부가 AT&T에서 웨스턴 일렉트릭을 분리시키기 위해 제기했던 소송에 대해 1956년 법원에서 판결이 났다. AT&T 홍보부는 직원들에게 내부 메모를 돌려 "이번 판결이 AT&T, 웨스턴 일렉트릭, 벨 연구소의 전반적 관계에 영향을 주지 않는다."라고 설명했다. 지역 전화 업체와의 관계에도 마찬가지였다. 메모에 적힌 내용은 일정 부분 옳았다. 정부는 전화 업계의 독점을 그대로 놔두는 데 합의했다. 다만 AT&T는 전화 사업을 공공 기관의 규제를 받는 서비스 및 군사용으로 제한시켜야 했다. 즉, 나이키 미사일이나 원거리 조기 경보Distant Early Warning line 프로젝트 등의 사업은 괜찮았다.

1956년 합의 직전 아이젠하워 대통령의 법무장관이었던 허버트 브로넬Herbert Brownell이 AT&T 법무 자문에게 사업 운영 분석에 있어 '친절한 약간의 팁'과 운영에 누가 되지 않고도 어느 정도 타협을 볼 수 있는 '사업 관행'들을 넌지시 알려줬음이 몇 년 후 드러났다.

AT&T로부터 일부 양보를 얻어낸 대신에 정부는 AT&T에 대한 소송을 취하하고 독점을 보장해줬다. AT&T가 한 약속은 두 가지였다. 먼저 컴퓨터나 소비자 전자 기기 시장에 진입하지 않겠다고 약속했다. 두 번째 약속은 보다 파격적이었다. AT&T는 현재 갖고 있는 특허 및 향후에 낼 특허 모두 미국 국적 신청자들의 요청을 받는 경우 '사용 기한이나 목적을 묻지 않고' 라이선스를 내주는 데 합의했다. 다시 말해서 8,600건이 넘는 AT&T의 특허들, '1956년 1월 24일 이후 발행된 거의 모든 특허들은 모든 출원인에게 로열티 없이 라이선스 허가'를 줬다 (한편 향후 발행될 특허에는 소정의 라이선스비가 부과됐다). 그런데 후한 인심을 쓰고도 AT&T 임원들은 큰 걱정은 하지 않았다. 왜냐하면 AT&T의 기업 역량에 대한 자신감을 되찾고 있었기 때문이었다. 사실 특허를 내주는 것은 눈속임이었다. 미국 전역의 기업가들이 트랜지스터, 마이크로파 장거리 통신시스템, 해저 케이블 중계기, 태양전지, 동축 케이블 및 다른 수천 개의 기기 및 생산 공정에 공짜로 접근하게 됐다고 해서 무엇이 달라지겠는가? 벨 시스템은 여전히 독점적 위치를 유지하고 있었다. 경쟁사들은 전화 설비 사업에 진출하려 애쓰고 있었지만 발도 들여놓지 못했다.

그날 케이크는 트랜지스터 모양으로 만들어졌다. 트랜지스터도 이

제 탄생 10주년을 맞이했다. 월터 브래튼도 나이를 먹어 머리가 더 희끗희끗해졌다. 그는 케이크를 자르기 위해 자신의 사무실에서 내려왔다. 어두운 색 정장에 원자력 기호 패턴의 넥타이를 맨 켈리가 그 모습을 지켜봤다. 그의 넥타이에는 원자핵 주변으로 세 개의 전자가 궤도를 도는 모습이 그려져 있었다. 이 행사에는 미국 전역의 언론인들이 초대받았다. 제조 기술 시연, 트랜지스터의 군용 및 상업적 응용 가능성을 주제로 한 전시, 전자 교환 시스템 및 펄스 부호 변조의 이용을 주제로 한 전시 등이 하루 종일 열렸다. 켈리가 기조연설을 했다. 그는 지난 해 3,000만 개의 트랜지스터가 생산됐으며 반도체 시장 규모는 이제 1억 달러에 달한다고 말했다. 트랜지스터는 진공관으로 인해 생겨난 산업에 침투해 들어갈 것이고 '아직 꿈에도 생각지 못한' 방식으로 세상을 바꿀 원동력이 될 것이었다.

그의 말을 뒷받침하는 실로 거대하고 놀라운 증거가 하나 있었다. 벨 연구소에서 트랜지스터를 사용해 개발한 기술 덕에 이제 가동 2년 차에 접어든 대서양 횡단 해저 케이블의 전송량이 곧 증강될 예정이었다. TASI Time Assignment Speech Interpolation 혹은 송화시할당(송화 중 비어 있는 시간을 시분할적으로 다른 통화에 할당하는 방식)이라고 불렸던 이 기술은 매우 경이로운 방식으로 작동했다. 오래 전부터 벨 연구소 연구진들은 통화 시 신호가 전송되는 시간은 총 통화 시간 중 35퍼센트에 불과하다는 사실을 알고 있었다. 사람들은 단어와 단어 사이에 틈을 두거나 멈추거나 망설였다. TASI 기기는 초당 2,000번의 횟수로 채널에 유입되는 단어들을 검사했다. 그리고 말하는 이가 말을 멈췄다 하고, 멈췄다 하는 것에 맞춰 스위치를 껐다 켰다. 개소 10주년 기념식에서 한 벨 연구소 매니저는 TASI에 대해 "어떤 이가 통화 중 잠깐 말을 멈추거나 상대방의 말을 듣고 있는 동안에는 채널에서 분리됩니다. 그래서 그 채널을 다른 통화에 배정할 수 있는 것이죠. 그 사람이 다시 말을 시작하면 100만분의 1초 안에 다른 채널로 자동 연결됩니다."라고 설명했다. TASI의 사용으로 또 다른 케이블을 설치하는 데 드는 비용과 노력을 아낄 수 있었다. 또한 TASI로 인해 회선의 효율성이 증가해 36개의 케이블 전송량이 72개꼴로 늘어났다. 성능은 더 좋아졌고 가격은 더 저렴해졌다.

1950년 당시 벨 연구소에 어떤 승리의 기운이 감돌았다면, 내부 사람들이 이제 하나의 제국이 수립됐음을 인식하기 시작한 탓이었을 것이다. 놀라운 일은 아니었다. 몇 년 전 켈리가 구상한 방식 그대로 미래가 다가오고 있었다. 그는 트랜지스터가 발명되기도 전부터 전후 전자업체에 호황기가 찾아들 것임을 예상했다. 또한 기초과학 연구가 컴퓨터 및 군사적 응용 부문에 큰 도움이 될 것이며, 통신시스템 내에도 기적을 일으킬 것이라고 주장했다. 1951년 그가 말했듯 통신시스템은 인간의 두뇌 및 신경계와 더 닮게 될 것이었다.

해저 케이블, 국방 시스템, 노벨상 말고도 켈리식 경영의 우수성은 한 번 더 검증받았다. 윌리엄 화이트William Whyte는 1956년 『조직인The Organization Man』이라는 책을 냈는데, 이것은 미국의 기업 문화 및 창의적 사고의 이점을 분석한 책이었다. 화이트는 자신의 저서에서 특히 클로드 섀넌 등 독창적인 사람들이 이룬 성과를 가리키며 "GE와 벨 연구소는 자유로운 연구가 주는 장점을 증명하는 곳이다. 기업 연구소 중 이 두 곳이 특히 높은 수익을 창출했고 최고의 인재들이 몰렸다. 왜일까? 다음의 사실이 앞의 두 사실을 설명한다. 이 두 곳은 '쓸데없는 호기심

idle curiosity'의 가치를 믿고 있다."라고 말했다.

이보다 기분 좋은 일도 있었다. 「포춘」은 1958년 벨 연구소에 대해 엄청나게 자세한 기사를 싣고, 켈리가 이끄는 벨 연구소를 '세상에서 가장 위대한 산업 연구소'라고 이름 붙였다. 섀넌의 정보이론 및 트랜지스터에 대한 기사를 썼던 프랜시스 벨로는 머레이힐에서 몇 달의 시간을 보냈다. 벨 연구소의 연구 개발 과정을 낱낱이 기록하기 위함이었다. 벨로는 "20세기의 눈부신 발명들은 조직화된 과학 연구의 힘으로 가능했다."라고 서두를 열었다. "이런 과정을 미국, 아니 전 세계를 무대로 뛰어나게 수행해낸 것이 바로 벨 연구소다." 기사는 켈리와 피스크

1958년 벨 연구소를 은퇴할 즈음의 머빈 켈리. 제2차 세계대전 직후 켈리는 미 대통령의 첫 과학 고문직을 제안받았는데, 이를 거절하자 백악관 고문은 이렇게 말했다. "그는 제국을 건설하기에 가장 적격인 사람입니다." 존 피어스에게 켈리는 거의 초능력자에 가까웠다.
©AT&T Archives and History Center

의 이야기로 시작됐다. 켈리가 소장직에서 물러나는 것도 이제 몇 달 남지 않았다. 그리고 이제 피스크가 그 뒤를 이을 예정이었다. 켈리는 사진을 찍을 때 항상 웃음기라고는 없는 딱딱한 표정이었다. 언제나 손에는 담배를 쥔 채, 억지로 그 순간에 사로잡힌 듯이, 셔터를 누르자마자 금방이라도 밖으로 뛰쳐나갈 듯한 모습이었다. 하지만 「포춘」에 찍힌 켈리는 완전히 다른 사람이었다. 하루가 저물어갈 무렵 온몸의 긴장을 푼 느긋한 모습. 그의 얼굴에 떠오른

그것은, 웃음이라도 해도 좋았다.

벨로는 트랜지스터와 섀넌의 정보이론이 어우러지며 발생한 힘이 미래를 좌우할 것이라고 썼다. 이 발명들이 태어날 당시 섀넌과 쇼클리는 이 두 가지가 합쳐질 거란 사실은 몰랐을 것이다. 하지만 그 후 10년 간 그들의 아이디어는 복잡하게 얽혔다. "트랜지스터는 소형이고 저렴하며 수명이 무한하다. 전력 소모도 매우 적다. 바로 이 작은 기기가 대량으로 사용돼 섀넌의 이론을 구현하는 것이다."

벨 연구소 임원진도 이 말에 의심의 여지없이 동의했을 것이다. 하지만 시간이 좀 흐른 뒤, 연구소에 오래 있었던 이들 중 몇몇은 섀넌과 쇼클리의 연구가 연구소에 해가 될 수도 있을 거라고 생각하게 됐다. 이 중 한 명이 맥스 매슈스Max Mathews였다. 그는 1955년 음향부에 들어와 결국 음향 및 행동 연구부의 부장까지 지냈다. 매슈스는 여러 측면에서 20세기 초 전화 사업의 독점은 충분히 그럴 수 있다고 말했다. 통화를 전달하는 전파인 아날로그 신호들은 매우 약했다. "음향을 멀리 보내려면 증폭기 50개는 거쳐야 합니다."라는 게 매슈스의 설명이다. 대서양 횡단 해저 케이블의 방식이 이것이었다. "경로 상에 있는 증폭기들이 전부 하나의 주체에 의해 설계되고 관리되는 게 좋습니다. 이것이 AT&T인 거죠. 그러면 자연스럽게 독점이 형성됩니다. 아날로그 시스템에 수십 개의 업체들이 관여하면 작동이 안 되기 때문입니다."

하지만 섀넌은 메시지가 정보에 의해 분류되고, 정보는 다시 디지털 코드화될 수 있다고 단언했다. 이는 독점 상태가 필요 없다는 것을 암시했다. 섀넌이 제안한 디지털 정보는 내구성도 있었고 이동이 쉬웠다. 곧 어떤 회사라도 메시지를 디지털 코드화해 전송할 수 있게 될 터였다. 코드를 푸는 것도 마찬가지였다. 더군다나 해가 지날수록 이 과정은 쉬워질 것이었다. 디지털 전송에 필수적이면서도 가격이 저렴한 트랜지스터가 있었기 때문이었다. 매슈스는 섀넌의 정리가 "벨 시스템의 해체에 수학적 기반이 됐다."라고 말했다. 그 말이 맞다면, 쇼클리의 연구는 벨 시스템 해체에 기술적 기반이었다. 이제 누구든지 트랜지스터 특허에 대한 라이선스를 받을 수 있었다. 상황이 어떻게 흘러가느냐에 따라, 켈리가 도출한 혁신의 공식으로 인해 누군가는 덕을 볼 수도 있었다. 그런데 뒤돌아보면 벨 연구소의 위대한 성공은 그 몰락의 시작이었는지도 모른다.

제3부

과거의 시각으로 미래를 보지 마라

12장

아이디어가 혁신으로 진화하는 법

존 로빈슨 피어스가 생애 처음으로 출판한 책은 『글라이더 만들어 날리는 법』이었다. 이 책은 1929년 당시 1달러에 판매됐다. 그 무렵 캘리포니아 남부의 10대들 사이에서는 글라이더가 유행이었다. 이들은 커다란 글라이더 비행기를 만들어 높은 언덕에서 날려 빙글빙글 돌게 조종했다. 가끔은 난폭한 바람에 연을 날리듯 위험하게 띄우거나 내리기를 하면서 태평양을 표류하듯 바람을 타게 조종하기도 했다. 피어스는 이런 유행에 맞춰 돈이 될 만한 책을 낸 것이다. 이후 그에 대한 기록에 따르면 "초기에 글라이더를 만든 사람들은 돈 많은 사람이나 운동선수, 항공술 전문가가 아니었다. 그저 아는 것도 없고 취미만 별난 땡전 한 푼 없는 사람들이었다. 이렇게 시간이 많은 공상가들이 간신히 100달러 정도 긁어모아 글라이더 몇 개를 만들곤 했다."라고 한다. 피어스 같은 글라이더 조종사는 '스키드skid'라는 나무 의자에 자리를 잡았다. 조종사와 수백 미터 아래 지면 사이에는 오직 스키드뿐이다. 그러다 가끔 글라이더와 조종사가 바닥으로 돌진하는 사태가 발생하기도 했는데, 이는 거의 장비 불량이나 갑작스러운 돌풍, 혹은 조종사의 판단 오류 때문이었다. 피어스의 친구들 중에도 이런 사고로 해변에 추락해서 사망한 이들이 몇 명 있을 정도였다. 부상자의 동료들은 나뭇조각과 찢긴 천 조각 더미에서 다리를 절뚝거리며 피를 흘리는 친구의 몸을 끌어내야 했다.

피어스가 쓴 책은 93쪽 분량이었다. 그의 글라이더 관련 지식은 기본 정도 수준이었고 글쓰기 실력은 보잘것없었다. 그래서인지 피어스가 직접 글을 쓴 부분은 전체 중에서 40쪽 정도밖에 되지 않았다. 나머지는 출판이 가능하도록 항공학에 관한 정부 보고서 따위를 발췌해서 장수만 채워넣은 것이었다. 피어스는 이후 글라이더는 '정말 지독한 것'이었다고 말했다. 어찌 보면 그가 쓴 책이나 끊임없이 돌진하는 본성이 피어스의 미래에 대해 이미 많은 것을 말해주고 있었는지도 모른다. 예를 들어 글라이더에 대한 그의 태도를 보면 아이디어나 프로젝트를 밀어붙이는 성격을 엿볼 수 있다. 실제로 연구소 동료들은 피어스가 "책상에서 계란을 굴려 떨어뜨리듯 사람을 밀어붙인다."라고 말하곤 했다. 또 그가 출판한 책으로 미뤄보건대, 그는 어린 시절부터 만사를 빠르게 해치우고는 일단 일이 구체적인 형태만 갖추면 전혀 다듬지 않고 새로운 아이디어로 미련 없이 떠나버렸음을 알 수 있다. 그는 책을 내고 많은 시간이 흐른 뒤에 우연히 그 책을 다시 접하게 됐지만, 그 빈약한 책 때문에 실제로 누군가 해를 입었을지도 모른다는 걱정 따위는 하지 않았다. "나 때문에 인류가 공학 기술의 도움도 없이 부실한 글라이더를 만들어서 자신을 죽게 하기라도 했나요? 그렇지는 않았을 것 같은데요." 그는 그런 부분에 대한 걱정보다는 자신이 쓴 문장이 매우 빈약했다는 생각을 더 많이 했다.

피어스는 키 170센티미터, 몸무게 57킬로그램의 깡마른 몸매였고 20대 후반임에도 이미 숱이 많이 빠진 가느다란 금발 머리를 갖고 있었다. 그의 이런 외모는 사람들에게 신경질적이고 익살스러우며 쉽게 질리는 성격이라는 인상을 줬다. 그는 중년이 지난 나이에도 무척 마르고 홀쭉해서 직원들이 재킷이나 실험복을 넣어두는 얇고 긴 사무실 로커에 쏙 들어갈 정도였다. 어느 날 벨 연구소의 수학자인 헨리 란다우Henry Landau가 책상에 앉아 있는데 피어스가 갑자기 사무실에 들어오기에 고개를 들어 처다보았다. 그는 란다우의 로커에 자기 몸을 구겨 넣고 문을 닫았다가 다시 열더니 몸을 빼내고는 "보통 사람들은 이런 곳에 들어갈 수 없다고 생각하지만 진짜로 가능하다니까."라고 말하고 방을 나가버렸다고 한다. 피어스는 이렇게 갑자기 대화에 끼거나 빠져나가고 식사 도중에 자리를 뜨는 일이 많았다. 어떤 때는 본인도 모르는 사이에 그런 행동을 했다. 피어스가 나중에 벨 연구소 경영을 맡았을 때의 동료 밥 럭키의 표현에 따르면, 피어스 내부에는 '생각을 켰다 껐다 하는 특별한 방법'이 있는 것 같았다. 피어스의 행동은 고의적일 때도 있었다. 럭키는 피어스와 통화하던 도중에 그가 무슨 이야기를 하고 있는데 갑자기 전화가 끊겨버리곤 했던 일을 떠올렸다. 그러면 상대방은 무슨 기계적인 문제 때문에 전화가 끊어졌다고 생각했지 피어스가 먼저 전화를 끊었다는 사실은 상상조차 못했다.

피어스가 이렇게 특이한 행동을 하게 된 데에는 별다른 이유가 있는 것은 아니었다. 그는 미네소타와 아이오와에서 행복하게 자랐고 부모를 존경했다. 한 인터뷰에서 밝힌 바에 따르면 아버지보다 더 머리가 좋았던 어머니와 특별히 더 친밀했다. 피어스의 아버지는 옷가게에 여성용 모자를 팔기 위해 1주일 내내 마을을 떠나 있는 일이 많았다고 한다. 그러다 보니 가장의 역할은 어머니가 도맡았던 것이다. 피어스는 기계에 대해 이해하기 전부터 기계에 관심을 갖고 있었다. 그는 글자를 깨우치기 전부터 어머니에게 전동력에 대한 책을 빌려다 달라고 부탁하기도 했고 자라면서는 친구들과 전동 모터나 증기기관, 광석 라디오며 진공관 수신기를 갖고 놀았다.

1920년대 중반, 아직 어린아이였던 피어스는 부모님과 함께 캘리포니아로 이사했다. 그는 롱비치에서 고등학교를 다니면서 자신이 대수학을 잘한다는 사실을 알게 됐다. 그 다음에는 기하학을 잘한다는 사실도 깨달았다. 그러고 보니 화학도 아주 쉬웠다. 피어스는 학급 수석으로 졸업을 했다. 그는 나중에 그 시절을 떠올리며 "적어도 과학에 있어서의 깨달음이란, 뭔가 이해하고 배울 수 있을 것 같다는 생각의 시초로 그 희미한 빛이 시발점이다."라고 말했다. 친구들과 글라이더 쪽 분야로 눈을 돌린 것도 그에게는 역시 중요한 경험이었다. 그는 글라이더를 만드는 것에 대해 이렇게 말했다. "그 일은 내가 그저 잡동사니나 만지작거리는 것에서 벗어나, 어떤 목적을 갖고 실제로 작동하는 복잡한 무언가를 만든 최초의 경험이었습니다."

그는 의도하지는 않았지만, 그리고 자신은 여전히 모르겠지만, 전파에 열광했던 다른 사람들과 비슷한 길을 걸었다. 그와 닮아 있던 다른 사람들 역시 과학자며 기술자로서 벨 연구소로 향하고 있었던 것이다. 피어스의 부모는 대학에 가지 않았지만 아들에게는 패서디나 인근의 캘리포니아 공과 대학의 입학시험을 보게 했다. "부모님은 제가 어렸을 때 사회생활을 잘 못할 것 같다고 걱정했습니다." 피어스는 나중에 이렇게 말하면서, 자신이 아버지처럼 모자 파는 일로는 성공할 수 없으리라는 것을 부모님이 잘 알고 있었다고 덧붙였다. 입학시험에 합격하자 그는 진학을 결심했다. 피어스는 이것 역시 알 수 없었겠지만, 캘리포니아 공과 대학은 로버트 밀리컨의 학교로 동부 지역을 주도하는 인맥의 중심지였다. 그중에는 밀리컨과 가깝게 지내는 벨 연구소의 소장 프랭크 주잇도 있었다. 그리고 캘리포니아 공과 대학은 그곳을 천직으로 여기던 많은 물리학자들의 고향이기도 하다. 빌 쇼클리는 피어스보다 몇 년 더 일찍 캘리포니아 공과 대학을 나왔고, 딘 울리지도 피어스의 동기였다.

하지만 피어스가 물리학에만 빠져 있었던 건 아니었다. 처음에는 에누리 없는 정밀함의 과학인 화학을 연구했다. 하지만 화학 연구는, 전자공학에 푹 빠져 있는 데다 다양한 아이디어 사이를 옮겨 다니는 벌새 같은 성질의 젊은 청년인 피어스에겐 실수에 불과했다. 그는 화학 입문 강의부터 정신을 차릴 수 없었고 실험에서는 완전히 엉망이었다. 떨어뜨리고 쏟고, 그는 당시를 떠올리며 재앙이나 다름없었다고 말했다. 화학 연구에 실패한 다음 그는 어린 시절 글라이더를 만들고 그에 관한 책까지 썼던 일을 기억하며 항공 공학에 관심을 갖게 되지만, 곧 그 분야에도 흥미를 잃고 만다. 나중에 말하길 그 과목의 강사가 자신에게 대갈못을 반복적으로 그리게 했기 때문이었다고 한다. 마지막으로 남은 것은 전기공학이었고, 이 분야에서 피어스는 마침내 고향에 돌아온 것처럼 편안함을 느꼈다. 그는 전자공학 수업에서 자신의 전문 지식을 자랑했고 곧 조교 제안도 들어왔다. 부업으로 법정 증언을 하던 한 교수는 특허권 위반을 증명하는 데 필요한 라디오 회로 분해 작업에 피어스를 고용하기까지 했다. 몇 년 후 피어스는 자신의 방대한 저작에 대해 독자들과 기자들로부터 계산적이라거나 대단한 성과를 냈다는 평을 받고 있었다. 피어스는 이들을 경계하면서 캘리포니아 공과 대학에서부터 이후의 잇따른 성공은 대부분이 뜻밖의 행운이었다는 인상을 주곤 했다. 피어스는 결국 「뉴요커」에 긴 프로필이 실리는 유명 인사가 됐지만, 자신의 경력은 끝없는 지성의 산물이라기보다는 행운의 연속이었다고 표현했다. 그는 주변 환경의 덕을 많이 봤으며 운도 좋았고 게으르고 주저하기도 하며, 무언가를 질질 끄는 사람이라고 자신에 대해 말했다. 가끔은 이 모습이 모두 한꺼번에 나타나기도 했다.

하지만 캘리포니아 공과 대학에서는 어느 누구도 그런 식으로 생각하지 않았다. "그때도 존 피어스가 누구인지 다들 알고 있었습니다."라고 캘리포니아 공과 대학에서 만난 친구 척 엘먼도프는 회상한다. 피어스의 기이한 행동 때문에 유명해진 것도 있었지만, 그의 유명세는 주로 자신의 정신없이 빠른 생각의 전환 때문이었다. 전기공학자인 엘먼도프는 피어스에 대해 이렇게 회상한다. "존 피어스가 대단한 사람이 되리라는 것은 이미 다들 알고 있었죠."

엘먼도프는 1936년 어느 찌는 듯이 더운 날 뉴욕에 도착했다. 그는 그리니치 빌리지에 위치한 벨 연구소의 웨스트 가 사무실에서 일하기로 돼 있었다. 캘리포니아 공과 대학에서 공학 석사 과정을 마친 후 캘리포니아에서 시카고로 친구와 함께 온 참이었다. 그는 시카고에서 뉴욕으로 가는 열차에 올라탔다. "그때가 뉴욕 역사상 가장 더웠던 시기였어요." 그는 맨해튼에 도착했던 1936년 6월 9일을 정확히 기억했다. "웨스트 가에서 어니 워터스라는 남자를 만났습니다. 인사부장이었던 어니는 내게 275달러를 줬죠." 대공황에서 막 빠져나온 당시에 그 돈은 상당한 금액이었고, 명목상으로는 그의 1등석 기차 삯을 내준 것이다.

그래서 엘먼도프는 "어니, 난 1등석을 타고 오지 않았는데요." 하고 말했다. 워터스는 엘먼도프를 올려다보더니, "1등석을 타고 올 사람이었다면 당신을 고용하지도 않았을 겁니다."라고 말했다.

워터스는 엘먼도프에게 하룻밤에 50센트인 34번가 YMCA 건물에 묵을 것을 제안했고, 엘먼도프는 그 조언을 받아들였다. 몇 주 후 그는 자신이 보기에 조금 더 나은 56번가 YMCA로 이사를 했고, 8월 어느 날 셋방에서 존 피어스와 우연히 마주쳤다. 피어스 역시 같은 연구소의 연구부에서 일하고 있었다. 두 사람은 같은 곳에서 일하면서도 몇달 동안이나 서로를 만난 적이 없었다. 피어스는 캘리포니아 공과 대학에서 박사과정을 마치고 부모에게 받은 돈으로 유럽 여행을 한 뒤 혼자 뉴욕으로 왔다. 그는 영국에서는 주로 자전거를 타고 여행하긴 했지만 대체로 빠르게 유럽 대륙을 돌았다. 피어스는 다음과 같이 회상했다. "파리에도 가고, 이탈리아 북부 비아레조에도 갔죠. 뮌헨에 가서 오페라도 보고." 그때는 히틀러가 권력을 잡은 지 3년이 된 시기였지만 피어스는 관심이 없는 것들에 대해서는 완전 무시했다. 나중에 그는 자신이 유럽의 정치에 대해 완전히 무지했음을 고백했는데, 단 한 가지 사실에 대해서만 예외였다. 한 야외 커피숍에서 이탈리아 사람 몇 명이 미국인 여행객인 피어스를 존중한다는 의미로 루즈벨트를 위한 건배를 제의했다. 그래서 대답으로 그는 무솔리니를 위해 건배했다. 그는 "그건 확실히 적절한 대답이었죠."라고 후에 말했다. 어떻게 해야 좋을지 모를 때에도 피어스는 어쨌든 잘 선택했던 것이다.

피어스와 엘먼도프는 YMCA에서 나와 함께 집을 구하기로 했다. 엘먼도프가 기억하기로 둘은 23번가 9번째 길에 있는 런던 테라스 아파트 단지의 1층 원룸을 얻었다. 그 집에는 벽장에 붙은 침대가 하나 있었다. 엘먼도프는 그때를 떠올리며 이렇게 말했다. "박사였던 존이 1주일에 33달러를 벌었고, 석사인 내 주급은 29달러였어요. 그래서 침대는 존의 차지였죠." 그 아파트에서 엘먼도프는 요리를 맡았고 피어스는 설거지를 담당했다. 둘의 직장은 집에서 걸어갈 수 있는 위치였고, 빨리 걸으면 15분 만에 도착할 수 있었다.

벨 연구소에서 두 사람의 위치는 동등하지 않았다. 엘먼도프는 전화 시스템에 쓰일 설비를 설계하는 하찮은 부서에 배치됐는데, 그는 이곳을 '소금 광산'이라고 불렀다. 그 자리는 복잡한 회로 연구를 원하던 기술자에게는 끔찍이도 실망스러운 곳이었다. AT&T 고위 경영직을 향해 경력을 쌓은 지 수년이 흐르고 나서야, 엘먼도프는 자신이 그런 업무를 맡게 된 것에는 피어스의 탓도 크다는 것을 알게 됐다. 캘리포니아 공과대학에서 함께 공부한 피어스는 벨 연구소에서 엘먼도프에 대해 질문했을 때, 악의 없이 생각나는 것을 다 말하는 버릇대로 "별로 똑똑하지는 않죠."라고 대답한 것이다. 물론 피어스와 비교했을 때 똑똑하다고 할 수 있는 사람은 많지 않았다.

피어스는 진공관을 연구하는 부서에 배속됐는데, 그곳에서는 떠오르는 모든 아이디어를 자유롭게 탐구할 수 있는 자유가 주어졌다. 그는 그때의 경험을 나침반도 없이 바다 한가운데 던져져 표류하는 것과 같았다고 했다. 연구소에서의 처음 몇 달을 떠올리며 그는 이렇게 말하곤 했다. "너무 큰 자유는 끔찍하다." 그는 연구에 있어서 자유란 음식에 관한 자유와 비슷하다고 생각했다. 꼭 필요하지만, 너무 많은 것보다는 적당한 것이 좋다는 뜻이다. 물론 피어스가 누린 자유는 경영진이 직원들에게 보여준 신뢰의 산물이기도 했다.

피어스는 연구소에 도착하자마자 빌 쇼클리를 만났다. 피어스 기억 속의 쇼클리는 '연구 부서 이곳저곳을 돌아다니는 신입 사원'이었다. 쇼클리는 피어스에게 진공관 물리학에 대해 침착하게 설명해줬고, 두 사람은 금방 친구가 됐다. 둘은 함께 일하며 다양한 장치를 연구하면서 1930년대 후반에는 몇 개의 논문을 쓰기도 했다. 하지만 피어스는 자신만의 아이디어를 갖고 여러 가지를 개발하는 솜씨도 보여줬다. 그는 전자 증배관electron multipliers, 반사형 클라이스트론reflex klystron이라는 레이더용 장치 등 고도로 복잡하고 특화된 진공 장치들을 만들었고, 연구소는 이것들에 대한 특허를 재빨리 받았다.

피어스가 아버지보다는 똑똑한 어머니를 더 좋아했던 것처럼, 연구소에서도 가장 똑똑한 사람들에게 끌렸다. 연구소의 똑똑한 사람들 역시 피어스에게 끌렸다. 놀랍게도 그의 인기는 쇼클리에게 별로 뒤지지 않았다. 게다가 피어스의 서툰 태도나 특이한 사회생활 방식도 연구소에 적응하는 데에는 장애가 되지 않았다. 오히려 피어스의 재치와 활발한 성격에 끌려 그를 따르는 추종자들이 광범위하게 생겨났다. 그가 웨스트 가에 살기 시작한 지 얼마 지나지 않아, 이 젊은 기술자는 벨 연구소 복도에서 낯선 관리자인 켈리를 맞닥뜨렸다. 켈리는 피어스만큼이나 무뚝뚝해 보였다.

"여기서 무슨 일을 합니까?" 켈리가 피어스에게 물었다.

피어스는 의심스러운 눈초리로 그를 쳐다보며 물었다. "누구신데요?"

당황한 켈리는 "저는 머빈 켈리라고 합니다만……." 하고 대답했다.

이는 피어스가 가장 좋아하는 이야기 중의 하나로, 자신의 분명함과 당돌함을 잘 보여준다. 후에 피어스는 머빈 켈리를 영웅처럼 생각하게 된다. 벨 연구소에는 한두 명 정도 그런 사람이 있었다. 피어스와 켈리 두 사람 모두와 가까이 지낸 동료들은 두 사람이 각자의 에너지와 열정을 잘 맞춰갔으며, 서로를 물어뜯으려 하지 않았다는 점에 놀라곤 한다. 하지만 이들이 서로에게 갖는 존경심은 많은 부분 이해할 만했다. 피어스와 함께 일해본 사람들은 그가 아이디어를 완벽히 긁어모으는 방식에 놀라워했고, 켈리와 일했던 사람들도 그랬다. 그 방식은 무자비해서 사람의 감정 따위는 고려하지 않은 채, 좋은 생각과 나쁜 생각을 철저히 분리하는 것이었다. 그의 밑에서 일했던 사람들 중의 한 명은 이렇게 회상한다. "그 사람 사무실에 들어갈 때마다 기를 몽땅 빨리는 것 같죠." 켈리와 마찬가지로 피어스 역시 행동하는 사람이었고, 자기 의견이 분명하며, 무엇보다도 과학과 혁신에 관해서는 실용주의자였다. 피어스도 켈리처럼 계단을 뛰어서 오르내렸다. 그는 목적지가 있으면 가능한 한 가장 빠른 방법으로 도착해야 직성이 풀리는 사람이었다.

벨 연구소에서 피어스의 영웅이었던 또 한 명은 피어스나 켈리와는 전혀 달랐다. 그는 타인을 관리하거나 권력을 휘두르려는 열망은 조금도 없는 사람이었다. 그는 수학 부서에 있는 피어스의 친구인 클로드 섀넌이었다.

선동가는 천재만큼이나 흔하지 않지만 그 둘은 같은 의미가 아니다. 선동가는 부족한 사람들에게서 자질을 이끌어내는 훌륭한 관리자와도 다르다. 피어스는 벨 연구소에서 천재인 섀넌과 관리자인 켈리의 중간 쯤에서, 자신만의 길을 개척했다.

피어스는 인터뷰에서 이렇게 말했다. "저는 사람들이 무언가를 하도록 시켰어요. 저 자신은 게으른 편이지만……." 인터뷰하는 사람이 "그런 일이 당신의 경력에 도움이 됐다고 생각하세요?"라고 물었다. 그러자 피어스는 이렇게 대답했다. "글쎄요, 그 자체가 제 경력인 걸요."

정확히 말하면 자신이 떠올린 모든 아이디어를 쫓기에는 아이디어와 관심사가 너무 많았다. 그는 한 가지에만 집중하지 않았고 항공기, 전자학, 음향학, 전화, 심리학, 철학, 컴퓨터, 음악, 언어, 글쓰기, 예술 등 다방면에 관심을 갖고 있었다. 또 그가 이미 말했던 것처럼 조직 생활은 그에게 잘 맞지 않았다. "존은 여느 발명가와는 달라요." 뉴저지 주 홈델에 있는 벨 연구소의 마이크로파 연구소 소장이자 피어스의 친구인 해럴드 프리스는 「뉴요커」의 기자 캘빈 톰킨스에게 이렇게 말했다. "모든 것에 대해 그의 생각은 아주 다양한 각도로 퍼져서, 매우 많은 경우의 수를 보는 것입니다. 그런 면에서 그는 어린아이와도 같죠. 물론 아이라곤 해도 아주 성숙한 아이겠지만……." 프리스와 피어스 자신의 말에 따르면, 피어스의 진정한 재능은 사람들로 하여금 그들이 혼자서는 깨닫지 못했던 어떤 것에 대한 관심을 일깨워주는 것이었다.

피어스가 섀넌에게 어떤 아이디어를 제안하면서 "이 부분은 이렇게 해야 됩니다."라고 하면, 섀넌의 대답은 "해야 된다고요? 해야 된다는 게 무슨 뜻이죠?"였다. 그러면 두 사람 모두 웃었다. 이는 섀넌이 피어스의 제안을 따르지 않을 때 말하는 방식이었고, 또 어느 누구도 따르지 않는 섀넌만의 방식이었다.

하지만 대부분의 사람들은 피어스의 생각의 흐름을 들으면서 웃을 수만은 없었다. 피어스에 따르면, 잭 모턴이 전국 규모의 방대한 마이크로파 중계탑에 필수적인 강력한 진공 장비인 모턴 삼극관Morton triode의 초기 연구를 할 당시에 피어스가 어떤 제안을 했다고 한다. 몇 년 후 피어스는 섀넌과 또 다른 기술자 바니 올리버와 함께 세 번째 협력자가 됐다. 올리버는 펄스 코드 변조Pulse Code Modulation, 즉 PCM 관한 최초의 완벽한 논문 덕분에 HP의 연구소를 이끌기로 돼 있었다. 펄스 코드 변조란 전기적 파동이 아니라 디지털 정보인 펄스로 의사소통을 하는 새로운 방식이었다.

이 무렵 월터 브래튼은 머레이힐에서 우연히 피어스를 만나 사무실로 그를 초대했다. 브래튼은 그와 존 바딘이 만든 새로운 장치의 이름을 찾고 있었고, 피어스는 연구소에서 명문장가로 유명했다. 평소처럼 피어스는 망설임 없이 제안을 내놓았다. "트랜지스터라고 부르면 어떨까요?" 그의 제안은 이후에 투표를 거쳐 최종 확정됐고, 피어스는 나중에 이렇게 말했다. "저의 말 한마디가 영원한 명성을 얻게 됐군요."

그는 자신을 역사적 흐름에 편승시키거나 최대한 그 주변에 있는 재주가 있었다. 빌 쇼클리의 미공개 일기 중 1947년 12월 31일자의 언급에 따르면, 피어스는 쇼클리가 접합 트랜지스터 연구에 밤낮으로 매달리기 직전, 벨 연구소에서 마지막으로 이야기를 나누던 사람이었다. 피어스는 그의 친구 아서 C. 클라크에게 해상 교통의 역사를 쓸 것을 제안하기도 했다. 아서가 머레이힐을 방문했을 때 그는 벨 연구소의 음향팀 과학자들이 만든 컴퓨터 연주 '2인용 자전거A Bicycle Built for Two'를 들려줬다. 이 연주는 영화 〈2001 스페이스 오디세이2001: A Space Odyssey〉에 삽입되기도 했다. 또 피어스의 유명한 일화 중 하나는 그가 주임일 때 이야기이다. 피어스가 수학 부서에 들렀을 때 그들은 '웹스터 사전으로 수렴하기'게임을 하고 있었다. 그가 이 모습을 보고는 단어를 지워 순식간에 만들어낸 문구는 그 유명한 '당신들 전부 해고야'였다.

본질적으로, 피어스의 일은 차세대 통신 기술의 아이디어를 생산하는 것이었다. 그는 자신의 지성에 대해 자신감이 넘치기는 했지만, 그렇다고 본인의 아이디어가 동료들 것보다 무조건 뛰어나다고 생각하지도 않았다. 무엇이 흥미롭고 가능한 아이디어인지를 생각할 때, 그는 쓰레기 더미에서 먹이를 찾아내는 짐승과도 같았다. 1943년 어느 날, 피어스는 연구소의 다른 이들과 마찬가지로 제2차 세계대전과 관련된 연구에 참여해 군용 진공관을 연구하고 있었다. 그러던 중 그 분야의 신 개발품에 대한 영국의 한 논문을 읽었다. 거기에는 왠지 그의 눈길을 잡아끄는 것이 있었다. 옥스퍼드에서 연구 중인 오스트리아 이민자 루디 콤프너Rudi Kompfner가 지금까지 피어스가 보았던 것들과는 완전히 다른 새로운 진공관을 만든 것이다. 이 진공관은 진행파관Traveling Wave Tube이라는 것으로 TWT라고 줄여 쓰기도 한다. 나중에 피어스가 간단한 장치라고 말하곤 했지만, 그 안에 든 부품은 꽤 복잡하다. 연필 두께의 관은 길이 30센티미터정도로, 그 안에는 기다란 전선이 스크린도어 스프링을 늘려놓은 것처럼 나선형으로 감겨 있다. 통신 신호, 즉 진행파는 전선이 감긴 스프링을 따라 전송된다. 그러는 동안 전자의 집속 빔은 스프링의 중앙을 통과해 전달된다. 이 두 가지가 상호작용하면, 전자 빔에서 회전하고 있는 신호파로 상당한 에너지의 이동이 일어난다. 쉽게 말해 이 장치의 장점은 두 가지였다. 첫 번째는 신호 자체의 극적인 증폭이고 두 번째는 뛰어난 용량, 즉 대역폭인데 이것은 대량의 신호를 한 번에 전송할 수 있도록 공간을 넓혀준다. 웨스트 빌리지의 벨 연구소에 있는 피어스의 사무실에는 다섯 칸짜리 서랍이 있었는데, 그는 각각의 서랍에 '최하위', '밑에서 두 번째', '중간', '두 번째', '최상위'라고 적어놓고, 유용성에 따라 자료를 분리 보관했다. 피어스는 사무실에서 논문을 읽으면서 이것은 전화 시스템에 매우 유용할 것이라고 판단했다. 그는 이렇게 말했다. "그 논문은 엄청난 가능성을 갖고 있으면서도 모든 종류의 문제를 내포하고 있어서 아주 흥미로웠죠." 진행파관이 어떻게 작동할 수 있는가 하는 이론적 문제가 있었고, 동시에 벨 연구소에서 이 시스템에 맞는 장치를 개발하고 이후 어떻게 발전시키느냐 역시 문제였다.

1944년 11월, 피어스는 벨 연구소와 미국 해군의 연계 지원 하에 영국 여행을 떠났다. 4주 동안 이어진 힘겨운 여행 동안 그는 영국 산업 연구소와 정부 연구 시설 20곳을 방문했다. 그는 대부분 영국의 진공관 기술 발전 정도를 미국과 비교 평가했다. 여행 도중 그는 콤프너를 찾아갔다. 새 친구가 아니라 새로운 기술을 찾아서 간 것이었지만, 이곳에서 피어스는 아마 그가 지금까지 만났던 그 누구보다도 지성, 감성적으로 자신과 가깝고 이해가 빠른 사람과 마주했다. 콤프너는 누구에게나 쉽게 지워지지 않는 인상을 주는 사람이었다. 그가 숙련된 건축가에서 물리학으로 진로를 바꾸고 발명을 시작한 것은 단지 흥미 때문이었다. 그는 피어스만큼 괴짜는 아니었고, 세상 경험이 더 많았다. 콤프너는 유럽 사람다운 천성적인 재치와 우아함을 갖고 있었다. 그는 세계 최고의 이야기꾼이었으며 스키도 잘 탔다. 하지만 피어스와 마찬가지로 관심 없는 생각이나 사람에 대해서는 반응하지 않거나 무시해버렸다. 그는 자신의 생각을 언제나 피어스에게 이야기했고, 피어스는 곧 자신의 모든 생각에 대해 콤프너의 조언을 구했다.

이후에 피어스는 "루디는 진행파관을 발명했고, 나는 그것을 발견했다."라고 농담을 하곤 했고, 콤프너도 이를 즐거워해서 갈등은 없었다고 한다. 피어스는 콤프너의 구상을 벨 연구소로 가져와서 프로토 타입을 제작하는 일에 착수했다. 1946년에 언론에 이 장치를 공개할 당시, 진행파관은 전국에 걸친 네트워크로서 '1만 개의 전화 통화가 동시에 가능하고 모든 비디오 방송국의 TV 프로그램을 장차 전국에 공급하게 만들' 발명으로 묘사됐다. 「뉴욕 타임스」에서는 벨 연구소 공식 입장이 아닌 언급을 최초로 인용했는데, 아마도 피어스가 말했을 가능성이 높다. "라디오 방송국들이 생각하는 것 이상의 장거리 통신을 가능케 하는 다채널 공급 장치가 만들어질 것이다."

사실 새로운 진공관이 그렇게 장거리에 다채널이 가능할 정도로 발전한 상태는 아니었다. 그리고 알려진 바와 같이, 피어스와 1951년에 벨 연구소에 합류한 콤프너를 비롯한 과학자 및 기술자 팀은 그 후 13년 동안 조사와 실험을 통해 다양한 종류의 진행파관을 완성하려고 애썼다. 피어스는 진행파관이 가진 가능성을 보고 몇 가지 수정을 했다. 하지만 피어스는 발명이 반드시 처음 내다본 대로의 혁신으로 진화하지는 않는다는 것을 알게 됐다. 인간은 모두 낡은 패러다임에 새로운 아이디어를 밀어넣으려는 나쁜 습관 때문에 고생한다. 피어스는 말했다. "모든 사람은 과거에 고정된 시각으로 미래를 맞이하고, 그래서 우리는 앞으로 일어날 일을 알지 못하는 것이다."

우리는 벨 연구소와 혁신에 대한 존 피어스의 생각을 이미 잘 알고 있다. 과학 기술 전문가라는 피어스의 직업은 처음부터 저술가라는 직업의 보조나 마찬가지였다. 그는 1929년에 글라이더에 관한 책을 펴낸 후로 장족의 발전을 했다. 1940년대 후반에 진행파관에 관한 연구에 몰두하면서 그는 에세이, 공상과학소설, 강연집, 책들을 펴냈다. 이 저작들은 벨 연구소 곳곳에 널린 그의 기다란 기술적 메모뿐 아니라 여러 과학 잡지에 실린 그의 논문들로, 그의 진공관 연구를 묘사하고 있는 것들이었다. 피어스가 쓴 글들은 자신의 이름으로 출판된 것들도 있었지만, 일부는 존 로버트John Robert나 j.j. 커플링j.j. coupling이라는 필명으로 출판됐다. j.j 커플링(j−j 결합이라는 뜻으로 전자의 회전 및 궤도함수를 나타냄)이라는 이름은 그가 물리학 서적에서 즉흥적으로 따온 것이었다. 이렇게 필명을 씀으로써 그는 새롭게 떠오른 아이디어를 널리 퍼뜨리고 싶어질 때마다 힘들게 벨 연구소 출판부의 허가를 받을 필요 없이 책을 낼 수 있었다. 피어스가 자기 자신을 '글쓰기 중독자'라고 표현할 만큼, 정말 그의 저술은 엄청났다. 심지어 글 쓰는 속도도 빨랐다. 미국 과학 잡지 「사이언티픽 아메리칸」의 한 에디터는 1949년 피어스에게 이렇게 말하기도 했다. "미처 당신 글을 실을지 어쩔지 우리끼리 논의해보기도 전에 완성된 글을 보내주시다니, 당신에게 정말 놀랐습니다." 출판사에 보내는 원고들은 거절당하기 일쑤였고, 피어스가 쓴 논픽션 작품들은 소소한 실수들로 가득했다.

이렇게 자신이 쓴 글이 되돌아오면 피어스는 심하게 화를 냈다. 전혀 감상적이지 않은 피어스였음에도 그는 죽을 때까지 출판 거절을 알리는 편지들을 모아둘 정도였다. 그렇게 모인 편지가 수백 통이었다. 하지만 그는 자기 글에 잔뜩 들어 있는 실수에 대해서는 별로 걱정하지 않았다. 1950년에 그는 진행파관에 대해 '내가 이것에 관해 아는 모든 것'을 쏟아부었다고 할 만한 책을 한 권 썼다. 나중에 피어스도 인정한 것처럼 그는 여기서도 많은 실수를 했으나, 말하고자 하는 요점은 제대로 짚었다. 피어스는 그것이 가장 중요하다고 생각했다. 그는 고쳐야 할 분량이 뭉텅이로 쌓여 있었다고 즐거운 듯이 말했다. "한 쪽당 한 가지씩은 고칠 부분이 있었죠."

피어스와 가장 가까운 친구들은 그가 겉으로는 짜증스럽고 의심이 많고 신경질적인 것처럼 보이지만, 그 안에는 낭만적이고 따뜻한 마음을 감추고 있다는 것을 잘 알고 있었다. 피어스는 자기 사무실에서 가끔 시를 읽었다. 외국시를 읽을 때도 있었다. 그는 때때로 시를 쓰기도 했는데, 결과물은 대부분 부자연스럽거나 실망스러웠다. 한편 그의 공상과학소설은 창의적이고 꽤 괜찮아서, 피어스는 더 열심히 매달렸다. 피어스와 섀넌은 좋아하는 이야기를 공유하고 책을 교환하기도 했다. 피어스는 글을 쓰고 출판하는 작가라는 이름이 매력적이라고 생각했다. 실은 1944년에 루디 콤프너를 방문할 당시, 피어스는 그의 문학적 우상 중 한 명인 H. G. 웰스H. G. Wells를 런던에서 찾아 나섰다. 피어스는 웰스와 아는 사이이기는커녕 한 다리 건너서도 몰랐다. 그래도 그는 벨 연구소에서 온 자신과 동료인 호머 해그스트럼은 미국의 저명한 과학자로 런던을 방문한 차에 당신을 만나보고 싶다고, 당시로서는 심하게 과장된 소개를 적어 웰스에게 편지를 보냈다. 웰스는 둘에게 집으로 차를 마시러 오라는 초대를 했고, 피어스와 해그스트럼은 냉큼 초대에 응했다.

그날은 음침한 11월 오후였고, 런던에는 안개가 짙게 깔려 있었다. 피어스가 웰스와의 만남 직후에 쓴 글에는 이렇게 적혀 있었다. "문 앞으로 나온 그는 옷깃을 세운 거대한 실내용 가운을 걸치고 있었다." 웰스는 심한 감기에 걸려 있었지만 손님을 친절히 맞이했다. 그들은 식당으로 안내돼 식탁보가 깔린 거대한 테이블 앞에 앉았다. 회전 식탁에 차가 놓였고 피어스는 서둘러 찻잔을 채웠지만, 곧 자신이 영국식 홍차를 만들 줄 모른다는 것을 깨달았다. 우유를 먼저 넣어야 하나, 차를 먼저 따라야 하나 고민하고 있던 피어스에게 웰스가 방법을 가르쳐줬다. 그리고 곧 그들은 차분히 앉아 토스트와 케이크, 오이 샌드위치를 먹었다. 피어스는 웰스에게 자신이 생각한 공상과학소설에 나오는 핵폭탄이 현실이 될 거라고 알려줬다. 미국에서 뛰어난 과학자들이 대부분 모습을 감췄는데 이들이 국가의 비밀 연구 시설에 들어가 핵폭탄을 만들고 있다는 추리였다. 그러면서 피어스는 유망한 과학자들이 모두 '묻지마 납치'를 당했다고 동료들과 농담했다는 이야기도 들려줬다. 하지만 웰스는 피어스의 이야기에는 전혀 관심이 없었다. 그는 다른 것보다도 처칠이나 루즈벨트, 미국 내 인종과 관련한 정치 상황에 대해 이야기하고 싶어 했다. 피어스는 웰스가 좋아하는 것이라면 어떤 주제든 좋았다. 티

270

타임이 끝나고 피어스와 해그스트럼이 웰스의 집을 떠나 안개를 헤치고 집으로 향할 무렵, 웰스는 부담스럽고 기분이 좋지 않았다. 그는 피어스가 구닥다리에 피곤한 사람이라고 느꼈던 것이다.

하지만 이 만남으로 피어스의 글쓰기에 대한 열망이 줄어든 것은 아니었다. 재능 있는 작가이자 설명에 능한 카를 대로는 1930~1940년대에 걸쳐 벨 연구소에서 일했다. 그의 일은 물리학자를 꿈꾸는 청소년들을 위해 양자역학 분야의 최신 개념들을 다양한 저작으로 풀어쓰는 것이었다. 대로가 1950년대에 그만두고 나자 피어스가 그의 역할을 대부분 대신했는데, 피어스는 전문 서적보다는 일반 독자들을 위한 책이나 잡지를 쓰고자 했다. 사실 과학기술에 대한 피어스의 책은 그가 생각했던 것만큼 읽기 쉬운 것은 아니었는데, 두서없이 써내려가거나 빽빽한 수학식으로 내용을 채우는 경우가 많았기 때문이다. 그럼에도 진행파관에 대한 책을 포함해 음극선관, 전자기파, 음향, 통신기반 시설, 정보이론, 트랜지스터에 대해 쓴 그의 책들은 꽤 성공적이었다. 물론 그는 트랜지스터에 이름을 붙이는 것이 아니라 실제로 트랜지스터를 발명하고 싶었을 것이고, 정보이론에 대해 글을 쓰기보다는 그것을 섀넌보다 먼저 생각했으면 좋았을 거라고 말하기도 했다.

그는 다른 분야에도 관심을 갖고 있었다. 1952년, 피어스는 '편지보다는 전보로'라는 제목의 에세이를 과학 잡지 「어스타운딩 사이언스 픽션Astounding Science Fiction」에 실었다. 이 에세이는 달과 메시지를 주고받는다는 아이디어에 대해 쓴 것이었다. 나중에 피어스는 이렇게 말했다. "그때 나를 사로잡은 것은 누군가 달에 필요한 장치만 설치할 수 있다면 미 대륙을 가로지르는 통신보다도 달과 지구 사이의 통신이 더 쉬울 거라는 생각이었다." 마이크로파는 아주 먼 거리를 일직선으로 이동하는데, 이 점은 우주에서 아주 유용하다. 하지만 마이크로파는 지구의 곡률을 따라 휠 수 없다. 그래서 마이크로파를 미 대륙 건너편으로 보내려면 통신사들이 중계탑을 이용해 전국 통신망을 구축한 것처럼 약 48킬로미터마다 기지국을 설치해야 한다. 피어스에 따르면 '누구나 달과 지구를 연결하는 장치를 공장에 주문할 수 있다는 것'이었다.

이 아이디어는 피어스의 머릿속에서 천천히 진화했다. 1954년 10월, 그는 프린스턴 대학에서 열린 통신 기술자 협회의 대회 자리에서 우주에 관한 강연을 하게 됐다. 피어스는 이 자리에서 위성통신에 대한 아이디어를 다루기로 했다. 그가 생각한 위성통신은 무인 우주선이 궤도를 돌면서 통신(라디오, 전화, 텔레비전이나 비슷한 것들)을 한 곳에서 다른 먼 곳으로 전달해준다는 것이었다. 지구에서 보낸 신호는 우주에 있는 궤도 위성에 전달되고, 신호를 받은 궤도 위성은 거울처럼 지구의 다른 편으로 그 신호를 다시 보내는 것이다. 피어스는 자신이 이 개념의 창시자라고는 생각하지 않았다. 그는 나중에 이 생각은 "공기 중에 있었다."라고 말했다.

그는 몰랐지만 사실 아서 C. 클라크가 피어스의 구상보다 10년 전에 썼던 잘 알려지지 않은 논문 중에는 3만 6,000킬로미터 상공에서 지구를 돌며 대륙을 연결하는 몇 개의 위성 개념에 대해 쓴 것이 있었다. 클라크는 그 이상 아이디어를 발전시키지 못하고 빠르게 흥미를 잃어버렸다. 그는 "그 당시 기술 발전 수준으로 가능하다고 할 수 있는, 혹은 그 이상 불가능하다고 한정할 수 있는 한계는 그런 기본적인 개념까지였다."라고 나중에 밝혔다. 하지만 피어스는 강연에서 위성에 대한 구체적인 추정을 내놓았다. 그는 대륙 간의 궤도 전달이 재정적으로 힘들지도 모른다고는 생각했다. 벨 연구소는 이미 미국에서 동축 케이블과 마이크로파 회선의 복잡한 시스템을 구축했지만, 바다는 또 다른 문제였다. 1954년에 벨 연구소가 계획한 대서양 횡단 회선은 겨우 36개의 전화 채널을 위해 어마어마한 비용과 기술적 실패의 부담을 떠안아야 하는 것이었다. 위성은 케이블을 더 깔지 않고도 통신 수요를 충족할 수 있는 방법이었다.

그날 프린스턴에서 강연을 들은 교수 한 명이 피어스에게 그 강연을 책으로 펴내는 것이 어떻겠냐고 제안했다. 피어스는 곧 「제트 프로펄션 Jet Propulsion」이라는 저널에 글을 실었다. "하지만 실질적으로 위성통신이 가능해지려면 어떤 것들이 필요할까?" 하고 피어스는 고민했다. "당시에는 아무 것도 없었습니다." 그는 스스로 자기가 경멸하는 자칭 실용주의자가 돼서 함정에 빠진 것은 아닌지 의심했다. 당시에는 위성은 물론이고 그런 장치를 우주로 보낼 수 있는 로켓도 없었다. 게다가 제대로 통신위성을 만들어낼 만한 기술력이 될지도 의문이었다. 피어스는 슬픈 듯이 이렇게 말하곤 했다. "우리는 해야 한다고 생각하는 일이나 하고 싶은 일이 아니라, 할 수 있는 일을 해야 한다."

위성 시대의 개막,
아무도 못하겠다고 말하지 않았다

의학 연구 기관인 록펠러 연구소의 초대 연구소장 사이먼 플렉스너Simon Flexner는 이렇게 말했다. "아이디어는 어떤 시점에 두서없이 떠오른다. 우리는 토대를 제대로 파악하기 전에 그 외관만 자세히 보기도 한다. 하지만 결국 모든 지식은 제자리로 돌아가는 법이다." 플렉스너는 생물학에서 연구의 개별적 성과는 거의 활용되지 않고, 성과 자체도 불분명하지만 시간이 지나면서 그것들이 모여 엄청난 효과를 만드는 과정을 봐왔다고 말했다. 이런 현상은 과학의 어느 분야에서도 일어날 수 있는데, 벨 연구소가 계획 중이던 많은 프로젝트도 예외는 아니었다. 예를 들어 대서양 횡단 케이블은 비용 면에서 효율적인 건설이 기술적으로 가능해질 때까지 몇 십 년 동안이나 설계도 상에서만 존재했다. 통신위성의 경우에는 핵심 개념이 너무 일찍 등장했다. 문제는 피어스가 수십 년이 빨랐는지, 단지 몇 년이 빨랐는지 하는 점이었다.

피어스가 프린스턴 대학에서 강연을 할 때쯤에는 위성에 필요한 몇 가지 요소들이 이미 가능했다. 튼튼하고 필요 전력 소모가 작은 트랜지스터는 널리 생산되고 있었다. 피어스는 트랜지스터가 분명 궤도 위성에 유용할 것임을 깨달았다. 진행파관은 더 개발하지 않았지만 전화나 텔레비전 동시 채널수를 늘릴 수 있다는 점에서 여전히 유용했다. 위성 통신 개발에 있어서 문제는 위성 자체가 아니라 지상에서 신호를 전송하고 받기에 충분한 시스템과 하늘에서 움직이는 위성의 위치를 따라가는 시스템을 만드는 데에 있었다. 이런 이유로 제3의 기술이 필요했다. 바로 혼 안테나horn antenna가 필요했는데, 이것은 뉴저지 남부 시골 홈델에 있던 벨 연구소의 해럴드 프리스가 설계했다. 혼 안테나는 전국의 마이크로파 중계탑에는 이미 없어서는 안 될 요소였고, 신호의 수신을 집중시켜 주변의 소음과 전파 방해를 크게 줄이는 역할을 했다. 이 좋은 것을 위성통신에 적용하지 않을 이유가 없었다.

피어스의 프린스턴 대학 강의 2년 후쯤인 1956년 후반, 그의 아이디어에 필수적인 또 하나의 요소가 튀어나왔다. 피어스는 궤도 위성에 고갈되지 않는 전원 공급 방법이 있어야 한다는 것을 알게 됐다. 벨 연구소에서 개발한 실리콘 태양전지는 처음에는 각광을 받았지만 실리콘 기판이 너무 비싸서 지역의 전화 설비에 사용하기에는 비효율적이었다. 하지만 위성에 쓰기에는 별로 문제가 되지 않아 보였다. 우주에서는 위성 배터리를 재충전할 수 있는 방법이 달리 없었기 때문에, 태양전지의 비용이나 비효율성이 문제가 되지 않았다.

마찬가지로 중요한 또 다른 발전은 피어스의 예전 동료의 작업에서 시작됐다. 찰스 타운스가 캘리포니아 공과 대학에서 벨 연구소에 온 것은 1939년으로, 피어스 바로 다음이었다. 타운스는 연구소에서 여행 경비로 선지급받은 돈으로 혼자 캘리포니아부터 멕시코까지 내려갔다가, 다시 텍사스와 노스 캐롤라이나를 지나서 웨스트 가의 벨 연구소로 올라온 호기심 많은 직원이었다. 타운스는 실험 물리학자였다. 주변의 벨 연구소 동료들에게 명석하다는 평을 듣던 그는 산업 현장에서의 일을 꺼려했고, 제2차 세계대전이 끝나고 몇 년 후 컬럼비아 대학으로 자리를 옮겼다. 1940년대 후반에 타운스는 들뜬 분자들의 '스펙트럼' 구성을 탐구, 분석하는 마이크로파 분광학을 집중적으로 연구했다. 1950년대 초반 들어 그는 '유도방출stimulated emission: 들뜬 상태에 있는 원자나 분자가 외부에서 입사한 전자기파의 자극으로 생긴 빛을 방출하고 에너지가 낮은 상태로 전이하는 현상' 쪽으로 넘어갔다. 타운스는 자신의 컬럼비아 대학 연구실에 적절한 환경과 복합적인 장치가 갖춰지면, 몇 년 안에 (1)암모니아 같은 기체를 가져다가 그 분자를 좁고 기다란 구멍에 통과시켜 가는 흐름을 만들고, (2)그 가는 흐름을 전기장에 옮긴 다음, (3)마지막으로 그 흐름을 '공명 체임버resonant chamber'라는 곳에 집어넣을 수 있다고 생각했다. 공명 체임버에서 이미 고도로 들뜬 상태의 암모니아 분자들은 에너지가 강하게 집중된 빔을 만들어낼 때까지 들뜨게 된다.

　타운스의 이 프로젝트에 대해서는 노벨상 수상자인 당시 컬럼비아 대학의 총장이던 I. I. 라비I. I. Rabi마저 회의적이었다. 그런데 바로 이 때 타운스의 기계가 작동하기 시작한 것이다. 이 장치에 대한 명칭으로, 그와 동료들은 '유도방출에 의한 마이크로파 증폭microwave amplification by stimulated emission of radiation'을 줄여 메이저maser라는 별명을 붙이기로 했다.

이후 몇 년 간, 타운스를 포함한 물리학자들은 마이크로파가 아니라 빛의 형태로 에너지를 방출할 수 있는 개량형을 만들려고 노력했다. 이러한 장치들은 광학 메이저라고 불렸지만 나중에는 간단히 레이저로 불리게 된다.

1954년에 들어 타운스의 메이저는 작동이 가능하게 됐다. 1957년 벨 연구소에서 구성된 팀은 통신 기능까지 가미된 더욱 세련된 메이저를 만들었다. 이 장치의 가동 부위는 거대한 철제 시험관처럼 생겼는데, 지름 20센티미터에 길이는 60~90센티미터 정도였다. 암모니아 기체 대신 손톱만 한 크기의 유리는 액화 헬륨에 담궈져 섭씨 −271도로 냉각시킨 시험관 밑바닥 구멍에 배치됐다. 그 유리에는 '펌프'라고 하는 전원에서 공급된 전기 에너지가 퍼부어질 것이다. 피어스는 그 메이저가 자신의 위성 프로젝트에 쓰일 것이라고는 생각하지도 못했지만, 그의 오랜 친구 루디 콤프너는 아파서 집에 누워 있다가 메이저가 궤도를 도는 위성의 희미한 신호를 증폭시키기에 꼭 맞을 것 같다는 생각을 했다. 메이저의 감도와 충실도는 다른 어떤 장치보다도 뛰어났다. 콤프너는 생각했다. "몸이 나으면 바로 존에게 얘기해야지. 그럼 존도 메이저가 독보적이라는 것에 바로 동의할 거야."

이제는 트랜지스터, 혼 안테나, 진행파관, 태양전지, 메이저가 갖춰졌다. 그런데 이렇게 전자 부품이 모두 갖춰졌어도 통신위성은 아직 아무데도 갈 수가 없었다. 항공 기술자들은 이 아이디어를 우주로 보내줄 로켓을 아직 만들어본 적이 없었다. 하지만 1957년 10월, 소련에서 스푸트니크Sputnik 위성을 발사하면서 극적으로 반전이 찾아왔다. 반대편 강대국에게 세력이 뒤질까 전전긍긍하던 미국은 1년 후 첫 위성인

익스플로러 1호를 발사했다. 이것은 미국 항공우주법에 의해 국가적 우주 기관인 NASA_{National Aeronautics and Space Administration, 미국 항공우주국}가 새로 생긴 직후였다. 충분한 기술과 돈이 생겼으니, 피어스가 과거 몇 년간 구상해온 아이디어를 현실화시킬 차례였다. 누군가 그에게 스푸트니크호 발사에 대한 반응을 묻자 그는 이렇게 말했다. "탐정 소설 작가가 자기 집 거실에서 시체를 발견한 것 같은 기분이었다고나 할까요."

위성통신 시대의 출발선 앞에 서서 출발 신호를 기다리고 있는 통신 기술자들에게는 두 가지 선택지가 있었다. 피어스는 수동위성과 능동위성 중에서 하나를 택해 우주를 먼저 탐험해볼 것을 제안했다. 수동위성은 1,600킬로미터 정도의 상공에서 저궤도로 지구를 돌며 기술자들이 신호를 보내고 받을 수 있도록 전파를 튕겨주는 반사물이다. 예를 들어 캘리포니아에서 보낸 전파를 움직이는 위성에 쏘고, 위성은 수동적으로 신호를 받아 다른 각도로 반사해 지상(아마도 뉴저지의 수신국쯤)으로 보낸다. 반면 능동위성은 배터리, 트랜지스터, 안테나와 진공관을 탑재하여 지구에서 쏜 신호를 받아 증폭시킨 다음 지상으로 돌려보낸다. 이것은 기본적으로 이미 미국에 설치된 중계탑과 같은 원리고, 다른 점이라면 중계를 우주에서 한다는 것뿐이었다.

이론상으로는 능동위성이 수동위성보다 나았다. 예를 들면, 지구에서 수동위성으로 쏘아올린 신호는 모든 방향으로 반사돼, 각 지점에는 처음에 보냈던 신호의 100만분의 1이나 1조분의 1 정도가 돌아오기 때문에 지상 어디에서 신호를 받더라도 희미하다. 그렇기 때문에 한마디 말소리라도 전송하려면 감도가 극도로 높은 장비(거대한 혼 안테나, 값비싼 메이저 같은 것들)가 필요한 것이다. 능동위성의 경우는 전혀 다른데, 능동위성으로는 강력하고 접근성이 높은 신호를 광대역으로 송출할 수 있고, 지상국에서 위성에게 어떤 신호를 전달할지 명령할 수도 있다(능동위성은 텔레비전 신호를 보내는 것도 수동위성보다 훨씬 쉽다). 그러나 피어스는 위성 문제에 있어서 아주 신중했다. 그는 벨 연구소의 기술자들이 능동위성을 몇 주, 혹은 몇 달 정도는 아무 오류 없이 내구성 강하게 작동할 만큼 잘 만들 수 있는지 확신하지 못했다. 또 그는 벨 연구소의 큰 규모 개발 부서와 비교하면 소규모 연구 부서는 능동위성 프로젝트를 하기에는 인력도 예산도 턱없이 부족하다는 것을 잘 알고 있었다. "아시다시피, 아무 것도 하지 않고 생각만 하는 것과 뭔가에 착수하는 것 사이에는 큰 차이가 있죠." 1960년대에 한 인터뷰에서 그는 이렇게 말했다. "무슨 일이든 시작을 해야 뭐가 문제인지 알게 될 것이고, 그게 우리가 수동위성이 좋은 아이디어라고 생각했던 이유였습니다." 그가 덧붙이기를, 수동위성은 통신사업에는 별 도움이 되지 않지만 더 발전된 기술을 위해 궤도 연계가 가능한지 시험할 것이라고 했다. 수동위성은 일종의 실험이었던 셈이다. 피어스는 이미 10년 전에 트랜지스터가 개발 및 생산 단계를 거쳐 탄생하기까지의 복잡한 과정을 경험한 바 있었다. 이번에도 새로운 기술 개발을 위해 상대적으로 위험부담이 적고 실질적인 문제가 생겼을 때 해결하기 용이한 과정, 즉 거대하고도 값비싼 실수를 하기 전에 '손을 더럽히는' 과정이 필요했던 것이다.

피어스의 조심스러운 태도는 그에게 사람과 상황을 다루는 지혜를 준 해럴드 프리스 덕분임을 알 수 있다. 프리스는 벨 연구소의 마이크로파 연구를 대부분 주도한 홈델 지역 연구소장으로 덴마크 출신이고,

파이프 담배를 피웠다. 프리스는 젊은 과학자들에게 이렇게 묻곤 했다. "이 일을 하는 것이 큰 실수가 되지 않을 거라는 확신이 있나?" 그는 사람들이 자신의 작업에 대해 날카롭게 예측하고, 일의 실현 가능성을 파악하도록 온화한 방식으로 도왔다. 수동위성도 분명 큰 문제이기는 했지만, 피어스가 보기에 능동위성은 좀 지나치게 큰 문제였다. 피어스는 곧 ARPAAdvanced Research Projects Administration, 군의 고등 연구 계획국에서 엄청난 비용을 들여 '어드벤트Advent: 신의 강림'라는 능동위성을 만들려 한다는 것을 알았다. 피어스가 ARPA 국장단과의 만남 후에 잭 모턴에게 쓴 쪽지에는 이런 조롱 투의 문장이 들어 있었다. "ARPA에서 계획을 아주 정교하고 복잡하게 세우셨습니다." 피어스는 그 계획이 과한 데다 성급하다고 생각했다. 그는 어드벤트호의 실패를 확신했고, 이 예상은 정확히 맞아떨어졌다.

1958년 내내 벨 연구소에서 피어스의 수동위성 제작을 지지해준 사람은 전쟁 당시 영국에서 만난 오랜 친구이자 진행파관을 발명한 루디 콤프너였다. 처음에 두 사람에게는 어떻게 그런 프로젝트를 실행할 수 있을지에 대한 정확한 계획도 없었고, 다음 해가 연구소장으로서의 마지막이 될 머빈 켈리가 이 계획에 수백만 달러의 예산을 배정해줄 것 같지도 않았다. 하지만 이 프로젝트는 여러 가지 상황이 맞아떨어지면서 놀라운 속도로 진행되기 시작했다. 연초에 피어스와 콤프너는 버지니아 주 랭리 공군기지 소속 정부 기술자인 윌리엄 오설리번William O'Sullivan의 다양한 대기권내 실험 계획에 대해 듣게 된다. 그 실험은 알루미늄 껍데기를 씌운 만들어 직경 30미터에 60킬로그램밖에 나가지 않는 마일라 Mylar: 미국 듀퐁에서 제조하는 전기 절연재료인 강화 폴리에스터 필름 기구를 1,300킬로미터 혹은 1,600킬로미터 상공에 띄워 궤도운동을 시킨다는 것이었다. 피어스는 이것이 수동위성에 딱 알맞은 모양이라고 생각했다. 피어스와 콤프너는 실제 그 기구 견본을 손에 넣었고, 만족스럽게도 그것은 전파를 98퍼센트나 반사했다.

오설리번은 기구를 실제로 띄울 사람을 찾지 못하고 있었다. 하지만 1958년 여름, 피어스와 콤프너는 이 프로젝트에 관심이 많은 캘리포니아 제트 추진 연구소 소장 윌리엄 피커링William Pickering과 상의한 끝에, 미국 서부 해안의 지상국을 제공하겠다는 동의를 받았다. 지상국은 기구를 띄우는 데 성공할 경우, 뉴저지의 다른 지상국과 통신을 하기 위한 것이었다. 이제 우주로 그 기구를 날려 보내는 방법이 문제였다. 몇 달 후 NASA가 제트 추진 연구소를 공식적으로 인수했지만 NASA의 새로운 국장 키스 그레난Keith Glennan 역시 수동위성 발사를 지원하기로 했다. 이제 모든 문제가 해결된 것 같았다.

하지만 벨 연구소의 지원을 받아야 하는 문제가 또 남아 있었다. 연구실장이 된 화학자 윌리엄 베이커는 피어스의 아이디어를 지지했다. 당시 벨 연구소의 부소장이 된 베이커의 상사, 짐 피스크도 마찬가지였다. 그런데 머빈 켈리는 클로드 섀넌의 오랜 친구이자 동료인 브록 맥밀란에게 여름 동안 수학적 분석을 일부 맡기더니, 어느 날 피어스와 함께한 점심 미팅 자리에서 그 계획은 가망이 없다고 말했다. 연구소의 부소장들 중 한 명이 맥밀란의 추산에 따라 그 프로젝트에 관한 3장짜리 메모를 작성했는데, 그 내용은 위성 프로젝트의 경제학적 측면과 기술적 측면 모두를 강력히 부정하는 것이었다. 켈리가 그 메모를 작성하도록 한 것인지, 그저 그의 의견이 메모의 추정과 같았던 것뿐인지는 확실하지 않았다. 이후 피어스는 켈리가 애초부터 위성 프로젝트에 부정적이었다고 말하곤 했다.

켈리는 위성통신은 너무 비용이 많이 든다는 연구소 내부 의견에 흔들렸을 수도 있고, 벨 연구소가 위성 사업에 뛰어들어 AT&T와 연방 정부 사이의 미묘한 관계를 건드리게 될까 걱정했을 수도 있다. 그는 AT&T가 우주 관련 사업에 관여해서는 안 된다고 생각했다. 하지만 이런 모든 우려는 켈리가 그런 류의 '단절적인' 혁신에 반대했기 때문에 지나치게 강조된 면이 없지 않다. 벨 연구소는 이제 막 대서양 횡단 케이블을 성공적으로 설치한 참이었다. 당시에는 유럽과의 통신, 나아가 전 세계적 통신의 미래가 새롭고 더 나은 케이블에 있는 것 같았다. 통신 기술은 시간에 따라 점차 발전할 터였다. 이런 미래 구상을 하고 있는 와중에 궤도 위성이라는 개념은 위험한 데다 입증되지도 않은 것이었다. 적어도 명확하고 단계적인 10년 장기 기술 발전 계획을 세워 둔 통신사 경영진에게는, 궤도 위성 같은 것은 완전히 삼천포로 빠지는 아이디어였다.

뭐든지 켈리가 끝이라고 하면 끝이었다. 단, 피어스에게만은 그렇지가 않았다. 그와 콤프너는 1958년 10월 초, 켈리에게 다시 한번 문제를 제기하는 장문의 메모를 준비했다. 피어스는 직속 상사인 베이커에게 메모를 보여줬지만, 그것이 켈리에게 전달되는 일은 없었다. 이는 베이커의 현명한 조언 덕분이었다. 그가 제안한 전략은 기다리는 것이었다. 후에 피어스는 이렇게 말했다. "켈리는 나의 영웅이었고, 벨 연구소의 위대한 수장이었습니다. 하지만 아무리 위대한 사람도 틀릴 때가 있죠." 1958년 말, 켈리가 은퇴하자 피스크가 소장직을 맡았다. 그러자 피어스와 콤프너는 1959년 1월에, 1959년 한 해 동안 위성에 1억 달러를 투자하면 이후에 그 이상으로 돌아온다는 주장을 펼쳤다. 그들은 '위성은 케이블이나 다른 어떤 방법보다도 저렴하게 아주 광범위한 범대양 채널을 제공할 수 있기 때문에' 그것이 가능하다고 말했다. 둘은 벨 연구소가 나서지 않는다면 다른 이가 선수를 칠 것이라고도 말했다. "벨 연구소가 위성통신 연구에서 앞서 나간다는 것은 아주 중요합니다. 그래야 우리가 위성통신을 기술적으로 평가하고, 경쟁력이 있다고 판단할 경우 신속하게 행동할 수 있기 때문입니다." 이번에는 피어스의 제안이 AT&T에서 20564번 안건으로 인가까지 받았다. 게다가 '에코 프로젝트Echo Project'라는 공식 명칭도 주어졌다. 그러자 NASA에서도 1959년 가을에 잠정 발사일을 잡았다.

피어스와 콤프너는 젊은 전기공학 기술자인 빌 제이크스Bill Jakes에게 프로젝트의 책임자 자리를 맡겼다. 제이크스는 강단이 있고 건장하며 조용한 위엄을 가진 인물이었다. 그는 일리노이 주의 에번스턴에서 자랐고, 제2차 세계대전 당시에는 거의 남태평양 항공모함 무선 전신실의 책임자로 있었다. 에코 프로젝트의 팀원이 순식간에 수십 명으로 불어났음에도 제이크스가 금세 통제력을 발휘하는 모습에 피어스는 크게 안심했다. 이후에 피어스가 말하기를, 제이크스의 말은 곧 법이었다. 때때로 피어스에게 그의 감정을 이해했다는 듯이 이렇게 말하는 젊은 이들도 있었다. 직접 에코 프로젝트를 일상적으로 통제하지 못하는 것이 마음에 걸렸으리라고. 후에 피어스는 이렇게 쓰고 있다. "제가 뭐라고 대답했는지는 모르겠지만, 꼭 그렇지는 않습니다. 에코 프로젝트에서 내가 담당자였으면 접지 단자를 짓고 작동하는 것은 불가능했을 거예요. 나는 기량 부족과 지루함에 파묻혀 일을 망쳤을 테니까요." 피어스는 멋진 아이디어를 생각하는 것만으로도 충분히 바빴고, 제이크스는 아이디어를 현실로 만들 줄 아는 사람이었다.

에코 프로젝트 인가 당시, 피어스는 벨 연구소의 연구 부서에서 높은 직책을 맡고 있었다. 그의 사무실은 쇼클리와 섀넌이 각각 캘리포니아와 매사추세츠로 떠나기 전에 일했던 뉴욕에서 서쪽으로 40킬로미터 떨어진 머레이힐 내의 넓은 벽돌 건물 부지에 있었다. 머레이힐에서 일하는 동안, 그는 매일 정오만 되면 사무실 탁자 위에 누워서 낮잠을 잤다. 빌 제이크스는 당시를 회상하며 "하루는 그 사람을 호출했는데 비서가 '아, 지금은 만나실 수 없습니다. 주무시는 중이거든요.' 하더군요."라고 말했다. 머레이힐에서 피어스는 수백 명의 직원을 둔 통신 연구 부서 책임자였고, 이는 조직 구조상 연구소 부소장 빌 베이커보다 한 단계 아래였다(그리고 베이커는 연구소장 짐 피스크 밑에서 일하는 부소장 몇 명들 중 하나였다). 하지만 위성 작업은 피스크, 베이커와 피어스가 일하는 머레이힐보다 50킬로미터 남쪽에 위치한 홈델, 즉 제이크스가 있는 곳에서 주로 이뤄졌다. 홈델은 피어스의 친구 해럴드 프리스가 일하던 곳이고, 그가 혼 안테나를 발명한 곳이기도 했다. 피어스의 또 다른 친구, 진행파관 발명가 루디 콤프너가 1958년 은퇴한 프리스 대신 그곳에서 책임자로 일하고 있었다.

홈델은 그 자체로 하나의 세계였다. 연구소 주변은 세 개의 농장 부지를 1929년에 벨 연구소가 사들여, 100만 제곱미터도 넘는 광야가 펼쳐져 있었다. 이곳에는 수십 명이 모여서 마이크로파를 전송하는 연구를 하고 있었다. 이들의 직장은 샌디 훅 해변과 대서양에서 불과 몇 분 거리였다. 빌 제이크스는 그때 오가던 출근길을 떠올렸다. "차로 간선 도로를 800미터 정도 달리면 연구실에 도착하는데, 그 출근길 양 쪽으로는 정말 아름다운 풀밭이 펼쳐져 있었죠." 1940년대에는 실리콘과 게르마늄에 대한 초기 연구에 어마어마한 자금이 들어갔지만, 홈델은 주로 대규모 안테나를 시험 설치해서 무선 마이크로파 전송과 관련한 첨단 기술을 중점적으로 실험했다. 홈델에서 일하는 사람들은 주말이면 가족들까지 함께 모여 소풍도 가고, 공터에서 부메랑을 던지며 시간을 보내기도 했다. 어린아이들은 버려진 1700년대 네덜란드 농장터를 탐험하거나 오래된 수도 펌프를 갖고 놀 수도 있었다. 몇 년 후에 피어스를 포함한 몇 사람은 이 오래된 기지를 떠나게 되자 울 정도로 슬퍼했다. 홈델의 주 실험실 건물은 수수한 단층 나무합판 구조물이었다. 여기에는 끝이 뾰족한 중앙에서 뻗어나온 세 개의 날개가 달려 있었다. 각 날개에는 창문이 많이 있어서 건물은 엄청 기다란 유리 현관 같았다. 한번은 오래된 농장이나 합판 제작소를 많이 본 새 모이 판매원이 이 구조물을 보고 주문이 들어오면 운영하는 새 농장으로 오해한 적이 있었다. 그 후로 이 건축물을 애정을 가득 담아 '칠면조 집'이라고 부르기도 했다. 홈델에서 일한다는 것은 산들바람 부는 시골에서 조용히 전원생활을 하는 것과 같았다. 제이크스의 부인 메리는 "세상에, 그곳은 정말 아름다웠죠."라며, 아름다운 나머지 그곳이 전파 연구의 선봉이라는 것이 믿기지 않을 정도였다고 말했다. 홈델의 모습에서는 실험 과학이 보통 갖는 그 어떤 단점도 찾아볼 수가 없었다.

홈델에는 루디 콤프너의 부하 직원 중 한 명인 C. 채핀 커틀러C. Chapin

_{Cutler}가 있었다. 기본적으로 빌 제이크스는 두 사람의 부하 직원이었지만, 에코 프로젝트에 있어서는 두 사람과 동등했다. 에코 프로젝트에 대한 승인이 나자 콤프너, 커틀러, 제이크스는 지상 수신소를 짓기 위한 장비를 구입하러 나섰다. 홈델 연구소에서 북쪽으로 1.6킬로미터 정도 가면 크로포드힐이라는 평평한 고지대가 있었는데, 해발 150미터 높이에 몇 킬로미터만 더 가면 바다가 보이는 넓은 시야의 풍경을 제공하는 곳이었다. 홈델 연구진들은 이곳을 안테나 연구소로 낙점했다. 1959년 여름 크로포드힐 꼭대기에 건설이 시작됐다. 연구원들과 장비가 들어갈 수 있는 조립식 건물 몇 개가 들어섰고, 가장 중요한 장치인 두 개의 거대 안테나 자리도 확보됐다.

에코 프로젝트에서 또 한 가지 새로운 양상은 정교한 컴퓨터 설비를 이용해 하늘에서 움직이는 위성을 자동으로 추적, 기구의 궤적을 따라 안테나를 움직인다는 계획이었다. 에코 프로젝트에서 궤도 위성에 신

1933년 무렵, 모여 있는 한 무리의 뉴저지 남부 홈델 과학자와 개발자들. 이들은 '칠면조 집'에서 안테나 기술을 연구하며 매일을 보냈다. 가끔은 드넓은 초원에서 야외 작업을 하는 일도 있었다. 제이크스의 부인 메리는 이렇게 말했다. "세상에, 그곳은 정말 아름다웠죠."

©AT&T Archives and History Center

호를 전송하려고 구비한 직경 18미터의 거대한 접시형 안테나는 23만 달러에 달했다. 궤도 위성에 전송된 신호를 기구가 반사하면, 이것은 죽음의 계곡 남쪽에 있는 캘리포니아 골드스톤에 제트 추진 연구소 기술자들이 만든 줄지어 늘어선 기지국에 닿을 것이다. 그러는 동안 에코 프로젝트팀은 거대한 빈 담배 파이프처럼 생긴 12만 8,000달러짜리 자체 제작 혼 안테나가 캘리포니아 제트 추진 기지국에서 궤도 위성에 보낸 신호를 수신하도록 만들어야 했다. 이것은 본질적으로는 단순한 쌍방향 통신이었는데도, 대륙 양 끝에 엄청나게 복잡한 전기적 기반 시설을 설치한 끝에야 가능했다.

크로포드힐에 설치된 혼 안테나는 '준비 완료' 상태였다. 다시 말해 위성이 움직이면 그 경로를 따라 혼 안테나도 원형 궤도 위를 움직일 것이다. 에코팀은 혼 안테나 근처에 과냉시킨 메이저를 설치해서 미약한 신호를 증폭시키기로 했다.

위성 프로젝트는 분명 기술적인 것이었지만, 군사력 향상을 위한 협업이기도 했다. 이 프로젝트는 워싱턴과 캘리포니아를 수없이 오가며 벨 연구소, 제트 추진 연구소, NASA, 그 밖에도 여러 과학 기관들(더글러스 항공이나 MIT의 링컨 연구소 같은)의 기술적 지원하에 이뤄졌다. 1959년 6월 중순, 프로젝트에 관여하는 모든 팀들은 워싱턴에 있는 NASA 본부에 모여 진행 상황 보고를 들었다. 실행 준비를 위한 일련의 시험이 승인됐다. NASA에서는 위성 발사를 위해 만든 새 로켓 델타-토르 Delta-Thor를 시험 발사해서 '투포환' 실험의 경과를 지켜보기로 했다. '투포환' 실험은 직경 60센티미터 정도의 작고 둥근 금속 상자에 거대한 반사용 기구를 접어 넣고, 이것이 우주로 쏘아졌을 때 제대로 부풀고 작동할지 알아보기 위해서 수백 킬로미터 상공에 미리 쏘아 올려보는 약식 발사였다. 이후 10월 하순 쯤 관련 팀들은 다시 한번 NASA 본부에 모였다. 가을에 예정돼 있던 발사 일정이 취소돼, 1960년 봄에 있을 기구 발사에 희망을 걸어야 한다는 소식이었다. 제트 추진 연구소 팀과 홈델의 제이크스팀은 그때까지 발사에 대비한 일련의 통신 실험을 하기로 했다. 대륙 양 끝에 위치한 서로가, 한쪽은 달에 무선 신호를 쏘고, 다른 쪽에서는 반사돼 들어올 신호를 기지국으로 수신하는 것이다. 첫 실험은 1959년 11월 하순에 실시됐다. 이름 하여 '월면반사통신Moonbounces'이라는 것이었다.

크로포드힐의 에코팀은 이제 정상 시간 업무가 불가능했다. 빌 제이크스는 그의 부인에 대해 이렇게 말했다. "가여운 메리, 저는 밤 10시에 출근하고 낮 3시에 퇴근했죠. 실험을 하느라 그렇게 매일 밤을 반복했습니다."

1959년 가을부터 1960년 초의 겨울에 이르기까지 열두 번가량 월면반사통신을 시도했고, 그중 몇 번은 꽤 성공적이었다. 그렇게 봄까지 이어진 시험 끝에, 전국 곳곳에 퍼진 모든 팀의 장비는 만족스럽게 작동하는 듯했다. NASA에서는 플로리다 케이프 커네버럴에서 3월에 있을 기구 발사를 1960년 5월 13일로 미루고자 했다. 당일 아침, NASA는 장문의 언론 발표를 통해 발사 절차와 장비에 관해 설명했다. 로켓에는 13킬로그램의 '기체 생성 가루(벤조산과 안트라퀴논 합성물)'가 들어 있는 '셀로판 담배 포장지 절반 두께'의 얇은 에코 기구를 아코디언 식으로 접어 67센티미터 크기의 마그네슘 용기에 넣어 실을 것이고, 그 용기는 델타 로켓 3단계에 위치할 예정이었다. 마그네슘 용기는 로켓에서 분리되고 난 후 폭발 물질이 터지며 열리고 그 안에서 기구가 나온다. 기구 안의 가루는 태양열로 인해 가열되면 기체로 변해 기구를 부풀린다. 에코는 동남쪽으로 움직이면서 1,609킬로미터 상공에서 지구 주위를 도는데 그 속도는 시속 2만 5,800킬로미터로, 2시간에 지구를 한 바퀴씩 도는 셈이었다. 밤하늘에 떠 있는 기구는 직녀성 정도의 밝기로 보일 것이다. NASA에서는 발사 150분 시점이면 홈델과 골드스톤 간의 첫 연결 시도가 가능할 것으로 예측했다. 양 팀의 각 위치에서 그 은빛 위성이 직선으로 시야에 들어오는 때가 그 시점이었던 것이다.

크로포드힐에는 작은 건물이 4채 있었다. 하나는 제이크스와 그의 팀원들이 신호 전송과 수신 장비를 관리, 감독하는 지휘 본부였다. 제이크스는 위성 수신 안테나와 혼 안테나가 잘 작동하는지를 보여주는 장비가 설치된 작업대 앞을 한시도 뜨지 않았다. 그는 아마 계기판을 계속해서 지켜보고 있었을 것이다. 5월 12일, 제이크스와 그의 동료들은 케이프 커네버럴에서 텔레타이프 통신으로 보내오는 카운트다운에 따라 작업대 앞에서 밤을 새웠다. 가족들도 근처에서 기다리고 있었다. 피어스, 콤프너, 벨 연구소의 다른 경영진도 지휘 본부 근처에 위치한 9평 남짓의 작은 부속 건물에 모였다.

메리 제이크스는 당시를 이렇게 회상했다. "다들 모여 있었어요. 잔디 언덕에 앉아 기다렸죠. 일하는 사람들은 건물 안에, 여자와 아이들은 밖에 있었고요. 모든 것이 이 발사를 위한 거였어요. 로켓이 발사됐고, 실패였죠. 모여 있던 모두가 가족 중 한 명이 죽기라도 한 것 같은 느낌을 받았어요." 그날 오후, 벨 연구소에서는 델타 로켓 3단계가 궤도 진입에 실패했음을 공식 발표했다. 로켓에 실었던 기구는 대기 중에서 불타버리고 말았다.

에코 팀의 모두는 로켓 발사 실패로 정신이 없었지만 곧 추스르고 이후 몇 달간 다시 실험을 거듭했다. 더 많은 월면반사통신과 궤도 계산 시뮬레이션, 더 긴 기다림이 이어졌다. NASA에서 8월 초로 다음 발사 일정을 잡았지만, 이것 역시 여러 기계적 문제들과 날씨 때문에 다시 연기됐다. 제이크스 이하 연구진과 피어스는 8월 9일에서 10일 넘어가는 자정에 지휘 본부에 모였지만 이내 실망하고 돌아갔다. 그리고 드디어 맑은 날씨 예보를 받은 8월 11일 밤, NASA로부터 8월 12일 이른 아침에 발사하겠다는 결정이 떨어졌다. 제이크스는 연구진이 당면 업무에 집중토록 하기 위해 다른 사람들을 모두 지휘 본부 밖으로 내보냈다. 물론 피어스와 콤프너도 예외는 아니었다. 제이크스는 그의 상사들도 실제로 자기 명령을 따랐다는 것에 약간 놀라면서도 즐거워했다. 나중에 그는 이렇게 말했다. "그저 다 꺼져버렸으면 했을 뿐이에요." 플로리다에서 텔레타이프 통신으로 카운트다운을 알렸다. 그리고 오전 5시 39분, 마침내 기구를 실은 델타 로켓이 발사됐다.

크로포드힐의 모두는 걱정하면서 기다렸다. 세계 곳곳의 관측소에서는 시속 2만 5,800킬로미터의 속도로 날아가고 있는 에코의 상황을 망원경으로 살피는 동시에 에코에 탑재된 작은 태양전지 무선 송신을 점검하고 있었다. 트리니다드 섬의 관측소가 첫 타자로 신호를 받았다. 이어서 요하네스버그에서도 신호를 확인했다. 7시 5분, 호주의 우메라 관측소에서 보낸 소식이 제이크스에게 전해졌다. '우메라에서 신호 확인!' 그는 이 사실을 확성기로 알렸다. 이는 기구가 궤도에 진입해 제대로 작동하고 있다는 것을 모두에게 실질적으로 확인해준 사건이었다. 피어스는 부속 건물에서 커피와 도넛을 먹다가 이를 듣고는 안경이 들썩거리도록 방방 뛰기 시작했다. 그가 눈에 보일 정도로 기뻐하는 모습을 처음 본 동료들에게는 심히 놀라운 광경이었다. 피어스는 기뻐하며 소리를 쳤다. "궤도에 들어섰어. 에코가 궤도에 올랐다고!" 그는 아내에게도 전화로 이 소식을 알렸다.

30분이 채 안 돼 기구는 골드스톤과 홈델의 시야에 들어왔고, 양 측의 안테나는 트랙 위를 자동으로 움직이기 시작했다. 골드스톤에서는 이 순간을 위해 미리 녹음해 둔 아이젠하워 대통령의 메시지를 홈델에 방송하기로 했다. 7시 41분에 제이크스는 캘리포니아에 전화해서 그 메시지를 틀어줄 것을 요청했다. 골드스톤의 안테나에서 궤도 위의 기구를 향해 쏘아 올린 마이크로파 신호는 반사돼 뉴저지의 거대 혼 안테나로 흘러들어 갔다. 그리고 혼 안테나 하부에 설치된 메이저는 받은 신호를 4,000배로 증폭시켰다. 아이젠하워의 목소리는 확성기를 통해 크로포드힐 전체에 또렷하게 울려 퍼졌다. 대통령의 목소리는 에코가 '미국의 우주 연구 및 탐사 계획에 있어서 중요한 한 걸음'이라고 치하했다. 피어스 이하 다른 방문객들은 방송을 들으면서도 이것이 대륙 반대편에서 보내오는 것임을 알아차리지 못할 정도였다. 그 사실을 깨달은 이들에게서는 더 큰 환호가 터져 나왔다.

피어스는 빠르게 평정을 되찾았다. 잠시 후부터 뉴저지의 버클리 하이츠에 있는 자택으로 출발하기 전까지 그는 기자와 이야기도 하고 실험에 대한 질문에 답변을 하기도 했다. 그러고는 집에 가서 잠깐 쉬고, 다시 나와 밤새 차고에 페인트칠을 했다.

잠시도 쉬지 않고 생각하는 피어스였기에 가능한 것이겠지만, 그는 벌써 다음 아이디어를 생각하고 있었다. 한편 제이크스에게도 사실 에코는 시작에 불과했다. 뒤이은 며칠, 몇 주 동안 제이크스와 캘리포니아의 동료들은 일련의 성공적인 실험을 진행했다. 실험은 주로 밤에 이뤄졌는데, 쌍방 전화 통화나 위성 팩스 전송에 통신위성을 이용하는 최초의 시도들이었다. 에코가 전국 모든 신문 1면에 실리면서 제이크스와 피어스는 이제 유명 인사가 됐고, 팬레터와 장난 전화가 엄청나게 왔다. 한 여성은 제이크스에게 "당신의 기구 때문에 임신을 하게 됐어요."라고 말하기도 했다. 처음 한 해 동안 에코는 지구를 4,481번 돌았다. 그러는 동안 10층 높이의 기구에는 미세한 주름이 생기고, 내부의 기체가 천천히 새어 나오기 시작했는데, 육안으로는 꼭 반짝거리는 것처럼 보였다. 이것이 알려지기 전까지는 밤하늘에 생기는 빛의 점선의 정체에 대해 국제적으로 의문이 일어날 정도였다. 곧 벨 연구소는 뉴욕에서 에코를 볼 수 있는 시간을 안내하는 전화 서비스를 만들었다. 그 일정은 여러 신문에도 게재됐다. 뉴욕에서 멀지 않은 존스 해변에서 여름

마일라의 얇은 필름으로 만든 10층 높이의 에코 기구위성.
©AT&T Archives and History Center

밤 콘서트 중이던 재즈 악단장 가이 롬바르도는 연주 도중에 시계를 흘끗거리더니 오케스트라를 중지했다. 그러고는 관객들에게 모두 잠시 고개를 들고, 하나의 아이디어에서 시작해 하늘의 별이 돼 모두의 머리 위를

지나고 있는 에코를 올려다보자고 제안하기도 했다.

에코 프로젝트가 끝나고 얼마 되지 않아, 피어스는 사무실이 있는 벨 연구소 머레이힐 강당에서 프레더릭 카펠Frederick Kappel을 만났다. 카펠은 몸집이 크고 위협적인 외모의 소유자로, 1920년대에 AT&T에서 주급 25달러를 받으며 전봇대 구멍을 파는 일을 하다가 진급해 올라온 솔직한 성격의 미네소타 사람이었다. 그는 오랫동안 경력을 쌓은 끝에 AT&T 사장 자리에까지 올랐다. 피어스와 카펠은 서로에게 호감을 갖고 있었다. 계기는 몇 년 전의 만남이었다. 당시 AT&T의 운영진은 피어스 주도하에 있는 벨 연구소의 심리학 연구가 통신 과학과는 너무 거리가 멀다며, 해당 연구에 자금을 지원하는 데에 문제를 제기했다. 그러자 카펠은 위원회를 이끌고 이 문제에 대해 조사, 검토를 한 다음 연구를 계속하도록 했던 것이다. 카펠이 머레이힐에서 피어스를 다시 만난 날, AT&T가 많은 지분을 가진 세계적 위성통신 시스템의 가능성을 극찬하는 대표 연설이 한창이었다. 카펠은 농담을 건넸다. "존, 당신이 나를 어떤 상황에 밀어넣었는지 좀 보시오."

그 말의 요점은 에코 이후 겨우 1년 만에, 위성이 흥미로운 실험에서 치열한 비즈니스가 됐다는 것이다. 1961년 6월 「포춘」에 따르면 이미 수많은 다국적 기업, 그중에서도 RCA, GE, ITT는 어마어마한 위성을 우주에 설치하겠다는 의도를 분명히 하고 있었다. 위성은 점점 부담이 되고 있는 해저 케이블을 대신해주는 것이다. 게다가 위성은 현재의 해저 케이블로는 불가능한 텔레비전 실시간 방송도 가능하게 했다. 어떤 경제학자들은 궤도 위성이 10년 안에 연수익 10억 달러짜리 비즈니스가 될 것으로 예측했다. 카펠은 「유에스 뉴스 앤 월드 리포트U.S. News&World Report」와의 인터뷰에서 이렇게 말했다. "실질적으로 최적의 시스템은 우주에 위성을 50개 정도 띄워 사용하는 것입니다." AT&T가 그렇게 하기 위해 2,500만 달러나 되는 돈을 써야 하는가 하는 질문에 카펠은 이렇게 대답했다. "제가 장담하건대, 그것보다 더 많이 들어갈 겁니다." 그는 예산을 2억 달러로 잡았다. 카펠은 아무리 큰돈이 들어가더라도 이것이 대서양 횡단 전화에 드는 비용을 궁극적으로는 낮춰줄 것이라고 덧붙였다.

피어스는 나중에 생각해보니 에코 프로젝트가 그렇게 빠르고 순조롭게 진행됐던 것은 어느 정도는 그것이 별종 취급을 받았던 탓도 있다고 했다. 사업가들 중에 에코가 쓸모 있다고 생각한 사람은 거의 없었고, 그 결과 피어스와 크로포드힐의 동료들은 경쟁자 없이 작업할 수 있었던 것이다. 사실 머빈 켈리를 제외하면 벨 연구소에서 위성에 대해 회의적인 사람은 거의 없었다. 1959년 말과 1960년 초에 에코와 여러 지상국을 준비할 때에도 피어스는 에코와 같은 수동위성보다는 더 복잡한 능동위성을 만들고자 회의에 참석했다. '텔스타Telstar'라는 이름까지 붙은 이 능동위성은 지상에서 쏘아 올린 전파 신호를 10억 배 증폭시켜서 지구에 다른 주파수대로 재전송할 수 있었다. 능동위성은 수백의 전화 통화도, 여러 개의 텔레비전 프로그램도 동시에 전송할 수 있었다(텔레비전은 전화통화보다 더 넓은 대역폭을 필요로 한다). 다시 말해, 카펠은 AT&T의 자금을 커다란 은빛의 위성 기구보다는 한 무리의 능동위성에 쓰고 싶어 했다.

벨 연구소 내 연구진은 여러 가능성에 대해 토론을 시작했다. 가장 기본적인 문제는 능동위성, 혹은 능동위성 무리의 회전 궤도를 얼마나 높이 둬야 하는가였다. 우주통신의 주도권을 잡으려고 경쟁하는 기업들 사이에서도 지구를 도는 몇 개의 위성을 발사한다면, 지구의 자전 속도와 보조를 맞출 수 있는 3만 6,000킬로미터 상공에 위치해야 한다는 가설을 세웠다. 이 같은 '지구 정지궤도상에 맞는geostationary' 위성은 지구에서 볼 때 하늘의 특정 지점에 고정되는데, 그렇게 되면 이론적으로는 시간의 제약을 받지 않고 언제나 전송이 가능했다. 그런데 여기에는 두 가지 문제가 있었다. 피어스가 1954년에 처음으로 통신위성의 대강의 계획을 제기했을 때 이후로 로켓 기술은 엄청난 발전을 이뤘다. 하지만 여전히 그렇게 우주 멀리까지 위성을 쏘아 올린다는 것은 NASA로써는 불가능하다는 것이 첫 번째 문제였다. 두 번째는 벨 연구소 연구진이 제기한 것인데, 그만한 높이의 위성을 통해서 전화 통화를 하려면 전파 신호는 최소한 7만 2,000킬로미터를 왔다 갔다 해야 하는데, 그동안 약 0.6초의 시간차가 발생한다. 머레이힐에서 진행한 심리실험에 따르면 실험 대상자들은 대화할 때 긴 시간차가 발생하거나 소리가 울리면 짜증과 불만을 표시했다. 따라서 벨 연구진은 당장은 능동위성의 궤도를 최고 4,830킬로미터 상공으로 제한하는 것이 최선이라고 판단했다.

텔스타는 빠르게 진행됐다. 위성에 들어갈 트랜지스터 및 진공관 부품 쪽 작업을 하던 이안 로스는 이렇게 말했다. "우리는 모두 불가능한 일정에 따라 일하면서도 아무도 '난 못하겠다'고 말하지는 않았습니다." 텔스타의 주임 기사였던 유진 오닐Eugene O'Neill은 당시를 이렇게 회상했다. "누가 먼저 작업을 끝내는지 경쟁이 붙고 허둥지둥 일을 했어요."

그가 덧붙이기를, 당시 빠듯한 마감 시간과 재정적 압박 때문에, 그동안 일정에 따라 질서 있게 일하고 작업 속도보다는 내구성과 품질에 중점을 뒀던 벨 연구진들을 변하게 만들었다고 한다. 텔스타가 작동하기만 한다면 AT&T와 벨 연구소의 능력을 세상에 보여줄 수 있었다. 작업이 진행되는 동안 존 피어스가 오닐에게 했던 수많은 제안은 거의 대부분 똑똑한 먼 친척 아저씨의 참견 정도로 치부됐다. 물론 피어스는 그 때문에 괴로워하지 않았다. 에코처럼 성공적인 연구 프로젝트가 되려면, 결국 그 프로젝트가 연구소 개발팀의 손을 떠나야 했다. 연구와 개발은 접근 방법 자체가 달랐다. 에코는 200만 달러라는 적은 돈으로 진행됐고 투입된 인력도 약 36명으로 소규모였다. 텔스타는 NASA가 AT&T에 청구한 로켓 발사 비용만 300만 달러에 달했으며 500여 명의 벨 연구소 과학자와 기술자가 투입된 개발 프로젝트였다. 에코는 작은 무선 송신기를 장착한 반짝이는 대형 기구였지만, 텔스타는 들어가는 부품만 1만 5,000개였다.

기술자들의 목적은 수익을 내는 소비자용 전화 위성을 만드는 것이 아니었다. 그러기에는 아직 너무 일렀다. 텔스타의 목적은 벨 연구소의 기술자들이 능동위성을 설계, 개발하고 전개할 수 있음을 보여줌으로써 제기될 수 있는 신뢰성의 문제를 약화시키는 것이었다. 그래야 AT&T에서 계획 중인 대규모 위성 사업에서 밀려나지 않을 수 있었다. 이 프로젝트는 해저 케이블 건설만큼이나 복잡하면서도 개발에 주어진 기한은 훨씬 더 짧아서 작업하기가 더욱 어려웠다. 위성에 들어가는 것은 단 하나도 오작동해서는 안 됐다. 해저 케이블도 수리가 어렵기는 마찬가지였지만, 아직 우주에 사람을 보낼 수 없는 시대였기에 위성을 고친다는 건 애초에 불가능했기 때문이다.

프로젝트 책임자였던 오닐은 텔스타에 들어갈 1만 5,000개의 모든 부품을 철저히 테스트하던 당시를 떠올렸다. "부품 하나하나를 상상할 수 있는 모든 방법으로 흔들고 비틀어봤고, 우리 스스로에게 모든 부품이 로켓 발사의 진동에도 견디고 대기권 밖에서도 확실히 무사할 수 있을 정도라는 확신이 들 때까지 전기적, 물리적으로 테스트했습니다." 기술자들은 텔스타에 특수 반도체 다이오드 같은 별도의 부품도 많이 장착했다. 이것들은 꼭 통신 실험을 위한 것만은 아니었고, 우주의 방사선이나 온도를 과학적으로 측정하려는 의도가 있었다. 이렇게 얻어진 정보는 지상의 벨 과학자들에게 전송될 예정이었다. 당시만 해도 우주는 완전히 미지의 세계였기 때문에, 이 위성이 지구를 둘러싸고 있는 밴 앨런 방사대나 진공 대기의 강렬한 방사선이 어느 정도인지, 한 궤도 안에서도 수백 도씩 차이가 나는 엄청난 온도 변화가 활동 중인 우주선에 영향을 주는지 등을 알려준다면 많은 도움이 될 것이었다.

텔스타는 직경 90센티미터 정도로 피구공보다 조금 컸고, 무게는 77 킬로그램으로 무거운 성인 남자 정도였다. 뉴저지 힐사이드의 연구실에서 조립된 텔스타는 뉴저지 주 윕패니에 있는 벨 연구소와 머레이힐 기지에서 테스트를 거친 후 플로리다 주 케이프 커네버럴로 옮겨졌다. 그곳에서는 1962년 6월 둘째 주 발사를 앞두고 델타-토르 로켓이 기다리고 있었다. 텔스타는 구 모양이기는 했지만 그 표면은 72개의 면으로 나뉘어져 마치 희한한 모양의 거대한 보석 같았다. 결과적으로 텔스타는 피어스가 주장했던 "혁신은 시기를 잘 맞춰야 일어난다."는 말의 좋은 예가 되었다. 텔스타는 발명품 하나가 아니라, 지난 25년 간 연구소에서 개발한 16가지 기술이 합쳐진 결과물이었다. 「뉴욕 타임스」에서는 이 점을 다음과 같이 언급했다. "텔스타에 쓰인 기술 중에 우주에 보내려고 처음부터 의도한 것은 하나도 없었다." 하지만 이 기술들이 모두 모였을 때야 비로소 능동위성의 전개가 가능했던 것이다.

텔스타에 쓰인 기술 중 일부는 미약한 신호를 증폭시키는 메이저, 노이즈 감소 회로(주파수 변조 피드백 수신기) 등과 같이 전송과 관련이 있는 것들이었다. 노이즈 감소 회로는 연구소 기술자인 조 채피Joe Chaffee가 1937년에 특허를 따낸 것으로, 발명 당시에는 거의 쓸모없는 것으로 취급받았다. 하지만 에코에 쓰이면서 눈부신 성공을 거둔 후, 텔스타에도 쓰이게 됐다. 텔스타에는 반도체 관련 기술도 투입됐다. 예를 들면 텔스타 표면에 장착된 3,600개의 전력 공급용 태양전지, 대체로 방사선 측정을 위해 만들어진 트랜지스터와 다이오드가 있었다. 마지막으로 위성에서 가장 중요한 증폭 관련 부품은 연필 하나 두께에 길이는 30센티미터 정도 되는 진행파관이었다. 피어스가 20여 년 전 전쟁 중에 루디 콤프너의 아이디어에서 발전시킨 설계를 변형해서 텔스타에 장착한 것이었다. 이 특

텔스타 위성은 최초의 능동통신 위성으로, 전화 및 텔레비전 신호를 송수신할 수 있었을 뿐 아니라, 우주의 방사선에 관한 데이터도 수집할 수 있었다.
©AT&T Archives and History Center

수한 진공관은 피어스와 콤프너, 그리고 트랜지스터를 대량생산하도록 도왔던 개발팀장 잭 모턴의 공동 개발품이었다.

텔스타가 발사되던 날 밤, 피어스는 식당에서 친구와 저녁 식사를 했다. 그러고는 크로포드힐로 가서 루디 콤프너와 함께 이 능동

위성이 성공하는지 지켜봤다. 피어스는 자신의 성격처럼 자신만만했다. 그는 전화 시스템조차 작동시키려면 복잡한 기관을 움직여야 한다는 것에 번번이 놀랐지만, 벨 연구소 동료들의 능력에 대해서는 조금도 의심하지 않았다. 마침 그가 합류한 크로포드힐의 한 무리는 혼 안테나를 이용해서 엿듣기를 시도하는 중이었다. 공식적으로 텔스타는 저 멀리 메인 주에 AT&T가 지은 새로운 설비로 옮겨갔다. 메인의 시설은 방해전파를 최소화하기 위해 산으로 둘러싸인 분지에 지어졌는데, 그곳에는 '스페이스힐Space Hill'이라는 별칭이 붙었다. 그곳 중심에는 거대한 혼 안테나가 회전하는 바닥 위에 세워져 있었는데, 그 길이가 54미터에 달해 크로포드힐에 있던 것보다 훨씬 컸다. 메인 주의 날씨가 좋지 않을 때를 대비해 안테나는 팽창식 돔 안에 배치됐다. 이 팽창식 돔은 그때까지 만들어졌던 어느 팽창 가능 구조물보다도 컸고, 데이크론Dacron: 양털과 비슷한 폴리에스테르계 합성섬유과 합성고무로 제작됐다.

1962년 6월 10일 오후 4시 35분을 기해 텔스타를 실은 로켓이 지상을 박차고 떠올랐다. 오후 7시 30분경, 분리돼 나온 위성은 궤도에 들어선 후 지구를 6번째 돌고 있었다. 곧 AT&T의 사장 프레더릭 카펠은 텔스타를 통해 부사장 린던 B. 존슨Lyndon B. Johnson에게 전화를 걸었다. 둘은 아무런 문제없이 짧은 통화를 마쳤다. 그로부터 한 시간도 채 지나지 않아서 텔스타 프로젝트에 참여한 프랑스 기지국에서는 또렷한 실시간 텔레비전 신호를 수신하기 시작했다. 그곳에서 받은 화면은 메인 주의 앤도버에 있는 기지국을 배경으로 미풍에 펄럭이는 성조기 영상이었다. 다음 날 아침에는 영국 지상국에서 내보내는 쇼가 미국에 실시간으로 방송됐다. 한 조사에 따르면 영국에 거주하는 사람들 중 82퍼센트는 텔스타에 대해 알고 있었고, 수백만이 긍정적인 놀라움을 표시했다고 한다. 피어스는 당시를 떠올리며 이렇게 회고했다. "텔스타가 우리가 계획했던 것 이상도 이하도 아니라 정확히 예상했던 대로 움직인다는 것이 정말 즐거웠죠." 하지만 그를 정말로 놀라게 한 것은 텔스타의 '인간적 효과'였다. 발사 바로 다음 날, 「뉴욕 타임스」는 텔스타를 가리켜 '의의 면에서 새뮤얼 F. B. 모스Samuel F. B. Morse가 한 세기도 더 전에 발명한 최초의 전보 송신에 필적하는 통신 위업'이라고 칭했다. 곧이어 영국 밴드 '토네이도Tornados'는 위성에 대한 경의를 표하는 연주를 발표하고 그 제목을 '텔스타'라고 붙였다. 이 음악은 미국과 영국에서 1위를 차지했다. 피어스는 발사 6개월 후인 1962년 크리스마스 날에 영국의 엘리자베스 여왕이 텔스타를 "눈에 보이지 않는 100만 개의 눈이 집중했다."라고 표현한 것을 특히 좋아했다.

하지만 벨 연구소가 위성의 성공에 도취될 수 있었던 것도 한순간뿐이었다. 케네디 정부와 의회는 우주통신의 주도권이 전적으로 사적인 영역으로 넘어가는 것을 우려하는 한편, 이미 다른 모든 사기업을 세계적 위성 사업에서 밀어낸 AT&T의 거대한 규모와 공격적 성격에 불편한 심기를 드러냈다. 그러자 피어스는 허탈한 상태에 빠졌다.

존 피어스가 공식적으로 정치 학습을 한 적은 없었다. 사실 피어스는 투표도 해본 적이 없었다. 하지만 1962년에 생긴 통신위성법으로 '콤샛COMSAT'이라는 정부 공인 통신 기업이 만들어졌고, 이것은 AT&T가 세계적 위성통신 사업으로 나아가는 것을 가로막음으로써 피어스를 급진적으로 변하게 했다. 그는 몇 년 후 한 인터뷰에서 이렇게 말했다. "아시겠지만, 그것 때문에 무척 힘들었어요. 통신위성을 이제 막 띄워서 이름을 좀 날리려는 차였는데 말입니다. 제가 그럴 자격이 있는지는 모르지만, 어쨌든 그건 마치 추운 바깥으로 쫓겨난 듯한 느낌이었죠." 피어스는 워싱턴의 관료 정치에 실망한 지 오래였다. 물론 NASA에서도 AT&T가 에코와 텔스타에 대한 영향력을 불공평하게 독점했다고 생각해서 그들에게 실망했다. 하지만 벨 시스템이 최신 기술의 실현을 늦췄을 수도 있다는 모든 의혹에도 불구하고, 피어스는 그가 일하는 조직이 세계 최고의 기술력을 갖췄다는 확고한 믿음을 갖고 있었다. 그는 벨 연구소나 개인적인 경쟁이 없었다면 위성 기술이 그 정도로 발전하지 못했을 거라고 생각했다. 또 그는 에코와 텔스타가 기술적으로는 엄청난 성공을 거뒀지만, 사업적으로는 완전히 실패했다는 점에 더욱 크게 놀랐다. 아마 벨 연구소가 우주를 향한 경쟁에서 전적으로 빠져야 한다고 고집했던 머빈 켈리가 옳았던 거라고 피어스도 나중에는 생각했을지 모른다.

피어스는 간혹 벨 연구소를 떠나오라는 제안을 받기도 했다. 그의 특이함에도 불구하고, 아니 어쩌면 그 특이함 때문인지 학계, 정부, 경영계에는 그를 헌신적으로 따르는 이들이 많았다. 그의 지인 중에는 세계적으로 영향력 있는 과학자들도 다수 있었다. 그중의 하나인 윌리엄 쇼클리가 캘리포니아에 반도체 기업을 세웠을 때, 그는 오랜 친구들에게 서부 해안의 자기 회사로 와 달라고 제안했다. 쇼클리는 1950년대 중반 일기에서 피어스를 이렇게 언급했다. "그는 벨 연구소에 있는 것이 행복하다고 했다." 피어스는 섀넌과도 가깝게 지냈다. 섀넌은 그를 매사추세츠에 있는 자택으로 초대하곤 했다. 벨 연구소의 위성 사업 실패도 피어스의 직원들에 대한 생각을 바꾸지는 못했다. 그는 "저는 위성보다도 벨 연구소를 좋아했습니다."라고 말했다. 적어도 한동안, 피어스는 연구소에 남아 있었다.

그는 아직도 할 일이 태산처럼 많았다. 위성에 관한 일을 하는 동안에도 피어스는 점점 더 컴퓨터 음악에 빠져들었다. 데카 레코드는 그의 동료 맥스 매슈스와 피어스, 그리고 몇 명의 연구원들이 초창기 IBM 7090 컴퓨터로 직접 만든 컴퓨터 음악을 모아 앨범으로 만들어줬다. 그 음악은 클래식 음의 파편들이 삑삑거리는 소리며 괴상한 전환들로 가득해, 당황스러워 거의 들을 수가 없었다. 연구원들은 이를 '수학의 음악'이라고 불렀다. 피어스는 부탁하지도 않은 음반의 복사본에 열정적인 설명까지 써 붙여서 작곡가인 레너드 번스타인과 에런 코플런드에게 보내기도 했다.

그렇다고 그가 자기 회사의 사업과 전혀 무관한 일만 한 것은 아니었다. 피어스는 전화 시스템의 현 상태와 나아가 그 다음 단계에 대해서도 계속해서 생각하는 중이었다. 에코와 텔스타로 대표되던 시기에, 그는 텔레비전 출연이나 강연을 하러 가서는 통신의 철학자 같은 인상을 남기곤 했다. 그가 봤을 때 사회를 변화시키는 것은 기술이 아니었다. 벨 연구소의 기술에 의해 가능하게 된 즉각적 정보교환, 그로 인해 생겨난 새로운 정보망이 사회를 변화시킬 것이었다. 또 피어스는 데이터 전송, 가정용 컴퓨터, 전자 메일, 광통신 등과 같은 여타 기술적 진보가 지금까지 벨 연구소가 이룩한 것보다도 더 근본적으로 우리의 문화를 규정하게 될 것임을 깨달았다. "확실히 벨 연구소는 기계를 통해 이야기를 나누고 먼 곳의 소리나 화면을 보고 들을 수 있도록 디지털 신호를 보내는 일에 점점 더 많이 관여하고 있다."라고 그는 1956년에 말했다. 1960년대, CBS뉴스에서 앵커 월터 크롱카이트Walter Cronkite와 이야기를 나누던 피어스는 그의 친구 클로드 섀넌이 이전에 조금 이해하기 어려워했던 이야기를 꺼냈다. 바로 전기를 통해 이뤄지는 편지, 전화, 데이터, 텔레비전 등의 교환이 모두 합쳐지는 경향이 있다는 것이다.

크롱카이트 지금 하시는 말씀은 집집마다 어떤 중앙 통신 패널이 있어서, 교환대 하나만으로 모든 통신이 가능해질 거라는 뜻인가요?
피어스 저는 통신이 일반적 기능임을 인식하는 것이 아주 중요하다고 봅니다. 전화통화에 사용되는 전선이 전신타자기에도 쓰이고, 텔레비전 신호를 처리하는 회로가 고속 데이터도, 다른 많은 것들도 마찬가지로 처리합니다. 일단 전송 시설을 갖추고 나면 모든 방법을 오가며 사용할 수 있게 되는 것이죠.

그는 벨 연구소가 다른 것보다도 휴대전화 연구를 더 많이 해야 한다고 강력히 제기했다. 만약 미 연방통신위원회FCC가 벨 연구소와 AT&T에 휴대전화처럼 광범위한 주파수대를 운영하도록 허가해주기만 하면 그 사업은 폭발적인 인기를 끌 것으로 피어스는 예상했다(하지만 광범위한 주파수 없이는 신기술을 개발할 논리가 서지 않았는데, 주파수가 적으면 휴대전화의 부족한 수용 능력이 적은 소비자층밖에 못 만들기 때문이다). 그의 1957년 메모에는 이렇게 적혀 있다. "FCC에게서 휴대전화 분야를 떼어올 방법이 없을까?" 그 시기에 피어스는 이미 10~20년 앞을 내다보고 벨 연구소가 먼저 휴대전화 연구를 시작했으면 하고 바랐다. 그는 트랜지스터가 이동

통신에 완전히 새로운 가능성을 열어줄 거라는 사실을 알고 있었다.

벨 연구소가 휴대전화 기술로 나아가기까지는 10년의 세월이 걸렸다. 피어스의 경력을 나타내주던 거대한 기구인 프로젝트 에코는 거의 8년 동안 하늘에 떠 있다가 1968년 5월 23일 저녁, 남아메리카 서쪽 해안 어딘가로 사라졌다. 에코의 주임기사였던 빌 제이크스는 그때까지도 피어스 휘하 홈델에서 일하고 있었다. 에코가 사라질 때 쯤, 어느 날 그의 상사 피어스가 제이크스의 사무실로 찾아와 물었다. "제이크스, 이동통신 연구 한번 해보는 것 어떤가?" 그리고 제이크스가 대답하기도 전에 피어스는 사무실을 나가버렸다.

미래, 상상과 현실 사이에서

존 피어스가 에코 기구 위성을 성공시킨 지 1년이 지나 텔스타의 작업이 한창일 무렵, 피어스는 벨 연구소의 동료 에드워드 데이비드Edward David 와 함께 앉아서 메모 하나를 작성하고 있었다. 때는 1961년 여름, 둘은 1964년에 열릴 뉴욕 세계 박람회에 벨 시스템의 이름으로 전시할 아이디어 목록을 만드는 중이었다. AT&T 경영진은 이미 기획팀을 구성하고 회사에서 가장 미래지향적인 과학자들에게 조언을 구했다. 이들은 기획팀이 앞으로 통신이 어떻게 진화할 것인가에 대한 짧은 경험을 제공함으로써 박람회에 온 사람들이 복잡한 전화 시스템의 개념을 이해할 수 있도록 해주길 바랐다. 바로 그때, 피어스가 이 일에 착수했다.

　기업들에게 세계 박람회는 홍보의 장이었다. 물론 연습이나 실험이 아니라 기업의 기술적 공급처로부터 쏟아져 들어오는 아이디어들 중에서 통신 기업이 실현하고자 하는 것들을 엄선해서 보여줄 절호의 기회였던 것이다. 피어스는 뉴욕 박람회 시기가 거대 건축물인 '스페이스 니들'로 대표되는 시애틀 21세기 전시회와 겹친다는 것에 주목했다. 시애틀 전시회에서는 벨 연구소의 신기술이 전시될 예정이었다. 모노레일을 타고 벨 전시장에 도착한 시애틀 전시회 방문객들은 놀라울 정도로 편리한 미래를 만날 수 있었다. 다이얼을 대신할 빠른 터치식 버튼, 전화 교환원을 대신할 장거리 직접 통화, 트랜지스터로 가능하게 될 전자식 스위치까지. 방문객들은 '페이저pager, 호출기'라는 큰 벽돌 모양의 장치도 사용해볼 수 있었다. 이것은 의사나 여타 바쁜 직장인들이 긴급 호출을 받을 수 있도록 하는 기계였다.

하지만 뉴욕 박람회에 비하면 시애틀 전시회는 규모가 작은 편이었다. 뉴욕 쪽은 관람객만 거의 5,000~6,000만 명이 예상되는 어마어마한 규모였다. 피어스와 데이비드가 작성한 1961년의 메모에는 '개인 휴대전화', '기계로 읽고 전선으로 전송하는 비즈니스 문서', '먼 곳에서도 정보를 검색할 수 있는 컴퓨터 도서관', '우주 위성통신' 등 수많은 전시 아이디어가 적혀 있었다. 하지만 1964년 4월에 개최된 박람회에서 벨 시스템은 '공중 날개'라는 별명을 얻은 커다란 캔틸레버식 건물을 짓고는, 피어스와 데이비드가 상상했던 것보다는 훨씬 더 보수적인 미래상을 보여줬다. 전시 내용은 대체로 설명적이었다. 방문객들은 웨스턴 일렉트릭의 공장에서 품질 관리가 어떻게 이뤄지는지, 벨 연구소 연구원들이 트랜지스터를 만드는 데에 필요한 순수 결정을 어떻게 만드는지를 알 수 있었다. 그들은 '전화 걸기' 버튼을 눌러보거나 텔스타와 같은 통신위성이 어떻게 작동하는지 살펴볼 수도 있었다. 아마 그곳에서 유일하게 놀라움을 선사한 것은 피어스와 데이비드가 메모에 적었던 '비지폰visiphone'이었을 것이다. 공중 날개를 방문한 사람은 누구나 이를 체험해볼 수 있었다. 이 장치는 벨 연구소의 연구진들이 10년에 걸친 노력 끝에 1964년에 만든 것이었다. '텔레비전 전화Picturephones'라는 별명이 붙은 이 기계는 미래의 정수를 보여주는 것 같았다.

텔레비전 전화를 시연해보고 싶은 방문객은 7개의 부스 중 하나에 들어가 '사진 유닛'이라는 기계 앞에 앉았다. 그 기계는 긴 타원형 튜브 모양으로 너비 30센티미터, 높이 18센티미터에, 깊이 30센티미터 정도였다. 정면 타원에는 작은 카메라와 11×15센티미터 크기의 네모난 화면이 설치돼 있었다. 사진 유닛은 화면을 조정할 수 있는 버튼 달린 수화기와 선으로 연결돼 있었다. 전화를 걸어보고 싶으면, 물론 다른 부스에 있는 사용자와 연결하는 것이었지만, 화면Video을 의미하는 'V'버튼을 누르기만 하면 됐다. 그러면 다른 부스에 있는 두 사용자가 사진 유닛을 보며 수화기로 이야기를 나눌 수 있었다.

말할 것도 없이 텔레비전 전화는 아주 흥미로웠다. 분명 이 기계는 텔레비전과 전화라는 기존의 기술들을 멋지게 혼합했다는 점에서 급진적이지는 않았다. 그렇다고 개발 시기가 적절하다고 판명된 것도 아니었다. 벨 연구소 기술자들도 이 점에 대해 우려를 했다. 1950년대 중반에 피어스는 새로운 장비, 텔레비전 전화의 유용성에 의문을 갖고 동료와 이런 메모를 교환하기도 했다. "이런 서비스를 수용할 만한 수요가 충분히 있는지, 심지어 텔레비전 전화가 이 시점에 상업화할 수 있을 정도인지도 잘 모르겠네."

확실히 텔레비전 전화 기술은 그때부터 긴 여정을 계속해왔다. 1964

년 들어 피어스가 1950년대 후반에 지적했던 영상 화면은 더 새로워졌고, 이제 수천 가지 기계들 모두가 앞으로 수십 년 안에 더욱 진화된 전화 교환과 송전망을 만들 수 있을 것 같았다. 일부에서는 전화망이 추가적인 통신을 감당할 수 있겠냐는 우려를 내놓았다. 또 한쪽에서는 국가적 차원의 준비가 돼 있는지도 의문을 제기했다. 하지만 뉴욕 박람회에서 방문객들은 텔레비전 전화 체험장 앞에만 길게 줄을 섬으로써 엄청난 대중적 호기심, 어쩌면 열정이라고까지 할 만한 반응을 보였다.

AT&T 경영진은 사실 그 박람회에서 조용히 시장조사 연구를 진행했다. 조사 결과의 단점이 있었다면 벨 시스템 전시장을 찾은 관람객이 꼭 사회의 의견을 대표하지는 않을 수도 있다는 점이었다. 그럼에도 조사자들은 텔레비전 전화를 사용해본 700명을 대상으로 디자인과 기술에 대한 반응을 조사했다. 그들은 사용자들에게 앞으로 텔레비전 전화를 사용할 의사가 있는지도 물었다. 기밀 보고서에 요약된 바에 따르면 사용자들은 전반적으로 '대체로 호의적인' 반응을 보였다고 한다. 사용자들은 버튼이나 사진 유닛의 크기에 대해 불만을 표시했다. 소수의 사용자는 카메라 앞에 있는 것을 불편해했다. 하지만 대다수가 사업상 텔레비전 전화가 필요할 것이라고 말했고, 두 번째로 많은 대답은 집에서 텔레비전 전화가 필요하다는 것이었다.

그런데 돈을 내고 사야 한다고 해도 사람들이 텔레비전 전화를 쓸까? 대답은 분명하지 않았다. 인터뷰한 부부들 중 한 달에 40~60달러를 내야 한다고 할 때 가정에 텔레비전 전화를 두겠다고 대답한 부부는 12퍼센트에 불과했다. 반면 기업 고객은 좀 더 긍정적인 반응을 보였다. 비용이 월 60~80달러로 상당히 높더라도 사무실에 이 장비를 구비하고 싶다는 대답이 29퍼센트나 됐다.

AT&T 시장 조사원이 텔레비전 전화 사용자들에게 대화 중 상대방을 눈으로 보는 것이 중요한지 물었을 때, 거의 대부분이 '매우 중요하다'거나 '중요하다'고 대답했다. 이 결과는 통신 회사 경영진들에게는 아주 고무적으로 다가왔을 것이다. 보아하니 시장 조사자들은 답변자에게 대화 중 상대방이 내 모습을 보는 것도 중요하고 즐거운지는 묻지 않은 모양이다.

1964년 미국에는 약 7,500만 대의 전화기가 있었고, 이는 벨 연구소가 이용자들 간에 약 2,500조 개의 상호 연결 수단을 제공해왔다는 뜻이었다. 이 점을 고려할 때, 텔레비전 전화가 엄청난 관심을 받았던 1964년 연구소에서 최초로 해낸 어떤 혁신적인 기술은 기존의 전화를 사용해온 이들에게는 잘 드러나지도 않았고, 심지어 그들은 이해할 수도 없는 것이었다. 이것은 'ESS No.1'이라고 하는 새로운 전자 교환기로, 뉴저지 주 스카슨나 시의 한 마을에 위치한 작은 현대식 건물에서 개통됐다. 이 교환기를 만드는 데에는 '맨이어man-year'로 계산하면 2,000 맨이어가 걸리고, 수만 개의 트랜지스터가 사용됐다. 그 복잡함은 이전에 벨 연구소에서 맡았던 대양 횡단 해저 케이블 같은 일은 아무것도 아닐 정도로 엄청났다. AT&T 사장 프레드 카펠은 스카슨나에서 ESS가 개통될 당시 이를 가리켜 '벨 시스템 역사상 가장 큰 단일 연구이자 개발 프로젝트'라고 했다. AT&T에서는 여기에 1억 달러 이상이 들었다고 밝혀, 실제로는 훨씬 더 많은 돈이 들었음을 추측할 수 있었다.

그런데 그 비용은 ESS 기술이 전국적으로 배치됨에 따라 급격하게 줄어든 듯하다. 벨 경영진은 2000년까지 모든 통신을 스카슨나처럼 전자식으로 전환하면 지금보다 훨씬 '싸고 좋은' 황금 결합이 될 것이라고 주장했다.

왜 이런 방향으로 전환이 일어났을까? 이들은 어떤 미래를 상상한 것일까? 벨 시스템의 아주 재미있는 특징 중의 하나는 전화를 들고 다이얼을 누르기만 하면 되는 간편함 뒤에 점점 더 골치 아파지는 내부적 복잡함이 숨어 있다는 점이다. 새로운 정보화 시대에 지배적인 원칙이 된 또 하나의 진실은 수용력, 속도, 다기능성 측면이 더욱 복잡해질수록 겉모습은 더 매끈하고 간단해진다는 점이었다. ESS가 이 경우와 아주 딱 맞아떨어졌다. 전환은 개념의 측면에서나 실제 기술적인 측면에서나 항상 엄청나게 복잡했다. 그래서 벨 시스템에서는 피어스와 섀넌을 포함해, 이 어마어마한 연결을 이해하는 사람들은 이를 '역사상 가장 크고 복잡한 기계'라고 불렀다. 벨 연구소에서는 난해하고 골치 아픈 한 무더기의 플로우 차트 따위로 표현되는 이 특별한 기술을 '스위칭 기술'이라는 이름으로 통칭했다. 이 스위칭 기술에 통달한 사람들은 과학기술 계에서 사제로 등극할 정도였다.

ESS는 크로스바(자동식 전화 교환기)를 대체하기 위한 것으로, 빛나는 금속판 몇 개에 크로스바 대열보다 훨씬 작은 데이터 뱅크(컴퓨터용 정보와 그 축적, 보관 및 제공 기관)로 구성돼 있어 보기에는 간단해 보였다. 하지만 사실은 ESS가 훨씬 더 복잡한 기계였다. 전화 사용자가 수화기를 들고 친구에게 전화를 걸기 시작하는 순간, 즉 발신자가 발신음을 들으면서 숫자판을 누르기 시작하는 순간에 ESS는 독립적이고 순차적인 명령에 따라 시스템 논리와 기억회로의 거의 즉각적인 상호작용을 했다. 이 모든 것이 단 몇 마이크로초(100만분의 1초) 안에 이루어졌다. 당시 연방 정부는 컴퓨터 사업에 관여하지 말라고 명령했고, 연구소 경영진은 기술자들에게 ESS를 '컴퓨터와 같은'이라고만 표현하도록 했다(내부 메모에서는 'ESS를 컴퓨터라고 칭하지 말 것'이라는 경고와 함께 대신 '거대 디지털 정보 기계'라고 부를 것을 권하기도 했다). 물론 ESS의 엄청난 발전은 그것이 고도로 정교하고 프로그램이 가능한 기계(크로스바와는 달리), 즉 컴퓨터였으며 그로 인해 수백분의 1초면 전화 연결을 할 수 있고 이전의 어떤 교환 체계보다 더 많은 부하를 감당할 수 있게 됐다는 것에 있다. 이 기술은 이전에 없던 다양한 서비스를 제공했고, 이를 통해 텔레비전 전화도 기존의 시스템에 통합될 수 있었다.

조금 전에 설명한 장거리 전송 시스템, 마이크로파 중계탑이 도시 간 케이블보다 저렴한 대체품이 됐던 것과 마찬가지로 사용자의 입장에서 전자 교환은 더 나은 방향으로 개선된 것이었다. 전화 기술자가 아니고서는 이것이 얼마나 신나는 일인지 이해할 수 없었을 것이다. 결국 모든 사람이 다른 모든 사람과 대화를 나눌 수 있게 됐다. 그러다 보니 통신 회사에서도 다양한 상품을 내놓았다. 전자식 전화기와 새로운 전자 교환에 대해 「뉴욕 타임스」는 "가정주부가 집 밖에 나와 있을 때도 전화로 오븐을 켤 수 있고, 사무실 직원이 통화 중인 곳에 전화를 걸어도 앞 통화가 끝나면 자동으로 연결된다."라고 썼다. ESS는 통화대기나 회의 통신과 같은 유망한 서비스도 가능하게 해줬다. 「뉴욕 타임스」는 ESS 덕분에 "브리지 게임(카드 놀이의 일종)을 하러 저녁 외출하는 부부는 집 전화가 오면 자동으로 친구네 집 전화로 연결되도록 돌려놓을 수 있다."라고 쓰기도 했다.

다시 말해, 전화 사용자들은 이제 이동하면서도 전화 서비스를 이용할 수 있게 됐다는 것이다. 이 점은 엄청나게 중요한 것으로 드러났다. 벨 연구소 홍보부에서는 기술자들에게 기자를 만나면 ESS는 "아직 생각해보지 못한 서비스까지도 제공할 수 있다."라고 말하게 했다. 그때는 애매하게 던진 말이었지만 시간이 가면서 결국 그 표현이 정확했음이 드러났다.

과학기술의 미래를 예측하기란 쉽지 않다. 그래서 존 피어스는 예측하는 일을 하는 사람이라면 누구나 모욕적인 실수를 하게 마련이라고 말했던 것이다. 하지만 미국 정부가 전자 통신의 미래를 벨 연구소에서 일하는 당신에게 맡겼다면, 그래도 뭔가 계획이 있긴 있어야 했다. 그렇다면 피어스와 그 동료들은 자신들이 생각하는 미래의 아이디어에 얼마나 확신을 가졌을까? 또 그 미래는 얼마나 빨리 올 수 있고, 빨리 와야 했을까?

벨 연구소의 소장인 짐 피스크는 스카슨나에서 ESS 개통식을 열었다. 머빈 켈리는 MIT를 갓 졸업한 피스크를 고용했고, 피스크는 전쟁 중에 레이더 세트에 들어갈 마트네트론을 설계함으로써 이름을 알렸다. 경영자가 돼서도 그는 젊은 시절 연구원의 자세를 흔들림 없이 유지했다. 젊었을 때도 그는 느긋한 성격과 강력한 과학적 사고가 공존하는 사람이었다. 1930년대 후반에 피스크의 친구 빌 쇼클리는 그가 벨 연구소를 방문했다는 소식을 듣자마자 "저 친구가 고용된다면 우리는 10년 내에 저 친구 밑에서 일하게 될 거야."라고 말했다. 그리고 몇 십년이 흘렀다. 1960년대 초반에 피스크는 미래에 대해 적어도 세 가지는 분명하다고 예상했다. 먼저 이 시스템은 더 빨라야 하고, 이는 일정 부분 전자 교환 시스템과 전자식 전화기로 가능할 것이다. 두 번째는 이 시스템이 더 많은 정보를 디지털 방식으로 보내야 한다는 것이다. 얼마 지나지 않아 벨 연구소 기술자들은 섀넌과 피어스가 오래 전에 구상했던 펄스 코드 변조(PCM) 기술 'T-1 시스템'을 개발했다. 이것은 파동 대신 음성신호를 변조한 두 종류의 펄스를 이용하는 것인데, 이 방식은 컴퓨터에서 1과 0으로 이뤄진 명령으로 기능을 지시하는 것과 비슷했다. 피스크는 PCM에 대해 "각 전화 채널로 들어온 말은 초당 8,000회로 나누어 신호로 코드화되고, 각 신호는 단자로 전송된 다음 원래의 말로 복원된다."라고 설명했다. 어떻게 보면 전자 통신이란 한 도시에서 신문지를 잘게 찢고 다른 도시로 그 조각을 즉시 보낸 다음, 누구도 쪼개진 조각이었다는 것을 모르도록 하나로 합치는 것이라고도 말할 수 있다.

미래에 관한 세 번째 진실은 시스템 이용자가 훨씬 늘어날 것이라는 점이었다. 전화 가입 및 통화량이 계속해서 늘어나면서 증가하는 음성신호들, 전화선을 통해 컴퓨터들 사이에 오가는 데이터들, 텔레비전과 텔레비전 전화 장비가 점점 대중화되면서 생겨날 영상 신호들은 모두 트래픽으로, 엄청난 정보의 홍수가 될 것이었다. 대체 이 모두를 어떻게 수용한단 말인가? 물론 ESS가 도움이 되겠지만, 그 장치는 그저 숙련된 교통경찰처럼 정보 교환 경로를 찾아주는 것뿐이었다. 모든 정보가 오고 가기에 충분할 정도로 넓은 도로를 지어야 했다. 의외로 반세기 전에 나왔던 이야기에 그 답이 있었다. 피스크는 "역사적으로 전파와 유선통신의 발전 과정은 더 높은 주파수를 찾아내는 것이었다."라고 말했다. 벨 연구소의 기술자들에게 이 발언의 영향력은 확실했다. 모든 형태의 전자 통신은 전자기파를 사용한다. 그리고 모든 전자기파는 그 길이에 따라 전자기파 스펙트럼 내에서 위치하는 지점이 있다. 한쪽 끝은 장파로, AM이나 FM 라디오 방송국에서 노래를 들어주는 거대 안테나에서 나오는 신호다. 진폭이 크지 않은 대신 파장이 몇 미터에서 길게는 몇 백 미터까지 된다. 다른 쪽은 단파인데, 단파는 파장이 몇 센티미터나 몇 밀리미터밖에 되지 않는다. 이런 파장이 TV 신호나 레이더용으로 사용된다. 일반적으로는 파장이 짧을수록 주파수가 높고 담을 수 있는 정보의 양도 많다.

1960년대 초반에 벨 연구소의 경영진들은 밀리미터파가 미래의 통신 매개가 될 것이라 결론지었다. 벨 연구소의 이 아이디어는 정보를 전선이나 방송국 송신소가 아니라 홈델에서 개발한 원형 도파관circular waveguide을 통해 전달하겠다는 것이었다. 피스크는 이것을 '특별히 설계된 중공 파이프hollow pipe'라고 정의했다. 이 도파관은 지름이 몇 센티미터밖에 되지 않고 내부에 고주파 밀리미터 전파 신호를 중계할 수 있도록 특별한 물질이 들어 있었다. 이는 이전에 도시 간 전화 케이블이던 시외 선로와 같은 역할을 할 수 있는 데다 수용량도 훨씬 많았다. 확실히 각 관은 수백 수천만 통화를 한 번에 전달할 수 있었다.

벨 연구소의 미래 설계를 직접 감독하는 이는 짐 피스크의 두 부하 직원, 줄리어스 몰나르Julius Molnar와 윌리엄 베이커였다. 몰나르는 텔레비전 전화의 최고 권위자로, 2000년도까지도 '텔레비전 전화는 사람들이 서로 대화를 나누는 가장 기본적인 방법이 될 것'이라고 믿어 의심치 않았다. 몰나르는 연구소에서 진행된 수많은 개발 프로젝트를 감독했다. 피스크 밑에서 부소장으로 있는 동안 진행된 디지털 통신 체계와 새로운 전자 교환 센터도 그의 감독하에 이뤄졌다. 그의 동료 중 한 명은 그가 올리버 버클리 소장 재임 기간의 머빈 켈리처럼 '운영을 전담'한다고 말했다. 몰나르는 친절한 얼굴에 숱이 적은 머리와 무척 짙은 눈썹을 가진 키가 큰 남자로, 벨 연구소에서 높은 지위에 오르기 전에는 MIT에서 물리학을 공부했다. 그는 사고의 정확성뿐만 아니라 자신감 측면에서도 전설적인 존재였다. 존 피어스의 캘리포니아 공과 대학 시절 친구이자 몰나르의 친구이기도 한 척 엘먼도프는 '그는 발전소 같은 사람'이었다고 회상했다. "줄리어스는 아주 똑똑하고, 아주 능숙했죠. 단점이 있다면 힘이 좀 넘쳤다는 걸까요."

정말로 몰나르를 아는 사람이라면 누구나 그가 살아 있는 인간 중에서 전화 통신망과 시스템 공학에 대해서는 가장 잘 알 거라고 믿었다. 몰나르 밑에서 일하다가 결국 연구소의 교환 개발부장이 된 빌 플레켄스타인Bill Fleckenstein은 이렇게 말하기도 했다. "저는 벨 연구소 경영진 중에서 누구에게도 줄리어스가 벨 연구소에서 가장 대단한 경영자라고 말할 수 있어요. 그는 연구소 일에 대해 몇 사람을 합친 것 이상으로 잘 알았습니다. 저는 피스크를 아주 좋아했어요. 하지만 가장 좋았던 건 피스크처럼 이곳에서 일어나는 일을 속속들이 알지는 못하는 사람과 줄리어스처럼 연구소 내부 사정을 전부 꿰고 있는 사람, 이 둘의 조합이 완벽했다는 것입니다."

벨 연구소의 연구부장이었던 빌 베이커가 연구소 내부 사정을 잘 알고 있었는지는 알 수 없다. 그는 항상 그랬듯이 자신이 알고 있는 것을 다른 사람들에게 잘 말하지 않았다. 그럼에도 그는 연구소 작업들에 대한 정보를 엄청나게 갖고 있었다. 그는 점심시간마다 구내식당에 앉아서 한 명을 골랐다. 상대는 진공관 부서의 유리공일 때도 있고, 반도체 실험실의 금속공학자일 때도 있었다. 그는 절대 거절하지 못할 정중한 어조로 "여기 앉아도 되겠습니까?"라고 묻고는 그 직원의 일이나 개인사, 갖고 있는 아이디어에 대해 다정하게 면담을 했다. 베이커의 친구이자 동료인 마이크 놀Mike Noll은 그를 이렇게 회상한다. "대화가 끝날 즈음, 베이커는 나에 대한 모든 것을 알게 됐지만 나는 그에 대해 정말 아무 것도 모른다는 사실을 깨닫게 되죠."

이런 특이한 성격만큼이나 뛰어난 것은 그의 기억력이다. 1980년대 중반에 구술 역사가 몇 명이 베이커와 함께 앉아 거의 50년 전인 그의 대학원 생활에 대해 물은 적이 있다. 베이커는 거의 한 시간 동안 교수님, 교과서, 강의에 대해 아주 세세하게 떠올렸다. 그러더니 또 1930년대부터 함께 공부했던 반 친구들 한 명 한 명이 그 이후로 어떤 일을 했으며, 어디서 누구와 함께 일했는지까지 기억해냈다. 심지어 그는 그 친구들이 어떤 아이디어를 내고 어떤 연구를 했으며 그중 어떤 것이 잘됐고 실패했는지, 그 이유까지 줄줄 꿰는 것이었다. 동료들은 베이커가 20~30년 전에 단 한 번 만나본 사람을 이름만 듣고 기억하는 것을 보고 그저 놀랄 수밖에 없었다. 그의 기억은 단지 사진을 찍어놓은 것 같은 단순한 게 아니라, 일종의 스위치 장치가 작동하는 식이었다. 그는 만났던 모든 사람들과 나눴던 복잡하고 상호 관련된 모든 대화를 과학적, 기술적, 사회적인 서사로 묶어 갱신했다. 베이커는 이 과정을 아주 쉽게 해냈다.

316

존 피어스도 "사람들을 놀라게 할 정도로 똑똑하다."라고 그의 친구 에드 데이비드Ed David가 말할 정도로 똑똑했지만, 그의 상사 빌 베이커에게는 그저 놀랄 뿐이었다. 베이커는 별로 눈길을 끄는 편도 아니었고 공격적으로 보이지도 않았다. 그는 키 183센티미터에 몸무게 68킬로그램으로, 커다란 안경을 끼고 조금 벗겨진 머리를 정성스럽게 빗어 넘기고 다녔고, 정중하고 귀족적인 태도와는 대조적으로 함박웃음을 자주 지었다. 그는 하이칼라 셔츠를 즐겨 입고 항상 넥타이를 단정하게 맸지만, 그의 패션은 전적으로 실용성에 초점을 맞춘 것이었다. 뭔가 대공황 시기에 지울 수 없는 경험을 한 것처럼 보였다. 그는 양복을 다 닳아빠질 때까지 입었고, 오래된 뷰익 승용차를 몰았다. 지정 주차제로 그의 옆자리에 주차하는 동료들은 하나같이 그 뷰익을 보고 깜짝 놀랐다. 뷰익은 자주 망가졌고, 그때마다 그는 버스를 타고 출퇴근을 했다.

이렇게 그는 모든 것을 아꼈지만, 단 한 가지 예외는 말이었다. 베이커의 성격을 오래 전부터 규정한 것 중 하나는 바로 장황한 수다였다. 밥 럭키의 설명에 따르면, "말하는 것은 글 쓰는 것과 형태 자체가 좀 다르기 마련인데, 베이커는 그렇지 않았습니다. 그 사람이 하는 말은 문법적으로 완벽한 문장이었죠. 보통 사람들은 그렇게 말하지 않아요. 꼭 작가 같이 말을 했죠. 말하는 억양이나 운율 같은 것을 보면 정말 말을 잘 했어요. 하지만 그의 말하기에 빠져 있다가도, 항상 무슨 말을 하려는 것인지 그 뜻을 알아들을 수가 없었죠."

베이커는 대답하기 싫은 질문을 받으면, 대답하는 척하면서 중언부언 알아들을 수 없는 수사적 표현들을 마구 써서 질문자를 혼란에 빠지도록 만들었다. "한 달에 한 번씩 빌 베이커 미팅이 있었어요." 수학부장이었던 헨리 폴락은 이를 기억하고 있었다. 15~20명가량 되는 벨 연구소의 모든 연구부장과 부장급 직원이 머레이힐 회의실에 모여 요즘 가장 관심을 갖고 하는 연구와 그 결과에 대해 이야기를 나누는 것이다. 빌 베이커 미팅은 아침에 시작돼 필요하면 점심때까지도 이어지곤 했다. 베이커가 연구 결과를 보는 시각은 벨 연구소가 지원할 만한 연구가 무엇인지 판단하는 데에 큰 역할을 했다. 베이커는 항상 무엇인지 알 수 없는 다른 급한 일을 보러 방을 나가버리곤 했는데, 그러고 나면 나머지는 다시 모여서 베이커의 반응을 판독하려 애썼다.

세계에서 가장 머리가 좋은 이 사람들도 베이커의 장황함을 꿰뚫지는 못했다. "베이커 씨가 지금 뭐라고 한 거요?" "베이커 씨가 지금 말한 것이 대체 무슨 의미란 말입니까?" 그들은 서로에게 묻기 바빴다.

그들은 베이커가 아주 좋다는 식의 신중한 말을 하면, 그때서야 그가 내용을 별로 마음에 들어 하지 않았다는 것을 알 수 있었다. 그의 동료 어윈 도로스Irwin Dorros는 당시를 회상하며 말했다. "만약 그가 어떤 것이 정말 마음에 들면 말입니다. 거의 형용사를 10개쯤 써서 표현하지요. '그것은 모든 이의 기대치를 뛰어넘을 정도로 굉장하고 뛰어난 최고의 걸작입니다.' 뭐 이런 식으로요." 나중에 부소장으로 베이커와 함께 일하다가 결국 벨 연구소 소장까지 하게 된 이안 로스는 베이커에 대해 이렇게 말했다. "베이커가 잘 하는 이야기가 있었죠. 자기 이야기는 아니었지만, 그와 잘 어울리는 이야기였어요. 어떤 사람이 발표를 하는 회의 자리에 두 사람이 앉아 있습니다. 발표자가 발표를 끝내자 앉아 있던 둘 중 한 사람이 다른 하나에게 말합니다. '저 사람 말의 요점이 뭐야?' 그러자 질문받은 사람이 이렇게 말하죠. '몰라, 아직 말하지 않은 것 같은 데.' 바로 그게 베이커였죠. 그는 10분 동안 이야기하면서도 중요한 것은 아무 것도 말하지 않는 재주가 있었어요. 늘 그랬죠. 제 생각에는 일부러 그런 것 같아요. 그는 애매하게 말하는 것을 좋아했거든요."

이것은 충분히 예상할 수 있는 바였다. 빌 키포버는 "그는 무디게 말할 줄도 알았고, 명확하게 말하고자 할 때는 그렇게 할 수도 있었다."라고 말했다. 키포버는 베이커의 재임 중에 법무팀장을 맡고 있었다. 그 짧은 시기에 베이커가 갖고 있던 침착함은 사라지고 무자비하게 진실을 캐내려는 그의 지성이 드러났다. 헨리 폴락이 기억하기로, 베이커 미팅 중에 화학 연구부장이 최근에 진행 중인 연구를 발표할 때 한 사건이 있었다. "그 발표자는 별 악의 없이 이런 식의 말을 했어요. '이 특이한 양상은 확실히 이해할 수 있습니다.' 그런데 베이커는 다른 말 한 마디 없이 질문을 하기 시작했습니다. 한 가지로 시작해서 그 대답에 대해 다시 질문을 하고, 질문의 대답에 대해 또 다시 질문을 하고, 계속 그런 식이었죠. 결국 발표자가 완전히 궁지에 몰릴 때까지 질문은 계속됐습니다. '이 특이한 양상은 확실히 이해할 수 있습니다.'라는 말 때문이었던 겁니다. 그는 발표자에게 그것이 전혀 이해되지 않았다는 것을 보여주고 싶었던 거죠. 그런데 그는 '음, 자네 그런 식으로 말하면 안 되네.'라고 말하지 않고, 그를 한마디, 한마디씩 베어냈던 겁니다."

폴락에게 있어서 이 사건은 빌 베이커의 잔인함을 보여주는 것이 아니었다. 오히려 과학은 확신이 아니라 질문에서 시작된다는 베이커의 깊은 믿음을 감각적으로 관철시키는 모습을 그 일로 확실히 보게 됐다. 또 이 일로 그는 베이커가 얼마나 영리한지도 알 수 있었다. 폴락은 이렇게 말했다. "저는 살면서 제 질문에 대답을 할 필요가 없는 사람을 만나본 일이 그리 많지 않습니다. 그런 사람들은 제가 필요로 하는 답을 알아서 주죠. 빌 베이커는 그런 사람들 중 한 명이었습니다. 이런 사람들의 특징이 그 주변에 어떤 신비로운 분위기가 감돈다는 것인데, 빌도 꼭 그랬죠."

어쩌면 그의 지성보다도 그 신비로운 분위기가 베이커를 다른 동료들과 구분 짓는 특성이었다. 그는 종종 아들에게 이렇게 말하곤 했다. "아무도 내가 무슨 일을 하는지 모르는구나." 맞는 말이었다. 그리고 아무도 그가 정말 어떤 사람인지 알지 못했다.

빌 베이커의 어머니 헬렌이 그녀의 가족에 대해 쓴 글에는 이렇게 나와 있다. "1913년 봄이었다. 남편과 나는 이상하게 귀농 충동에 휩싸여 농장을 하나 샀다." 정말로 그들은 뉴욕을 떠나 메릴랜드 동부 해안에 약 130만 제곱미터의 땅을 샀다. 그곳에는 체서피크 만으로 흘러드는 체스터 강이 흐르고 있었다. 그 지역은 체스터 타운 바로 남쪽으로 퀘이커 넥Quaker Neck이라고 불렸는데, 너무 먼 시골이라 도로 지도에서도 찾기 힘들 정도였다. 외동아들이었던 빌은 교실 하나짜리 작은 학교에 다녔다. 가족 칠면조 농장을 운영하자는 것은 어머니 헬렌의 생각이었다. 그녀는 그렇게 하면 아들이 학교에 있거나 공부 시간을 제외하면 항상 도와줄 수 있으리라 생각했다. 그는 어머니가 돌아가실 때까지 꼭 붙어 지냈으며 간혹 멀리 있을 때는 하루 두 번씩 편지를 쓸 정도로 효자였다.

1920년대 초반에는 미국 가정의 식탁에서 칠면조를 찾아보기가 힘들었다. 헬렌 베이커는 당시를 이렇게 설명했다. "칠면조가 너무 비싸서 부유한 집이 아니고서는 1년에 두 번, 추수감사절과 크리스마스 정도에나 칠면조를 먹을 수 있었다." 정식 교육은 받지 않았지만 과학적 사고방식을 갖고 있던 명석한 여성 헬렌 베이커는 자신이 직접 혁신자가 되기로 결심했다. 그녀는 미국에 값싼 칠면조가 넘쳐나게 하기로 했다. 베이커가 자신의 어린 시절에 대해 말하는 일은 거의 없었지만, 그는 나중에 "내 어머니는 양계 산업의 기초를 닦은 특별한 분입니다."라며 어머니의 양계 방법이 이후에 퍼듀Perdue나 버터볼Butterball 같이 상업적으로 칠면조를 생산하는 회사에서 쓰는 기술이 된 것을 자랑했다.

새들을 키운다는 것은 시작부터 쉽지가 않은 일이었다. 미국에서 칠면조를 생산할 때 가장 문제가 되는 것은 무리 전체에 자주 퍼지는 기생병이었다. 헬렌 베이커는 하버드와, 뉴저지에 본사가 있는 제약회사 '머크Merk'의 병리학자들과 함께 그 병의 예방약을 직접 만들기 시작했다. 베이커가 10대에 이미 그는 기생충 박멸 요오드 치료약을 넣은 1미터짜리 카테터catheter: 체내에 삽입하는 의료용 기구를 온몸을 비트는 새의 목구멍 속으로 집어넣는 데에 전문가가 됐다. 그가 기억하는 예방주사 철은 이러했다. "예방약은 수천 마리 새들 각각에 직접 넣어줘야 했다." 농장에서 할 일은 끝도 없었다. 알을 부화시키고, 번식시키고, 집도 지어주고, 먹이를 주고……. 이 모든 일을 10년간 해낸 베이커는 일을 계획적으로, 지칠 줄도 모르고 하는 사람이 돼 있었다. 1930년대 초반이 되자 퀘이커 넥에는 1,000마리의 칠면조 무리가 바글바글했고, 헬렌은 그녀의 사육장에 '구릿빛 미모의 베이커 댁'이라는 이름까지 붙이고 그녀의 칠면조 사육법을 메릴랜드 전체에 비공식적 모임을 통해 퍼뜨렸다.

벨 연구소의 다른 과학자들은 보통 그들의 연구실 체질이 어린 시절 자동차 엔진을 분해하거나 라디오를 재조립한 경험에서 시작됐다고 말할 것이다. 하지만 베이커는 어머니 헬렌 베이커를 도와 완벽한 칠면조 사육을 추구하는 과정에서, 화학의 정밀성에 대해 대략적이지만 효과적인 입문을 했다고 볼 수 있다.

베이커는 메릴랜드 집에서 가까운 체스터 타운의 조그마한 워싱턴 대학을 다니다가 프린스턴 대학원을 들어가서 1939년 봄에는 화학 박사 자격을 취득했다. 그는 그해 가을부터 벨 연구소에서 일하기 시작했다. 그의 부모님은 아들과 가까이 살기 위해 칠면조 농장을 팔고 뉴저지로 이사를 했다. 화학자가 돼서도 그는 농장 소년의 습관을 그대로 갖고 있었다. 아침 일찍 일어나 날씨에 관해서나 전날 본 특이한 새에 대한 이야기를 메모했다. 그런 다음에는 연구소에 가서 하루 종일 열심히 일을 했고, 집으로 돌아오면 잔디를 깎고, 창고를 쓸고, 현관 방충망을 고치는 집안일을 시작했다.

짐 피스크와 베이커는 사회생활을 시작부터 함께했다. 1939년 10월 초에 둘은 막 웨스트 가에 도착했다. 당시 몇 십 명밖에 되지 않았던 신입 연구원들끼리 사진을 찍을 때에도 둘은 바로 옆에 앉아 있었다. 머빈 켈리는 둘을 모두 채용했다. 하지만 일을 시작할 때부터 베이커가 세상을 보는 방법은 피스크와 뭔가 달랐다. 베이커는 물리학자가 아니라 화학자였던 것이다. 과학과 기술이 발전하는 방법과 진행 과정에 주목하는 화학자는 물질의 구성을 이해하려 하고, 항상 새롭고 더 나은 것을 만들고자 한다. 그는 나중에 이렇게 말하곤 했다. "물질은 공학과 과학의 야심찬 연합체의 대표다." 베이커에게 화학이란 국제적 통신망을 가능하게 해주는 규칙이었다. 그는 이런 예를 잘 들었다. 전화 케이블의 피복을 납이 아니라 벨 연구소에서 만든 합성 플라스틱으로 대체함으로써 벨 시스템은 벨 연구소에서 근 10년간 해낸 일들의 연구 예산 총합보다도 많은 액수를 절감했다. 한때 베이커는 자신의 호기심을 이유로 플라스틱 피복으로의 전환을 연구하도록 지시했다. 연구 결과 그 전환으로 25억 달러를 절감할 수 있다는 결론이 나왔고, 심지어 전화 기술자들이 계속 전화 케이블 피복을 납으로 씌운다면 '미국에서 생산되는 납 전체의 80퍼센트를 거기다 쓰게 될 것'이라는 예측도 나왔다.

베이커는 1930년 말에 연구소에 왔는데 쇼클리, 섀넌, 피어스, 피스크를 포함한 미래의 인기 지식인들도 거의 동시에 연구소로 들어왔다. 동료들은 때로 이 젊은이들을 급진파라고 불렀다. 이후 베이커가 「뉴요커」에서 했던 인터뷰에 따르면, 급진파는 '많은 사람들이 생각지도 못한 과학계의 근본적이고 어려운 질문들을 공략하는 것이 여기서는 가능하다는 데에 흥미를 느껴 벨 연구소로 온 이들'이었다. 당시 베이커는 그런 연구는 세계 유수의 대학에서 이뤄질 만한 것이라고 생각하고 있었다. 하지만 쇼클리와 피어스는 벨 연구소의 재원을 '더 깊은, 하지만 동시에 인간사와 긴밀하게 결합되는, 그런 새로운 종류의 과학'을 만드는 데에 사용했다. 베이커가 보기에 급진파는 학계 최고의 과학과 현대 사회가 필요로 하는 주요한 응용 사이를 그 어느 때보다도 좁히고 있었다.

베이커 역시 급진파의 일원이었다. 벨 연구소가 전쟁에 일종의 관여를 하던 시기에 그 역시 그 일로 이름을 날린 적이 있었다. 당시 진주만 공격 직후 미국으로 들어오는 천연고무의 공급선이 막혔다. 몇 년 후 베이커는 그때를 떠올리며 말했다. "독일인들이 합성고무를 만든 것 같았습니다. 사실이라면 무척 놀라운 일이었죠. 우리는 아직 해내지 못한 일이었으니까요." 고무 없이는 탱크도, 지프도, 비행기도 만들 수 없었고 그래서야 이미 기계화된 전투를 수행하는 것 자체가 불가능했다. "그런 수많은 것들을 고무가 없으면 만들 수 없었고, 고무가 없으면 아마 국내 경제도 무너질 것이 분명했죠." 1942년 12월, 정부에서는 베이커와 다른 몇 명의 벨 연구소 화학자들을 오하이오 주 애크런으로 보냈다. 그곳의 메이플라워 호텔에서 그들은 수많은 산업 과학자들을 만났다. 애크런에서, 또 미국 고무 산업의 중심에 있는 굿이어Goodyear, 파이어스톤Firestone 본사에서 만난 이들은 고무와 비슷한 여러 화합물을 사용할 수 있도록 해줬다. 그리고 2년 안에 수백만 톤의 내구성 있는 합성고무를 생산할 수 있는 거대한 산업이 탄생했다. 베이커는 과학적 계획과 품질관리를 감독하는 그의 업무를 보란 듯이 해냈다. 심지어 그는 합성고무를 만들 때 꼭 필요한 합성고분자 '마이크로 겔'을 발견하기까지 했다. 전쟁이 끝나고 1년 만에 벨 연구소에서 그는 혜성처럼 나타난 존재가 돼 있었다. 베이커가 38살이 되던 1953년, 『포춘』에서는 그를 '미국 산업계의 젊은 과학자 10인' 중의 한 명으로 소개했다. 10명 중에는 베이커의 동료 클로드 섀넌도 있었다. 그 역시 베이커처럼 당시 38세였다. 2년 후 켈리는 베이커의 사무실로 전화를 걸어 그를 벨 연구소의 연구 담당 부소장으로 승진시켰다.

그들의 영향력이 커지면서 급진파 사람들 사이의 관계가 복잡해졌다. 그중에서 가장 성공한 관리자인 베이커와 피스크가 서로 존경하고 있다는 것은 의심의 여지가 없었다. 그들이 1950년대부터 주고받은 장문의 사적인 메모를 보면 서로 얼마나 신뢰하고 존경하고 있는지 잘 드러났다. 베이커와 그의 연구조수인 존 피어스는 그보다도 더 가까웠는

데, 사실 그 둘의 성격은 무척 달랐다. 피어스는 괴팍하고 성격이 급한 반면 베이커는 침착하고 수완이 좋았다. 그럼에도 둘은 서로 잘 맞았다. 두 사람과 함께 일했던 마이크 놀은 이렇게 말했다. "둘 다 외동으로 자란 데다가 똑똑한 자기 어머니를 좋아한다는 공통점이 있었어요." 1950년대에서 1960년대까지 피어스가 베이커에게 쓴 개인적인 메모나 작은 종이에 갈겨쓴 기술 관련 글, 1970년대 베이커가 피어스에게 쓴 편지들을 보면 둘이 서로 의지하고 있음을 알 수 있었다. 피어스가 어떤 연구의 중요성에 대해 이야기하는가는 베이커가 미래를 구상하는 데에 도움이 됐다. 피어스를 새로운 지식에 대해 적극적이고, 지치지 않는 아이디어 선동가로 생각하는 베이커는 에코 위성이나 컴퓨터 음악같이 피어스가 주도하는 것들을 지원해주곤 했다. 베이커가 피어스에 대해 쓴 연간 평가서에는 항상 가능한 한 최고의 평가가 올라왔다. 그는 피어스를 벨 연구소의 필수 자산이며 국제적 명성을 가진 과학자라고 평가하고 있었다.

한편 베이커가 섀넌을 보는 시각은 경외에 가까웠다. 그는 섀넌이 정보화 시대를 위한 이론적 바탕을 쌓은 사람이라고 생각했다. 베이커는 인터뷰에서 1980년대 중반을 떠올리며 말했다. "트랜지스터 발명 10주년이라고 1958년쯤에 머레이힐 강당에 모여서 이야기를 하고 있었죠. 사람들은 트랜지스터가 역사에 얼마나 오래 남게 될지 이야기했고, 저는 '맞아, 그리고 수천 년이 지나 트랜지스터가 잊히더라도 통신이론은 계속 남아 있을 거야.'라고 말했죠." 그 발언은 강력했다. 공식석상의 빌 베이커는 자주 웃었고, 관중을 웅변술과 아첨의 폭풍우에 빠뜨리기도 했다.

하지만 사적인 빌 베이커는 그렇게 항상 수완 좋은 사람만은 아니었다. 예를 들자면 빌 쇼클리가 노벨상을 받았을 때, 베이커는 캘리포니아에 있으면서 그에게 그 누구보다도 장황하고 야단스러운 축하 전보를 보냈다. 쇼클리가 특별히 '가장 따뜻한 축사'라고 언급해주기를 바랐던 것이다. 전보 내용은 다음과 같았다. "우리는 당신의 천재성이 과학 전반과 특별히 통신 과학의 현재를 만드는 데에 큰 역할을 했음에 자부심과 영광을 표합니다." 하지만 1957년 5월, 머빈 켈리가 베이커에게 쇼클리의 실제 노벨상 연설문을 보내줬을 때 그는 쇼클리가 칭찬을 모욕으로 갚았다고 생각했다. 베이커는 켈리에게 "예상했던 대로 자기중심적이고 정신없는 말이 딱 요새 인기에 심취한 자기 모습대로군요."라고 말했다. 몇 년 후 베이커가 짐 피스크에게 보낸 개인적인 편지를 보면, 서부 해안에서 시작한 쇼클리의 트랜지스터 사업이 망했다는 소문을 즐거워하는 것처럼 느껴진다. 베이커는 이렇게 썼다. "알고 있겠지만 쇼클리가 스탠포드 기초 공학 교수 알렉산더 M. 포니아토프Alexander M. Poniatoff를 채용할 지경이 되었다지. 쇼클리의 트랜지스터 회사 새 주인은 이제 모든 상품이며 개발 과정을 쇼클리 연구소에서 뺏어다가 매사추세츠 월섬에 합쳐 놓을 거야. 쇼클리는 쇼클리 연구소의 연구 활동에 자문 위원 정도로 남아 있다지만, 나는 대체 이 빈털터리에게 연구소와 무슨 연관이 아직 남아 있는지 모르겠군."

베이커의 두드러지는 사교성에도 불구하고 연구소의 그 누구도 그와 가깝게 사귀지는 않았다. 그는 기업, 학계의 높은 사람들과도 일은 많이 했지만 그쪽의 동료들도 그와 더 친해질 수는 없었다. 함께 록펠러 연구소 이사회에 있었던 프레드 자이츠는 빌 쇼클리와 캘리포니아에서 동부의 대학원까지 신나게 드라이브를 한 적도 있는 사람이었다. 하지만 그런 그도 베이커의 집에 가본 적은 한 번도 없었다. 그는 베이커에 관해 이렇게 말했다. "그와는 전화 통화를 많이 했지요. 하지만 그 사람은 자기 이야기는 전혀 하지를 않아요." 이안 로스는 베이커 바로 밑에서 수년 간 함께 일했지만, 30여 년이 지나고서도 그가 평소에 뭘 하면서 지내는지 알지 못했다. "그 사람이 대체 뭐하고 사는지 모르겠어요."

베이커는 워싱턴 D.C.에 가는 일이 많았다. 머빈 켈리 바로 전에 벨 연구소 소장을 맡았던 올리버 버클리 때문에 베이커는 정부 쪽 일에 관련되기 시작했다. 켈리가 트루먼 대통령의 과학직 고문 요청을 거절하자 그 자리는 버클리에게 돌아갔고, 그는 요청을 받아들였다. 베이커는 나중에 이렇게 설명했다. "버클리와 함께 워싱턴으로 오라는 요청을 받았습니다. 왠지 그 옆에 있으면 곧 다가올 트랜지스터 고체 전자 공학 시대에서 앞서갈 수 있는 기회를 잡을 수 있을 것 같더군요. 1948년에 트랜지스터가 발견되면서 제 생각은 확신으로 바뀌었습니다." 그것도 부족했는지, 베이커는 몇 년 후에 벨 연구소의 부소장이 되자 버클리를 트루먼의 과학 고문으로 만들어 성공하게 해준 리 두브리지나 MIT의 총장인 제임스 킬리안과 같은 워싱턴 과학계의 인사들과 접촉하기 시작했다.

이 시점에서 벨 연구소의 소장과 부소장은 이미 정부의 냉전 시기 정보 전쟁을 돕기 위한 시간과 의견을 꽤 제공할 운명이었다. 짐 피스크는 주잇, 켈리, 버클리의 전철을 그대로 밟으며 원자력 위원회 초기 작업부터 정부 일에 관여해왔다. 1950년대 중반에 피스크는 드와이트 D.

아이젠하워 대통령의 기술 자문 위원 중 한 명이었다. 1956년, 아이젠하워는 피스크에게 소련의 정보를 더 잘 모을 수 있는 방법을 베이커에게 맡겨 알아내도록 별도의 의뢰를 했고, 피스크도 응했다. 베이커는 그때 이렇게 생각했다. "소련이 판독 불가능한 신호를 보내고 있다고 추정됐는데, 그렇다면 우리는 그들의 위협에 대한 방어를 제대로 할 수 없었죠." 그 결과 국가 및 국제 안보 목적의 응용 통신 분석을 위한 즉석 기동대가 만들어졌고, 거기에는 베이커 위원회라는 이름이 붙었다. 위원회에서 내린 결론은 국방부 내에 5년 전 새로 만들어진 미 국가안보국으로 즉시 보내졌다. 미 국가안보국은 국내 정보망을 감시하고 외국 정보를 판독하여 안보를 책임지는 곳이었다. 당시에는 미 국가안보국의 존재 자체가 국가 기밀이었다. 그래서 베이커는 공식적으로 존재하지 않는 위원회를 구성하고 역시 존재하지 않는 조직을 진척시키는 방안에 대한 기밀문서를 작성해야 했다.

베이커의 그룹은 지적 능력만큼은 훌륭했다. 그는 '국내 최고의 두뇌 집단'이라고들 하는 벨 연구소에서 존 피어스와 존 터키를 일급 기밀 승인을 받아 영입하고, 그들과 함께 이후에 노벨상을 받는 물리학자 루이스 앨버레즈Luis Alvarez를 포함한 몇 명의 과학자들도 함께 불러들였다. 1957년에 베이커가 위원회에게 한 이야기에 따르면, 그들의 목표는 '정보와 기밀의 상호 변환에 관한 새로운 개념을 찾는 것'이었다. 다시 말해 그들은 암호화된 신호부터 화학적, 생물학적 패턴에 이르기까지 현재 기술 수준하에서 정보를 숨기고 전송하는 모든 수단을 알아내고, 미 정보국들에게 그 대응법을 권고하는 것이었다. 더 구체적으로 말하면 베이커 위원회는 소련의 암호를 풀 수 있는 능력을 미국에 제공해야 했다. 베이커는 냉전에 대해 특유의 기교로 묘사하면서 "우리는 역사를 통틀어 국가 안보와 전 세계 인류의 자유에 대한 믿음을 가져왔다. 해외의 정치 군사적 통신(기본적으로 국가 간의 태도를 드러내는) 정보를 판독하는 응용과학은 그 의도가 훌륭할 뿐 아니라 정당하기도 하다." 베이커 위원회 업무의 대부분은 1957년 봄부터 미 국가안보국이 사용하게 된 버지니아 주 알링턴의 알링턴 홀 시설에서 이뤄졌다. 6월 중순에 위원회는 '베이커 보고서'를 내놓았는데, 그 내용은 50년이 지난 지금도 대부분 기밀로 남아 있다. 다만 베이커 보고서는 정부에게 고체 컴퓨터와 암호해독용 전자 기술에 집중하라고 강력히 권고했다. 미 국가안보국에서 일했던 제임스 뱀포드는 베이커 보고서가 '미국이 소련 및 다른 국가들을 앞서가기 위해서는 맨해튼 프로젝트와 비슷한 정도의 노력을 해야 할 것'이며 그러기 위해 정보화 시대의 도구를 적용할 것을 권고했다고 말했다. 또 뱀포드는 그 위원회에서는 오래 전부터 미국에게 '학계와 산업계에 가깝지만 비밀스러운 동맹'을 만들어 정보망을 구축할 것을 권고했다고도 말했다.

베이커보다 더 가깝고 비밀스럽게 이런 일에 관여한 외부인은 거의 없었다. 2~3년 안에 존 피어스는 정부를 경멸하고 정부 쪽 일을 일절 피했다. 클로드 섀넌 역시 미 국가안보국과 CIA 쪽의 몇 개 프로젝트에 가담했다가 매사추세츠 집에 돌아가겠다며 빠져나왔다. 베이커는 10년 이상을 미 국가안보국 자문 위원으로 남아 있다가 워싱턴으로 진출했다. 아이젠하워부터 시작해서 케네디, 존슨, 닉슨 정부에 이르기까지 포드와 리건 정부 때도 그는 CIA와 다른 정보기관의 작전을 검토하는 PFIAB_{President's Foreign Intelligence Advisory Board, 대통령 해외 정보 자문 위원회}에서 일했다. 뼛속까지 보수적인 그는 공화당을 지지한 사람으로, 영국 잡지 「뉴 사이언티스트」의 표현에 따르면 '공화당의 배후에 있는 과학자'였다. 1960년에 그는 PFIAB 업무의 일환으로 미국 정찰위성을 설계하고 만들고 발사하며 유지하는 NRONational Reconnaissance Office, 국가 정찰국을 돕게 됐다. NRO는 처음 10년간은 완전히 비밀에 부쳐졌다.

베이커는 머레이힐과 홈델의 벨 연구소, 백악관, 국방부, 국무부라는 다섯 개의 직장 때문에 뉴저지와 워싱턴을 바쁘게 오갔다. 그가 워싱턴에서 맡은 일은 그의 직책에서 드러나는 것보다 훨씬 많았다. 케네디 대통령은 취임식이 끝나자 곧 베이커를 불러 탄도미사일 공격에 대한 대응 지침을 설명해줄 것을 요청했다. 그 기술은 벨 연구소가 군에 지어준 초기 경고 시스템에 기반한 것이었다. 두 사람은 백악관에서 이야기를 나눴다. 국방부 직통 전화는 케네디의 책상에서 사라지기 일쑤였는데, 베이커는 나중에 이렇게 말했다. "케네디와 그의 과학 고문 제롬 와이즈너Jerome Wiesner, 저는 바닥에 엎드리고 책상 밑에 들어가고 나서야 누가 전화를 서랍에 넣어둔 것을 발견했죠. 그러고 나서 우리는 그 기술에 대해 설명해 드렸습니다." 케네디는 베이커를 그의 개인 숙소로 자주 초대해 의견을 나눴다. 베이커도 그를 벨 연구소 사무실로 초대했는데, 그중 적어도 한 번은 짐 피스크에게 줄 정부 직책을 부탁하기 위해서였다. 정보의 해석, 특히 항공 사진 해석 때문에 야기된 쿠바 미사일 위기 때, 베이커는 백악관 캐비닛 룸에서 한 발짝도 나가지 못했다.

1960년대 초, 워싱턴에서 베이커와 가장 가까운 동료는 클라크 클리포드Clark Clifford였는데, 그는 케네디의 고문이자 PFIAB 대표였다. 베이커와 폴라로이드 발명가 에드윈 랜드Edwin Land는 PFIAB에서 의제를 만들었다. 이후 클리포드는 당시를 회상하며 이렇게 말했다. "이 두 사람은 우리의 선생님이었습니다. 위원회에 있던 모두를 미국이 전자, 사진, 정찰위성 분야의 최첨단 기술에 더 전적으로 투자해야 한다고 전도하고 다니게 만들었죠."

베이커는 물밑에서 움직이는 냉전 정치가였다. 그는 밖으로 드러나는 것보다 그림자처럼 존재하고 싶어 했다. 1961년에 케네디가 취임하자마자 베이커는 눈보라를 헤치고 부통령 린던 존슨Lyndon Johnson을 만나러 가야 했다. 린던 존슨은 케네디의 요청으로 베이커에게 NASA 국장자리를 제안했던 것이다. 하지만 베이커는 완곡하게 거절하고, 대신 제임스 웨브James Webb를 추천했다. 베이커는 존슨에게 이렇게 말했다. "그 자리는 저보다도 이 일에 대해 정치적으로나 대중적인 태도를 갖고 있는 사람에게 제안하셔야 할 것 같습니다." 그가 정말 그렇게 생각한 것인지, 아니면 그저 벨 연구소 및 정부에 자기 책임을 다하려는 정치적 핑계였는지에 대해서는 논란이 있다. 분명한 사실은 베이커가 대중에게 많이 노출되거나 큰 공공의 의무를 지는 일을 좋아하지 않았다는 것

빌 베이커가 아끼던 연구실에서 찍은 사진. 그에게는 지적이라는 것 외에 동료들과는 다른 어떤 신비로운 매력이 있었다. 그가 워싱턴과 군에서 했던 연구는 베일에 싸여 있다. 그는 가족과 친구들에게 이렇게 말하며 아쉬워하곤 했다. "아무도 내가 무슨 일을 하는지 몰라."
©AT&T Archives and History Center

이다. 이후 미국 대통령 중 6명 정도가 과학 고문이 돼 달라고 부탁했지만, 그는 매번 거절했다.

새로운 직책이 그의 영향력을 더 늘려줄 것 같지는 않았다. 1960년대 초반부터 베이커는 머빈 켈리가 전에 그랬던 것처럼 일부러 잘 알려지지 않은 일을 했다. 정부 일이면서 사업이기도 한, 혹은 그 반대인 일들을 다른 사람들처럼 순차적이 아니라 동시에 했다. 그래서 베이커가 워싱턴에서 하는 여러 가지 일들은 벨 연구소의 일과 조용하지만 복잡하게, 다양한 방식으로 교차하고 있었다. 베이커는 통신 기술 혁신에 대한 정부의 관심을 거의 즉시 끌어낼 수 있었다. 미 국가안보국 국장 루이스 토델라Louis Tordella는 1959년 베이커에게 보낸 편지에 이렇게 썼다. "당신이 연구실을 방문해주셔서 즐겁고 유익했습니다. 특히 미래의 모습에 대한 짧은 체험은 아주 재미있었어요. 하지만 당신과 피어스 박사와 나눈 이야기는 훨씬 즉각적인 유용성이 있을 것 같더군요." 정보의 암호화와 이동에 대해 발 빠르게 연구해야 함을 설명할 때도, 베이커는 이 연구가 진행되지 않을 경우 어떤 일이 벌어질지 효과적으로 이야기하는 능력이 있었다. 그는 정부 관료들 사이를 기계를 통해 연결해줬을 뿐 아니라, 정보가 어떤 기능을 하고 어떻게 흘러가는지도 설명해줬다.

15장

지나친 낙관은 실패를 부른다

빌 베이커의 미래 구상은 원대하면서도 이성적이었다. 1940년대 후반, 그는 급진파로서 트랜지스터의 발명과 초기 개발에 관해 직접 조사해 보고는 이것이 사회 전반에, 특히 군대에 유용하게 쓰이리라는 것을 알게 됐다. 1950년대 벨 연구소 내 잭 모턴의 트랜지스터 개발 부서에 있던 이안 로스는 이렇게 말했다. "혁신(당시의 경우 진공관을 대체하는 것)의 본래 역할이 무엇인지는 별로 중요하지 않습니다." 트랜지스터의 가치는 과거의 것을 대체했다는 것이 아니라 컴퓨터, 스위치 등 수많은 새 전자 기술의 주창자가 됐다는 데에 있었다.

수년 전 클로드 섀넌은 전에 그를 가르쳤던 선생님께 쓴 편지에 트랜지스터에 관한 생각을 적은 일이 있었다. "제 생각에 그것은 지난 50년을 통틀어 가장 중요한 발명입니다." 그렇게 생각한 섀넌은 일을 하는 내내 디지털 정보의 가능성에 대해 고심했다. 트랜지스터는 그야말로 이상적인 디지털 장치였다. 아주 작은 전기 자극에도 트랜지스터는 ON/OFF 신호 변환을 할 수 있었고 본질적으로 이것은 긍정/부정, 1/0을 뜻할 수도 있었다. 심지어 변환은 겨우 10억분의 1초 만에 일어났다. 이런 점 때문에 트랜지스터는 증폭기 역할뿐만 아니라, 여러 개를 연결하면 논리 판단을 하며 이를 통한 정보 처리를 하는 것도 가능했다. 또 연결된 트랜지스터는 정보를 대신하거나 이를 통해 정보를 기억할 수도 있었다. 이 것이 수백, 수천, 수만 개를 동시에 연결한다면(10억 개가 한꺼번에 맞물리는 것은 당시에는 상상할 수도 없었다) 엄청난 기능을 발휘할 것이 분명했다. 빌 베이커는 이것을 '모든 인간의 지식과 경험이 완벽하고도 정확하게 2진 법으로 표현되는 경이로운 우연의 일치'라고 표현했다. 항상 그렇듯이 섀 넌은 동료들보다 앞서나갔다. 하지만 몇 년이 채 지나지 않은 1950년대 후반, 베이커 역시 앞으로는 디지털 컴퓨터가 인류 사회 전반과 밀접한 관계를 맺게 될 것이라는 생각을 하게 됐다.

1950년대에서 60년대 사이에 시작된 반도체 개발은 벨 연구소에서 꾸준히 진행하고 있었다. 그중 일부는 베이커가 있던 연구 부서에서 진 행했고, 그 밖에는 다른 더 큰 개발 부서가 주도했다. 그 결과 여러 형태의 새로운 트랜지스터가 탄생했고 포토리쏘그래피라는 극미세 동판 식각 기술 등과 같은 제조 방안도 연구됐다. AT&T와 연방 정부의 협 약에 따라 이 발명품과 공정은 다른 여러 기업들과도 공유했다. 이때 기술을 공유한 기업 중에는 GE나 RCA처럼 큰 회사뿐만 아니라 아직 걸음마 단계의 반도체 회사인 텍사스 인스트루먼트와 페어차일드 반도체도 있었다. 페어차일드의 핵심 기술자는 로버트 노이스와 고든 무어로, 운이 나빴던 빌 쇼클리의 회사에서 동료 몇 명과 함께 나와 직접 회사를 차린 것이다. 당시는 정보 교환이 자유롭게 이뤄지는 '경쟁 전 시기'였다고 이안 로스는 말했다. 로스와 모리 타넨바움을 비롯한 벨 연구소 연구진은 팔로 알토의 페어차일드 사람들이나 댈러스의 텍사스 인스트루먼트 사람들과 자주 이야기를 나눴다. 타넨바움은 실리콘 트랜지스터를 개발한 사람이었다. 신생 기업 사람들도 동부에 올 일이 있으면 벨 연구소에 들러 새로운 소식을 듣고 가기도 했다. 나중에 텍사스 인스트루먼트에서 일하게 된 젊은 기술자 잭 킬비Jack Kilby도 1952년에 트랜지스터 관련 초기 세미나에 참석하기 위해 벨 연구소로 첫 순례를 왔다. 벨 연구소는 반도체에 대한 세계적인 지식의 대부분이 모여 있는 곳이었다. 이안 로스도 이렇게 말했다. "처음에는 우리가 유일한 존재였다는 것을 잊지 마십시오. 만약 당신이 반도체 장비에 대해 알고 싶다면, 머레이힐 두 번째 건물로 와야만 했으니까요."

1950년대 후반까지 트랜지스터는 계속해서 작아지고 성능도 더 좋아졌다. 문제는 수천 개의 작은 트랜지스터를 전기회로에 설치하려면 저항기나 축전기 같은 다른 부품도 같이 설치해야 하는데, 그러기 위해서는 얇은 전선 수천 가닥으로 이것들을 서로 연결해야만 한다는 것이었다. 이안 로스의 설명에 따르면, "스위칭 시스템이나 컴퓨터처럼 복잡한 장치를 만들려면 그 안에 수백 개의 장치며 수백 개의 연결을 집어넣어야 합니다. 도대체 이걸 다 어떻게 넣어야 할까요?" 장치 개발부서 부팀장으로 있던 벨 연구소의 잭 모턴은 이 딜레마에 '수적인 압박'이라는 이름을 붙였다. 모턴은 이 수적인 압박에 맞서는 한 가지 방법은 회로에 넣을 부품인 트랜지스터, 저항기, 축전기 등의 숫자를 줄이는 것이라고 생각했다. 부품이 줄어들면 자연히 연결선도 줄어들 것이었다. 모턴이 생각하기에 이 방법을 쓰려면 특수 반도체의 물리적 속성을 이용해 이것들이 원래의 기능보다 몇 배 더 많은 기능을 수행할 수 있도록 해야 했다. 트랜지스터를 전자 맥가이버 칼처럼 만들면, 이 '간소화된 것' 하나가 몇 개의 부품을 대신할 수 있을 것이다. 모턴은 이것을 '기능성 장치'라고 불렀다. 하지만 그 기능성 장치는 제작하기가 매우 힘들었다. 게다가 지식에 관해서는 난폭하고 겁이 많았던 모턴은 비판을 받거나 방법을 바꾸는 것을 아주 싫어했다. 빌 베이커는 짐 피스크에게 쓴 글에서 모턴을 가리켜 '그에게 반대하는 모든 이를 극도로 혐오하는 사람'이라고 평가했다.

텍사스 인스트루먼트의 잭 킬비와 페어차일드의 로버트 노이스는 모턴과는 다른, 더 나은 아이디어를 냈다. 둘이 거의 비슷한 시기에 생각한 것은 회로에 들어갈 모든 부품을 실리콘으로 만들어 하나의 회로가 하나의 칩, 즉 반도체 소자가 되도록 하는 것이었다. 상호 연결의 압박을 없애는 이 방법은 제조 공정 면에서도 상당한 장점이 있었으며, 작업 속도도 더 빨라졌다. 쉽게 말해 이 방법이 더 싸게 먹혔다는 것이다. 킬비가 이 아이디어를 낸 것이 1958년 여름으로 노이스보다 몇 달 정도 빨랐다. 하지만 노이스가 낸 디자인은 확실히 더 멋지고 실용적이었다. 킬비와 노이스가 만든 상품은 처음에는 '고체 회로'라고 불렸다. 「비즈니스 위크」에서 고체 전자공학을 '가장 빠르게 성장하는 산업'으로 선정했던 1960년에 킬비와 노이스의 발견은 유망하지만 여전히 증명되지 않은 상태였다. 얼마 지나지 않아 그 새로운 개념은 집적회로라는 이름으로 알려졌다.

집적회로는 벨 연구소의 기술자 및 과학자들에게는 그리 놀라운 발견이 아니었다. 이안 로스는 그때를 떠올리며 이렇게 말했다. "우리도 트랜지스터 여러 개를 실리콘 하나에다 만들 수 있었습니다. 우리는 저항기도 만들 줄 알았고, 축전기도 만들 줄 알고 있었어요." 하지만 로스는 잭 모턴에게서 받은 지혜, 그것은 신뢰할 수 없었다고 덧붙였다. 그렇게 만들어진 트랜지스터가 아무리 좋다고 해도 실패할 확률이 상당히 높았다. 게다가 한 개의 칩에 수백 수천 개의 부품을 담는다니? 그 부품들 중 몇 개는 반드시 불량일 것이고, 그렇다면 그 몇 개 때문에 장치는 작동하지 않을 것이다. 킬비와 노이스는 이 생각을 믿지 않기로 했다. 정확히 말하면, 나중에는 결국 이 새로운 제조법이 성공할 것이라 믿었다. 모리 타넨바움이 캘리포니아 쪽에 갔다가 노이스 쪽 회사에 들렀을 때, 노이스는 마침 그 칩을 개발하고 있었다. 타넨바움은 "그가 보여준 것들 중에 최초의 집적회로가 있었죠."라며 그때를 회상했다. "그리고 저는 '야, 그거 진짜 멋있다.'라고 말했어요. 돌아와서 몇 사람한테 그 이야기를 했죠. 중요한 것이라 생각하기는 했는데, 별로 오래 생각하지는 않았던 것 같군요."

킬비나 노이스 역시 개인용 컴퓨터나 휴대전화, 심우주 탐사 등 존 피어스가 메모나 에세이에 썼던 것과 같은 미래의 모습이 암시하는 전체 그림을 보지는 못했다. 하지만 몇 년 안에 집적회로는 벨 연구소의 신기술을 대표했다. 고체 전자공학의 엄청나게 중요한 발전이 일어난 순간이었다. 비록 연구소의 과학적 발견이 다른 곳에서 일어나기는 했지만 말이다. 이런 기술 개발의 양상은 머빈 켈리가 제2차 세계대전이 끝나던 날 글로 썼던 것과 같은 미국 전자공학계의 경쟁이 현실로 드러나고 있음을 보여줬다. 또한 최소한 벨 연구소의 지성들, 특히 잭 모턴이 미래에 대해 잘못된 판단을 할 수도 있다는 것을 보여준 것이다. 타넨바움은 이렇게 덧붙였다. "우리에게는 집적회로를 만들 수 있는 모든 기술이 있었습니다. 심지어 확산이나 사진 석판술 같은 공정도 벨 연구소가 개발한 거였어요. 하지만 노이스와 킬비 외에는 아무도 선견지명이 없었던 겁니다."

1950년대 중반, 벨 연구소는 메이저를 개발한 찰스 타운스를 다시 채용했다. 벨 연구소의 모두는 그를 찰리라고 불렀다. 타운스는 컬럼비아 대학에서 교수 일을 계속하면서 정기적으로 머레이힐에 와서 고문 역할을 했다. 1939년, 젊은 시절의 그가 서남아메리카와 멕시코를 지나는 엄청난 우회로를 통해 뉴욕의 웨스트 가에 있는 벨 연구소에 처음 도착했다. 신입 연구원들이 찍는 첫 단체 사진에서 그는 빌 베이커와 짐 피스크 뒤 두 번째 줄에 서 있었다. 그는 다시 채용된 후에 오히려 벨 연구소와 더 긴밀한 관계를 맺었다. 타운스의 동서였던 아서 숄로Arthur Schawlow가 벨 연구소에 들어와 머레이힐에서 연구원으로 있었던 것이다. 자매를 각자의 부인으로 둔 숄로와 타운스는 꽤 사이가 좋았다. 1957년 어느 가을날, 타운스와 숄로는 머레이힐에서 같이 점심 식사를 하다가 메이저에 대해 이야기를 했다. 메이저는 존 피어스의 에코 실험에서 희미한 위성 신호를 증폭하는 데 쓴 장비였다. 메이저는 어떤 고체 결정이나 기체를 전자기 에너지로 충격, 즉 '펌핑pumping'시켜 작동했다. 이 펌핑이 연쇄 반응의 결과물(전문 용어로 유도방출)로 밀리미터 길이 파장의 전자기파가 높은 밀도로 집적된 빔을 기체에서 방출시키는 것이다.

그 결과를 이해하려면 먼저 통신 신호로서의 파장이 어디로 이동하는지, 또 이것이 정보의 전송과 어떤 관련이 있는지를 알아야 한다. 여기에는 다음과 같은 추론 과정이 적용된다.

파장이 짧을수록 주파수는 커진다.

파장이 짧을수록 주파수는 커지고, 주파수가 클수록 더 많은 정보를 담을 수 있다.

타운스와 숄로는 그날 이 기술의 또 다른 가능성에 대해 이야기를 나누면서, 메이저가 만든 것을 밀리미터 범위보다도 짧은 파동으로 변환시킬 수 있지 않을까를 생각했다. 이후 숄로는 그때 떠올렸던 적외선 메이저에 대해 계속 고민했지만 그 생각을 더 이상 발전시키지는 못하고 있었다. 그런데 타운스는 자신도 비슷한 생각을 하고 있음을 숄로에게 이야기했다. 혹시 적외선을 만들 수 있다면 적외선보다 짧은 파동을 가진 어떤 것을 만들 수도 있다는 것이었다. 타운스와 숄로는 이에 관한 공동 연구를 1958년 여름 논문으로 발표했고, 이 연구는 레이저의 개념 틀을 잡아줬다. 둘은 1960년 이 발명에 특허를 내며 이슈로 떠올랐다.

과학자로서 타운스와 숄로는 새로운 지식을 위해 이 미지의 것을 파고들었다. 하지만 벨 시스템의 직원으로서의 그들은, 아직 초기 단계이기는 했지만 벨 연구소가 레이저에 대해 연구해야 하는 현실적 이유도 알고 있었다. 존 피어스는 나중에 "레이저와 일반 빛의 관계는 방송 신호와 잡음에 비할 수 있다."라고 설명했다. 보통의 빛은 무차별적인 방향으로 마구 뿜어져 나오지만, 레이저는 그렇지 않다. 통신 기술자의 관점에서 보면 레이저는 일관적인데, 그 말은 강렬하면서도 정돈돼 있어서 전체가 거의 동일한 주파수대이고 정보를 전달할 때 이것은 아주 중요한 성질이 된다는 것이다. 피어스는 "이론상으로는, 그런 성질이 존재한다면 전파를 지닌 빛으로 할 수 있는 모든 일이 가능해진다."라며, 그보다 더 엄청난 강점은 그러한 빛의 '대역폭'인데, 대역폭의 크기는 정보의 수용력과 비례하기 때문에 '지금보다 수백, 수천 배 이상의 정보를 담을 수 있을 것'이라고 덧붙였다. 타운스와 숄로가 낸 특허의 이름은 명확한 방향을 제시했다. 벨 연구소는 레이저가 새로운 통신 방법이라고 주장했다.

실제로 작동하는 첫 레이저에 이름을 붙인 것은 타운스의 예전 동료 고든 굴드Gordon Gould라는 사람으로, 그는 그 이름에 대한 법적 청구권을 따낼 수 있었다. 그런데 그 레이저를 만들어낸 것은 벨 연구소도, 숄로나 타운스도 아니었다. 그 주인공은 캘리포니아 말리부에 위치한 휴스 항공Hughes Aircraft에서 일하는 기술자 테드 메이먼Ted Maiman이었다. 메이먼이 설계한 레이저는 1960년 5월 중순부터 작동하기 시작했는데, 작은 분홍빛 루비를 자극해 짧은 파장의 강한 빛을 발생하는 장치였다. 메이먼 레이저가 레이저의 실용적인 가치를 보장해줄 정도는 아니었기 때문에 아직 아무것도 해결된 것은 없었다. 하지만 메이먼 레이저의 존재로 타운스와 숄로의 이론적 구상이 실제로 가능하다는 것만은 확실해졌다. 벨 연구소의 광학자들은 메이먼의 작업에 대해 듣는 즉시 거의 똑같은 장치를 모사하여 그가 얻은 결과를 재확인했다.

거의 비슷한 시기에 머레이힐의 다른 팀에 속해 있던 알리 자반Ali Javan, 도널드 헤리엇Donald Herriott, 윌리엄 베넷William Bennett은 조금 다른 종류의 장치를 만들고 있었다. 1960년 12월 13일, 그들은 루비 대신 헬륨과 네온이라는 기체를 매질로 한 레이저를 가동시키는 데 성공했다. 여러 개의 거울을 사용해 들뜬 기체에서 나온 에너지를 모은 그들은 얇은 광선을 만들 수 있었던 것이다. 가장 중요한 것은 이것이 파동이 아니라 지속적인 광선이었다는 점이었다. 자반의 팀이 이것을 성공한 바로 다음 날, 그곳의 연구팀은 그 집중 광선을 이용해 전화 통화를 해봤다. AT&T 경영진은 이런 것에 민감하게 반응하며 관심을 보였다.

레이저는 그냥 한 개의 발명품이라기보다는 1960년대 개발 폭풍이 낳은 결과물이었다. 주목할 만한 발전(새로운 디자인)이나 변형(레이저에 쓰일 새로운 물질을 만드는 일)이 잇따라 성공했다. 가끔 서로 다른 신개발이

광통신을 개발한 두 팀. 1961년 도널드 헤리엇, 알리 자반, 윌리엄 베넷은 최초의 가스 레이저를 개발하는 중이었고, 그 당시 레이저 이론의 공동 발명자인 아서 숄로는 C. G. B. 가레트(오른쪽)와 함께 고체 상태 레이저 기술을 연구하고 있었다.
©AT&T Archives and History Center

단 며칠 간격으로 발표되기도 했다. 존 피어스는 그 무렵 한 인터뷰에서 이렇게 말했다. "레이저에 관한 모든 일은 단 하나라도 놓칠 수 없는 것들이었죠. 그중에 어떤 것이 통신에 유용하게 쓰일지 잘 보이지 않았거든요. 그러니까 확신할 수는 없었다는 겁니다. 하지만 가능성은 있었죠." 그리고 피어스는 이렇게 덧붙였다. "이 정도로 신호나 통신과 깊이 관련된 무언가가 나타났을 때 혹은 뭔가 새로운 것, 이해가 가지 않는 것이 나왔을 때, 내가 그 뭔가를 더 발전시킬 수 있는 사람들까지 데리고 있다면 일단 생각대로 하고 구체적으로 그때 내가 왜 그렇게 생각했는지는 나중에 생각하는 것이 좋아요."

피어스의 부하 직원이자 친한 친구인 루디 콤프너는 당시의 위기감을 공유했다. 그래서 그는 피어스와 빌 베이커의 도움을 받아 인재 명부를 작성하기 시작했다. 헤르비그 코젤닉은 당시의 콤프너를 떠올리며 말했다. "그는 1960년 무렵, 좋은 사람들을 찾아서 세계를 돌아다녔습니다. 그가 찾고 있었던 것은 그저 좋은 사람이었죠. 그러고는 찾아낸 사람들을 '레이저 및 광통신 연구'로 분야를 바꿔보라고 설득하는 거였어요." 과학계 내에서조차 그 용어는 아직 생소한 것이었다. 코젤닉이 옥스퍼드 박사과정이 끝나가던 무렵의 어느 날, 세계를 돌며 채용 여행을 다니던 콤프너가 그를 찾아왔다. 코젤닉은 특정 기체를 연구하는 플라즈마 물리학자였지만, 루디 콤프너는 그 점에는 신경도 쓰지 않았다. 콤프너가 그날 코젤닉을 찾아가서 했던 이야기는 "젊은이라면 빛의 고주파나 그것이 정보에 미치는 영향에 대해 생각해봐야 하지 않느냐."라는 간단한 것이었다. 그의 동료가 된 이들은 모두들 그때의 활기찼던 콤프너의 열정이 얼마나 매력적이었는지 기억하고 있었다. 그는 코젤닉에게 이렇게 말했을 뿐이다. "그 대역폭이 얼마나 클지 생각해보시오!" 이 말 한마디에 코젤닉은 그때까지 연구하던 플라즈마 대신 레이저 연구를 시작하게 됐다. "저는 플라즈마 물리학에 아주, 아주 오랜 시간을 투자해왔죠. 그런데 그는 저 같은 사람들이 완전히 자기 과거를 버리고 새로운 분야에 뛰어들게 만들었던 겁니다."

간단히 말해서 벨 연구소의 과학자들이 빛의 어마어마한 수용력을 전화나 데이터, TV신호 전송에 사용하는 방법을 알아내기만 하면 앞으로 통신에서 혼잡을 걱정할 필요는 없었다. 광전송은 그 경제적인 부분도 아주 매력적이었다. 수십 년의 경험으로 벨 시스템은 수백 통의 전화 대화를 도시 간 구리선을 통해 한꺼번에 전송하는 것이 훨씬 비용 효율이 높다는 점을 알게 됐다. 복잡한 기술적 방법을 통해 그 신호들을 높은 주파수 안에 같이 집어넣어 보내고, 신호를 받는 쪽에서 대화를 각각 분리해 보내는 것이다. 더 많은 정보를 보내는 것과 더 싸게 보내는 것이 같은 뜻인 경우가 많았다.

그러나 1960년대가 지나면서 그럴 가능성은 점점 더 멀어지는 것 같았다. 타운스와 숄로가 논문을 통해 레이저에 대해 구상한 지 몇 년이 지났지만, '목에 걸린 가시 같은 문제들'은 여전히 해결되지 않은 채였다. 일단 통신에 가장 적합한 주파수를 발생시키는 레이저 물질을 찾아야 한다는 기술적 과제들이 있었다. 동시에 벨 연구소 기술진은 음성 및 데이터 신호를 조절해서 레이저 빔에 '새기는' 기술을 아직 개발하는 중이었다. 무엇보다도 전송 문제가 가장 컸다. 물론 빛은 음성과 데이터를 전송할 수 있었다. 하지만 대체 어떻게 해야 전국적으로 전송이 가능할 것인가? 공기를 통해서? 중공 파이프로? 루비 레이저가 개발된

지 불과 몇 달 후인 1960년 11월, 벨 연구소의 과학자 몇 명은 공기를 통해 레이저 빛의 파동을 홈델의 크로포드힐에서 쏘아 40킬로미터 정도 떨어진 머레이힐 연구소까지 보내는 데 성공했다. 이들은 곧 지구의 대기가 각종 방해 요소를 만들어낸다는 것을 알았다. 벨 연구소 임원 중 한 명이었던 스튜어트 밀러는「사이언티픽 아메리칸」에서 이렇게 설명했다. "눈과 비, 안개는 엄청난 힘의 손실을 일으킨다."

이 점은 또 다른 가능성을 남겼다. 바로 도파관waveguide이 장차 벨 연구소에서 장거리 밀리미터파 전송 때문에 겪게 될 트래픽 문제의 궁극적 해결책이 되지 않을까 하는 것이었다. 도파관이란 몇 가지 문제점이 있어 아직 개발 중인 중공 파이프였다. 도파관 개발이 완료되면 광파도 전송할 수 있을 거라고 생각했다. 하지만 도파관을 통해 빛을 보내는 것은 무척이나 어려웠다. 빛줄기는 코너를 돌거나 경사를 오르락내리락하면서도 완벽히 집중된 상태로 중공 파이프의 벽 안에 있어야 했다. 도시 간 도파관은 이렇게 수백 킬로미터를 연결할 수 있어야 했던 것이다. 피스크, 베이커, 피어스, 콤프너는 물론 벨 연구소의 그 누구도 이 광 도파관이 금방 가능할 것이라 생각하지 않았고, 잘해야 다음 세대 기술이 되겠거니라고 여겼다.

다른 방법도 물론 있었다. 그 아이디어는 벨 연구소의 엘리트가 아니라 외부에서 나왔다. 1966년에 ITT 영국 지사에서 일하던 기술자 찰스 가오Charles Kao가 연구소에 방문해 그가 유럽에서 연구하던 기술에 대한 이야기를 했다. 가오는 당시 런던에서 열린 공학 기술 회의에서 광파를 실을 수 있는 투명 광섬유에 대한 논문을 발표했고, 이것은 연구소가 고심하던 전송 문제를 해결할 수 있을지도 몰랐다. 벨 연구소의 몇몇 과학자들은 그가 제기한 가능성을 이미 고려해본 적 있었다. 얇은 유리 가닥이 빛을 짧은 거리로 이동시킬 수 있다는 사실은 이미 오래 전에 확인된 바 있었다. 사실, 그런 섬유는 이미 의학에서는 위장 검사 등에 유용하게 쓰이고 있었던 것이다. 하지만 통신 분야에서는 광섬유가 전화 시스템이 요구하는 만큼 먼 거리로 신호를 전송해줄 수는 없다고 생각했다. 유리로는 몇 십 미터 못 가서 신호가 흩어지고 약화되다가 끊겨버릴 것이다. 기술자들은 섬유는 너무 손실이 많다고 생각했다.

가오는 광섬유에 대해 보다 긍정적이었다. 그는 지난 몇 년간 유럽에서 탐사 연구를 통해, 극도로 순수한 유리 가닥이 상당한 거리까지 신호를 전달할 수 없다고 할 만한 근본적인 이유가 없다는 결론을 내렸다. 그의 이 논문은 일면 이론적이었다. 가오가 상정하는 물질은 사실 존재하지 않는 것이었기 때문이다. 지구상에 존재하는 가장 순수한 유리도 빛을 흡수하거나 흩어버려, 수십 미터를 채 못 가서 신호를 잃어버리고 말았다. 하지만 가오도 순수한 유리가 전선이나 도파관을 즉시 대체할 수 있다는 것이 아니라 그저 그 가능성을 제기한 것뿐이었다.

그는 벨 연구소 과학자들의 굳어진 시각을 어느 정도 자유롭게 했다. 연구소의 고위 경영진은 도파관에 미래를 걸고 있었지만, 가오는 그렇게 생각하지 않았다. 광섬유 역사학자 제프 헥트Jeff Hecht가 후에 지적한 바에 따르면, 가오는 AT&T의 회계사들과는 달리 그렇게 시간과 노력을 그 연구에 투자할 만한 이유가 없었기에 다른 방향으로 움직이고 있었다. 혁신은 많은 부분 필요에 의해 만들어지는 것인데, 가오를 포함한 유럽의 전화 기술자들은 도파관같이 복잡한 신기술을 찾아내 도시 간 통신을 꼭 해야 될 이유가 없었던 것이다. 그들은 대도시 내 통신이 필요할 뿐이었다. 대체로 유럽의 대도시권은 미국 도시보다 더 밀집돼 있고 다른 도시권과의 거리가 상대적으로 더 가까웠다. 제프 헥트는 "브리티시 텔레콤 설계자들이 보통 몇 킬로미터 정도씩 떨어져 있는 지역 교환 센터 간에서도 신호를 주고받을 수 있는 더 나은 기술을 원했다."라고 말했다. 그들은 밀집 개발 지역에 쉽고 싸게 설치할 수 있는 것을 원했지, 장거리를 포괄할 정도로 수용력이 큰 고가의 시스템은 필요하지 않았다.

가오가 벨 연구소를 방문해 그곳 사람들에게 이런 맥락의 연구를 하라고 권하자, 콤프너가 이끌던 광학 부서는 그 말에 주의를 기울였다. 이후 벨 연구소의 광학 연구를 이끌었을 뿐 아니라 가오와도 가까운 친구가 된 팅예 리Tingye Li는 당시 상황에 대해 이렇게 말했다. "저는 그날을 아주 잘 기억해요. 우리가 크로포드힐 꼭대기에서 피크닉을 하고 있던 중에 그가 합류했어요. 전에 본 적이 없는 사람이었죠." 가오가 나중에 말하기를, 그는 벨 연구소에서 의심스러운 환영을 받았다고 한다. 하지만 리와 거기 있었던 다른 연구원들이 기억하는 바는 조금 달랐다. 이후에 연구소의 광섬유 개발에 참여하게 된 이라 제이콥스Ira Jacobs는 그 상황에 대해 이렇게 말했다. "그의 이야기를 무시한 사람은 없었어요. 하지만 그때 많은 사람들이 시간이 참 느리게 간다고 생각했을 걸요." 1960년대를 지나며 콤프너의 팀은 점점 더 섬유의 가능성에 관심을 갖게 돼, 1969년에는 섬유 연구 프로그램을 가동하기도 했다.

하지만 벨 연구소 두뇌 집단 역시 그들의 현 전략인 중공 파이프가 여전히 더 실현 가능성이 크다는 결론을 내렸고, 짐 피스크와 빌 베이커도 이에 동의했다고 한다. 베이커는 1968년에 열린 시카고 심포지

엄에서 했던 미래의 통신망에 대한 연설에서 다음과 같이 이야기했다. "전자 통신망은 인류의 지식과 개인적 경험을 알리고 전송하고자 하는 우리 사회의 요구가 역사적으로 급증한 우리나라에서 최근에 만들어진 것입니다." 그리고 그는 여전히 도파관이 텔레비전 전화 회로의 수요를 비롯한 모든 트래픽을 거뜬히 감당해줄 것이라 말했다. 즉, 베이커가 바라보는 미래는 10년 전에 피스크가 구상했던 그대로 텔레비전 전화와 도파관, 전자 교환의 시대였다. 벨 시스템은 이 생각에 모두를 걸었고, 어디까지나 그 구상만을 고수했다.

벨 연구소에서 일했던, 특히 빌 베이커 아래 연구 부서에서 일했던 사람들의 일은 아직 밝혀지지 않은 진실을 탐구하는 것이었고, 그래서 실패하는 경우도 많았다. 실험을 하다가 말 그대로 폭발이 일어나기도 했고, 실험 결과가 실망스러울 때도 많아서 소화불량에 걸릴 지경이었다. 게다가 게르마늄 점접촉 트랜지스터처럼 방대한 미래의 전조가 보이는 신 개발품도 실리콘 트랜지스터나 그 이후의 집적회로 같은 비슷한 종류의 새로운 개발품이 나오면 즉시 폐기 처분되는 것이었다. 물론 돌이켜보면 기술의 진화는 계속 올라가기만 하는 계단 같아서, 새로운 개발 위에 또 다른 개발이 하나씩 쌓이고 쌓이며 현대 삶의 질을 높이고 있는 것이 당연했다.

빌 베이커는 이 이야기를 대중적으로 말하는 데에 능했다. 그는 1966년 미국 연방 통신 위원회에서 이렇게 말했다. "내 일생에 걸쳐 미국은, 우편과 전보만 고집하며 나라를 가로지르는 전화 한 통 하기 힘들었던 나라에서 복잡한 전화 통신망이 필수 요소가 돼 모든 공동체, 민간 조직, 정부, 치안, 국가 보안의 활동과 성장에까지 영향을 미치는 나라가 됐습니다." 사실 베이커는 수년 간 작업대 앞에 앉아 화학 실험을 했고, 과학과 기술이 반드시 상승하며 발전하는 게 아니라는 것을 알고 있었다. 예를 들면 수년 간의 연구와 수백만 달러의 자금을 들인 중공 파이프, 도파관은 1970년 가을에 더 이상의 가능성을 잃고 사라졌다. 그해 9월, 코닝 글라스는 아주 순수한 얇은 광섬유를 제작하는 데 성공, 거의 손실 없이 빛을 수백 미터나 전송할 수 있게 됐다고 발표했다. 코닝에서도 아직 제조 공정을 돌릴 정도의 생산품은 나오지 않았지만, 적어도 찰스 가오의 연구와 직감이 옳았다는 것을 보여줬다. 광통신의 미래가 거기 있었고, 도파관보다는 광섬유 쪽이 더 그럴듯하게 보였다. 1970년 11월 말 쯤, 루디 콤프너도 친구에게 보내는 편지를 통해 이에 동의하는 의견을 밝혔다. "광섬유가 앞으로 중심에 서게 될 것이다."

1960년대에 벨 연구소가 제대로 다음 시기를 구상하고 있는지 체계적으로 정리하고 있는 이는 없었지만, 만약 그랬다면 그들은 전자 교환과 레이저를 극적이고도 선견지명 있는 성공으로 기록했을 것이다. 같은 시기 벨 연구소에서는 이윽고 세상을 바꿀 만한 다른 업적 몇 가지를 이뤄냈다. 그중 하나는 머레이힐의 컴퓨터 과학자 몇 명이 모여 '유닉스'라고 하는 가히 혁명적인 컴퓨터 운영체제를 만들어, 다른 언어의 컴퓨터 기반에까지 깔리게 된 일이었다. 또 다른 돌파구는 CCDCharge-Coupled Device, 전하결합장치로 이것은 새로운 형태의 컴퓨터 기억장치를 만드는 과정에서 개발된 빛 감지 전자 센서였다. CCD는 빛의 양에 따라 다르게 반응하는 전자의 여러 가지 반응을 이용하여 극도로 선명한 사진을 찍을 수 있었다. 우리가 지금 디지털 사진으로 알고 있는 것의 기반이 바로 이 CCD인데, 그 상업적 가능성을 인정받기 한참 전에 피어스는 CCD를 국가 보안용으로 생각했다. "저는 이것을 즉시 NRO에 내놓았죠." 당시 베이커는 그가 만들게 했던 정찰 위성 기관인 NRO가 CCD를 첩보 활동에 사용할 수 있을 것으로 생각했다.

그러는 동안 연구소 장부의 지출 내역도 꾸준히 쌓여가고 있었다. 벨 연구소의 공학 기술과 재료 과학이 낳은 킬비와 노이스의 집적회로는 그 자체가 실수였다기보다는 시기를 놓친 것 같았다. 하지만 어느 누구도 도파관과 텔레비전 전화라는 엄청나게 비싼 바보짓을 한 것에 대한 경감 요인을 제대로 설명하지 못했다. 실패의 경험도 물론 중요하지만, 그 실패가 뜻하는 바가 무엇인지도 중요했다. 신기술을 도입하는 데에는 다양한 종류의 실패가 뒤따랐다. 도파관의 경우에는 잘못된 인식이 문제였다. 이 경우 정통성 있는 기술을 위해서라며 다른 기업, 다른 부서, 대학 등이 제기한 특정 문제의 돌파구를 가려버린 것이었다. 비슷한 예로, 순수 광섬유라는 돌파구는 벨 연구소 같은 조직에서 나오지 않았다. 벨 연구소에 있는 재료 과학자들은 금속, 고분자, 반도체 결정의 작용에 관해 전문가들인데도 말이다. 대신 이것은 한 세기 동안 유리와 도자기에 대한 전문 기술을 쌓아 온 코닝에서 등장했다.

잘못된 인식은 잘못된 판단과는 또 다르다. 이후에 개발자들이 사람들의 필요나 결핍을 채워줄 거라며 생각한 아이디어는 실제로 기능을 하지 못했다. 그 이유는 기술 자체의 단점 때문일 수도 있고, 그냥 그런 기능에 비해 너무 비싸서일 수도 있고, 시장에 너무 일찍, 혹은 너무 뒤늦게 등장해서일 수도 있으며, 이 모든 이유가 합쳐져서일 수도 있다. 텔레비전 전화는 바로 이와 같은 잘못된 판단 중 하나였다.

텔레비전 전화는 낙관론의 정점을 찍기 시작했다. "우리는 AT&T에 제안했던 텔레비전 전화 계획 승인을 받아냈습니다." 벨 연구소의 부소장이었던 줄리어스 몰나르는 1966년 늦여름, 직원들을 모아놓고 이 사실을 알렸다. 실질적으로 사용될 텔레비전 전화 기술은 예전에 세계 박람회에서 주목을 받았던 달걀 모양의 초현대적 장치보다 훨씬 업그레이드되고 디자인도 새로워졌다. 몰나르는 직원들에게 유명한 산업 디자이너가 더 기능적이고 우아하게 디자인한 이 사각형의 장치를 '모델 2' 혹은 '모드 2'라고 소개했다. 몰나르의 목표는 1968년에 현장 테스트를 거쳐 '상업용 면대면面對面 텔레비전 전화 서비스'를 곧 출시하는 것이었다.

1967년 말에 만들어진 소규모 텔레비전 전화 마케팅 탐사 연구팀은 주요 기업과 비영리 연구 기관에서 온 99명의 직원들로 구성됐다. '비즈니스 고객층'의 관점을 알아보기 위한 이 연구에서는 아무런 경고도 해주지 않았다. 연구는 텔레비전 전화의 시장 잠재력이 조사 참가자들 사이에서 아주 강하게 나타났다며 다음과 같은 결론을 내렸다. "많은 이들은 필요를 충족하기 위해 월 50달러의 텔레비전 서비스를 이용하려 들 것이다." 1968년 봄쯤 되자 일은 되돌릴 수

텔레비전 전화는 1964년 만국박람회에 처음으로 등장했다. AT&T가 박람회에서 한 조사에 따르면 텔레비전 전화를 사용해본 사람들 중 대다수는 사업상의 필요 때문에 텔레비전 전화가 필요하다고 답했다. 다음으로 많았던 대답은 집에 텔레비전 전화가 필요하다는 것이었다. 하지만 텔레비전 전화를 실제로 출시했을 때의 결과는 참담했다.
ⒸAT&T Archives and History Center

없을 정도로 진척되었다. 벨 연구소 소장 짐 피스크는 당시 한 연설에서 이렇게 말했다. "텔레비전 전화의 시범 운영은 이제 다음 단계로 넘어갔습니다. 약 90년 전 알렉산더 그레이엄 벨이 전화를 발전시키려 할때에도 회의적 반응이 있었죠. 이 시점에서 텔레비전 전화에 대해 회의적 반응을 보인다면, 이는 바로 벨의 전화에 가해졌던 회의적 반응을 반복하는 일이 될 겁니다."

텔레비전 전화는 피츠버그에 있는 웨스팅 하우스에서 1969년 2월부터 시범 사용을 하는 것으로 공식적인 시판에 들어갔다. 벨 연구소는 연구소 잡지 「벨 연구소 기록지」의 그해 여름 내용을 온통 새롭게 시작하는 텔레비전 전화의 과학과 기술에 대해 설명하는 것으로 채웠다. 줄리어스 몰나르는 텔레비전 전화를 소개하는 글에서 텔레비전 전화는 엄청난 효과를 가져올 것이라 설명했다. 장 보러 나갈 필요가 없어지거나, 멀리서도 얼굴을 보며 통화할 수 있기 때문에 인구 밀집 지역의 과밀도가 줄어들고 교통량도 줄어들 것이라고 말이다. 몰나르는 이렇게 쓰고 있다. "텔레비전 전화는 그저 또 하나의 통신 수단이 아니다. 이것은 실제로 많은 사회적 문제들을 해결하는 데에 도움을 준다." AT&T는 1970년 말에 피츠버그와 시카고에서 텔레비전 전화 서비스를 시작했다. RCA나 GTE 같은 다른 전자 회사들도 비슷한 기술을 준비하고 있었다. 만약 텔레비전 전화가 '미래'라면 그들이 벨 시스템 혼자 그 시장을 누비게 둘 이유는 없었다.

하지만 12개월 후, 벨 경영진은 텔레비전 전화 서비스를 사용할 것으로 예상했던 수요가 현실로 나타나지 않았다는 사실을 깨달았다. 줄리어스 몰나르는 텔레비전 전화의 결과를 검토한 후 1972년 3월에 벨 연구소 부서장들을 모아놓고 한 연설에서 이렇게 말했다. "다들 알고 있겠지만, 피츠버그와 시카고에서 텔레비전 전화를 소개한 것이 대성공이라고 할 만한 결과를 보이지 못하고 있습니다. 피츠버그에서는 일 년 반이 지나면 텔레비전 전화 사용자는 8명, 기계는 30대만 남게 될 거라고 합니다." 피츠버그에서 텔레비전 전화의 한 달 사용료는 160달러였다. 하지만 시카고에서 월 사용료를 할인가 75달러로 책정했는데도 그 결과가 걱정스러울 정도였다. 몰나르는 시카고의 실적을 인정하며 말했다. "열심히 판매 활동을 한 후 시카고에서는 고객 46명에 설치 기계가 166대까지 늘어났고 새로운 주문도 128개 들어왔습니다. 피츠버그보다 훨씬 낫지요. 하지만 별로 힘이 나지는 않는군요."

어윈 도로스의 말에 따르면, 벨 연구소 경영진 중 한 명은 텔레비전 전화 시판에도 관여했지만, 그의 팀 전체가 텔레비전 전화가 결국 성공하리라는 데에 아무런 의심도 하지 않았다고 한다. 도로스는 이것이 기술에 너무 파고들다 생긴 '집단 순응 사고_{Groupthink: 너무 많은 사람들이 관여함으로 생기는 개인의 창의성이나 책임감 결여}' 때문이라고 보았다. 텔레비전 전화의 실패가 분명해지자, 가장 열정적으로 이 사업을 지지했던 사람들도 실패의 이유와 왜 실패를 예상하지 못했는지에 대해 자문하기 시작했다.

대부분은 그 이유의 첫 번째로 가장 근본적인 원인을 들었다. 애초에 사람들은 텔레비전 전화를 그렇게 좋아하지 않았고, 그것을 알아내지 못한 시장조사가 부적절했거나 문제가 있었다는 것이다. 소비자들은 보통 전화의 비인격적인 측면이 그냥 더 낫다고 생각하거나, 전자 통신에 있어서 영상이 더해주는 만족감은 그렇게 크지 않다고 생각한 것이다. 여기까지 생각이 미치자 한 가지 생각이 더 이어졌다. 보통 전화 서비스에 비해 텔레비전 전화 서비스와 그 장비에 드는 비용이 너무 비쌌던 것이다. 텔레비전 전화는 장거리 서비스까지 가능한 엄청난(그리고 비싼) 대역폭을 필요로 했다. 이런 이유로 이 기술은 기본적인 사용자 수조차 채우지 못했고, 기본적으로 쓰는 사람이 별로 없으니 추가적인 사용자가 늘 리 없었던 것이다. 어윈 도로스는 이렇게 설명했다. "내가 기계를 가지고 있어도 상대가 기계를 구비하지 않으면 통화를 할 수가 없었죠. 양 쪽 다 서비스를 이용하고 있어야 연결이 될 수 있었던 겁니다. 그러니 어떻게 사용자가 많아질 수 있겠습니까?" 많은 시간이 흐른 후에 컴퓨터 기술자인 로버트 멧칼프Robert Metcalfe는 네트워크를 사용하는 사람이 늘어나면서 극적으로 증가한 네트워크화 장치의 가치에 대해 어떤 추측을 내놓았다. 즉 네트워크가 커질수록 그 네트워크 상에 있는 장치들의 상호 가치가 높아진다는 것이다. '멧칼프의 법칙Metcalfe's law'이라고도 알려진 이 공식화는 전화 시스템과 인터넷이 널리 사용되고 있는 현상을 설명할 수 있다. 반대로 네트워크 규모가 작을수록 각 사용자가 가진 장치의 가치는 떨어진다. 텔레비전 전화의 네트워크는 말도 못하게 작았다. 그렇다보니 가격을 내려도 별 소용이 없을 정도로 텔레비전 전화의 가치는 미미했고, 늘어날 기미가 보이지 않았다.

몇 년 동안이나 머레이힐, 홈델, 웝패니에 있는 벨 연구소 경영진은 각자의 사무실에 놓은 텔레비전 전화로 대화를 나눴다. 도로스는 "저는 항상 텔레비전 전화를 썼어요. 매일 썼죠. 정말 멋지다고 생각했거든요." 하고 회상했다. 하지만 모든 부장 및 부소장들이 그 서비스를 좋아하지는 않았다. 일례로 루디 콤프너는 카메라 앞에 자기 사진을 세워뒀고, 존 피어스의 뛰어난 기억력에 따르면 그 사진은 콤프너를 아주 배려심 깊은 사람으로 보이게 해서, 상대가 무슨 말을 해도 언제나 잘 들어주는 것 같았다. 콤프너는 그렇게 해놓고 통화 도중에 계속 사무실을 돌아다닐 수 있었다. 결국 텔레비전 전화 계획이 자취를 감췄고 그것이 기술적, 경제적으로 실패라는 현실이 확실시되면서, 벨 연구소에서도 텔레비전 전화 서비스를 중단하고 연결을 끊기 시작했다. 40년 후에도 그 장치를 옹호하며 이것이 너무 앞서 갔다던가 당대의 기술적 역량과 네트워크에 비해 지나치게 야심적이었다고 말하는 사람도 있었다. 인터넷을 통한 화상 채팅이 새롭게 인기를 얻은 것은 이러한 시각을 입증하고 있는 것 같다. 하지만 개발자에게 있어 시대를 너무 앞서간 것은 틀린 것이나 다름이 없다. 이를 증명하기라도 하듯 시장에서 텔레비전 전화에 대해 보인 거부반응은 신속하고 정확했다. 밥 럭키는 텔레비전 전화의 시카고 시판 이후 몇 년이 지나고 나서 자신의 홈델 사무실을 둘러보다 텔레비전 전화에 눈길이 머물렀던 순간을 회상했다. "아마 저게 세상에 남아 있는 마지막 기계겠지." 그리고 이제 더 이상 그가 텔레비전 전화를 걸 수 있는 상대는 없었다.

무슨 일을 하는지 알아야
앞서 나갈 수 있다

경쟁, 시대의 흐름을
막을 수는 없다

1972년 12월, 벨 연구소 소장 짐 피스크는 은퇴를 선언했다. 사실 이
번에 피스크가 연구소를 떠나겠다고 밝힌 것은 두 번째였다. 첫 번째는
25년 전에 그가 제2차 세계대전의 레이더 장비를 성공적으로 작업한
직후였는데, 당시에는 워싱턴에서 그에게 원자력 위원회 회장직을 제
안했다. 1947년 당시 피스크가 벨 연구소를 떠나면 몇 년 간의 일시적
인 공석이 되는 것이었지만, 이를 기념하기 위해 머빈 켈리는 피스크를
위한 디너파티를 열었다. 파티는 고급이었고, 아주 활기찼다. 벨 연구
소 최고의 연구진들이(수십 명의 남성들이 정장을 갖춰 입고 넥타이를 맸으며, 여
성은 없었다) 피스크에게 건배를 하러 나왔고, 마티니와 굴 요리가 돌고,
식사와 시가가 나왔다. 전문 사진사가 고용돼 이날 저녁 축제의 모든
것을 기록했고, 그 흑백사진은 빌 쇼클리의 앨범에 잘 보관돼 그가 가

장 아끼는 물건들 중 하나가 됐다. 이날 사진에 찍힌 이들은 모두 당시에는 유명하지 않았지만 곧 그들이 해낼 일은 시대의 전환점이 될 것이었다.

저녁 식사를 하기 전에 줄리어스 몰나르, 월터 브래튼, 존 바딘은 사람들 사이에 섞여 있었다. 머빈 켈리는 연구 부서장 랠프 바운과 함께 의자에 발을 올리고 조용히 시간을 보내고 있었다. 빌 베이커도 그곳에 있었다. 그날 저녁에 찍은 사진에서 베이커는 몇 명의 사람들에게 둘러싸여, 으레 그래왔듯이 정중하지만 열심히 상대방의 이야기를 들어주고 있었고, 머빈 켈리는 사람들에게 재미있는 이야기를 하고 있었다. 저녁 식사가 나오면서 사람들은 자리에 앉았고, 피스크는 손님들이 마주 보이는 무대 위 긴 식탁에 앉았다. 켈리와 쇼클리는 연단 위 피스크의 양 옆에 자리했다. 물리학 부서장으로서 오래 전 켈리와 시카고 대학 연구소 시절 로버트 밀리컨 밑에 있을 때부터 함께 기름방울을 세던 하비 플레처도 그 곁에 앉았다. 신이 난 존 피어스도 무대 위 자리에 앉아 손님들에게 우스꽝스러운 그림을 들어 보이며 부산을 떨었다. 트랜지스터나 레이저 등을 생각하기 아주 오래 전인 1947년 그날 밤에, 벨 연구소의 엘리트 과학자며 기술자들이 모두 모여 있었다. 오직 클로드 섀넌의 자리만 비어 있었다.

1970년대 초반이 되자 그때 모였던 이들은 떠나고 없었다. 빌 베이커가 벨 연구소에 남은 마지막 마지막 급진파였다. 존 피어스는 스스로 판에 박혀버렸다고 느끼고는 65세가 되기 몇 년 전에 은퇴하면서 모교인 캘리포니아 공과 대학 교수가 됐고, 서부 해안으로 이사 가 고등학생 시절 글라이더를 날렸던 곳에서 멀지 않은 데 살고 있었다. 베이커는 1971년 은퇴 기념식에서 이런 말을 했다. "존 피어스는 현대적 인간의 표본입니다. 그는 언제나 10년을 앞서 살아가니, 현대적일 수밖에 없지요." 그리고 그는 평소처럼 열정적으로 덧붙였다. "20세기의 영웅인 알베르트 아인슈타인이나 닐스 보어도 천재적이었지만, 그들도 피어스처럼 '벨 연구소에서 추구하는 자연 과학의 모든 요소에 현실성을 불어넣는 일'은 하지 못했습니다."라고 말이다. 베이커가 볼 때 피어스는 '사용 가능하고 눈에 보이는' 기술을 만들었다. 이는 단지 이론을 세운 것이 아니라 사람들의 삶을 바꿔 놓은 일이었던 것이다.

피어스는 떠나면서 자신이 벨 연구소의 자문 위원으로 있어도 되겠는지 물었다. 지금은 스탠포드에서 교편을 잡고 있는 빌 쇼클리도 이미 자문 위원으로 잭 모턴의 장치 부서를 도와주며 조금씩 돈도 벌고 있었다. 하지만 1970년대에 피어스와 쇼클리가 캘리포니아에서 뉴저지에 오는 일은 연중 몇 주 정도에 불과했다. 그들은 기껏해야 가끔 나타났고, 그 영향력도 작았다. 한편 줄리어스 몰나르는 피스크의 확실한 계승자인 동시에 개발 조직의 황제로 떠올랐으나 1972년 후반 대장암에 걸렸다. 그는 이듬해 56세의 나이로 사망하고 만다. 몰나르의 상태가 점점 나빠지자 피스크는 어느 날 저녁, 빌 베이커의 자택으로 전화해 연구소로 와달라고 했다. 베이커의 아내는 남편이 전화를 끊자 "장담하건대 당신에게 소장 자리를 제안하려고 할 거예요."라고 말했다. 그 예상이 현실이 되었을 때, 베이커는 잠시 망설였다. 벨 연구소의 연구 부서를 맡는 것은 베이커가 바랐던 단 하나의 일이었다. 그가 지금까지 수많은 정부 요직과 대학 총장직을 마다한 것은 그 자리가 났을 때 후보에 오르기 위함이었다. 그는 그 자리를 받아들이고서야 비로소 계속해서 기초연구를 해나갈 수 있었다.

베이커에게 소장 자리는 50여 년 전 프랭크 주잇이 벨 연구소를 설립할 당시에 맞닥뜨렸던 질문에 대해 다시 고민하게 했다. AT&T와 지역의 통신 회사가 벨 연구소에게 바라는 것은 무엇인가? 그렇다면 향후 10년, 혹은 20년 동안은 어떤 새로운 통신 기술이 존재할 것이고 또 존재해야 하는 것일까? 하지만 베이커는 주잇에게는 없었던 문제도 고심해야 했다. 지난 10여 년 간, 통신 산업의 주요 문제는 기술적인 것보다는 사업상의 것이었다. 그동안은 새로 생긴 기업에서도 벨 연구소가 개발한 기술을 사용하며 전화 장비나 장거리 전화 서비스를 판매하는 시장에서 경쟁을 하고 있었다. 이런 경쟁자는 1960년대 말에서 1970년대 초반까지는 급성장 논리에 따라 도움이 됐지만, 지금 그들은 워싱턴 D.C.에서 정치인이나 변호사를 고용해 미국 소비자들이 더 나은 서비스를 받으려면 연방 정부가 산업에 대해 엄격히 통제하기보다 자유로운 경쟁 체제가 돼야 한다고 주장하고 나섰다. 심지어 미국 의회는 오래 전부터 지배해온 항공, 철도, 증권업에 대한 규제를 풀어주려고 이미 만반의 태세를 갖추고 있었다. 그 당시 표현으로 이 산업들이 곧 '탈규제화'된다는 것이었다. 다음 차례는 통신업이 아닐까? 미국에서 최고의 수익을 올리며 '하나부터 열까지 모든 책임을 맡은' AT&T와 같은 통신 독점을 유지할 것인가, 아니면 통신 독점체가 해체돼 서로 경쟁하면서 가격도 낮아지고 더 혁신적인 개발이 일어나게 할 것인가 하는 것은 그야말로 난제였다.

이러한 의문점은 과학이나 공학과는 별 상관이 없었다. 게다가 이런 문제는 빌 베이커의 이해 범위 밖이었으며, 벨 연구소의 두뇌들도 풀 수 없는 것이었다.

AT&T는 미국 정부의 도움으로 50년 이상을 온전한 상태로 남아 있었다. 경제학자 피터 테민Peter Temin은 이들이 항상 "독점 금지법이 허용하는 한계 지점 부근에서 경영을 하고 있다."라고 지적했다. 벨 연구소와 그 장비를 생산하는 웨스턴 일렉트릭을 소유하고, AT&T 롱라인이라는 장거리 통신 회사와 다른 22개 지역 통신 회사에도 공공연히 소유권을 주장할 정도인 이 기업의 전례 없는 크기와 권한, 힘 때문에 미국 정부 일각에서는 수차례나 소송을 제기했다. 하지만 AT&T는 매번 규제 기관이나 정치인과 거래를 하는 등으로 숨을 방법을 찾았고, 평소대로 사업을 계속해나갔다. 게다가 그럴 때마다 법정에서는 통신 산업이 '자연스럽게 독점화되는' 점과 그렇기 때문에 단일체가 주도하는 것이 가장 좋다는 주장이 먹혀들었다.

이때 전화 시스템의 기술적 복잡성이나 상호 의존성만으로 자연적 독점을 정당화한 것은 아니었다. 통신사 경영진이 계속 반복해서 주장하는 것이지만, 독점은 경제적인 문제이기도 했다. 한 국가의 통신 고객들에게 효과적으로 서비스를 제공하는 한 회사가 있다면, 서비스 중에서도 장거리 통화처럼 수익성이 높은 쪽에서 그렇지 못한 시내전화 같은 쪽에 보조금을 줄 수 있게 된다. 게다가 기업 고객에서 올린 높은 수익은 일반 고객들에게 서비스로 돌아갈 수도 있다. 마찬가지로 인구가 밀집된 도시에서 얻은 수익이 인구 밀도가 낮은 지방으로 혜택이 퍼져나갈 수도 있다. 이러한 '평균화' 덕분에 대부분의 미국인들이 전화 서비스를 사용할 수 있게 된 것이다. 동시에 기술적 혁신 덕분에 가격은 계속

낮아지는데도 서비스의 질은 해마다 향상됐지 않는가.

10년에 한 번씩 휴전을 가지며 이제 벨 시스템과 미국 정부의 사이에는 어떤 규칙마저 생긴 것 같았다. 1913년에 미 사법부가 반독점 소송을 제기하자 AT&T는 더 이상 지역 전화 회사를 사들이지 않고 앞으로 그들이 자사의 장거리 전화 통신망에 접근할 수 있게 하겠다고 했다. 1930년대 후반에는 새로 생긴 미국 연방 통신 위원회가 통신 회사에 대한 조사를 한 후 그 사업 관행에 대해 신랄한 평가를 내놓았다. 규제 기관들은 AT&T가 고객들에게 장비를 공급할 때 제조 자회사인 웨스턴 일렉트릭을 통하면서 청구를 제대로 하지 않는 관행에 의문을 제기했다. 하지만 1939년 들어 계속되던 정부의 공격이 돌연 멈췄다. 제2차 세계대전이 일어났던 것이다. 웨스턴 일렉트릭과 벨 연구소도 레이더를 비롯해 국가의 군 기계에 필수적인 다른 장치들을 만들었다. 사법부는 1949년이 돼서야 기존에 정부의 태도로 돌아가, 벨 시스템에 대한 독점 금지법 소송을 다시 제기했다. 그 이후로 수년 간 공청회며 정부 관료와 AT&T 변호사 간의 은밀한 협상이 진행됐고, 1949년에 제기된 소송은 마침내 1956년 법원 명령이라고 알려진 합의문으로 끝이 났다. AT&T는 전화 서비스에 대해 제한된 독점을 유지할 수 있게 됐다. 하지만 합의문에 의해 AT&T는 컴퓨터 산업에는 손을 댈 수 없었고, 오래된 특허권은 포기하고 새로운 특허권도 적당한 사용료를 받고 다른 이들에게 열어줘야 했다.

1956년 합의가 효력을 발휘하기 시작하자, AT&T를 파괴한다는 것은 불가능해 보였다. AT&T는 이제 미국 정부의 지지를 받고 있었기 때문이다. AT&T가 자산 면에서나 인력 면에서 세계 최대의 회사가 되는 것은 일도 아니었다. 게다가 「포춘」에 따르면, AT&T 소유의 벨 연구소는 명백히 '세계 최고의 산업 연구소'였다.

빌 베이커 밑에서 부소장으로 있었던 이안 로스는 1960년대에서 1970년대에 이르기까지 "길고 긴 역사 동안 우리의 독점권을 잃을까 봐 걱정했다."라고 말했다. 빌 베이커와 머빈 켈리가 정부 일에 관여한 것은 일정 부분 이런 우려를 줄이기 위해서였다. 하지만 로스나 그 밖에 다른 사람들이 볼 때, 그 노력은 독점 금지법의 발동을 조금 늦춘 것 뿐이었다. 로스는 "켈리는 산디아 연구소를 세워 AT&T가 운영하고 우리가 관리하게 했어요. 제가 '왜 이 망할 것을 유지해야 되죠? 우리 사업도 아닌데.'라고 할 때마다 켈리는 '만약 우리가 독점 금지 소송에 휘말리게 되면 이게 도움이 될 걸세.' 하고 대답했습니다. 그러고 나서 벨 연구소는 군사 프로그램에 투입됐죠. 왜냐고요? 돈을 벌기 위한 건 아니었어요. 국가에 유용한 존재가 되려는 거였죠."

하지만 국방부에게 유용한 존재가 된다고 사법부나 미국 연방 통신 위원회에게도 그렇게 되는 것은 아니었다. 사법부는 1949년 독점 금지 소송이 1956년 법정 명령으로 마무리됐던 일로 벨 시스템에 대해 깊은 불신을 품고 있는 변호사들을 계속 데리고 있었다. 기자 스티브 콜 Steve Coll은 AT&T와 연방 정부 사이에 벌어진 1970년대의 전쟁의 기록에서 이렇게 밝히고 있다. "1960년대 내내 그 독점 금지법 부서에서는 AT&T의 활동 내역에 대한 자료를 버리지 않고, 웨스턴 일렉트릭 쪽으로 다시 소송을 준비하고 있었다."

마벨과 여러 규제 위원회 사이에도 팽팽한 긴장이 감돌았다. 1960년대 뉴욕에서는 유독 서비스 상의 문제가 많이 생겼고, 이는 통신 회사의 품질과 완벽했던 이미지에 큰 타격이었다. 동시에 FCC가 여러 독립 제작사에 허가를 내주면서 그 제작사들은 마벨이 독점하고 있던 귀중한 통신망에 사무실용 교환대 같은 자체 장비들을 연결할 수 있게 됐다. 하지만 가장 중요한 것은 FCC의 몇몇 변호사들이 신진 장거리 통신 회사에 점점 더 동조하게 됐다는 것이다. 그 신진 회사는 워싱턴에 작은 사무실이 있었는데, 맨손으로 이 사업을 시작한 빌 맥고원Bill McGowan은 통신사업에서 생긴 손해를 술과 담배, 도박으로 해결하려는 자였다. 그 회사는 마이크로파 통신 주식회사라는 곳이었는데, MCI라는 이름으로 더 잘 알려져 있었다.

1960년대 후반에 맥고원은 잭 게켄Jack Goeken이라는 사업가와 손을 잡고, 벨 연구소에서 1950년대에 지은 것과 흡사한 전국적 마이크로파 중계탑을 건설하기 시작했다. MCI는 일단 기업에, 이어서 일반 사용자들에게 장거리 통화 서비스를 제공했다. 그들의 서비스는 AT&T보다 나을 것이 없었다. 오히려 통화 품질이나 통신망 연결이 잘 안 될 때도 있어, 어떤 면에서는 벨 시스템보다 못했다. 하지만 MCI의 서비스는 AT&T보다 훨씬 저렴했다. 마벨과 달리 MCI는 지난 40년간 투자 금액이 들지 않았기 때문에 서비스를 싸게 제공할 수 있었던 것이다. 심지어 이들은 시내 전화는 운영하지 않았기 때문에 장거리 전화 요금에 시내 전화 보조금을 포함시킬 필요도 없었다. 그러자 AT&T 경영진은 MCI가 '크림 스키밍cream-skimming'을 하고 있다고 주장했다. 즉, MCI가 통신 산업에서 가장 수익성이 높은 분야에 들어왔으면서 AT&T가 만들어놓은 '전국적인' 통신망에 대해 법적으로나 도덕적인 책임은 하나도 지지 않고 있다는 뜻이었다. 그럼에도 불구하고 FCC는 MCI가 기업 및 개인에 유용한 서비스를 제공하는 경쟁 기업이 될 수 있다는 결론을 내렸다. 1971년 FCC 위원들은 AT&T에게 그들이 소유한 지역 교환소에 MCI의 장거리 마이크로 통신망을 연결할 것을 요구했다.

벨 시스템의 고위 경영진들은 이 결정에 놀라기도 했고 심각한 위협도 느꼈다. 벨 시스템은 오랫동안 경쟁이 거의 없는 상태에서 존재했다. 지방에는 작은 통신 회사들이 남아 있었는데, 이들은 20세기 초반에 AT&T의 시어도어 베일과 정부 사이에 맺은 합의의 산물이었다. 그 합의는 베일이 경쟁사를 사들이는 것을 중지하겠다고 정부에 약속한 것이었다. 하지만 MCI가 수익성이 있는 장거리 통신망 독점에 끼어들려는 것은 그 합의와는 전혀 다른 이야기였다. 벨 시스템 경영진들은 그들이 존재하는 것은 치명적인 위협이 될 것이라 생각했다. 하지만 MCI는 FCC뿐만 아니라 많은 미국 하원 의원들에게 지지를 얻었고, 그들 사이에서 AT&T의 독점을 줄이고 더 많은 경쟁을 도입해야 한다는 의견에 대한 지지가 늘어났다. 한때는 상상할 수도 없었던 AT&T 분할도 가능할 것 같았다.

독점과 독점 금지법에 대한 미 상원 소위원회에 제출한 증언에서 빌 베이커는 "벨 연구소나 웨스턴 일렉트릭이 AT&T에서 벗어나 따로 운영되고, 벨 시스템만 통합적으로 운영된다는 개념 자체가 말이 안 되는 것입니다."라고 주장했다. 이 주장은 똑똑한 아이가 부모의 결혼 생활을 지키려는 이야기 같았다. 베이커는 벨 연구소의 강점이 독점 내부의 다른 부분과 연결돼 있는 것이라고 선언했다. 연구소의 과학자와 기술자들은 그 연결을 통해 새로운 디지털 통신망이나 새로운 통신 장치를 생각하고 위성과 광섬유 같은 새로운 기술도 개발할 수 있었다. 그리고 베이커는 이러한 것이 바로 '인간의 창의성이 인간의 이익으로 전환된 것'이라고 덧붙였다. 그 이후로도 논의는 계속 이어졌다.

4개월 후인 1974년 11월 20일, 사법부는 AT&T와 관련해 쌓아둔 수많은 독점 금지 소송을 폭풍처럼 제기했다. 여기에는 벨 연구소와 웨스턴 일렉트릭도 공동 피고인으로 언급됐다. 정부는 AT&T 주식회사 전체가 통신 서비스를 독점하려 '불법 모의'에 관여했다는 혐의를 제기했다. 다른 것들보다도 통신 회사의 몸집이 커지면서 장비 공급자들이 웨스턴 일렉트릭과 경쟁하기가 굉장히 어려워지기 때문에 MCI같은 서비스 공급자들이 자체 통신망을 연결하기도 힘들어진다는 것이었다. 정부에서는 어떤 특별한 조치가 없다면 피고가 이러한 위반을 계속하고 앞으로도 그럴 것이라고 말했다. 사법부는 법정에서 웨스턴 일렉트릭을 AT&T로부터 분리하도록 호소했을 뿐 아니라, AT&T가 사들인 지역 통신 회사들을 일부 혹은 전부 분할하라고 재촉했다.

존 피어스는 그때까지 AT&T의 딱딱한 회사 운영에 관심을 가진 적이 없었다. 그의 벨 연구소 사무실 책상에는 "브로드웨이 195번지에도 지적 생물체가 살까?"라는 AT&T 간부진을 가리키는 커다란 글씨가 붙어 있을 정도였다. 하지만 사법부의 분할 위협은 당시 캘리포니아에 교수로 있던 피어스마저 열렬한 의지를 갖고 자기가 다닌 옛 회사를 방어하게 했다. 피어스는 「뉴욕 타임스」의 기고란에 보낸 에세이에서 이렇게 쓰고 있다. "벨 시스템에 대해 사법부가 소송을 건 것은 확실히 법의 테두리 안에 있다. 하지만 그들이 사람들에게 더 싸고 질 높은 전화 서비스를 제공하기 위해 이 소송을 걸었다고 말하는 순간 정당성을 잃었다. 지금 사법부가 주장하는 것과 같은 상황에 처해 있으면서도 비싼 가격에 저급한 전화 서비스를 제공하는 국가들은 말도 못하게 많다." AT&T의 회장 존 데부츠John deButts는 피어스의 글 중 하나를 경제 잡지에서 읽고, 그에게 개인적으로 편지를 써서 감사를 전했다. "혁신에 있어서 조직이 얼마나 중요한지 이렇게 완벽하고 폭넓은 이해를 보여주는 분은 많지 않은데, 당신 같이 권위 있는 분이 사법부의 소송이 이루고자 하는 바의 해악을 이렇게 짚어주시다니 저희는 정말 운이 좋군요. 덕분에 그들은 성공하지 못할 것입니다."

존 데부츠는 AT&T의 거대한 통신망이 세계에서 유일하다고 생각했다. 아무도 그들을 따라할 수 없었고, 아무도 그런 것을 운영할 수도 없었다. AT&T의 설립과 유지는 한 세기 간에 걸쳐 매우 힘든 과정으로 이뤄진 것이었다. 여기서 만든 전자 장치는 그 천재성과 노력의 산물이었다. 하지만 그는 벨 연구소에서 낸 특허가 널리 알려짐에 따라 기술이 얼마나 빠르게 복제되는지에 대해서는 완전히 이해하지 못한 것 같았다. 머빈 켈리는 제2차 세계대전이 한창일 때 이미, 전자 통신 산업 역시 결국은 라디오와 텔레비전을 제작하는 회사들이 상품과 가격으로 싸우는 더 큰 전자 산업과 경쟁하게 될 것이라 예측했다. 켈리는 1943년에 그의 동료들에게 이렇게 말했다. "우리 조직은 보수적이고 경쟁력이 없습니다. 우리는 질 높은 서비스를 위해 더 오래 작동하도록, 더 싼 가격을 유지하려고, 또 신뢰를 높이기 위해 기계를 만집니다. 그게 우리가 디자인과 공정에 대해 가지고 있는 철학의 기본 요소죠. 하지만 우리의 기본적인 기술은 해가 갈수록 고도의 경쟁에서 새롭고 활기찬 신생 산업과 비슷해지고 있어요."

MCI는 바로 그런 경쟁의 미래를 보여줬다. 밥 럭키는 AT&T 경영진과 벨 연구소의 경영진 몇 명이 모여, 최근부터 장거리 통화 서비스를 제공하는 신생 회사들의 전망에 대해 이야기했던 1970년대 초반의 그날을 떠올렸다. AT&T 경영진은 확신에 차서 말했다. "걱정할 것 없습니다. 통신망을 가지고 있는 건 우리뿐이지 않습니까." 물론 잠시 동안은 이 말이 사실이었다. 하지만 그들이 생각하지 못했던 것은, 이제는 다른 이들도 통신망을 가질 수 있게 됐다는 사실이었다.

1974년 후반에 재판에서 대부분의 참관인이 몇 년, 몇 십 년이 걸리더라도 해결하려 했던 법적 조치를 시작하려고 하자, 전자 통신 산업이 이제는 '성숙한 산업'인가 하는 문제가 제기됐다. 성숙한 산업에는 연방 정부의 보호 규제가 필요하지 않으며, 경쟁의 충격도 받아들일 준비가 돼 있을 것이다. 사법부가 모아놓은 최근 소송 자료에는 반세기 이전의 AT&T 회장 시어도어 베일이 전화 회사를 설립하며 세웠던 목표인 '하나의 정책, 하나의 시스템, 세계적인 서비스'가 명시돼 있었다. 이 목표는 달성됐는가? 이제는 케이블과 마이크로파 연결, 전자 교환소가 미국 전체를 하나로 연결했다. 심지어 위성통신망과 해저 케이블은 미국과 전 세계까지 연결하고 있었다. 벨 연구소의 빌 베이커는 규제를 풀어야 한다는 생각에는 불편해했지만, 그의 사업이 성숙해졌다는 평가에는 동의했다. "이제 새로운 통신 기술이 작동한다는 것을 보여주는 시대는 지났습니다. 지금은 세상 모든 사람들이 서로 연결되고, 서로의 정확한 목소리와 영상이 전달된다는 사실을 굳이 보여주지 않아도 다들 알고 있습니다. 우리는 이제 이 모든 시설의 효율성과 성과, 경제성을 높이는 데에 집중해야 합니다."

베이커는 전략적으로 말할 필요가 있었기에, 단어를 신중하게 골라서 말했다. 효율성을 높이고 가격을 낮추면 다가올 경쟁의 시대에서도 벨 시스템이 앞서갈 수 있었다. 하지만 1970년대 초반의 통신망이 어땠는지, 특히 향후 10년 안에 어떤 변화가 있을지에 대해 그때 생각했던 것과 비교해볼 때, 아직 그때의 생각대로 되려면 갈 길이 멀었다. 세계 도처의 기업과 시민들은 이제 막 정보를 보내고 사용하는 방법을 고민하기 시작했다. 그들의 인식을 바꾼 것은 모회사 AT&T가 분할되는 와중에 벨 연구소에서 진행했던 두 가지 복잡하고 값비싼 프로젝트였다. 이 프로젝트들은 통신망을 완전히 바꿔놓았다. 첫 번째 프로젝트는 광펄스를 전달할 수 있는 광섬유의 제조 방법을 찾는 것이었고, 두 번째는 휴대전화에 관한 프로젝트였다.

루디 콤프너가 1960년에 과학자들을 채용하려고 세계를 돌아다니면서 '광통신'이라는 말을 처음 썼을 때부터, 벨 연구소 경영진은 세계적인 통신시스템을 전파 위주에서 광펄스 위주로 바꾸려면 몇 가지를 개발해야 한다는 것을 알고 있었다. 그 첫 번째는 레이저였다. 하지만 당시 이미 존재하던 레이저로는 불가능했다. 그들에게 필요한 레이저는 몇 가지 특징을 가지고 있어야 했다. 일단 내구성이 좋아서 몇 년 정도 빔을 뿜을 수 있어야 한다. 둘째로 통신에 적합한 주파수를 내야 한다. 셋째로 다른 레이저들처럼 과열에 대비해 과냉시킬 필요가 없도록, 상온에서 작동해야 한다. 마지막으로 탁자에 올려놓을 정도의 크기여야 한다. 새로운 레이저는 트랜지스터처럼 작고 반도체처럼 고체 물질로 만들어야 했다. 콤프너는 1970년 4월에 존 피어스에게 쓴 편지에서 이렇게 말했다. "그 시점에서 우리는 이 시스템의 외양이 어때야 하는지, 그 필수 구성 요소의 특성이 어때야 하는지를 잘 짚었다." 그들은 레이저 중에서도 상온 레이저를 가장 열심히 개발했다. 그는 이어서 "그런 것은 존재하지 않는다."라고 하면서도 "그렇다고 앉아서 기다릴 수만은 없다."라고 말했다. 콤프너는 만약 10년 안에 실제로 작동하는 광통신 시스템이 등장한다면, "광통신의 많은 부분은 지금 이곳에서 만들어지는 것을 기초로 할 것이다."라고 덧붙였다.

콤프너와 피어스가 찾던 레이저는 생각보다 빨리 나타났다. 1970년대 초반에 벨 연구소 과학자들은 가히 혁명적이라 할 만한 여러 장치들을 만들었다. 그 기계들은 '상온, 연속파, 헤테로 구조 반도체 주입 레이저'라고 불렸다. 이 지독히 긴 이름과는 달리 기계들의 크기는 모래알만큼이나 작았다. 이 기계는 특수 제작한 반도체 몇 개로 만든 샌드위치 한쪽 면에 거울처럼 광을 낸 네모난 판으로 이뤄져 있었다(보통은 갈륨과 비소의 혼합물로 이 반도체 물질을 만든다). 이 작은 결정의 위, 아래에 각각 금속을 접촉시키는 것이다. 이것을 일반 배터리처럼 전원에 연결하면 그 반도체 결정 안에 있는 정공과 전자가 합쳐져 지속적으로 빔을 방출하는데, 이 빔은 광을 낸 판에 '줄무늬'를 그리며 나타난다. 중요한 것은 이 지속적인 빔을 다수의 전자신호로 전환할 수 있다는 점이다. 다시 말해, 전기신호 형태의 대화가 구리선을 통해 이동하면, 이것이 레이저의 ON/OFF 파동으로 변환되는 것이다. 심지어 이 1,000만 번의 전자 파동이 단 1초 만에 전송된다.

콤프너는 이 작업을 시급히 진행해야 함을 느꼈다. 이제 그의 눈이 닿는 모든 곳에는 경쟁이 있었다. 세계 전역의 과학자며 기술자들은 모두 새로운 반도체 레이저를 찾아 헤매고 있었다. 수많은 기업들 역시 레이저의 파동을 멀리 전송할 수 있는 매개체를 열성적으로 찾기 시작했다. 1971년 10월, 코닝에서 실제로 광통신을 가능케 한 첫 광섬유를 만들어낸 지 1년이 흘렀다. 이제 콤프너도 '섬유가 미래'라는 점에 확신을 갖게 된 것 같았다. 하지만 그의 생각이 변했어도 코닝은 여전히 벨 연구소보다 앞서가고 있었다. 벨 연구소의 '광섬유를 만드는 과정'은 뛰어났지만, 코닝에서처럼 '돌파구'가 될 만한 것은 못 만들고 있었다. 콤프너가 내세울 수 있는 점은 벨 연구소가 문제를 해결하는 데에, 특히 곧 될 것처럼 감질나는 문제에 대해서는 거의 무한한 양의 재능과 돈을 투여할 수 있다는 것이었다. 광섬유는 정확히 이런 종류의 문제였다.

일단 만들고자 하는 섬유의 기본 구성은 별로 문제가 되지 않았다. 인간의 머리카락보다 조금 두꺼운 유리 가닥은 극도로 순수한 유리의 두 가지 성분으로 구성될 것이었다. 안쪽에는 고체로 된 유리의 '핵'이 들어가고, 그 바깥으로 유리의 '껍질'이 씌워진다. 핵과 껍질은 아주 큰 차이가 있었는데, 바로 껍질의 굴절률이 핵의 굴절률보다 조금 작다는 점이었다. 안과 밖의 굴절률 차이는 핵을 따라 보내지는 빛의 파동이 껍질을 벗어나 흩어지지 않게 해줄 것이다. 이때 보내지는 광파는 앞으로 이동하면서 핵의 유리 표면에 반사되는데, 광학자들은 이렇게 광섬유 안에서 일어나는 반사 효과를 수영장 물 밑에서 하늘을 바라보는 것에 비유하곤 했다. 물과 공기의 굴절률 차이가 표면을 거울처럼 보이게 한다는 것이다.

트랜지스터 물질을 만들 때 궁극적인 목표는 순도였고, 섬유 물질을 만들 때 궁극적 목표는 투과율이었다. 그래야만 빛이 방해받지 않고 지나갈 수 있었다. 광학자들은 이것을 "섬유 속 빛의 손실을 최소한으로 줄인다."라고 표현했다. 이러한 목적을 달성하는 데에는 두 가지 문제가 있었는데, 이 문제는 과거 섬유 제작자들도 골머리를 앓았던 것들이었다. 먼저 섬유가 지나치게 흡수를 하는 경우가 있는데, 이는 유리에 섞여 있는 니켈이나 철 같은 불순물을 따라 너무 많은 양의 빛이 빠져나간다는 뜻이었다. 또 하나의 문제는 '분산'이었다. 분산의 경우 훨씬 복잡한 현상인데, 주로 유리 결정 자체의 극미한 공기 방울이나 갈라진 틈 같은 결함 때문에 발생했다.

1970년대 초반에 코닝과 벨 연구소는 섬유 생산에 대한 특허권을 공유하겠다는 합의를 하고 있었다. 이후 수년 간의 연구 끝에 두 회사는 흡수와 분산을 줄이는 복잡한 방법을 알아냈다. 당시 섬유를 만드는 일은 꽤 집중이 필요한 작업이었다. 이런 섬유 제작에는 몇 가지 단계가 있었는데, 일단 높은 온도에서 화학 증기를 쏘여 유리를 녹여 길게 늘이고 극히 얇은 섬유를 뽑아내는 까다로운 과정이 필요했다. 벨 연구소에서는 점점 더 선명한 섬유를 만들었고, 결국 아주 놀라운 정도로 선명해졌다. 몇 년 안에 코닝과 벨 연구소가 만들어낸 선명도 높은 유리는, 몇 킬로미터 두께 너머에서도 마치 판유리 몇 장 너머를 보는 것과 비슷한 투과율을 자랑하게 됐다. 그 섬유는 또 신축성이 좋아서 배관으로 땅 속에 묻는다든지 건물에 케이블 다발로 쓸 때 필수적인 요소가 되기도 했다.

개발 과정은 꽤 빨라서, 벨 연구소 기술자들은 홈델에 모여 새로 만든 이 물질에 대한 실험 프로젝트를 구상하는 단계에 이르렀다. 사실

1975년까지도 모든 문제가 해결된 것은 아니었다. 여전히 그 섬유를 만드는 일은 매우 어려웠던 것이다. 레이저는 늘 오래가는 것은 아니어서 가끔 몇 천 시간 못 가서 타버리기도 했고, 설비 전체를 하는 데에 드는 비용이 구리선보다 훨씬 비싸기도 했다. 게다가 섬유 케이블을 잇는 것이나, 전화 신호가 일정 거리 이상을 가서 약해지면 신호를 증폭시키는 중계기를 만드는 것 등 아직 해결되지 않은 문제들이 있었다. 그럼에도 불구하고 존 피어스는 캘리포니아에서 자문 위원 노릇을 하러 홈델 쪽으로 왔다가, 곧 빌 베이커에게 그가 참여했던 실험에 대해 기쁨이 가득한 편지를 한 통 썼다. 피어스가 보기에 유일한 문제는 "미국 사람들은 당연히 광섬유가 공급하는 통신을 원하게 되고, 사용하게 될 것이며, 그렇게 되면 광통신은 더 저렴해야 한다."라는 것이었다. 이제는 텔레비전 전화가 그렇게 대역폭을 다 잡아먹지 않을 테니, 뭔가 다른 게 필요하다는 것이었다.

광학 시스템이 현장 테스트를 준비하고 있던 바로 그때, 벨 연구소의 한 연구팀은 막 휴대전화의 마지막 점검을 마쳤다. 이 두 가지 기술은 동일한 선상에 있는 것이 아니라서 하나는 빠르게 하나는 천천히 진행됐다. 레이저와 광섬유가 15년 만에 발전의 정점을 찍을 정도로 빨리 개발된 반면, 휴대전화는 훨씬 오랜 기간을 쉬엄쉬엄 개발됐던 것이다.

무선 라디오 산업의 역사는 20세기 초반에 처음 등장한 선박-육지 간 전화에서 시작됐다. 1929년부터 무선전화 서비스를 사용하는 원양 정기선이 몇 대 있었다. 이 사업은 일주일 이상을 배 안에 갇혀 사는 부유한 고객들을 만족시키기 위해 고안된 것이었다. 배 안의 승객이 전파를 통해 해안으로 전화를 걸면, 뉴저지 해안에 있는 거대한 안테나에서 신호를 받아 전화 시스템에 연결해주는 것이었다. 비슷한 시기에 지상의 휴대전화 서비스도 개시됐다. 첫 이동통신은 1921년 디트로이트 경찰서에 소개돼 시선을 끌었다. 초기의 장치는 소방서나 경찰서의 차량에 설치돼 업무용으로만 쓰였다. 경찰관들이 다른 순찰차에 있는 동료에게 전화를 할 수 있는 식이었다. 하지만 집에서 동료에게 전화를 하려면 경찰서의 교환대를 통해 동료와 통화할 수 있는 추가 장치를 설치해야 했다. 당시에는 발신자가 휴대전화로 직접 연결되는 AT&T의 '교환망'을 사용할 수가 없었다.

제2차 세계대전 중에 무선통신은 엄청난 발전을 이뤘다. 벨 연구소는 군의 명령에 따라 작고 정교한 탱크 및 비행기용 통신시스템을 만들고 있었다. 그러는 사이 시카고 외곽의 작은 회사 모토로라에서는 군인용의 투박한 '핸디-토키Hnndie-Talkie'를 만들었다. 유럽과 아시아, 북아프리카에서 이 휴대 장비는 전장 통신의 성격과 군사적 즉각 명령의 성격을 완전히 바꿔놓았다. 전쟁 이후 자기 자리로 돌아온 전자 관련 경영인들은 이 기술을 전후 사회에도 응용할 수 있을 거라고 확신했다. 1945년 초반에 머빈 켈리는 벨 연구소와 AT&T의 자가용 소유자들을 대상으로 한 휴대전화 판매 사업 계획을 검토하고 있었다. 몇 개 도시에서 통신 회사는 그 도시에서 가장 높은 언덕이나 건물에 강력한 안테나를 올려 그 근처에서 휴대전화를 사용할 수 있도록 했다. 그러기 위해서는 차에 아주 무거운 장치를 실어야 했는데, 초기에 모토로라에서 만든 모델은 트렁크에 기계를 실어놓고 운전자 옆에 수화기를 연결한 형태였다. 나중에 그 장비는 서류 가방 크기 정도로 작아져 좌석 아래쪽에 설치할 수 있었다. 이때의 휴대전화는 교환원에게 전화를 걸면 교환원이 대신 연결해주는 시스템이었는데, 가격이 정말 비싸서 1940년대 후반에는 한 달 기본 사용료가 15달러에 달했고(2010년 기준으로는 145달러에 해당하는 금액), 전화를 1분 사용할 때마다 15센트씩 요금이 부과됐다. 하지만 이보다도 더 큰 단점은 FCC가 휴대전화에 대해 FM 라디오 주파수를 조금 웃돌 정도로 소량의 전파 스펙트럼만 할당해줬다는 점이었다. 스펙트럼이 좁다는 것은 전화를 할 수 있는 채널이 크게 한정돼 있다는 뜻이다. 당시 할당된 스펙트럼으로는 맨해튼 전체에서 동시에 사용할 수 있는 자동차 전화는 채 12대도 안 됐다.

휴대전화 사업을 더 키우는 한 가지 방안은 바로 더 나은 기술을 개발하는 것이었다. 하지만 또 다른 방법은 워싱턴 D.C.의 FCC에 매달려보는 일이었다. 벨 연구소의 빌 제이크스는 전파 주파수 스펙트럼은 천연자원이 아니냐고 말한 적이 있다. 즉, FCC가 이 천연자원의 관리인 행세를 하며 어떻게 사회에서 필요로 하는 여러 서비스들의 요구가 충돌할 때 균형을 맞출 수 있을지 결정을 내리고 있다는 것이었다. TV 방송국에 더 많은 스펙트럼을 할당해야 할까? 아니면 전화에 더 할당해야 할까? 전쟁 이후 벨 연구소 연구진은 규제 기관에서 더 많은 전파 스펙트럼을 할당해준다면, 그들의 휴대전화 시스템의 수용력이 극적으로 높아질 것이고 그렇게 되면 자동차 전화는 아마 훨씬 더 인기를 누릴 것이라 확신했다. 이미 자동차 전화를 설치하려는 대기자 수가 엄청나게 많은 도시도 있었다. 1947년 AT&T는 FCC에 극초단파(UHF)대의 스펙트럼을 더 할당해달라고 진정을 넣기 시작했다. 이들이 요구하는 것은 이미 휴대전화 사용자들이 쓰고 있는 주파수보다 약간 더 높은 수치의 주파수였다. 기업 차원에서 진정을 하기 위해 기술자들은 장문의 기술 관련 제안서에서 내용을 발췌해 향후 계획을 작성했고 이것은 1947년 12월 초에 완성됐다. 그 제안서는 벨 연구소의 더그 링Doug Ring과 그를 도운 동료 래 영Rae Young이 작성한 것이었다. 두 사람은 홈델의 작은 지방 전파 실험실에서 일했다. 그들이 제안서를 쓴 시기는 우연히도 홈델보다 5킬로미터 정도 북쪽에 있는 머레이힐에서 존 바딘과 월터 브래튼이 트랜지스터를 완성하고, 클로드 섀넌이 정보이론 논문을 냈던 시기와 겹쳤다.

그래서인지 링과 영에게는 아무도 관심을 가지지 않았다. 그들의 제안서 '휴대전화: 광범위한 지역'은 단지 장비를 설치한 차량이라면 국내 어디에서나 휴대전화 시스템을 이용할 수 있도록 하는 방법의 윤곽을

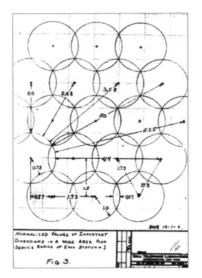

잡은 것이었다. 하지만 이 제안서에는 아주 흥미로운 아이디어가 들어 있었다. 바로 휴대전화 서비스를 위해 고성능 안테나 하나를 도시 중앙에 배치하는 것보다 여러 개의 저출력 안테나를 넓게 퍼뜨려 배치한다는 발상이었다. 링과 영의 제안에서 가장 눈에 띄는 부분은 휴대전화의 범위를 중앙의 안테나가 그리는 큰 원이 아니라, 구석구석 세워진 안테나들이 만든 작은 6각형이 그리는 벌집 형태로 만들자는 것이었다. 휴

1947년 더그 링과 래 영의 제안서는 전국적 휴대전화의 윤곽을 잡은 획기적인 것이었다.
©AT&T Archives and History Center

대전화가 신호를 수신할 때, 각 6각형은 직경 몇 킬로미터 정도 떨어져 있어 별도의 지역으로 인식된다. 그리고 각 6각형은 각기 다른 범위의 주파수를 나타내는 것이다.

이렇게 접근하면 이 가치 있는 천연 자원이자 한정된 전파 스펙트럼을 무척 효율적으로 사용할 수 있었고 심지어 재사용도 가능했다. 지금까지처럼 하나의 거대한 통신 구역보다 여러 개로 나눠진 작은 통신 구역이 많이 생기면 훨씬 더 많은 통화 수를 감당할 수 있었다. 이 벌집 같은 구조는, 일단 이 규칙이 반복되기 시작하면 같은 방식을 사용해 인접 지역으로 6각형을 한없이 퍼뜨릴 수 있었다. 이제 휴대전화의 수용력은 어마어마하게 커질 것이고, 휴대전화는 지역에서만이 아니라 전국적으로 사용할 수도 있었다.

링과 영이 자신들의 제안을 발표할 때에는 '셀cell'이라는 단어를 사용하지 않았다. 그런데도 그들이 구상한 6각형의 벌집과 순환하는 주파수대라는 개념은 셀과 정확히 일치했다. 그들이 말하는 6각형 한 개가 하나의 셀에 해당했던 것이다. 링의 제안서는 벨 연구소 과학자들이 매년 대량으로 보내는 수천 장의 기술적 메모들 틈에 섞여 뉴저지에 있는 FCC의 자료 더미로 들어갔다. 이 제안서는 심지어 「벨 연구소 기술지」에도 실리지 않았을 뿐 아니라 어디에서도 출판되지 않았다. 그렇다 보니 이것이 공학 분야에 있어서 획기적인 사건이었다는 말도 나올 수 없었다. 그저 FCC에 전파 스펙트럼을 좀 더 할당해 달라는 벨 시스템 로비의 일환으로 만든 자료 더미에 들어가 있었을 뿐이었다. 1950년 6월, 당시 벨 연구소 소장이었던 올리버 버클리는 FCC에 그 제안서에 적혀 있는 1947년 당시의 계획을 살짝 언급했다. 버클리는 위원회에서 이렇게 말했다. "우리는 그쪽에서 여분의 주파수를 내준다고 확언만 한다면 바로 그 기술을 진행할 준비가 돼 있습니다. 장담하건대 그런 통합 휴대전화 시스템을 대다수의 사람들이 사용하게 되면 그 효과는 엄청날 겁니다."

FCC의 생각은 좀 달랐다. 1950년대 후반, FCC 위원들은 엄청난 분량의 주파수를 텔레비전 방송국에 할당했다. 이 방송국들은 이때 받은 UHF대에 80개의 새로운 채널을 신설할 수 있었다. 만약 이 주파수가 휴대전화 서비스로 왔다면, 같은 주파수대에서 더 적은 대역폭으로 8,000개나 80,000개의 전화 채널을 신설할 수 있었을 것이다. 그리고 각 채널은 다수의 휴대전화 사용자들을 수용할 수 있었을 것이다. 위원회의 이 결정은 피어스를 화나게 했고, 그는 휴대전화의 열렬한 지지자로 돌변해 무선전화는 언젠가 트랜지스터 라디오처럼 작아지고 휴대도 가능하게 될 거라고 믿었다. 피어스의 생각은 벨 연구소의 라디오 기술자들에게는 너무 이상적으로 들렸다. 대다수가 생각하기에 휴대전화는 신호를 가까운 안테나로 전송하기 위한 전력이 필요하기 때문에 부피도 크고 자동차 안에 한정될 수밖에 없을 것 같았다. 아무튼 피어스는 얼굴을 찌푸리며 이렇게 말했다. "FCC는 미국 사람들이 개인적 통신보다는 매스컴을 더 원한다고 확신하고 있어요." 피어스가 생각하기에 FCC에서 전화 통화가 아니라 텔레비전을 선택한 것은 그들이 통신 기술에 있어서 개인의 표현을 장려하는 것이 아니라 억누르는 처사였다.

피어스는 계속해서 의견 관철을 시도하기로 결심했다. 이후 수십 년간 피어스와 다른 여러 벨 경영진은 FCC의 결정을 바꾸기 위해 로비에 나섰다. 그리고 1964년과 1965년, AT&T의 몇몇 경영진은 뉴욕에 모여 휴대전화용 전파 스펙트럼에 대한 기업 차원의 탄원을 다시 해보기로 했다. 당시 AT&T의 메모에는 이렇게 적혀 있다. "이들은 상당한 시장 수요가 존재한다는 데에 동의했다." 이들 사업 계획자는 벨 연구소에서 기술자 몇 명을 데려와 전국적인 '고용량' 휴대전화 시스템 설치 방법을 고민했다. 벨 연구소 기술자들은 그런 시스템을 계획하고 개발해서 배치하려면 10년은 걸릴 거라고 생각했다.

곧 AT&T에서 FCC가 휴대전화에 대한 제안을 재검토할 것이란 사실을 조용히 알려 왔다. 들리는 이야기에 따르면 위원회는 UHF대에 새로 넣어준 텔레비전 프로그램이 내용도 재미없고 시청자도 적어 적잖이 실망을 하고 있다는 것이었다. 심지어 휴대전화가 주파수 문제로 시도조차 좌절된 일이 있었으니, 이것은 존 피어스가 캘리포니아 공과대학에서 만난 오랜 친구이자 뉴욕에서의 룸메이트였던 척 엘먼도프의 품으로 좋은 소식이 곧, 조용히 떨어지게 된다는 뜻이었다. 엘먼도프는 이제 AT&T의 부사장을 도와 브로드웨이 195번지의 화려한 본사 안에 있는 커다란 사무실에서 일하고 있었다. 1967년 3월, 그는 홈델의 벨 연구소 소장에게 편지를 한 통 보냈다. "FCC의 상황이 좀 바뀌었나 봅니다. 위원회는 지금 휴대전화에 대해 심각하게 고려하고 있기 때문에 벨 시스템에서 구체적인 제안을 준비해야 할 것 같습니다." 이 내용은 확실한 것이었고 FCC가 실제로 움직이기 시작했기 때문에 벨 연구소는 즉시 준비에 들어가야 했다.

17장

벨 연구소, AT&T와 헤어지다

전화 회사들이 국가적인 휴대전화 시스템을 구축하기 위한 노력을 기울이기 시작하기 몇 년 전, 딕 프렌키엘Dick Frenkiel은 뉴저지 주 홈델에서 막 일을 시작했다. 때는 1963년 7월이었다. 외딴 지역에 있는 홈델 무선 연구실은 몇 십 년 동안이나 그 자리를 지키고 서 있었다. 주말마다 아이들이 와서 부메랑을 던지고 놀던 드넓은 푸른 초원도, 기술자들이 라디오 송신을 테스트하던 위풍당당한 목재 빌딩도 이제는 사라지고 없었다. 연구실은 모두 무너졌다. 그 대신 1.8제곱킬로미터의 농장 부지 한가운데 벨 연구소가 성장세에 걸맞게 거대한 현대식 빌딩을 짓고 들어왔다. 이때 벨 연구소의 직원은 1만 3,000명에 달했다. 새로운 홈델 연구실에는 2,600명가량의 사람들이 들어왔지만 최종적으로는 머레이힐 연구소보다 많은 5,000명 정도를 수용할 예정이었다. 이 빌딩

이 '블랙박스'라는 별칭을 얻게 된 이유는 명백했다. 핀란드 계 미국 건축가인 이에로 사리넨Eero Saarinen이 설계한 이 건물은 철과 유리로 지은 엄숙하고 간소한 6층짜리였다. 블랙박스는 건축적으로 기념비적인 건물이기도 했다. 건물이 시공되기 전 세상을 떠난 사리넨은 머레이힐 연구소와 같이 사무실을 쉽게 옮기거나 칸을 나눌 수 있는 융통성을 갖되 결정적인 차이점을 가진 건물을 원했다. 그래서 빌딩의 긴 연결 통로를 유리로 두르고 창 없는 사무실과 연구실을 건물 안쪽에 배치했다. 사리넨은 자랑스럽게 말했다. "폐쇄적이고 음침한 감옥 같은 구식 복도는 찾아볼 수 없는 건물이죠." 기술팀 직원들은 바닥에서 천장까지 연결된 유리창 덕분에 복도에서 마주치는 시골 전망을 바라보며 자유를 느낄 수 있었다.

딕 프렌키엘은 지어진 지 1년도 되지 않은 새 건물로 첫 출근을 했다. 훗날 그는 그날을 이렇게 회고했다. "평평하고 황량한 잔디밭 한가운데 어두운 색의 직사각형 모양을 한 넓은 건물이 서 있었어요. 회사 사유지가 800미터가량 펼쳐져 있었고 산책로가 길게 뻗어 있었죠. 신기한 착시 효과를 내도록 꾸며져 길은 더 길어 보이고 건물은 더 커 보였어요." 프렌키엘은 그해 여름에는 가뭄 때문에 들판이 갈색이었다고 말했다.

프렌키엘은 근무 첫날 차후 특허권에 대한 맞교환으로 1달러짜리 지폐를 받았다. 이는 신규 벨 연구소 직원들이 수십 년 동안 행해온 의식이었다. 그러나 프렌키엘의 말에 따르면, 그는 이내 듣던 것과는 다른 조직에 들어왔다는 사실을 깨닫게 됐다고 한다. 블랙박스는 이런 생각을 하게 된 이유 중 하나였다. 게다가 벨 연구소의 연구 취지는 수백 명의 인원을 포함한 대규모 프로젝트로 확고히 옮겨가는 듯했다. 이제 벨 연구소는 소수의 인원이 조용한 연구실에서 신형 증폭기에 대한 과감한 연구를 하는 모습은 찾기 힘들어 보였다. 그보다는 대규모의 팀이 어려운 문제를 놓고 여러 해 동안 계속해서 연구하는 쪽이었다. 1947년 짐 피스크가 열었던 디너파티도 이제는 옛날이야기가 돼버렸다. 프렌키엘은 후에 켈리, 피어스, 쇼클리가 일했던 시대의 벨 연구소를 '색이 바래고 흐릿한 사진들이 걸린 고대의 건물', '과학의 거장들이 각자의 기념비를 세우고 전설을 남기고 떠난 곳'이라고 생각했다. 프렌키엘은 이 전설적인 인물들에 대해 듣기만 했을 뿐, 실제로 마주친 적은 없었다. 그 전설들은 모두 홈델의 목재 연구소 건물과 함께 사라져버린 듯했다.

프렌키엘이 홈델에 들어오고 처음 몇 년 간은 고생스러웠다. 그는 고강도 기계 작업에 배치됐다. 전화를 걸면 정확한 날짜와 시간을 알려주는 전화 녹음 메시지가 나오는 기계를 만드는 일이었다. 그러던 중 1966년 1월, 프렌키엘의 상사가 다른 프로젝트를 들고 찾아왔다. 이동통신에 대한 소문이 돌고 있는 것이 확실했다. 프렌키엘은 그때를 이렇게 기억하고 있다. "상사가 말하길, 누군가 벨 연구소에 와서 FCC가 실망스러운 결과만 준 극초단파 텔레비전을 대신할 이동 서비스를 재고하고 있다고 했어요. 처음 듣는 얘기는 아니었지만, 누군가 우리에게 다시 한번 이에 대한 제안을 생각해봐야 할 거라고 귀띔해줬어요." 프렌키엘은 더그 링과 래 영이 1947년에 작성한 낡은 제안서를 받았다. 그리고 필 포터Phil Porter라는 엔지니어와 팀을 이뤄 휴대전화 시스템에 대한 몇 가지 아이디어를 정리하는 보고서 작성을 지시받았다. 프렌키엘과 포터는 1966년 1월 17일 처음으로 만나 각자의 생각을 나눴다. 그날 프렌키엘은 노트에 메모를 했다. 그 메모에는 '언제든지 휴대전화의 위치를 추적할 수 있는 시스템을 개발할 수 있음', '육각형 지역 통화 구역 배열'과 같은 내용이 적혀 있었다. 프렌키엘과 포터 모두 그 생각을 어떻게 실현시킬 수 있을지 알지 못했다. 프렌키엘은 "우리 둘뿐이었죠. 대단한 건 없었어요."라고 말했다.

두 사람은 여러 문제와 씨름하며 1966년의 대부분을 보냈다. 사무실 벽을 지도로 뒤덮고 사다리를 갖다 둔 채 여러 지역의 언덕 개수를 셌다. 해결해야 할 문제만 수천 개였고, 그중 대다수는 송수신에 관련한 순전히 기술적인 분야였다. 두 사람은 신호의 세기와 혼신, 채널의 너비에 대해 의논했다. 모든 셀이 기지국의 안테나로 분배돼야 하는 것은 자명했다. 이 안테나는 (1)휴대전화에서 신호를 송수신하고, (2)전국 규모의 벨 시스템에 연결된 교환 센터에 그 신호를 케이블로 공급하기 위한 용도였다. 그러나 여전히 상당히 큰 개념적 문제들이 남아 있었다.

첫 번째 문제는 육각형 통신 셀이 얼마나 커야 하는지에 대한 것이었다. 기지국 안테나는 당연히 비쌀 것이었다. 그러니 안테나를 최소한으로 설치하면서도 여전히 고성능 시스템을 유지할 수 있는 방법은 무엇인가?

두 번째는 셀을 어떻게 나누느냐의 문제였다. 이 시스템은 소수의 사용자와 함께 개시될 것이 거의 확실했고, 이는 곧 통화 셀의 크기가 커지는 것을 의미했다. 그렇지만 사용자 수가 늘어나면 통신 교통량을 수용하기 위해 셀을 분할해야 할 터였다. 그렇다면 가장 저렴하면서 가장 좋은 방법은 무엇일까?

세 번째 문제는 한 셀에서 다른 셀로 통화를 전환하는 것이었다. 필수적인 특성이 될 사안이었지만 전에 없던 기술이었다. 휴대전화 사용자들이 이동할 때 통화를 크게 방해하지 않고 한 안테나에서 다른 안테나로, 즉 셀끼리 어떻게 통화를 교환할 수 있을까?

프렌키엘과 포터는 셀의 크기와 분할, 전환에 대해 대략적인 해답을 찾기 시작했다. 프렌키엘은 확고했다. "우리는 그런 내용을 메모로 남겨뒀죠. 하지만 연말이 다 돼도 FCC는 아무 움직임을 보이지 않았고, 우리는 곧 다른 일을 하기 시작했어요." 프렌키엘과 포터의 계획서는 자료실로 보내졌다. 그리고 그들은 미국 운수부의 의뢰로 벨 연구소에서 진행하던 다른 프로젝트에 참여했다. 워싱턴 D.C.의 유니온 역과 뉴욕 시의 펜 역을 가로지를 새 급행열차 메트로라이너Metroliner에 유료 전화를 설치하는 사안을 포함한 프로젝트였다. 프렌키엘과 포터가 이 프로젝트에 배치된 데는 이유가 있었다. 이 프로젝트가 휴대전화 아이디어를 간단하게 응용한 것이기 때문이었다. 메트로라이너의 경로는 여러 가지 주파수의 통신 셀로 나눠졌다. 열차가 지나가면서 넘어뜨릴 수 있는 표식이(정확히는 코일) 트랙 위에 놓여 있다. 이것이 한 셀의 주파수에서 다른 셀의 주파수로 통화가 전환돼야 한다는 신호를 보냈다. 프렌키엘은 "썩 대단한 기술은 아니었지만 최초의 통화구역 방식 시스템이었죠."라고 말했다.

그 즈음 프렌키엘과 포터는 홈델 사무실에 새로 입사한 조엘 엥겔Joel Engel을 만났다. 엥겔은 명석하고 고집스럽고 에너지가 넘치는 기술자였다. 그는 프렌키엘과 포터가 메트로라이너 시스템 작업에 참여 중이면서도 지난해 휴대전화 서비스를 위한 기초적인 아이디어를 떠올리며 가졌던 의문에 대해 계속 고민하고 있다는 것을 알아차렸다. 엥겔은 벨 연구소에서 앞서나가려면 '시키는 일보다 더 많은 일'을 해야 한다는 것을 잘 알고 있었다. 배정된 일 말고도 다른 프로젝트에 자기 시간의 20~30퍼센트를 할애해야 했다. 엥겔이 벨 연구소의 호출 시스템 프로젝트에 배치됐을 때, AT&T는 '벨보이'라는 벽돌 같은 커다란 상자를 팔기 시작했다. 이것은 의사나 다른 바쁜 전문직 종사자들이 누군가에게 연락을 받으면, 버저로 알림이 오는 장치였다. 알림을 받은 벨보이 사용자들은 공중전화로 사무실에 전화를 걸 수 있었다. 벨보이는 시스템 기술자들에게는 큰 흥밋거리가 되지 못했다. 그 결과, 엥겔은 곧 프렌키엘과 포터가 여가 시간 동안 집착하고 있던 휴대전화 시스템에 빠져들었다. 엥겔은 그 당시에 대해 "우리 셋은 회의실을 잡고 칠판 앞에 서서 육각형을 그리곤 했어요."라고 기억했다.

1968년 초 뉴저지 주 홈델에서 칠판과 씨름하던 세 사람에게 원대한 계획은 없었다. 엥겔은 초기 휴대전화 회의에 대해 이렇게 말한다. "우린 공상가가 아니라 기술자들이었죠. 비전이 있다 하더라도 주로 부동산 중개업자나 왕진을 가는 의사들을 위한 비즈니스 서비스로써의 비전이었지요." 세 사람은 시스템이 작동하기만 하면 이 휴대전화 서비스의 경제성은 강력하리라고 확신했다. 예를 들어, 트럭 운송 서비스는 차 내에 여러 대의 전화기를 둬 효율성을 강화할 수도 있을 터였다. 생산성의 증가는 전화기 가격을 높게 책정할 수 있는 좋은 구실이었다. 세 사람은 차내 전화기에 대해서도 의논했다. 손에 들고 다닐 수 있는 소형 전화기는 언젠가 등장하겠지만 아직은 수십 년을 기다려야 했다.

1968년 여름, FCC는 벨 시스템이 UHF 텔레비전에서 사용하던 채널의 일부를 다시 할당받게 되면 FCC 측에서 휴대전화 시스템에 관심을 가질 수도 있다는 것을 공식적으로 알렸다. 벨 연구소의 기술자들은 AT&T의 척 엘먼도프로부터 이미 경고를 받았음에도 FCC의 제안에 당황한 기색을 보였다고 엥겔은 기억한다. 벨 연구소의 일부 구세대 직원들은 프렌키엘과 포터, 엥겔의 초기 기획을 보고는 그런 휴대전화 시스템이 과연 가능할지 의문을 가졌다. 엥겔은 이런 말도 들었다. "마이크로파는 육각형으로 이동하지 않아." 시스템이 휴대전화 가입자를 찾지 못하고 전화를 연결하지 못할 것이라는 우려도 있었다. 그러나 FCC의 제안은 AT&T에게 다시없을 기회를 의미했다. 무려 20년이나 기다려온 일이었다. 프렌키엘, 포터, 엥겔은 휴대전화 기획을 전개하는 데 3년의 시간이 걸릴 것이라 예상했고 결국 그들이 옳았다.

프렌키엘은 휴대전화 시스템을 만들던 노력에 대해 이렇게 기억한다. "생각보다 큰 관심을 받지는 않았어요. 그저 여러 개의 프로젝트 중하나일 뿐이었죠." 정말 그때는 블랙박스 안을 아무리 돌아다녀보아도 그곳 어딘가에서 휴대전화 시스템이 미래를 위한 불빛을 밝히고 있으리라고는 아무도 상상하지 못했을 것이다. 프렌키엘은 벨 연구소의 한가지 특징이 있다면, 기술적으로나 경제적인 성공을 보장할 수 없는 기술에도 수백만 달러(실제 AT&T는 휴대전화 시스템이 출시되기까지 1억 달러를 쏟아부었다)를 투자할 수 있는 것이라고 말했다.

사실 AT&T가 1971년 가을에 진행한 마케팅 연구에서는 "돈을 주고 휴대전화를 살 사람은 없다."라고 보고했다. 그러나 세 사람 중에서 이에 동의한 사람은 아무도 없었다. 엥겔도 당시에는 알아차리지 못했지만 마케팅 연구는 이미 존재하고 있는 제품의 수요에 대해서만 예측할수 있다는 것을 후에 알게 됐다. 당시에 휴대전화는 사람들이 상상만

했을 뿐, 실존하지 않는 물건이었다.

조엘 엥겔은 이 모든 노력에 대해 이렇게 말한다. "우리는 모두 아주 젊었고 실패로 인해 상처받은 적이 없었죠. 그래서 우린 언제나 다 잘 될 것이라 믿었죠." 모든 AT&T 임원진이 이들처럼 낙관적인 것은 아니었다. 그러나 휴대전화 프로젝트가 텔레비전 전화와 같은 비참한 운명을 맞게 될 것이라고 걱정하던 사람들도 휴대전화에 한 가지 이점이 있다는 것은 알고 있었다. 텔레비전 전화는 모든 사람들이 텔레비전 전화를 갖고 있어야만 제 가치를 발휘할 수 있었다. 그러나 휴대전화 사용자는 다른 휴대전화 사용자에만 국한되지 않고 전국적, 또는 국제적 네트워크를 통해 누구와도 통화할 수 있었다. 그리고 휴대전화 사용자들이 이동하면서 통화할 수 있다는 것이 또 한 가지 다른 점이었다.

엥겔은 통화구역 프로젝트 설계 기획팀의 총괄을 맡았다. 엥겔은 이후 엔지니어들이 이름 붙인 '증기 엔진 시대'라는 완벽한 예를 들어 1970년대 초기를 회고한다. 이 별칭은 상업적으로 대중화된 최초의 증기 엔진을 개발한 스코틀랜드 기술자인 제임스 와트James Watt를 빗댄 것이다. 와트의 이름은 힘을 측정하는 단위로도 사용되고 있다. 1700년대 말, 와트는 압축된 증기로 무거운 기계를 움직이는 기본 개념에 놀라운 발전을 더했다. 그때 그런 엔진을 만들 수 있었던 데는 와트의 혁신이 있었기 때문이었을 것이다. 1970년대가 됐을 때 휴대전화 산업은 준비가 돼 있었고, 마케팅 담당자들의 우려에도 불구하고 엥겔은 이에 대한 확신을 갖고 있었다. 기술은 이미 완성돼 있었다. 다만 누가 해낼지, 얼마나 빨리 완성시킬지에 대한 문제가 남아 있었을 뿐이다. 엥겔은 "그때는 휴대전화의 증기 엔진 시대였죠."라고 말했다.

FCC가 이동무선을 제안하기로 결정한 일이 불씨가 돼 다른 수많은 기술 역시 증기 엔진 시대를 맞이하고 있었다. 엥겔의 동료인 딕 프렌키엘은 벨 연구소의 초기 통화구역 선구자들이 1950년대에 휴대전화 설계를 실제로 시행할 수는 없었으리라고 보았다. 프렌키엘은 다음과 같은 사실을 지적했다. "휴대전화 시스템은 컴퓨터 기술이지 무선 기술이 아닙니다." 이동 송수화기에서 지역 안테나로 송수신하는 기술은 어렵긴 해도 혁신적인 아이디어는 아니었다. 벌집 모양의 통화구역을 통해 사용자가 움직이는 위치를 파악하고, 통화 신호 세기를 모니터링하고, 사용자가 움직이는 동안 새로운 채널과 새로운 안테나 탑으로 통화를 전달하는 것이 이 시스템의 논리였다. 이 논리에 필요한 한 가지 하드웨어는 통합 회로였다. 실리콘 칩으로 된 통합 회로에는 조그만 회로와 수천 대의 트랜지스터가 장착됐다. 통합 회로는 프렌키엘이 휴대전화 연구를 시작하기 불과 몇 년 전에 개발된 기술이었다. 그후 벨 연구소의 휴대전화 팀은 FCC 제안서 작업을 시작했고, 캘리포니아 주 산타클라라의 반도체 회사인 인텔(빌 쇼클리의 첫 반도체 회사에서 도망쳐 나온 로버트 노이스와 고든 무어가 세운 회사)은 '4004 마이크로프로세서'라는 혁신적 통합 회로를 생산하기 시작했다. 4004 마이크로프로세서는 2,300개의 트랜지스터를 담고 있는 작지만 강력한 컴퓨터였다. 4004는 1세대 장치로, 휴대전화 단말기에 넣으면 고도로 복잡한 필수적인 연산을 처리할 수 있었다.

휴대전화를 가능하게 했던 또 다른 요소는 전화망의 새로운 전자 변환 기지 ESS였다. 벨 연구소가 뉴저지 스카슨나에 최초의 ESS 센터를 세웠을 때, 홍보부는 벨 기술자들에게 'ESS가 우리가 생각지도 못한 서비스를 제공하는 능력'을 갖고 있음을 설명해달라고 촉구했다. 6년 후 프렌키엘과 엥겔, 그리고 벨 연구소의 나머지 통신 셀팀은 과연 어떤 서비스가 생길 것인지 구상하고 있었다.

휴대전화는 몇 초마다 가장 가까운 기지국 안테나에 디지털 신호를 보낼 수 있어야 했다. 그러면 기지국은 그 정보를 이동 변환 센터에 보내는 식이었다. 그러나 이것은 시작에 불과했다. 방대한 양의 데이터가 휴대전화, 기지국, 이동 변환 센터 사이를 거의 항상 왔다갔다 해야 했다. 누가 어디에 있는지 계속해서 추적하려면 변환 시스템이 기지국과 연계해서 소통해야 했다. 프렌키엘은 이렇게 덧붙이고 있다. "몇 초마다 신호 세기 데이터가 주변 기지국에 잡히면서 더 강한 신호가 있는지 찾아봅니다." 다른 기지국이 더 강한 신호를 갖고 있으면 컴퓨터 시스템이 통화를 다음 통신 셀로 전달했다. 통화가 전달되기 전 변환 시스템이 새로운 셀의 채널을 식별하고 통화를 설정한 뒤 휴대전화에 주파수를 바꿀 전문을 보내는 식이었다. 이 변환을 중심에서 통제하는 사무소로 ESS가 만들어졌다. 프렌키엘은 이곳이 육상 통신선으로 전달되는 전화 간 통화를 관리하기 위해 세워졌다고 말했다. "아무도 생각지 못한 프로그램의 완성이 눈앞에 있었죠. 그동안은 즉각적으로 사항을 결정해야 할 필요가 없었어요. 그때 우리가 나타나 위치 추적과 통화 전달이 필요하다고 한 거예요. 거기다가 시스템 상의 모든 기지국의 상태를 파악해야 했고, 문제 보고서도 필요했고, 통신 교통량 데이터도 모아야 했어요." 강력한 컴퓨터가 장착된 변환 시스템 ESS는 이 모든 것을 해낼 수 있었다.

프렌키엘과 엥겔, 포터가 이 도전 과제를 밝혀내긴 했지만 그것을 해결할 수는 없었다. 그들은 시스템 기술자답게 포괄적인 큰 그림을 어쩌면 막연하다고 할 수 있는 시선으로 바라봤다. 시스템 기술자들은 프로젝트를 실현시키는 데 필요한 모든 기준과 기술, 경제성을 고려한다. 또한 복잡한 신기술을 나머지 시스템에 어떻게 통합할지에 대해서도 고민한다. 휴대전화는 신기술이 (1)작동하고, (2)감당할 수 있는 비용 내에서 작동하고, (3)기존 전화망에 문제없이 작동해야 하는 이상적인 사안이었다. 시스템 기술자들은 구상한 프로젝트를 실제 제품으로 만들어낼 수는 없었다.

여기저기서 도움의 손길이 찾아왔다. 존 피어스의 에코 실험 상임 기술자인 빌 제이크스는 이미 피어스로부터 마이크로파 과학을 보다 심도 있게 파헤치라는 지시를 받은 터였다. 제이크스는 연구부에서 신지식을 찾고 있었다. 통화구역 연구에 착수한 제이크스는 벨 연구소의 자금으로 밴을 한 대 구입하고 기사를 고용했다. 제이크스와 동료들은 밴에 녹음 기록 장치와 헤드폰을 설치하고 뉴욕과 뉴저지의 고속도로와 샛길을 따라 수천 킬로미터를 이동했다. 제이크스는 이렇게 말했다. "터널, 산꼭대기, 숲 속, 호숫가 등 안 가본 곳이 없었습니다. 하루 종일, 매일같이 돌아다녔죠." 제이크스의 목표 중 하나는 송수신 차단 효과를 연구하는 것이었다. 제이크스는 동료들과 함께 몇 달에 걸친 연구를 진행하면서 마이크로파가 왜 이런 상황에선 이런 방식으로, 저런 상황에선 저런 방식으로 작용하는지 고민했다. 제이크스는 이후 "차량과 통화구역 시스템을 움직이는 것을 포함한 무선 전송 문제는 상상을 초월할 정도로 어려웠다."라고 기록했다.

세상은 소음으로 가득 차 있고 소음은 대화를 방해한다. 클로드 섀넌이 이에 대해 철학적으로 해석한 적이 있지만, 현장 무선 기술자들에게 있어 소음은 다른 현상을 의미했다. 보통 사람들은 소음이 정보를 담고 있는 메시지 전송을 방해한다는 개념으로 보지 않을 것이다. 보통 사람들에게 소음이란 공학이나 실용적인 지식으로 극복해야 하는 물리적, 또는 전자적인 문제(클릭 소리와 전파 방해나 전파 약화)로 생각될 것이다. 도심의 소음은 시골의 소음보다 침해 정도가 더 크다. 자동차 엔진과 기차, 전자 장치 들은 돌발적인 혼선을 만든다. 고층 빌딩은 수신 지역을 가리거나 신호를 예측할 수 없는 방향으로 튕겨버린다. 그러나 지방에서도 무선 전송을 방해하는 소음은 존재한다. 고가 고속도로와 고압전선, 산과 나무 등이 그랬다.

프렌키엘은 휴대전화를 실제로 만든 사람들 대부분이 군 관련 업무를 맡던 벨 연구소 윕패니 지부에서 채용됐다고 말한다. 이들은 아이디어와 신지식을 혁신으로 실현시키는 벨 연구소 개발부에서 온 사람들이었다. 이 사람들이 통화구역 프로젝트에서 맡은 역할은 시스템팀이 설명하는 대로 저 전력 안테나, 실험 전화 세트 등과 같은 부품을 만드는 것이었다. 이 사람들은 소음을 비롯한 이런 저런 방해 요소와 씨름하며 1970년대의 대부분을 보냈다. 그들은 '안테나를 작동시키려면 얼마나 높이 설치해야 하는지'처럼 사소하지만 전형적인 문제를 연구했다. 통화구역 초기 개발팀 중 게리 디피아짜Gerry Dipiazza라는 기술자가 있었다. 디피아짜는 머레이힐 연구실 복도를 가득 메우고 있는 여느 아이비리그 출신들과는 달랐다. 그는 현지 뉴욕 시 학교New York City school를 졸업하고 연구실에서 주관하는 지속교육 프로그램인 '켈리 칼리지Kelly

_{College}'를 나온 알짜배기 기술자였다. 벨 연구소에서 순전히 혼자 힘으로 자신의 지위를 높여온 인물인 것이다.

1968년이 됐을 때, 디피아짜의 연구 경력에는 이미 남태평양으로 파견됐던 비현실적 임무도 포함돼 있었다. 벨 연구소는 60년대 초 작은 연구 전초기지를 설립했다. 콰절런_{Kwajalein}이라는 3.3제곱킬로미터의 외딴 산호섬에 세워진 이 기지에는 40명가량의 인원이 근무했다. 마셜 제도에 속한 콰절런(벨 연구소의 기술자들은 '콰즈'라고 불렀다)은 제2차 세계대전의 주요 격전지였다. 하와이에서 남서쪽으로 수천 킬로미터 떨어져 있는 이 커다란 비밀 기지에서 기술자들은 당시 나이키 제우스 미사일과 콰즈라고 알려진 대_對탄도탄 시스템과 레이더 통신에 대한 연구를 하던 중이었다. 1965년, 벨 연구소의 부소장은 디피아짜에게 경력을 쌓는 차원에서 이곳에 가보는 것이 어떻겠냐고 권했고 그는 이에 응했다. 디피아짜는 아내와 어린 자녀들과 함께 짐을 꾸렸다. 그의 가족은 뉴저지 토박이였다. 그들은 샌프란시스코까지 제트 비행기를 타고 간 후 프로펠러 비행기를 타고 하와이까지 갔고, 그곳에서 다시 다른 프로펠러 비행기로 갈아타고 콰즈로 향했다. 그들은 열대지방 한가운데 숨이 막힐 정도로 습도가 높은 작은 활공장에 착륙했다. 디파아짜는 그때를 이렇게 기억했다. "한 가족이 트럭을 타고 마중 나와 우리를 태우고 집에 데려갔어요. 저녁 식사를 대접한 뒤 콘크리트로 지은 연립주택에 데려다줬습니다. 가구는 모두 등나무로 만들어져 있었고, 어수선하고 무척 더운 곳이었죠. 대대적인 수리가 필요했어요. 난간에서는 쥐가 뚝뚝 떨어졌죠. 아내도, 저도 밤새 울었습니다. 아내가 절 보고 '당신 도대체 무슨 짓을 한 거야?'라고 묻더군요." 디피아짜는 콰절런에서 510

일 동안 일한 뒤에야 가족들과 2주의 휴가를 받고 고향에 돌아올 수 있었다.

콰즈는 고립돼 있었을 뿐만 아니라 독특한 곳이기도 했다. 마셜 제도 현지인들은 미군이 미사일을 발사하는 매일 아침 섬으로 건너와 물건을 팔거나 허드렛일을 했다. 섬의 왕과 지주는 미 정부가 지급했다던 100만 달러를 가방에 넣고 항상 몸에 지니고 다녔다. 지난 20년 동안 일본군의 유골이 시시때때로 해변에서 발견됐다. 시내 대로변 상점에서는 우유나 고기까지 모든 음식을 냉동으로 팔았다. 자동차는 거의 찾아볼 수 없었다. 디피아짜 부부는 어딜 가든 자전거를 이용했다. 시간이 지나면서 디피아짜 부부는 콰즈에 정을 붙이기 시작했다. 그곳에서 사는 사람들끼리는 끈끈한 동지애가 있었고 항해, 수영, 무료 영화 같은 레저 활동을 하며 시간을 보낼 수 있었다. 무엇보다도 디피아짜는 고도로 복잡한 레이더 시스템 임무에 큰 흥미를 느꼈다. 벨 연구소와 웨스턴 일렉트릭은 캘리포니아의 반덴버그Vandenberg 공군기지에서 콰절런으로 발사한 사격 훈련 미사일에 대응하는 레이더 시스템의 역량을 시험하고 있었다. 당시 군에서는 외국의 미사일이, 폭발하기 전 채프chaff라는 금속 교란 물체를 분사하는 방식으로 만들어질까 봐 우려하고 있었다. 이 금속편은 레이더 방어를 교란시키고 채프 안에 탄두를 숨겼다. 디피아짜의 임무는 미국의 미사일이 적군의 탄두를 찾아낼 수 있도록 미군 레이더가 미끼와 실제 폭발을 구분할 수 있는 기술을 개발하는 것이었다.

이 작업을 통해 디피아짜는 공학 분야의 개척자가 되었다. 2년 후 디피아짜가 콰즈 파견 임무를 마치고 벨 연구소 윕패니 사무실에 돌아왔을 때, 연구소는 그에게 군용 레이더 연구를 계속할 것을 제안했다. 그러나 오래지 않아 미국이 구소련과 대탄도탄 협정을 맺을 것이 확실해졌고, 벨 연구소는 미사일 연구를 중단하기로 결정했다. 디피아짜는 말했다. "벨 연구소가 우리를 해고할 생각은 아니었어요. 벨 연구소 안에서 다른 일거리를 찾으라고 했겠죠." 그 즈음 디피아짜는 친한 동료 한 명을 마주쳤다. "친구가 제게 무선전화 일을 해보라고 말하더군요." 디피아짜는 수소문 끝에 상사와 함께 홈델의 프렌키엘과 포터를 만나 휴대전화 통신에 대한 설명을 들었다. 그들은 다시 프로젝트에 참여할 수 있다는 희망에 가지고 있는 재능을 총동원했다.

당시 고주파 군용 통신시스템 구축에 대해 디피아짜만큼 잘 알고 있는 사람도 없었을 것이다. 디피아짜의 개발팀 엔지니어들은 필요한 것, 예를 들면 셀에서 셀로 옮겨 다니는 드라이버와 같이 주파수를 자동으로 바꾸는 복잡한 이동무선 같은 것들을 실제로 만들 수 있었다. 그 후 몇 년 간, 디피아짜는 빌 제이크스처럼 뉴저지와 필라델피아 일대를 돌아다니며 현실적인 휴대전화 실험을 진행하며 대부분의 시간을 보냈다. 디피아짜의 팀은 작은 트레일러를 구입해 화장실과 주방을 뜯어내고 작은 컴퓨터와 전자 탐지 장비를 실었다. 그들은 이 트레일러를 이동식 기술 장치라고 불렀다. 필라델피아 근방의 여러 지역을 밤을 새서 돌아다니며 신호 세기를 시험하고 하드웨어를 수리한 적도 많았다.

디피아짜의 팀은 무선 신호가 도시와 교외에서 어떤 작용을 하는지 알아야 했다. 디피아짜는 이렇게 말했다. "교외 환경의 소음은 어느 정도인지, 안테나가 3미터 6미터 15미터일 때 신호는 얼마나 멀리 가는지, 1킬로미터를 갈지 3킬로미터를 갈지 6킬로미터를 갈지, 또 안테나는 어디에 설치해야 할지 등을 알아야 했죠." 이는 전에 없던 시도였다. 또한 통화구역 시스템이 언젠가 국가 전역으로 확대된다면 표준을 수립하는 일도 가장 큰 과제로 떠오를 것이다. 전달받은 사전 연구를 심사숙고할 시간이 거의 없었지만, 디피아짜의 팀이 내린 결정 중 일부는 통화구역 탑의 높이와 그 안테나의 근접 배치와 같이 영속적으로 쓰일 요소들을 증명하는 것이었다. 그동안 기존 시스템에서 프렌키엘과 작업하던 필 포터는 흥미로운 질문에 대한 확실한 해답을 얻었다. 휴대전화에 발신음이 필요할까? 포터는 그렇지 않다며 대담한 제안을 했다. 전화를 걸 때 번호를 누른 뒤 '전송send' 버튼을 누르는 것이다. 그러면 전화를 걸 때 통신량이 덜 붐비게 될 것이고 통화는 더 빠르게 연결돼 네트워크에 가는 부담이 줄어들 것이었다. 번호를 누르고 버튼을 누르는 이 아이디어는 차후 생각지도 않았던 기술을 시험하는 데 필수적이라는 것을 증명했다.

1971년 12월, AT&T는 FCC에 길고 자세한 휴대전화 제안서를 제출했고 규제 기관은 심의에 들어갔다. 벨 연구소의 계획이 모토로라가 진행하던 무선 산업을 위태로운 경지에 빠뜨릴 수도 있었기 때문에 모토로라는 다양한 반대 의견을 내놓았다. 모토로라는 시스템이 작동하지 않을 것이라며 기술적인 측면부터 휴대전화 시스템에 반대했다. 그와 동시에 AT&T가 통화구역 시장에 들어와 모든 경쟁사를 무너뜨리는 독점력을 행사할 것이라고 주장했다. AT&T는 제안서를 제출하고 오래지 않아, 단지 휴대전화 네트워크를 구축하고 운영할 허가만 받으면 된다고 발표했다. 딕 프렌키엘은 "회사에서는 어떤 양보를 해야겠다고 느끼고는 송수화기는 만들지 않겠다고 발표했어요."라고 말했다. 송

17장_ 벨 연구소, AT&T와 헤어지다 **395**

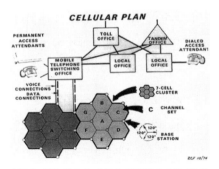

연구소 설명 책자에 나타난 1970년대 초반 벨 연구소의 휴대전화 개발 계획은 오늘날의 휴대전화와 무선 데이터 통신의 기반을 더욱 구체화시켰다. ©AT&T Archives and History Center

수화기 산업은 모토로라나 일본 판매사들에게 개방될 가능성이 있었다. 이런 행동은 경쟁 사태를 우려하던 규제 기관을 안심시키려는 의도였다. 여타 전화 회사들도 깨닫고 있듯이, AT&T의 독점력이 매우 거대하다는 생각은 워싱턴 어디에나 퍼져 있었다. 어쩌면 지나치다고 볼 수도 있었다. 그러나 휴대전화 산업을 따라잡기만 한다면 상황은 달라질 것이었다.

1975년, 벨 연구소 광학팀은 신제품을 테스트하기로 결정했다. AT&T와 벨 연구소의 임원진은 도시 내 통화량이 높은 지역에서는 섬유가 제일 유용하게 쓰이리라고 판단했다. 구리선은 전화 통화와 컴퓨터 데이터 분야에서 쓰임새가 꾸준히 증가하며 포화상태였다. 최초의 섬유는 애틀랜타 주의 신규 제조 시설에서 제조됐다. 벨 연구소 기술자들은 애틀랜타 공장에서 제조뿐 아니라 첫 섬유 설치 실험도 진행하기로 결정했다. 연구소 공학팀은 공장 지하 도관을 따라 유리 케이블을 고정했다(실제로 144개의 섬유가 평평한 리본에 배열돼 보호 커버로 고정됐다). 그 다음엔 몇 달에 걸쳐 섬유, 레이저, 자동 중계 장치, 연결 장치, 송신 품질 등 다른 여러 기초적 문제를 시험했다. 케이블은 엄지손가락 정도의 두께였지만 4만 6,000건의 양방향 대화를 전달할 수 있었다.

결과는 기대했던 것보다 순조로웠다. 성공에 힘입은 팀은 1년 뒤 시카고에서 보다 실용적인 테스트를 진행했다. 이곳에서 고객에게 음성, 영상, 데이터를 전송하기 위해 변환 사무소 사이와 현장을 연결하는 섬유가 설치됐다. 시카고 테스트 역시 애틀랜타 때와 마찬가지로 심각한 지장 없이 진행됐다. 생존을 위한 법적 투쟁에 휘말려 있던 회사로서는 득의만면한 기회였다. 빌 베이커는 당시 캘리포니아에 있던 존 피어스에게 이런 편지를 보냈다. "우리는 오랫동안 추구했던 혁신의 원칙을 아주 진지하게 받아들여 왔지. 그리고 자네는 수년 전 광도파관 시스템을 강조하지 않았었나." 베이커는 피어스에게 시카고에서의 노력에 대해 자부심을 가지라고 말했다. "자네의 정신이 여기에 녹아 있다네."

시카고는 새로운 휴대전화 기술을 시험할 장소로 선정됐다. FCC는 승인에 대해 신중한 입장을 취하는 듯했다. 벨 연구소의 시스템이 현실에서 어떻게 작동했는지 검토하는 것이 먼저였다. 1978년 여름, 벨 연구소는 시카고의 3,000제곱킬로미터 이상에 걸쳐 2,000명의 무료 가입자에 한해 통화구역 시스템을 설정했다. 테스트팀은 대부분의 측면에서 시장을 좀 더 잘 이해하고자 하는 FCC의 바람(가입자들이 서비스를 어떻게 평가할지에 대한 것뿐만 아니라 모토로라의 송수화기같이 다른 제조사의 장치가 벨의 신규 네트워크에 조화될지)을 충족시켜야 했다.

시카고에서 진행된 섬유 및 휴대전화 테스트는 70년대 말 대부분 완료됐다. 그러자 벨 연구소 임원진은 북동부 통로를 따라 주요 섬유 설치 계획을 시작했다. AT&T는 FCC의 승인을 기다리던 몇몇 도시에서 휴대전화 출시 계획을 시작했다. 1980년, 섬유 기술과 휴대전화 기술 모두의 성공이 확실시됐다.

벨 시스템의 미래는 훨씬 불투명했다. 1978~1980년, 마벨의 법적 전망은 점점 더 어두워졌다. AT&T의 해체를 요구하는 정부 소송이 꾸준히 진전되고 있었다. 사법부의 트러스트 규제 부서의 새로운 변호사가 소송을 감독하고 있었다. 스탠포드 출신의 윌리엄 백스터William Baxter는 '철저한' 규제를 약속했다. 또한 사건의 공청회에 참석한 판사도 있었다. 변호사 출신의 해럴드 그린Harold Greene 판사는 명석했고, 냉혹할 정도로 뛰어난 실력을 자랑했다. 마침내 AT&T의 강력하고 호전적인 기질의 존 데부츠John deButts 회장이 은퇴했다. 새로운 회장으로는 AT&T의 단순 노동자에서 시작해 수십 년 동안 23개의 직위를 거쳐온 온화한 성격의 전자 기술자인 찰스 브라운Charles Brown이 선정됐다. 모두들 그를 찰리라고 불렀다.

AT&T의 근본적인 문제가 자만이라고 생각한 사람도 분명 있었을 것이다. 그린 판사는 전화 회사의 방대한 권력과 영향력은 '경쟁사가 실제적인 발판을 얻는 것을 막는 능력과 혜택'으로 되돌아온다고 말했다. 이런 현상은 소비자에게 좋지 않은 영향을 미쳤다. 재판이 진행되면서 판사는 마침내 정부 규제 기관이 하나 가득 제시한 설득력 있는 증거를 들었다. 경쟁자들은 차례대로 벨 연구소가 통신사업에 진입하는 길을 방해하고 있다고 진술했다. 이 재판은 동시에 아이디어의 대전쟁이라고 볼 수 있었다. 재판을 추진하는 윌리엄 백스터에게 있어 AT&T의 근본적인 문제는 AT&T가 수평적으로도, 그리고 수직적으로도 통합돼 있다는 것이었다. 수직적 통합은 AT&T가 자사의 연구와 개발, 제조, 출시를 통제한다는 것을 의미했다. 수직성을 시각화하는 한 가지 방법은 벨 연구소를 일련의 상자로 보는 것이다. 회사의 필수 구성 요소를 나타내는 각 상자는 하나씩 포개져 쌓여 있다. 아이디어와 혁신이 시작되는 맨 아래의 상자는 벨 연구소였다. 그 위에 혁신을 대량생산하는 웨스턴 일렉트릭이 있었다. 제일 꼭대기에는 신기술을 원거리와 지역 시장에 출시하는 AT&T가 있었다.

백스터는 수직적 통합 개념에는 반대하지 않았다. 회사가 연구 자금을 대고 투자의 산물을 시장에 내놓는 것은 당연했다. 백스터가 용납할 수 없었던 것은 수평적 통합이었다. 수평적 통합 역시 일련의 상자로 볼 수 있지만 여기서는 위에서 아래로가 아니라 옆으로 나란히, 실제로 전국에 걸쳐 나열돼 있었다. 이 상자들은 벨 현지 운영 회사인 뉴욕 텔레폰New York Telephone, 뉴잉글랜드 텔레폰New England Telephone, 서던 벨 Southern Bell, 노스웨스턴 벨Northwestern 등과 타 지역에 있는 AT&T 그룹이었다. 정부는 AT&T가 거의 모든 지역 네트워크를 관리하면 MIC 같은 경쟁사의 성장과 장기 경쟁을 막는 병목현상이 생길 것이라고 생각했다. 자사만의 통신 장비를 만들고자 했던 회사들에게도 장애물이었다. 당시 웨스턴 일렉트릭이 전국에 걸친 전화 회사들과 긴밀한 협력 체계를 구축하던 체제는 통신 제조 산업에서는 반칙에 가까웠다.

따라서 이 소송은 벨 연구소에 대한 것만이 아니었다. 그럼에도 불구하고 AT&T 임원진은 어떤 운명을 마주하더라도 벨 연구소가 보다 큰 전화 시스템을 맡게 되리라는 것을 처음부터 알고 있었다. 1980년, 수년 전에 벨 연구소에서 실리콘 트랜지스터를 발명했던 모리스 타넨바움은 회사의 운명과 직결된 의사 결정에 참여했다. 타넨바움은 사실상 찰리 브라운을 대리하는 부소장들 중 한 명으로써 AT&T의 부회장이 됐다. 타넨바움은 "AT&T의 임원들 중에서 벨 연구소에서 근무했던 사람은 제가 유일했어요. 브라운은 벨 연구소에 신경을 많이 쓰고 있었어요."라고 말했다. 브라운은 수직 탑의 중간 상자쯤 되는 웨스턴 일렉트릭을 분리하면, 벨 연구소가 새롭게 발견한 것을 AT&T가 통신 네트워크에 적용할 수 없게 될까봐 걱정했다. 마찬가지로 현지 운영 회사를 분리 신설하는 것은 바람직하지 않아 보였다. AT&T가 한 해 벌어들이는 돈의 대부분이 현지 회사들로부터였기 때문에 벨 연구소에 지원할 수 있는 자금이 현저하게 줄어들 것이었다.

브라운은 타넨바움에게 각 선택이 벨 연구소의 미래에 어떤 결과를 가져올지 조언을 부탁했다. 1981년 중반, 재판은 한창 진행 중이었고 두 사람은 웨스턴 일렉트릭을 분리하는 것으로 정부를 만족시킬 수 없다는 데 의견이 일치했다. 방법은 두 가지뿐이었다. AT&T가 현지 운영 회사를 분리 · 신설하는 데 동의하거나 재판을 계속하며 두고 보는 것이었다. 찰리 브라운의 의견은 회사를 양도하는 방향으로 기울었다. 브라운과 타넨바움이 봤을 때 문제는 그린 판사였다. 그린 판사의 예심 판결에 미뤄봤을 때, 그가 우위에 있는 전화 회사의 주장에 동의하지 않는다는 것을 알 수 있었다. 재판 중 그린 판사는 "벨 시스템이 오랜 기간 동안 다양한 방법으로 트러스트 반대법을 위반해왔다는 것을 보여준다."라고 말하기까지 했다.

먼 훗날을 내다볼 줄 아는 벨 연구소의 일부 사상가들은 전화 독점이 언제까지나 지속되지는 않을 것이라고 오랫동안 믿어왔다. 특히 머빈 켈리는 1940년대 중반부터 그런 생각을 가졌다. 그런 생각의 근거는 법도 철학도 아니었다. 대중적인 기술은 사회에 빠르게 퍼졌고, 다른 사람들에 의해 복제되고 개선되는 일을 피할 수 없었다. 그런 일이 발생하면 본래 개발자가 갖는 기술의 중요성을 점차 잃게 된다. 1950년대부터 벨 연구소에서 일하기 시작해 소송이 끝나고 몇 년 후 소장이 된 존 메이요John Mayo는 "그들도 알고 있었다고 생각해요."라고 말한다. 적어도 메이요의 흥미를 자아냈던 의문은, 이와 같은 현실에도 불구하고 메이요 이전의 수뇌부(주잇, 켈리, 피스크, 피어스, 베이커 등)는 "어째서 그토록 막중한 투자를 하고 '알지 못하는 것'을 시종일관 연구하고 탐구했을까?"였다. 아무도 그렇게 강요한 적은 없었다. 각국 정부가 운영하는 전화 회사들 중에서는 아무도 그렇게 하지 않았다. 벨 연구소는 기초연구나 응용연구에 치중하지 않아도 매우 우수한 개발 조직으로 남아 있을 것임이 틀림없었다. 메이요는 이렇게 보고 있다. "장기적으로 봤을 때 그런 행동은 확실한 미래를 보장하지 않기 때문에 그들이 왜 그런 독특한 행동을 했는지는 알 수 없습니다."

모리스 타넨바움은 이에 대해 조금 다른 견해를 갖고 있다. 그는 "어쨌든 기술이 독점을 파괴했을 것입니다."라고 말했다. 타넨바움은 벨 연구소에서 가장 중요했던 연구와 개발 시도(트랜지스터, 마이크로파 중계탑, 디지털 전송, 광학 섬유, 휴대전화 시스템)가 모두 하나의 패턴을 갖고 있다고 지적한다. 또한 몇 년에 걸쳐 개발되고 또 개발됐으며, 곧 네트워크의 필수 요소가 됐다. 그러나 주요 특허의 대부분이 이미 출원됐거나 수당 인가를 갖고 있었다. 게다가 기술을 공유하지 않아도 다른 사람들이 기술을 복제하거나 더 좋은 방향으로 개선했다. 결국 결과는 항상 같았다. 모든 혁신은 냉정한 경쟁의 형태로 되돌아왔다.

1974년에 사법부가 소송을 제기한 직후, 빌 베이커는 정부가 승소

할 경우 벨 연구소는 어떤 결과를 맞게 되느냐는 질문을 받았다. 베이커는 이렇게 대답했다. "음, 우리가 현재 알고 있는 벨 연구소는 사라지겠죠." 베이커는 벨 연구소의 일부가 떨어져나갈 것이라고 봤다. "웨스턴 일렉트릭과 롱 라인Long Lines, 또는 운영 회사들이 떠나면 일부 연구실 역시 분명히 그들과 함께 분리될 것이고 벨 연구소는 더 이상 존재하지 않게 될 것입니다." 베이커는 또한 그가 아꼈던 연구 부서 역시 결국 사라질 운명에 처하게 될 것이라고 말했다. "여기엔 아무런 이유도 없어요." 전화 회사 자산의 3분의 2를 형성하는 운영 회사 없이는 제대로 된 재정 지원이 이뤄질 수 없었다.

베이커는 1979년 은퇴할 때까지 벨 연구소의 소장직을 지냈다. 베이커는 머레이힐의 사무실을 계속 갖고 있었지만(워싱턴으로 자주 출장을 가는 비밀스러운 일정 역시 지속됐다) 지도권은 부소장인 이안 로스에게 넘겨줬다. 1982년 1월 8일 금요일 아침, 머레이힐에는 AT&T의 찰리 브라운 회장과 사법부의 윌리엄 백스터가 합의에 이르렀다는 소식이 돌았다. 실상은 단순했다. AT&T가 현지 전화 회사의 권리를 잃는 데 동의했고, 전화 회사들은 모두 각자의 권리를 갖는 별개의 기업이 된 것이다. AT&T는 이와 동시에 1956년 다른 산업 진출을 할 수 없게 막았던 옛 합의 선고에서도 면제를 받았다. 「뉴욕 타임스」는 이에 대해 다음과 같이 보도했다. "AT&T는 데이터 처리, 컴퓨터 간 통신, 전화기와 컴퓨터 단말기 장비의 판매 등 이전에 금지됐던 분야로 자유롭게 진출할 수 있게 됐다." 또한 AT&T는 장거리 서비스도 계속 보유할 수 있게 됐다.

이 합의는 베이커가 가장 두려워했던 일을 즉시 실현시키지는 않았다. 벨 연구소의 일부 기술자들은 현지 전화 회사들을 지원하기 위해 떠나야 했지만 대부분은 연구소에 그대로 남아 있을 수 있었다. 웨스턴 일렉트릭과 벨 연구소는 공식적으로 AT&T에 소속돼 있을 수 있었다. 따라서 적어도 그 순간만큼은 회사의 수직적 구조가 유지됐다. 그러나 세계에서 가장 큰 기업을 어떻게 나눌 것인지에 대한 기업 분할 그 자체만으로도 2년이란 시간이 필요했다. 확실히 남은 다른 계획들은 수년간, 아니면 그보다 10년이 더 지나도 이해하기 어려울 것이었다. 장기적으로 봤을 때 어떤 일이 발생할지 예상하는 것은 불가능했다.

당시 언론에서는 전화기 소비자들이 보다 심한 경쟁 구도를 더 좋아할지, 아니면 새로운 지역 전화 회사에 더 비싼 금액을 지불할지를 주로 다루고 있었다. 미국인들은 이제 스스로 전화기를 고르고 장거리 제공자를 선택(정치가들은 이 전망이 큰 혼란을 가져올 수도 있다며 우려했다)할 수 있게 됐다. 발표의 여파로 새로운 사업 상황이 전개될 것이라 예측하는 대부분의 사람들은 낙관적인 태도를 유지했다. 「뉴욕 타임스」에서 커뮤니케이션 분석가이자 전前 FCC 회장인 리처드 와일리Richard Wiley는 AT&T에 대해 이렇게 밝혔다. "그들이 실제로 한 일은 그들의 사업 중 가장 자본 집약적, 정치 집약적, 노동 집약적 부분을 떼어 다른 사람에게 준 것이죠. 이 해결책은 회사 입장에서는 현명한 선택이 불러온 대성공이었습니다."

벨 연구소의 앞으로 운명은 좀 더 복잡했다. 모리스 타넨바움은 30년의 혜안으로 되돌아봤을 때, AT&T가 AT&T를 위해서가 아니라 벨 연구소를 위해 사건을 재판 마지막까지 끌고 가지 않았음을 후회할 것이라고 했다. "상황이 그보다 더 나빠질 수는 없었기 때문이죠." 그러나 당시 타넨바움은 벨 연구소의 경영진이 회사의 분립에 한 가지 희망을 걸고 있었다고 기록했다. 연구소는 더 이상 트랜지스터 때와 같이 직접 개발한 기술을 넘겨줄 필요가 없었다. 이제는 연구소의 혁신을 원하는 사업에 투입할 수 있었다. 벨 연구소 부소장이었던 솔 북스바움 Sol Buchsbaum은 당시 이렇게 말했다. "이 합의로 인해 우리는 자유를 얻을 수 있을 겁니다." 그린 판사도 이 감정을 판결에 반영하는 듯했다. 1984년 분립 직후, 그는 이런 기록을 남겼다. "기초연구와 응용 기술 두 분야에서 큰 박수를 받았던 벨 연구소는 이제야 그 모든 다양한 측면의 정보산업에서 연구소의 투자자, 과학자, 기술자의 재능을 사용할 수 있게 됐다."

경영학자 피터 드러커Peter Drucker는 좀 더 어두운 전망을 내놓았다. 드러커는 벨 연구소의 분립 직후 그 결정의 의미에 의문을 제기했다. "벨 연구소에 미래가 있는가?" 드러커는 존 메이요나 모리스 타넨바움과 마찬가지로, 50년 이상 벨 연구소가 기여한 기술적 성과가 연구소의 존속을 본질적으로 불가능하게 만들었다고 생각했다. 그는 이런 글을 남겼다. "벨 연구소의 발견과 발명은 현대 전자 분야 발명품의 상당 부분을 창조했다." 그러나 그런 발견과 발명이 전 세계로 퍼져나가면서 전자 기술은 불분명해졌다. 드러커에게 통신이란 거대한 정보와 전자 기술 분야의 일부일 뿐이었다. 이 분야에는 경쟁자와 경쟁적 아이디어가 넘쳐났다. 따라서 그 어떤 연구소도 전체 전자정보 산업에서 자력自力으로 신기술을 만들어낼 순 없었다.

드러커는 동시에 그 반대 역시 사실이라고 말했다. 벨 연구소의 과학자와 기술자들은 지난 반세기 동안 한 회사가 감당하기엔 너무나도 많은 아이디어를 만들었다. 그는 두 가지 가능성을 제시했다. 벨 연구

404

소는 GE나 RCA에 기술을 제공하는 표준 산업 연구소가 될 수도 있었다. 아니면 연구소가 소유한 특허와 제품으로 돈을 벌며 직접 사업에 뛰어드는 '훨씬 대담하지만 위험은 적은' 방식을 택할 수도 있다. 본래 AT&T를 위한 연구소였지만 연구소의 인원과 자원을 활용하기 위해, 기꺼이 돈을 지불할 의향이 있었던 모든 회사와 정부 부서를 위한 연구도 했던 것처럼, 독특하고 독점적인 두뇌 집단이 될 수도 있었을 것이다. 드러커는 말했다. "이는 전에 없던 일이고, 성공할 수 있을지는 아무도 몰랐다."

벨 연구소가 문제 해결을 위한 거점으로 유지된다는 것은 관심을 끄는 생각이었다. 자본주의의 거점도 될 수 있었다. 하지만 이건 어쩌면 지나치게 높은 기대를 하는 것일지도 몰랐다. 드러커는 이 관념이 매우 실험적이고 급진적인지, 따라서 실제로 실현될 수 있을지를 걱정했다. 그는 벨 연구소가 지극히 평범한 미래를 맞을 가능성이 훨씬 더 높다는 결론을 내렸다.

18장

그들은 이렇게 마무리했다

머빈 켈리는 끔찍이도 아꼈던 벨 시스템이 해체되는 모습을 못보고 세상을 떠났다.

1959년 1월 뉴욕의 센트럴파크가 내려다보이는 사보이 힐튼 호텔에서 켈리의 벨 연구소 소장직 은퇴식이 열렸다. 그날 저녁 켈리를 보좌하던 벨 연구소 부소장들(빌 베이커, 짐 피스크, 존 피어스 등)은 켈리에게 자신들의 이름이 새겨진 은쟁반을 선물했다. 켈리는 칵테일을 마실 때 그 쟁반을 사용하겠노라고 약속했다. 그는 매일 저녁 식사 전, 쇼트힐의 자택 서재에서 부인과 함께 칵테일을 즐겨 마셨다. "그렇게 하면 자네들이 좀 더 자주 생각나겠지." 베이커는 켈리가 새로운 여가 생활에 뛰어들었다고 생각했다. 켈리는 정원일과 골프에 열성을 쏟았다. 물론 이전에는 그렇게 살아본 적이 없었다. 켈리의 사위인 로버트 본 메렌은

"장인어른은 휴식을 취할 수 있는 기회가 많이 없었어요."라고 말했다. 켈리는 아내와 함께 유럽에서 긴 휴가를 보낸 후에 곧바로 돌아와 다시 일을 하곤 했다.

켈리는 은퇴식에서 상류층이 누릴 수 있는 다양한 기회를 제의받았다. 켈리는 곧 몇몇 대형 기술 회사의 이사회에서 일하게 되었다. 또한 MIT, 하버드, 로체스터Rochester 대학 과학 공학부에 자문을 하는 다양한 위원직을 맡기도 했다. 그동안 미 정부 및 군과 켈리의 관계는 점점 더 긴밀해졌다. 그가 마음만 먹었다면 좀 더 정치적인 방향으로 나아갈 수도 있었을 것이다. 그러나 켈리는 10년 전 대통령의 과학 고문 자리를 맡지 않았던 것처럼 정치는 하지 않겠다고 결정했다. 켈리는 워싱턴에서 파트타임으로 자문을 하는 것(NASA 국장 제임스 웨브의 특별 고문) 외에는 다른 사람들보다 잘 알고 있었던 단 한 가지, 산업 연구에 집중하기로 결심했다.

켈리는 살아오면서 AT&T보다 더 많은 급여를 받을 수 있었던 대기업들로부터 많은 제안을 받았지만 모두 거절했다. 켈리의 부인은 이렇게 기억했다. "그 무엇을 줘도 연구실을 떠나지 않았을 거예요. 연구실은 그이의 전부였죠." 그런데 이제 더 이상 연구실이 켈리의 전부가 아니었다. 마침 그때 IBM의 토마스 왓슨 주니어 회장이 켈리에게 직접 일자리 제안을 했고 켈리는 이를 받아들였다. 켈리는 1년에 몇 달간 왓슨 회장에게 직접 보고하는 고문으로 일하는 데 동의했다. IBM에서 켈리와 함께 일했던 로버트 건서모어는 이렇게 기억하고 있다. "켈리는 우리가 무슨 일을 하는지 파악한 뒤 자신의 의견과 함께 회장님에게 설명했어요." 켈리가 할 일은 미국과 유럽에 분포해 있는 IBM 연구실을 순회하는 것이었다. 켈리는 연구실을 찾아가 유망한 과학자들과 대화를 하고, 회사의 기술적인 목표와 직원들을 평가했다. 이 일은 기술을 번개같이 빠른 속도로 파악하는 순간적인 판단력이 뛰어난 켈리의 장점에 딱 맞는 일이었다. 게다가 IBM의 사업은 실리콘 통합 회로 사업으로 전향하기 시작한 때였고, 켈리는 이 최신 트랜지스터 통합 혁명을 이미 수십 년 전에 시작했다. 켈리는 전국의 IBM 연구원들과 마주 앉아 눈을 감은 채 연구원들의 프레젠테이션을 듣곤 했다. 켈리는 강박에 사로잡힌 듯 담배를 피우곤 했고, 이 습관으로 인해 손가락은 누렇게 물들었다.

켈리는 IBM과 벨 연구소의 명백한 차이를 인식했다. 먼저 IBM은 컴퓨터 회사지 통신 회사가 아니었다. 건서모어는 벨 연구소가 30년의 기한을 잡고 전화망에 발명품들을 적용하던 것에 대해 이렇게 말했다. "우리는 이를 벨 연구소보다 빠르게 진행하고 있었죠." IBM은 경쟁사를 최대한 빠르게 앞지르기 위해 전력을 다하고 있었다. 그러나 동시에 여느 기술 회사와 같은 고민을 갖고 있었다. 여러 연구 중 어떤 것에 재정을 지원해야 할 것인가? 어떤 연구를 처분해야 할 것인가? 그리고 미래는 어떤 방향으로 향해 갈 것이며 향해 가야 하는가? 켈리는 연구실을 방문하는 동안 자신의 생각은 절대 털어놓지 않았다. 떠날 때에도 자신의 평가 기록을 남겨두지 않았다. 그 대신 켈리는 뉴욕 주 아먼크에 있는 IBM 본사에 가서 자신이 관찰한 내용을 왓슨 회장에게만 비밀스럽게 알렸다. 각 연구원들 중 누구의 작업과 연구 방식이 인상 깊었는지 선택하는 것은 켈리의 습관이었다.

IBM의 상임 과학자인 에마뉘엘 피오레는 이렇게 말한 적이 있다.

"켈리가 사람을 파악하고 평가하는 것은 연구원들의 경력에 엄청난 영향을 줬죠." 그러나 연구원들은 이 사실을 전혀 모르는 듯했다. 아무도 몰랐던 켈리의 생각이 연구원들을 IBM의 미래 과학 지도자로 끌어올렸던 것이다.

1960년대 중반, IBM에서 켈리의 일은 점차 줄어들었고 1960년대 말에는 점점 더 불안정해지기 시작했다. 더 이상 속사포로 쏟아지는 언변과 뜀박질에 가까웠던 걸음걸이를 볼 수 없었다. 본 메렌은 "운전을 그만둬야 했는데 그러길 원치 않으셨죠. 그리고 그만둬야 한다는 사실에 상당히 언짢아하셨어요."라고 말했다. 결국 켈리는 파킨슨병 진단을 받았다. 1970년, 롤라에 있는 모교 미주리 대학에서 자신을 기념하는 행사에 참석한 켈리는 통신의 과거와 미래에 대해 말해달라는 부탁에 짐 피스크를 대신 내세웠다. 그 후 오래 지나지 않아 1971년 3월, 켈리는 두 번째 집이 있던 플로리다의 포트 세인트 루시의 컨트리 클럽에서 사망했다. 파킨슨병이 원인이 아니라 스테이크 조각이 목에 걸린 것이 화근이었다. 켈리의 뼈는 멕시코 만에 뿌려졌다.

미 국립과학원National Academy of Science은 학회를 거쳐 간 회원을 기리기 위해 전기를 출판하는 오랜 전통이 있었다. 켈리가 죽자 존 피어스는 그에 대한 짧은 전기를 써 달라는 부탁을 받았다. 피어스가 쓴 켈리의 전기는 길고 포괄적이었다. 미주리의 열악한 환경에서의 성장, 선천적으로 급한 성미와 기벽, 경영과 혁신 이론에 대한 이야기를 자세히 담고 있었다. 피어스는 켈리의 인생을 신중하게 조사했다. 그 과정에서 피어스는 옛 상사의 비밀스러운 군 작전을 파헤치게 됐다. 피어스는 켈리의 경력을 캐내는 작업에 대해 이렇게 말했다. "저한테도 많은 공부가 됐습니다. 그 후 다른 사람들에게 전기를 검토받을 땐 많은 내용을 잊어버려야 했죠." 어쨌든 완성된 전기는 감상적이고 생생했다. 피어스는 전기를 이렇게 시작했다. "머빈 켈리가 살아 있는 동안, 나는 그를 거의 초자연적인 힘처럼 생각했다. 나는 벨 연구소에서 일하는 동안 켈리가 연구실이나 자신의 집에서 다른 사람들과 함께 있는 모습을 여러 번 봤다. 하지만 그에게 다가가면 마치 번개로 맞을 것 같은 두려움에 그와 친해지려는 시도를 하지 않았다."

피어스는 이후 켈리에 대해 다른 무엇보다도 제일 감명 깊었던 점에 대해 다뤘다. 그가 벨 연구소의 기술직원들에게 새로운 프로젝트를 맡길 때 조언하던 방식에 대한 내용이었다. 군용 레이더 기술이든, 전화 회사를 위한 반도체 연구든, 켈리는 알려진 사실에 집중하는 것으로 프로젝트를 시작하는 것을 원하지 않았다. 그보다는 모르는 사실에 집중하는 것으로 시작하고 싶어 했다. 피어스의 설명에 따르면 이 접근 방식은 어렵기도 했고 직관에 어긋나기도 했다. 적어도 군대에서는 차후 발생하게 될 격차를 어떤 기술이 채울지로 시작하는 것이 더 통상적인 방법이었다. 켈리의 방침은 잃어버린 퍼즐을 먼저 찾은 뒤 퍼즐을 맞추기 시작하라고 말하는 것에 가까웠다.

빌 베이커는 켈리의 전기를 읽고 피어스에게 이렇게 말했다. "자네가 쓴 글다운 고상함이 있군." 피어스는 캘리포니아에서 살며 캘리포니아 공과 대학에서 학생들을 가르치고 있었다. 짐 피스크는 피어스에게 편지를 써서, 켈리의 전기가 그들 모두가 알았던 켈리를 잘 살려냈다고 전했다. "누구보다도 자네가 해냈다는 것이 기쁘다네." 피어스는 베이커와 피스크가 보낸 편지를 개인 서류와 함께 보관했다.

1955년 켈리에게 벨 연구소 사직서를 낸 후부터 쇼클리의 삶은 천천히, 그리고 불행하게 편집증과 불명예의 길로 빠져들었다. 그가 바로 그렇게 된 것은 아니었다. 1950년대 중반 그가 맨 처음 뉴저지를 떠났을 때는 상상도 못할 정도로 성공에 대한 기대에 들떠 있었다. 쇼클리는 캘리포니아에서 천금과도 같은 기회를 가질 것이란 확신을 갖고, 어린 시절을 보낸 팔로 알토에 도착했다. 쇼클리가 시작한 사업은 최초의 설계 및 공학 트랜지스터 기업이었다. 그렇게 이곳에 실리콘을 들여오게 됐고, 이곳은 실리콘밸리라고 불렸다. 캘리포니아의 부유한 기업가인 아널드 베크만은 쇼클리에게 자금을 지원하고 연구실 운영비로 1년에 3만 달러를 지불하기로 했다. 베크만은 또한 쇼클리에게 자기 회사의 주식 매수 선택권을 상당량 떼줬다. 쇼클리는 수백만 달러를 벌어들일 것으로 예상했다. 그는 자신의 발명품이 가져올 거대한 금전적 가능성을 이해한 최초의 인물이었을 것이다. 쇼클리는 이후 반도체 물리학에 대한 교과서를 집필하면서 트랜지스터의 발명은 기존 전자 분야만큼이나 거대한 "새로운 분야를 열었다."라고 회상했다. 그러나 사실 실리콘밸리의 엄청난 부를 실제로 만들었던 것은 재능을 알아보는 쇼클리의 비범한 능력으로 캘리포니아 벤처 회사에 고용된 사람들이었다. 그 과정에서 그들 중 일부는 억만장자가 됐다.

고든 무어도 그들 중 한 명이었다. 무어는 인텔의 공동 설립자가 됐고, 반도체 공학의 급성장(실리콘 칩 한 개에 장착할 수 있는 트랜지스터의 수는 2년마다 2배로 늘었다)을 관찰해서 명성을 얻었다. 이것은 여느 과학적 관념의 법칙은 아니었다. 하지만 몇 십 년간 사실로 증명된 후에는 무어의 법칙Moore's law으로 알려지게 됐다. 무어는 쇼클리 밑에서 일했던 시간이 거의 인내심을 시험한 시기였다고 기억했다. 무어는 몇 년 후 「타임」에 쓴 글에서 쇼클리가 "자신이 감독하던 젊은 물리학자들과의 업무 관계에까지 경쟁적인 성격을 드러냈고, 심지어 직원들이 편집증이라고 말하기 시작한 행동도 보이기 시작했다."라고 말했다. 쇼클리는 직원들이 고의로 반도체 업무를 훼손시킨다며 의심했고, 이에 대한 대응으로 일부 과학자들과 기술자들을 연구실에 들어오지 못하게 했다. "쇼클리는 몇 가지 사소한 사건을 악의를 가지고 바라보며 비난했어요. 새로운 결과가 나타나면 현재의 직원들이 아니라 예전에 벨 연구소에서 함께 일했던 동료들과 먼저 확인해야 한다고 생각했죠. 쇼클리와 함께 일하는 것은 쉬운 일이 아니었습니다." 쇼클리의 젊은 직원들은 벨 연구소의 연구 직원들이 오랫동안 느꼈던 사실을 그제야 이해했다. 쇼클리는 엄청나게 형편없는 관리자, 어쩌면 그 이하였다. 1957년, 무어와 그의 동료 7명은 쇼클리를 떠나 직접 회사를 차리기로 했고, 이들에게는 이후 '8명의 배신자'라는 별명이 붙었다. 쇼클리는 회사 내 누군가가 회사 일에 훼방을 놓고 있다고 생각했다. 무어는 쇼클리가 전 직원들을 대상으로 거짓말 테스트를 시도하려고 한 때가 '결정타'였다고 지적했다.

쇼클리가 벨 연구소에서 일했던 시절의 동료인 이안 로스는 회상했다. "쇼클리의 성격 중 하나는 무시당하기 싫어하는 것이었어요. 사람들이 자신의 아이디어를 거절하는 것을 싫어했죠. 그때부터 이런 불행한 결말로 향하는 길이 시작됐습니다." 로스가 불행하다고 표현한 것은 고군분투하던 쇼클리의 트랜지스터 사업이 아니었다. 쇼클리의 트랜지스터 사업은 1960년대 다른 회사에 매각돼 합병됐다. 그는 생애 마지막 10년 동안 자신이 '열생학dysgenic'이라고 부른 학문에 거의 완전히 빠져

들었다. 쇼클리는 1963년과 1964년 사이 언젠가 무식한 사람들이 다산의 성향이 있음으로 인해, 장기적으로 인류가 위태로워질 것이라는 결론을 내렸다. 쇼클리는 이렇게 기록했다. "부적격인 사람들은 과거 어느 때보다도 빠르게 인구수를 불려나갈 수 있다." 쇼클리는 '열등한 종족들'로부터 태어난 아이들이 매우 많이 넘쳐날 것이라 믿었다. 그는 처음에는 이 열등함에 대한 이해를 인종과 관련짓지는 않았지만 곧 생각이 바뀌었다.

쇼클리가 유전과 인종에 집착하게 된 이유에 대해서는 다양한 해석이 존재한다. 쇼클리의 옛 동료들 중 일부는 쇼클리가 1960년대 초반 겪었던 심각한 자동차 사고가 그의 인식에 변화를 가져왔을 수 있다고 추측하고 있다. 그러나 쇼클리의 집착을 단지 그가 오랫동안 마음속 깊숙이 품어왔던 신념이 겉으로 드러난 것이라는 의문 역시 던져볼 수 있을 것이다. 1932년 캘리포니아에서 대서양 연안까지 쇼클리와 크로스컨트리 자동차 여행에 동행했던 프레드 자이츠는 젊은 시절의 쇼클리 역시 지적 우월성을 권력과 영향력으로 보상받아야 한다고 생각했음을 밝혔다. "그는 민주 사회에서처럼 대다수의 결정을 따르기보다는 지적 엘리트 그룹이 사회를 지배해야 한다고 믿는 경향이 있었어요." 쇼클리는 살아가는 내내 IQ 점수에 강한 흥미를 보였다. 1956년과 1957년에는 심리 테스트와 지적 테스트로 쇼클리 반도체 지원자들을 일부 선별하는 것으로 악명 높았다. 그러나 쇼클리는 그보다 훨씬 전, 아마 1950년쯤 벨 연구소에서 그가 고용했던 사람들에게도 이런 테스트를 적용하는 것에 관심을 보였다. 일부 벨 연구소 베테랑들은 쇼클리의 테스트 점수와 다른 벨 연구소 직원들의 점수 차이가 크지 않았다고 기억한다.

쇼클리가 처음에 가졌던 "지성이 과학적 창의성으로 어떻게 바뀌는가?"에 대한 질문이 나중에 "유전자가 지성에 어떤 영향을 미치는가?"로 바뀌었다. 그리고 이것은 곧 더 위험한 질문으로 바뀌었다. "인종이 지성을 어떻게 결정하는가?" 쇼클리가 전 동료들 몇몇과 논쟁했던 것은 이 부분이었다. 쇼클리가 고질적인 편협함으로 논쟁을 시작했던 것은 아니었다. 그러나 쇼클리가 거절당하는 것에 대해 갖고 있던 감정들이 그를 그런 방향으로 이끌었다는 것에는 논란의 여지가 거의 없다. 쇼클리는 1963년 샌프란시스코의 식품점 주인에 대한 뉴스 기사를 읽고 유전자에 대한 시각이 확실해졌다고 말하곤 했다. 그 식품점 주인은 그가 고용한 십대로부터 얼굴에 염산 공격을 받고 시력을 잃었다. 쇼클리에 따르면 가해자는 IQ가 55인 여성의 자녀 17명 중 하나였다고 한다. 쇼클리의 의견을 증명이라도 하듯 불행한 사건이 연달아 발생하고 있었지만, 열생학(1965년 주간 시사 잡지 「유에스 뉴스 앤 월드 리포트」와 인터뷰를 하던 중 처음으로 공식화됐다)에 대한 사람들의 반발은 늘어나기만 했다. 그러자 쇼클리의 반발심에 불이 붙었다. 그 후, 그의 의견은 과학적 용어와 화려한 통계분석으로 뒤덮여 있긴 했지만 점차 괴상한 방향으로 나아갔다.

쇼클리는 1966년과 1967년 동안 미국의 출중한 과학자들이 모여 있는 국립과학원에 유전이 지성에 어떤 영향을 미치는지를 보다 깊게 탐구할 것을 종용했다. 1968년 4월, 학회 모임에 참가한 쇼클리는 인종과 지성의 상호관계를 조사하지 않는 미국의 선구적 사상가들이 '책임감과 용기가 부족'하다며 비난했다. 그 모임에서 쇼클리는 사람들에게 인쇄물도 한 장씩 나눠주며 다음과 같이 주장했다. "관련 데이터를 객관적으로 조사해본 결과, 흑인의 지적 성과에 결함이 있는 것은 근본적으로 유전에 기원함이 분명하다. 따라서 환경을 개선해서 고칠 수 있는 부분은 비교적 적다는 의견에 이르렀다." 쇼클리는 빌 베이커, 짐 피스크, 머빈 켈리, 존 피어스에게도 이 연설문의 사본을 보냈다.

이런 우여곡절을 거치는 동안, 벨 연구소는 쇼클리를 자문 위원으로 다시 고용했다. 쇼클리는 당시 스탠포드 공학 대학에서 석좌교수를 맡고 있었다. 그는 이미 학생 시위운동의 대상이었지만 오히려 사람들의 관심을 상당히 즐기는 듯했다. 동시에, 그 일이 지도자로서의 쇼클리의 능력을 손상시키는 것 같지도 않았다. 쇼클리의 물리 수업(쇼클리는 종종 자택 거실에서 강의를 했다)을 듣고 싶어 했던 학생들에게는 20세기 위대한 대학 물리 교수 중 한 명인 그와 마주할 행운이 주어졌다. 여기서 쇼클리에게 문제가 됐던 점은 스탠포드의 봉급이 높지 않았다는 것이다. 그래서 쇼클리는 유전과 지성에 대한 자신의 시각을 처음으로 공개했던 시기에, 벨 연구소의 옛 동료 잭 모턴에게 연구실에 돌아가 돈을 더 버는 것에 대해 이야기를 했다. 모턴은 수년 전 트랜지스터 개발을 이끌었던 인물이었다. 두 사람은 공통점이 많았다. 둘 다 호전적이고 경쟁적이었으며, 특히 동의할 수 없는 아이디어를 마주할 때면 불한당같이 굴었다. 모턴은 1950년대 초 연구 물리학자들에 대한 불만을 쇼클리에게 자주 털어놓았다. 두 사람 모두 벨 연구소의 일정 자리까지는 도달했지만, 두 사람의 성격(특히 모턴의 경우엔 술 문제) 때문에 계급제도인 연구소에서 더 이상의 진급을 기대하기는 힘들었다. 그럼에도 불구하고 모턴은 1960년대 중반 벨 연구소의 부소장으로서 어느 정도의 권력을 휘둘렀다. 동시에 쇼클리의 MIT 동창인 짐 피스크가 당시 연구소의 소장이었다는 점 역시 도움이 됐다. 결국 1965년 말, 쇼클리는 자문 위원 일을 얻었다.

쇼클리는 벨 연구소에서 장비 개발에 대해 1년에 몇 주 정도 모턴에게 자문하는 방식으로 일했다. 그는 더 이상 연구원이 아니었다. 쇼클리는 지중해 연안을 정기적으로 방문하면서 뉴저지 서밋의 서밋 서버반이라는 튜더 양식의 편안한 호텔에서 방을 잡고 지내곤 했다. 머레이 힐의 연구실을 방문하는 사람들은 종종 그곳에 머물도록 안내받았고, 벨 연구소가 비용을 치렀다. 1960년대 어느 날, 존 피어스의 오랜 동창인 척 엘먼도프는 서버반에서 쇼클리와 마주쳤다. 엘먼도프 역시 머레이힐의 연구실을 방문하던 중이었다. 두 사람은 호텔 식당에서 함께 저녁 식사를 했다. 엘먼도프는 한때 물리학이 전부였던 옛 친구이자 '바르고, 존경스럽고, 유쾌했던' 스승이 인종과 유전 얘기만 하고 싶어 했다고 기억한다. 엘먼도프는 쇼클리의 다른 옛 동료들과 마찬가지로 참을성 없는 외골수의 쇼클리를 보게 된 것이다.

이 저녁 식사에서의 대화는 쇼클리가 벨 연구소에 있지 않은 모든 순간을 우생학에 대해 토론하고 싶어 했다는 것을 확실하게 보여준다. 쇼클리는 모턴과 처음 합의할 때 인종 이론을 연구와 관련시키는 것을 삼가기로 했다. 벨 연구소에서 개발을 맡은 쇼클리는 캘리포니아에 있던 집에서 나와 대부분의 시간을 밖에서 보내며 이 방침을 따랐다. 그러나 그가 곧 이 합의 내용을 오래 지킬 수 없었음이 명백해졌다. 실제로 쇼클리는 연구소 자문 위원이 된 지 불과 몇 년 만에 제한 사항을 축소해 달라고 요청했다. 이제 그의 본업은 열생학이었다. 1970년부터 쇼클리 인생의 주목적은 이 개념에 사람들의 관심을 끌어모으는 것이었다. 쇼

416

클리가 언제나 유명세를 즐기긴 했지만 이제는 적극적으로 언론을 섭외하고 자신이 하는 모든 연설이나 논란거리(예를 들면 미국이 IQ가 낮은 사람들을 위한 불임 시술을 시작하면 어떻겠냐는 제안)가 다음날 신문에 나게 했다. 그동안 쇼클리는 사람들과 한 모든 전화 통화와 서신 왕래를 체계적으로 기록하고 분류하기 위한 시도를 했다. 그는 자신을 만나고 싶어 하는 기자들에게 일련의 '인터뷰 전 인터뷰'를 하자고 하기도 했다. 질문을 던지는 기자들에게 과학이나 통계적 개념에 대한 퀴즈를 내고 그들의 실력을 조롱하기도 했다. 쇼클리의 궁극적인 목표는 기자들의 능력과 의도를 평가하는 것이었다. 그는 어딜 가나 녹음기를 들고 다니기 시작했다. 그러면서 상대방 몰래 은밀하게 대화 내용을 녹음하기도 했다.

쇼클리와 그의 아내는 주류 과학에서 일탈하는 삶이 어떤 결말을 가져올지 잘 알고 있는 듯했다. 1970년대 말, 엠마 쇼클리는 작가인 래 구델에게 이런 말을 했다. "언젠가 우리는 끔찍할 정도로 외톨이가 될 거예요." 이것은 이미 어느 정도 사실이었다. 쇼클리는 첫 번째 결혼에서 난 아이들과 소원해졌다. 팔로 알토의 친구들도 쇼클리와 거리를 뒀다. 동료 학자들, 특히 국립과학원의 회원들은 쇼클리의 눈에 띄는 것을 두려워했다. 동시에 벨 연구소의 옛 친구들도 점점 멀어지고 있었다. 피어스와 섀넌은 그의 연락을 피했다. 쇼클리의 스폰서가 돼준 잭 모턴은 1971년 12월 뉴저지의 한 바에서 논쟁을 벌인 후 살해당했다. 그의 시체는 불타는 그의 자동차에서 발견됐는데, 그것은 모턴을 공격한 사람의 소행임이 분명했다. 이 비극은 쇼클리에게 큰 충격이었다. 오래지 않아 쇼클리의 벨 연구소 자문 일이 끝났다. 벨 연구소의 개혁파 중 쇼클리의 친구로 남아 있는 사람은 짐 피스크가 유일했다. 그러나 피스크도 병을 앓더니 서둘러 은퇴하고 1980년에 사망했다. 1981년, 쇼클리는 빌 베이커에게 연락했지만 옛 추억을 나눌 목적은 아니었다. 쇼클리는 FREEDthe Foundation for Research and Education on Eugenics and Dysgenics, 유전과 열생학 연구 교육 재단라는 조직을 설립한 후 자금줄(베이커의 기록에 따르면 수십만 달러)을 찾고 있었다. 수많은 자선단체와 재단의 이사회에 속해 있던 베이커는 쇼클리에게 이렇게 말했다. "아무리 생각해봐도 자금이 나올 만한 곳이 없군."

이안 로스는 빌 쇼클리의 인생에서 최대의 비극은 그가 벨 연구소를 떠난 뒤에 과학적으로 가치가 있는 성과를 아무것도 내지 못했다는 점이라고 말했다. 쇼클리가 학생들을 가르치고 재능 있는 사람들을 관리하고, 미국의 컴퓨터칩 산업의 성공을 가져 온 쇼클리 반도체팀을 구성해 성공을 거둔 것은 분명했다. 로스는 벨 연구소에 대해 이런 말을 했다. "쇼클리가 그 환경에 계속 머물렀더라면 이야기 아주 달라졌을 거예요." 다시 말해 그가 그의 약점을 보완하는 여러 명의 감독관들과 반도체 재료를 정확하게 준비할 수 있는 진정한 기술자들에 둘러싸여 있었더라면, 부족한 관리 능력과 잘못된 판단으로 일을 그르치지 않았을 수도 있었을 것이다.

쇼클리의 말로는 당황스러움의 연속이었다. 70대에 들어선 그는 「로스앤젤레스 타임스」를 통해 이름을 알리기로 결심했다. 그는 노벨상 수상자들의 정자 은행을 만들고자 했던 프로젝트에 정자를 기증했다. 「플레이보이」에서 이에 대한 장문의 인터뷰를 요청하자, 그는 적어도 자신에겐 뛰어난 성공을 거둔 사람들을 위한 정자 은행은 이치에 맞는다며 이 프로젝트를 옹호했다. 쇼클리는 정작 그의 자녀들이 어떻게 자랐는지 묻는 질문에는 이렇게 대답했다. "제 스스로의 능력에 비춰볼 때 제 아이들은 엄청난 퇴행을 의미합니다. 제 첫 아내, 아이들의 어머니는 저만큼 뛰어난 학구적 성과를 내지 못했죠."

1982년, 쇼클리는 캘리포니아의 공화당 상원 의원 후보로 출마했다. 그 자신 역시 선거에 이기리라고는 생각하지 않았다. 자신의 인종 이론을 더 알리기 위해 출마한 것이 그의 의도였다. 쇼클리는 AP 통신사에 이렇게 말했다. "한번쯤 시도해봐서 이 생각을 널리 퍼뜨리는 데 성공한다면 제 생각이 분명해질 것입니다." 그는 선거에서 1퍼센트의 득표율도 얻지 못했다.

이 모든 일은 대중의 관심을 모으기 위한 그의 최후의 노력이었다. 그에게는 더 이상 연구할 것도, 가르칠 것도 없었다. 쇼클리는 주로 엄청난 양의 전화 녹음 기록을 정리하고 유전학 재단을 홍보하는 일에 최선을 다했다. 그 모든 과정 동안 쇼클리는 매일 일기를 썼다. 기록을 정리할 때면 항상 여러 권의 노트를 사용했다. 1930년대 말에는 언제나 주머니 크기의 일기장, 소책자 크기의 일기장, 큰 노트 크기의 일기장을 갖고 있었다. 쇼클리는 거의 강박에 사로잡힌 것처럼 원예, 의사, 사업 약속, 상품 구매, 자동차 연비, 점심 식사, 훈련 계획에 대한 내용을 기입했다. 동료들, 아이디어, 꿈에 대한 주석도 있었다. 마치 한 곳에다 적기에는 그의 인생에, 그의 마음속에 너무나도 많은 일이 벌어지고 있는 것 같았다. 그러나 곧 상황이 바뀌었다. 쇼클리는 1980년대 중반부터 새로 장만한 컴퓨터에 일기를 기록하기 시작했다. 그는 뒤뜰에 있는 새들의 행동을 관찰하는 데 큰 관심을 보이는 듯했다. 쇼클리는 뒤뜰에 앉아 새들의 습성과 몸짓을 몇 시간이고 관찰했다. 그는 애정을 갖고 새들에게 모이를 줬다. 쇼클리는 1987년 전립선암 판정을 받았는데, 암세포가 이미 전이돼 있는 상태였다. 그의 전기 작가인 조엘 셔킨은 쇼클리가 말년에 다량의 모르핀 없이는 견딜 수 없는 엄청난 고통을 겪었다고 전한다.

쇼클리는 아내와 호스피스의 보살핌을 받으며 팔로 알토의 자택에서 마지막 몇 주를 보냈다. 그를 찾아오는 사람들은 거의 없었다.

쇼클리와 함께 트랜지스터를 발명했던 존 바딘과 월터 브래튼은 벨 연구소를 떠나 더 나은 삶을 살았다. 두 사람은 마지막까지 우정을 지켰고, 1940년대 말 쇼클리에 대해 품었던 괴로운 감정을 시간이 지나면서 잊어가는 듯했다. 그들은 가끔 서로 마주치는 일을 피할 수 없었는데, 그럴 때면 예의바른 관계를 유지했다. 예를 들어, 그들은 1972년 4월 워싱턴 D.C.에서 개최된 트랜지스터 발명 25주년 행사에서 만나 동반 인터뷰를 가졌다. 바딘은 접합 트랜지스터의 발명을 이끌어낸 쇼클리의 통찰력을 극찬했다. 그러면 쇼클리는 바딘과 브래튼의 점접촉형 트랜지스터에 대한 선구적 연구를 칭찬했다. 세 사람은 트랜지스터에서 비롯된 가장 중요한 발전에 대한 질문을 받았다. 브래튼은 트랜지스터 라디오가 전 세계에서 가장 멀리 떨어져 있는 빈곤한 지역의 사람들에게도 정보를 전달할 수 있게 됐다는 점에 가장 애착이 간다고 대답했다. 바딘은 아폴로 우주 비행사들과의 교신을 꼽았다. 이 발명이 신생 컴퓨터 산업에 가져온 엄청난 재정적 영향에 대해서도 말했다. "트랜지스터 없이는 불가능했을 것입니다. 제 생각에 이제는 이 나라에 매년 200억 달러어치의 주문이 오고가죠."

쇼클리는 트랜지스터가 가져온 가장 위대한 혁신은 콤팩트 테이프 녹음기라고 대답했다.

여전히 수다스럽고 수수한 브래튼은 언젠가 서부로 돌아가고 싶다는 바람을 항상 표현했다. 브래튼은 그의 동료들 대부분과 마찬가지로 시작은 변변찮았지만 중대한 성과를 일궜다. 그는 이 사실에 큰 감명을 받았다. 브래튼은 워싱턴 주의 현대판 개척자들 틈에서 중장비와 라이플에 대해 배우며 자랐다. 그는 50년 뒤 스웨덴 왕 앞에 머리를 조아리고 노벨상을 받았다. 그는 언제나 자신이 천재라기보다는 운이 좋았다고 말했다. 그러나 그의 과거가 다른 무엇보다도 자신의 성장에 중요한 역할을 했다는 사실이 그를 괴롭혔다. 1920년대, 워싱턴 월라월라의 위트먼 대학에는 벤저민 브라운이라는 교수가 있었다. 브래튼은 이 교수를 만나 진보 물리학을 향한 인생의 전환점을 맞이했다. 브래튼은 1960년대 머레이힐에서 자신을 인터뷰한 사회학자 해리엇 주커먼에게 이런 말을 했다. "은퇴해서 작은 모교로 돌아가 가르치는 일을 해야겠다고 생각한 적이 있었죠." 브래튼은 곧 벨 연구소를 떠나 위트먼 대학을 두 번째 직장으로 삼았다. 브래튼은 1987년 세상을 떠나기 전 알츠하이머병으로 고생하며 양로원에서 말년을 보냈다.

존 바딘은 후에 국립과학원의 요청으로 친구였던 브래튼을 기념하는 글을 썼다. 바딘은 이 글에서 태양전지를 발명한 벨 연구소의 옛 동료인 제럴드 피어슨도 언급했다. 피어슨은 1947년 12월 24일 트랜지스터 시연을 증명하는 브래튼의 노트에 서명한 사람들 중 하나로, 브래튼의 사망 후 2주 만에 역시 세상을 떠났다. 오리건 주 토박이였던 피어슨 역시 벨 연구소를 떠난 후 서부로 돌아갔다. 그는 마지막까지 스탠포드에서 학생들을 가르치며 살았다.

바딘 역시 얼마 후인 1991년 세상을 떠났다. 바딘은 1951년 벨 연구소를 퇴사한 이래 쭉 일리노이 대학에서 일했다. 그가 일리노이에서 계속했던 연구의 대부분은 초전도성 현상에 관한 것이었다. 즉, 바딘과 그의 몇몇 동료들은 아주 낮은 온도에 있는 일부 물질이 저항 없이 전기를 전도할 수 있는 이유를 설명하려 했다. 그들은 이론 물리학을 복잡한 수학에 접목시킨 매우 어려운 논문으로 아이디어를 형상화했다. 1972년, 바딘은 이 연구로 두 번째 노벨 물리학상을 수상했다. 이런 명예를 가진 물리학자는 전 세계에서 바딘이 유일하다.

클로드 섀넌은 1950년대 말 벨 연구소를 떠나 MIT에 가서 통신에 대한 중요한 논문을 계속 발표했다. 그러나 수학자로서 가장 생산적으로 일했던 시대는 이미 옛날 얘기였다. 그는 쇼클리처럼 둥지와도 같던 벨 연구소를 떠났다. 차이점이라면 섀넌은 그곳을 떠난 후의 차이점에 대해 이해하고 있었다는 것이다. 섀넌은 차후 한 인터뷰에서 이렇게 말했다. "저는 과학자들이 50세, 또는 그 전에 최상의 성과를 낸다고 생각합니다. 저의 전성기도 젊은 시절이었죠." 실제로 MIT로 간 지 10년 후, 섀넌의 연구는 차츰 잦아들기 시작했다. 1960년대 초 섀넌 밑에서 MIT 박사과정을 밟은 렌 클라인락은 이렇게 회상한다. "교수님은 더 이상 할 말이 없다는 것에 대해 걱정하셨어요." 이 일은 섀넌의 전형적인 겸손함을 보여주는 또 다른 사례가 될 수도 있을 것이다. 클라인락은 "교수님은 본인의 전문 분야를 따라잡지 못할 수도 있다고 생각하셨어요."라고 덧붙였다.

422

그럼에도 불구하고 섀넌은 자신의 연구 결과에 흥미를 잃지 않았다. 섀넌이 그 시기에 했던 강의는 그가 지식(지식이 어떻게 움직이는지, 어떻게 저장되며 어떻게 가공되는지)이 곧 국제적 과학과 경제를 명백하게 밝힐 것이라 믿었음을 시사한다. 섀넌이 학계에 입문하고 몇 년이 지난 1959년, 그는 펜실베이니아 대학의 학생들과 교수진에게 강의를 했다. "저는 어떤 의미에서 금세기 동안 이 지식 산업 전체가 곧 엄청나게 증대하고 발전하는 모습을 볼 수 있으리라고 생각합니다." 섀넌은 다음과 같이 예측했다. "미래는 정보 수집 사업과, 그것을 한 지점에서 다른 지점으로 전송하는 사업에 좌우될 것이다. 그중 가장 중요한 것은 그 과정이다. 공장에서 반기계적으로 일하는 사람을 대체하고 심지어는 우리가 창의적이라고 여기는 일들, 즉 수학 계산이나 언어 번역 같은 일을 대체하는 데 사용될 것이다."

섀넌은 MIT에서 자신의 흥미를 끄는 주제에 대해 강의했고 캠퍼스에 강사를 초빙하기도 했다. 예를 들어, 섀넌은 1961년 존 피어스를 초대해 '컴퓨터가 더 잘할 수 있는 일과 방법'이라는 주제로 강의를 하게 했다. 피어스는 컴퓨터의 가능성에 대해 열성을 보이긴 했지만 섀넌만큼 낙관적이지는 않았던 듯했다. 그러나 1960년대 말이 되자 MIT에서 섀넌이 강의할 수 있는 기회는 거의 찾아보기 힘들어졌다. 게다가 그가 MIT 캠퍼스에 가는 빈도도 줄어들기 시작했다. 섀넌은 주로 집에 머물며 간단한 기계를 수리했다. 섀넌은 보스턴 교외에 크고 고급스러운 저택을 갖고 있었다. 그의 집을 방문하면 저글링을 하는 기계, 외발 자전거, 피아노와 악기 컬렉션, 섀넌이 직접 만든 간단한 장치나 자동 기계들을 구경할 수 있었다. 섀넌은 때로 직접 만든 로봇식 잔디 깎는 기계를 자랑하고 싶어 했고, 또 불을 뿜는 트럼펫을 보여주고 싶어 했다. 소장품 대부분은 섀넌이 '장난감 방'이라고 이름 붙인 곳에 보관돼 있었다. 섀넌의 집을 방문한 존 피어스는 다른 사람들만큼 그런 장치에 흥미를 보이지 않는 듯했다. 그는 사람들에게 섀넌이 자동 기계를 만드는 이유는 '자랑하기 위해서'라고 말하기도 했다. 피어스는 섀넌과 주로 아이디어와 미래에 대해 이야기를 나누고 싶어 했다. 섀넌의 아내인 베티는 피어스가 집에 방문하면, 집 옆의 호수에서 보트를 타고 노를 저으며 몇 시간이고 대화했다고 회상한다.

섀넌은 그 외에 기회가 생길 때마다 쓸데없는 일을 벌이고 싶어 하는 듯했다. 베티는 "그냥 긴장을 푸는 거였다고 생각해요."라고 말했다. 일부 동료 학자들에게 섀넌의 유쾌한 집착은 아직도 의문으로 남아 있다. "시간 낭비가 아닌가?" 하고 생각하기도 했다. 그러나 섀넌의 관심사 대부분이 수십 년 전 벨 연구소에서의 습관 때문에 비롯한 것인지 생각해 볼 가치가 있다. 섀넌은 정보이론으로 세상을 바꿀 의도를 가진 적은 전혀 없다. 다만 자연스럽게 그렇게 됐을 뿐이다. 섀넌은 해저 케이블이나 우주통신에서 더 많은 정보를 쥐어짜는 데 유용하리라 생각해서 그 이론을 연구한 것이 아니라 자신의 흥미를 따랐을 뿐이다. 사실 섀넌은 자신의 일이 가져오는 하루하루의 가치에 관심을 가졌던 적은 한 번도 없었다. 그는 한 인터뷰에서 이렇게 말한 적이 있다. "당신은 제 아이디어에 실제보다 조금 더 실용적인 목적을 부여하는 것 같군요. 저는 이런저런 생각을 하며 밤낮으로 이것저것 떠올립니다. 공상 과학 작가처럼 '이랬다면 어땠을까?' 아니면 '이런 종류의 흥미로운 문제가 없을까?' 같은 생각을 하죠. 이건 제가 문제를 푸는 것을 좋아하기 때문이에요. 한 가지 생각이 머릿속에 떠오르면 내내 그 일에만 매달리죠."

섀넌에게 주식시장은 흥미로운 주제였다. 1960년대 말과 70년대 초, 섀넌에게 주식시장은 일종의 집착을 불러일으켰다. 섀넌이 투자를 한 것은 돈이 필요해서가 아니었다. 그에게는 MIT에서 받는 봉급과 연금이 있었고, 벨 연구소에서 자문을 하면서 받는 돈도 충분했다(비록 섀넌이 머레이힐에 더 이상 관련되지 않았음에도 연구소 사장이었던 빌 베이커는 계속해서 임금을 지불했다. 베이커는 '정보이론의 창시자'가 어떤 종류의 재정 곤란도 겪지 않아야 한다고 주장했다). 섀넌은 기술 산업의 친구들을 통해서도 부를 얻었다. 섀넌은 친구인 바니 올리버가 연구실을 운영하고 있던 HP의 지분을 상당량 보유하고 있었고, 또 다른 친구인 헨리 싱글턴이 시작한 복합기업 텔레딘Teledyne에도 많은 투자를 하고 있었다. 섀넌은 텔레딘의 이사회에 속해 있었다. 따라서 그에게 주식시장은 단지 또 하나의 퍼즐이자 기분 좋은 성공의 증거였다. 섀넌은 주식시장이 일부 경제학자들이 생각하는 것보다 효과적이지 않다고 생각하며, 평가 절하된 주식에 투자해서 이득을 챙기고 파는 현명한 투자로 상당한 성과를 거뒀다.

섀넌의 옛 MIT 제자인 렌 클라인락은 어느 날 그가 주식시장의 수학적인 모형을 만들고 있는 중이라는 말을 듣고 이렇게 말했다. "제가 '교수님, 돈 버는 데 관심 있으세요?'라고 묻자 '그렇지. 왜, 자네는 아닌가?'라고 대답하셨습니다."

학구적 목표에서 등을 돌린 섀넌은 저글링에 눈길을 돌렸다. 섀넌은 저글링이 갖고 있는 다양한 요소에 매혹됐다. 저글링은 게임이자 문제였고, 퍼즐이었다. 그는 저글링이 만드는 움직임이 아름답다고 생각했다. 섀넌은 저글링을 잘하지 못해 안달복달했다. 그는 종종 자신의 손이 작은 것을 통탄하며 일부 사람들이 좋은 저글러와 뛰어난 저글러의 경계선이라고 주장하는 단계인 공 네 개를 다섯 개로 늘리는 일에 큰 어려움을 겪었다. 벨 연구소 시절 함께 저글링을 하던 옛 동료들은 그에게 생각보다 공 다섯 개의 단계에 가까이 갔을 거라며 응원하는 편지를 썼다. 섀넌이 그 일을 해낼 가능성은 거의 없었다. 그러나 섀넌은 70년대 말 저글링의 단일화 이론을 설명하는 과학적 이론을 만드는 문제에 사로잡혔다. 섀넌은 예전에 암호 작성과 해독, 정보, 컴퓨터 체스를 다룬 논문을 쓸 때처럼 저글링의 역사를 파고들며 유명한 저글러들을 낱낱이 조사했다.

섀넌은 데이터를 뽑기 시작했다. 후에 보스턴 대학에서 경제학 교수가 된 MIT 대학원생인 아서 류벨은 이렇게 회고했다. "하루는 줄자와 스톱워치만 들고 MIT 저글링 동아리에 오셨죠. 저글링을 하던 우리에게 오시더니 우리가 저글링하는 것을 보고 싶다고 말하셨어요. 이름을 밝히지 않으셨지만, 밝혔더라도 우리 중 어느 누구도 그분이 누군지 몰랐을 거예요." 섀넌은 그 이후로도 저글링 동아리에 자주 찾아갔고, 학생들과 점차 친해졌다. 자신의 집에 피자를 먹으러 오라며 학생들을 초대하기도 했다. 저글링 동아리가 다 같이 빅애플Big Apple 서커스에 가기로 했을 때 학생들은 섀넌을 초대했고, 섀넌은 뛸 듯이 기뻐했다. 그도 이제 그 동아리의 일원이 된 것이다.

1980년 12월, 섀넌은 잘 알고 지내던 여러 명의 저글러들에게 전자기 센서(저글러의 첫 번째와 세 번째 손가락에 끼우는 유연한 구리 그물)를 단 후 전도 호일을 에워 싼 라크로스 공을 저글링하게 했다. 공을 잡으면 두 손가락 사이의 회로가 닫혔고, 그러면 정밀한 시간 기록이 시작됐다.

공을 공중에 던지면 마이크로초 후 회로가 열리고 시계가 멈췄다. 섀넌은 각 공이 뜨기 전 공이 저글러의 손에 얼마나 오래 머무르는지에 대해 수백 장의 데이터를 뽑으며 정확하게 측정했다. 그는 이 정보를 토대로 저글링 물리학의 이론 방정식 '$(F+D)H=(V+D)N$'을 도출했다. 섀넌의 저글링 친구인 아서 류벨의 설명에 따르면, F는 공이 공중에 있는 시간, D는 공이 저글러의 손에 있는 시간, H는 손의 개수, V는 손이 비어 있는 시간, N은 저글링하는 공의 개수이다.

그러나 이것은 섀넌이 당시 쓰고 있던 길고 긴 논문의 한 가지 견해에 불과했다. 섀넌은 저글링의 기원을 조사하기 위해 기원전 1900년의 이집트 벽화로 거슬러 올라갔고, 그 후에는 고대 그리스와 중세 시대의 광대와 음유시인까지 살펴봤다. 섀넌은 이런 결론을 내렸다. "저글러들은 확실히 모든 예능인들 중에서 가장 큰 약점을 가지고 있다. 음악가나 배우들은 보통 실수를 가릴 수 있지만 저글러가 실수를 하면? 생각만 해도 아찔하다." 섀넌은 「사이언티픽 아메리칸」의 편집자들에게 저글링 논문의 초안을 보여줬고, 편집자들은 출판 의사를 알렸다. 그러나 이번에는 섀넌이 망설였다. 그는 그 연구가 아직 출판될 정도로 다듬어졌거나 통찰력이 있다고 생각하지 않았다. 잡지사는 그 후 몇 년간 섀넌과 편지를 주고받으며 원고를 인쇄할 수 있게 해달라고 간청했다. 그러면 섀넌은 쾌활하게 주제를 바꿨다. 대부분 운이 맞지 않는 자작시를 보내서 그것을 대신 출판해달라고 하기도 했다. 그러면 편집자들은 정중히 거절하고 다시 저글링 에세이로 주제를 돌려 제발 출판에 동의해 줄 것을 부탁했다.

섀넌은 결국 출판에 동의하지 않았다. 사실 더 이상 뭔가를 출판하는 데 흥미가 없었다. 섀넌의 이론은 외부로부터 안전하게 보관됐다. 그렇다고 그가 가진 은둔자적 성향이 그의 명성에 해를 입히지는 않았다. 오히려 섀넌의 전설은 늘어나기만 했다. 섀넌은 매년 베티와 세계를 돌아다니며 명예 학위와 상을 받았다. 섀넌이 1985년 영국 브라이튼에서 열린 정보이론 국제 회담에 말도 없이 나타난 일화는 유명하다. 섀넌은 자연스럽게 군중 틈에 섞여 들었다. 그는 친절하고, 정중하고, 호리호리한 흰 머리의 여느 신사와 다름없었다. 섀넌이 학회에 나가지 않은 지 오래됐기 때문에 그를 알아보는 사람은 아무도 없었다. 그 후 섀넌이 그곳에 있었다는 소문이 돌 뿐이었다. 후에 참석자 중 한 명은 「사이언티픽 아메리칸」에 이렇게 전했다. "뉴턴이 물리학 회담에 나타난 거나 다름없었죠." 사람들이 섀넌에게 이 일에 대한 질문을 하자 섀넌은 초조해하더니, 대답할 가치가 없다고 생각했는지 주머니에서 공 몇 개를 꺼내 들고 사람들 앞에서 저글링을 했다. 그 후, 세계적으로 유력한 수학자들과 공학자들을 포함해 그곳에 있던 수많은 사람들은 줄을 서서 섀넌의 사인을 받았다.

쇼클리와 마찬가지로 섀넌 역시 노벨상을 받을 자격이 충분했지만 수학이나 공학을 위한 노벨상은 없었다. 그러나 1980년대 중반, 수학 분야에서의 뛰어난 공적을 치하하기 위한 교토 상Kyoto Prize이 일본에서 만들어졌다. 투표 결과 섀넌이 첫 번째 수상자로 선정됐다. 섀넌은 1985년 일본에 가서 수상 소감을 말했다. "나는 이곳 일본이 역사를 어떻게 가르치는지 모릅니다. 그러나 제 대학 시절, 미국에서는 대부분의 시간을 정치적 지도자(시저, 나폴레옹, 히틀러)나 전쟁에 대해 배우면서 보내죠. 저는 이것이 완전히 잘못됐다고 생각합니다. 정작 중요한 역사적

인물과 사건은 아직까지도 긍정적인 방법으로 영향을 주는 성과를 낸 다윈, 뉴턴, 베토벤과 같은 사상가와 혁신자들이죠." 또한 섀넌은 어떤 면에서는 기계가 곧 인간을 앞지르리라는 것을 확신했다. 40년 전 그는 컴퓨터 체스를 앞지르던 사람들 중 하나였다. 이제 그는 1986년 교토 연설을 통해 체스 프로그램이 너무 복잡해져서 체스의 고수들도 컴퓨터에게 질 수 있다는 점을 지적했다. 섀넌은 체스 프로그램이 곧 그랜드 마스터grand master: 최고 수준의 체스 선수들도 이길 것이라 확신했다. 그 후에는 세계 챔피언의 자리도 탈환할 것이라고 믿었다. 섀넌은 "돈을 걸어야 한다면 2001년 전에 이것이 현실이 된다는 쪽에 걸죠."라고 말했다.

여기서 웃긴 점은 섀넌은 도박을 하는 타입이 아니라는 것이다. 섀넌은 이길 수 있다는 논리적인 확신이 들 때만 내기를 했다. 아니면 자신에게 유리한 게임을 직접 만들었다. 1997년, IBM의 체스 컴퓨터 딥블루Deep Blue가 러시아의 그랜드 마스터인 게리 카스파로프Garry Kasparov를 이기면서 섀넌은 체스 내기에서 이겼다. 그러나 이 결과에 섀넌은 크게 만족하지 못했다. 당시 섀넌은 매사추세츠 양로원에서 지내고 있었고, 알츠하이머로 인해 정신이 맑지 못했다. 섀넌의 친구들 중 몇 명은 1980년대 말 섀넌이 질문에 답하려고 할 때 금방 대답하지 못할 때부터 이 병이 시작됐다고 기억한다. 처음에는 사소한 일들을 기억하지 못했다. 그 다음엔 점점 중요한 일들도 기억하지 못했고, 기억을 해내고자 하는 시도는 섀넌을 거대하고 두려운 기억의 공백으로 밀어넣었다. 글씨체도 삐뚤삐뚤해졌고, 자신이 벨 연구소에서 어떤 일을 했는지도 전부 다 기억할 수 없게 됐다. 그는 상점에 갔다가 집에 오는 길을 잃어버리기도 하다가 결국 사람들의 이름과 얼굴을 구분하지 못하는 지경에까지 이르렀다.

2001년 섀넌이 사망하고 그의 아내인 베티 섀넌이 매사추세츠의 집을 정리하는 데에는 수년의 시간이 걸렸다. 상과 명예 졸업 가운, 책, 섀넌이 출판하지 않기로 결정했거나 잊어버렸던 논문이 매우 많았다. 결정적으로 기계 부품과 장비가 아주 많았다. 그것들의 가치는 수만 달러에 달했다. 베티는 섀넌이 직접 만든 게임과 저글링 장난감 일부를 MIT 박물관에 기증했고, 박물관은 그것들로 2007년 '클로드 섀넌의 독창적 기계들'이라는 제목으로 전시회를 열었다. 섀넌이 만든 저글링하는 광대, 로마 숫자를 계산할 수 있었던 쓸모없지만 재미있는 수제 컴퓨터 'THROBAC'과 같은 기계와 게임들이 전시됐다. 벨 연구소 시절의 유물인 테세우스(섀넌이 늦은 밤 만들곤 했던 미로를 헤매는 쥐 로봇)도 가장 인기 있던 전시물 중 하나였다.

존 피어스는 클로드 섀넌보다 1년을 더 살았다. 두 사람 모두 말년에는 매우 건강이 안 좋아서 서로에게 연락을 할 수 없었다. 섀넌이 알츠하이머를 앓는 동안 피어슨은 파킨슨병으로 고생했다. 그러나 두 사람 다 병을 얻기 아주 오래 전, 그들은 함께 마지막 만세를 부를 기회가 있었다.

1978년 봄, 피어스와 섀넌은 영국에서 함께 반년을 보냈다. 이는 진행파관과 에코 인공위성을 공동 연구한 피어스의 친구 루디 콤프너가 낸 아이디어였다. 콤프너는 연구소에서 은퇴하고 옥스퍼드의 올 소울스All Souls 대학의 교단에 서고 있었다. 그는 학기 동안 섀넌, 피어스, 바니 올리버를 객원 연구원 자격으로 옥스퍼드에 초대했다. 세 사람에게는 공통점이 한 가지 있었다. 30년 전 시대를 앞서는 선견을 가지고 펄스 코드 변조에 대해 공동 논문을 쓴 것이다. 그들은 파장보다는 디지털 펄스가 정보 전송의 미래가 될 것이 확실하다는 의견을 내놓았다. 세 사람이 옥스퍼드에서 할 일은 단 한 가지였다. 그들이 해온 연구 중 중요하다고 생각하는 것에 대해 강의하는 것이었다. 콤프너는 피어스에게 남긴 쪽지에서 이렇게 인정했다. "섀넌으로부터 뭔가를 기대하는 건 어려울 수도 있을 텐데 도와줄 수 있겠는가?" 피어스 역시 계획이 제대로 진행되지 않을 수 있다는 우려를 표했다. 피어스는 섀넌이 하기 싫은 일은 절대 하지 않는다는 사실을 알고 있었다. 피어스는 콤프너에게 말했다. "섀넌과 효과적으로 입씨름할 방법은 모르겠네. 어쩌면 바니와 내가 섀넌을 인터뷰해서 정보이론이나 주식시장, 아니면 다른 문제에 대한 이야기를 들을 수 있을지도 모르겠네만." 결국 정보 시대의 예언자들이 의기양양하게 재결합했지만 그들에게 울적한 기운이 돌았다. 무엇보다도 섀넌이 영국에 있는 동안 뭔가 도움이 될 만한 일을 할 수 있을지가 불투명했다. 미국인들이 길 왼쪽에서 운전하는 영국의 관습에 좀 더 쉽게 적응할 수 있도록 하는 거울 장치에 대해 메모를 남긴 것은 예외였다. 피어스는 재회를 약속한 몇 달 전에 심장마비로 사망한 콤프너를 추억하는 강의를 했다.

피어스는 캘리포니아 공과 대학으로 돌아갔다. 그곳에서 6년 동안 연구를 하고 대학원생들에게 조언을 했지만 그 일에 적응하는 것에 어려움을 겪고 있었다. 피어스는 벨 연구소에서 자신에게 맞는 일만 하며 지냈다. 피어스가 불시에 연구실의 동료들을 방문해 일이 어떻게 진행되고 있는지 물어보는 것은 그의 중요한 권한이었다. 그러나 캘리포니아 공과 대학에서는 사전에 정해진 시간에 강의를 해야 했고 학생들에게 몇 시간이고 복잡한 개념을 설명해야 했다. 그가 기억하기로 벨 연구소의 동료들과는 똑같은 주제에 대해 단 몇 분의 대화로 충분한 일이었다(그의 동료가 피어스의 설명을 실제로 이해했는지, 아니면 피어스가 동료들로부터 질문을 받기 전에 자리를 떠났는지는 생각해볼 여지가 있다). 피어스도 후에 인정했다. "저는 캘리포니아 공과 대학에 잘 적응하지 못했습니다. 그곳에 문제가 있었던 것은 아니에요. 제가 오랫동안 너무 쉽게 살아왔던 것이죠. 장소 면으로 어려움을 겪었던 적은 거의 없어요. 벨 연구소에서는 특정한 시간에 특정한 장소에서 특정한 일을 해야 할 의무가 거의 없었죠." 피어스는 확실히 벨 연구소 방식을 더 좋아하는 듯했다. 그가 볼 때 네트워크의 개선을 요구하는 벨 연구소의 일은 필수적이었다. 피어스는 벨 연구소의 동료들이 '모든 것에 신경을 썼다고' 말했다. 그에 비해 대학의 사람들에 대해서는 이런 말을 했다. "한편으로는 아무도 교수에게 뭘 하라고 시키지 않죠. 그러나 자세히 들여다보면 사실 교수가 뭘 하는지 아무도 신경 쓰지 않아요."

피어스가 학계에 불만을 가진 것은 그가 단지 불만이 많은 사람이었기 때문일 수도 있다. 그는 천성적으로 트집을 잘 잡고 논쟁하기 좋아했다. 그럼에도 불구하고 피어스가 벨 연구소를 떠난 후 살아가면서 오랫동안 행운을 누린 것은 사실이었다. 피어스가 캘리포니아에서 학생들에게 한 충고는 좋은 삶을 살려면 운이 좋아야 하고, 머리도 좋아야 한다는 것이었다. 확실한 것은 피어스는 자신이 둘 다에 해당된다고 생각했다는 것이다. 피어스는 불평하는 것 외에는 학생들과 일하는 것을 좋아했고, 남는 시간에는 진지한 연구도 했다. 피어스 부부는 패서디나에 조용한 일본식 바위 정원과 작은 폭포가 딸린 집에서 살았다. 그의 서재에는 엄청난 수의 책이 있어서 하루 종일 책만 읽으면서 시간을 보낼 수도 있었다. 또한 섀넌과 마찬가지로 피어스도 여러 나라에서 명예 학위와 상을 수집하는 즐거움을 누렸다. 그러면서 피어스는 넓은 인맥을 유지했고, 그들 중 일부로부터 꾸준히 일자리 제의를 받기도 했다. 예를 들어 피어스는 1979년 캘리포니아 공과 대학에서 은퇴하고 몇 년 동안 패서디나의 제트 추진 연구소의 기술 고문을 맡았다. 그리고 다시 몇 년 후, 대부분의 친구들이 은퇴하거나 세상을 떠나는 나이가 되자 피어스는 여생을 음악에 바쳤다. 스탠포드는 피어스에게 컴퓨터 음악 음향 연구 센터Center for Computer Research in Music and Acoustics의 방문 교수직을 제의했다. 학교는 CCRMA라는 약칭을 가지고 있었지만 통상적으로 '카르마'라는 발음으로 불린다는 것이 피어스의 마음을 끌었다. 그래서 피어스는 1983년 패서디나에서 북부 팔로 알토로 올라가 새로운 생활을 시작했다.

존 피어스 스스로도 인정한 사실이지만, 그는 음정을 잘 맞추지 못했다. 현실을 외면할 수 있는 방법은 없었다. 그의 피아노 실력은 별로였다. 그러나 그런 음악적 한계도 음악에 대한 그의 흥미나 예술에 새로운 영역을 개척할 수 있다는 신념을 절대 누그러뜨리지 못했다. 예를 들어 1950년대 피어스와 열성적인 클라리넷, 오보에 연주자이자 재즈 팬이었던 섀넌은 벨 연구소에서 음악과 정보에 대한 자신들의 관심사를 통합하려는 시도를 여러 번 했다. 벨 연구소의 디지털 전송과 음향에 대해 연구하던 맥스 매슈스는 두 사람에 대해 이렇게 기억하고 있다. "존과 클로드는 소리와 마찬가지로 음악의 정보 속도에 대해서도 알고 싶어 했습니다." 두 가지 시도 모두 성공하지 못했다고 매슈스는 말한다. "두 사람 다 재미있는 음악을 작곡하는 프로그램을 만드는 데 실패했죠." 그러나 매슈스는 1957년 어느 날 저녁 피어스와 함께 클래식 음악 공연을 보러 갔던 일을 기억하고 있다. "피어스가 '이제 컴퓨터에서도 소리를 들을 수 있고, 소리에서 숫자를 얻을 수도 있으니 여러 가지 프로그램을 만들어보면 컴퓨터로 음악을 만들 수 있을 거야. 컴퓨터 연구를 할 때 시간을 조금 내서 한번 시도해보게.'라고 말했습니다." 매슈스는 그 말을 따라 연구한 결과, 컴퓨터 음악의 개척자 중 한 명이 됐다. 매슈스와 피어스, 베이커는 AT&T 경영진에게 그 연구가 전화 시스템에 유용하리라고 생각되는 컴퓨터 합성 언어에 큰 통찰을 줄 것이라 진심을 담아 설명하며 연구를 정당화했다.

피어스가 스탠포드에 도착했을 때쯤 컴퓨터 음악 분야는 왕성하게 성장하고 있었다. 거의 모든 소리를 만들고 조작할 수 있는 전자 장비도 생겼다. 피어스는 스탠포드에서 자신이 '정신 음향'이라고 부르는 것에 특히 큰 관심을 보였다. 피어스의 설명에 따르면 정신 음향은 '우리가 내부적으로 인식하는 음향 자극(음향이 어떻게 다가오는지, 음향을 어떻게 구분할 수 있는지) 간의 관계'였다. 더 나아가 피어스는 볼렌피어스 음계 Bohlen-Pierce scale의 발명을 도왔다. 이 음계는 표준 옥타브가 아닌 13개의 상승 음계를 다양하게 배합한 것이었다. 이 작업은 특히 복잡한 시도였고, 피어스가 이 음계를 설명하려고 할 때면 진동 수 비율에 대한 기술적인 전문용어가 만연했다. 피어스의 친구였던 한 작곡가는 이 음악적 시도를 좀 더 직접적으로, 거의 피어스 본인을 묘사하는 것 같이 설명했다. 그 친구는 피어스의 음계가 '귀에 거슬리는 불협화음과 따뜻하고 맑은 협화음'을 갖고 있다고 말했다. 그 음계로 쓴 작품을 들으면(인터넷으로 쉽게 접할 수 있다) 역시 피어스답다는 생각이 든다. 굴곡이 많고, 영묘했으며, 흥미를 자아낸다. 이전에는 한 번도 들어보지 못했다고 확신할 수 있는 음악이었다.

피어스의 80세 생일 날, 노스웨스턴 대학의 한 친구가 피어스를 위한 공연을 열기로 계획했다. 몇몇 음악 작품이 이 행사를 위해 연주됐다. 그중 하나는 피어스의 음계를 토대로 만든 'I Know of No Geometry나는 기하학을 모른다'였고, 피어스의 인공위성 실험을 기리기 위한 'Echo에코'라는 곡도 있었다. 피어스는 이 행사에 참여하기 위해 일리노이 주에 갔다. 그는 그 공연에 대해 다음과 같이 소감을 남겼다. "제 인생은 놀라움으로 가득 차 있습니다." 피어스는 인공위성, 디지털 통신, 통화 변환에 대해 했던 연구를 충실하게 회상했다. "혁신에는 아이디어와 계획을 빼놓을 수 없지만 시기도 들어맞아야 합니다." 그는 컴퓨터 음악의 시기가 도래했는지 궁금했다. 또한 자신의 파티를 위해 모인 작곡가들과 혁신자들이 이로 인해 이득을 보게 될 것인지도 궁금해했다. 피어슨은 친구들에게 말했다. "나는 음악적으로 만들어지고 사용되는 다양한 소리가 새 소리, 보이지 않는 생물의 음흉한 소리, 사나운 소리, 바닷소리, 폭풍 소리, 파도, 삐걱대는 돛대, 시냇물 소리, 바람이 윙윙대는 소리, 나뭇가지가 와삭대는 자연의 소리에 비해 그 범위가 좁은 것에 대해 어쩐지 실망했다네." 그는 여전히 뭔가를 선동하고 싶은 것이 분명했다.

빌 베이커도 머빈 켈리처럼 벨 연구소를 유일한 직장으로 삼았다. 그는 밑바닥의 기술직원으로 시작해 소장 자리까지 올랐다. 그 다음엔 뭘

하겠는가? 답은 벨 연구소를 떠나지 않는 것이었다. 베이커가 1980년 임기를 마친 후, 연구소 경영진은 그에게 운전기사와 사무실, 비서를 제공했고, 베이커는 소장이었을 때와 크게 다르지 않은 삶을 살았다. 연구 프로젝트와 통신 관리를 포함했던 일은 이제 끝났다. 소장인 베이커를 따랐던 이안 로스와 존 메이요라는 능력 있고 자주적인 임원진은 연구소에 큰 성공 요소였다. 그러나 베이커는 여전히 현기증 나는 위원회 및 이사회와 연관돼 있었다. 게다가 1980년대에는 워싱턴 일까지 맡으면서 바쁜 나날을 보냈다. 그는 비공식적으로 대통령이나 정보기관에 조언을 하기도 했다. 대부분의 경우 베이커가 속한 다양한 정부 위원회를 통해 연결됐고, 그중 일부는 여전히 비밀리에 만남을 지속했다. 베이커의 80번째 생일이 다가오던 1990년 초에도 그의 머레이힐 사무실에는 백악관 직통전화와 국방부의 STU−III 상급 보안 전화가 놓여 있었다. 베이커의 비서는 베이커가 사무실을 비웠을 때 두 전화가 울리면 '받지 말 것'이라는 지시를 받았다.

그러나 전화벨이 울리는 횟수도 차츰 줄었다. 섀넌이나 피어스와 마찬가지로 베이커 역시 상과 명예 학위를 수상하느라 사무실 밖에서 보내는 시간이 많았다. 베이커는 특히 영광의 나날들이었던 오랜 역사를 되새기고 싶어 하는 듯했다. 실제로 베이커의 개인적인 기록을 살펴보면, 복잡한 혁신이란 어떤 것이었는지에 대해 길고 짧은 해석을 달아 후대에 남기고자 하는 글을 쓰는 것 같았다. 그가 묘사한 과거는 소송이나 규제 기관에 의해 벨 연구소의 전화 독점이 무너지기 전에 존재했던 개혁파들이 벨 연구소의 영예를 높이는 시기에 맞춰져 있는 듯했다. 베이커는 1991년 오랜 친구인 클라크 클리포드에게 편지를 썼다. "1960년대 초중반 우리의 연구에서 태어난 레이저와 포토닉스photonics: 빛을 이용한 정보 전달을 다루는 과학 기술이나 학문라는 새로운 현상이 드디어 통신 세계를 변화시키고 있다는 사실에 나는 더할 나위 없이 기쁘다네. 처음에는 산업적으로나 경제적으로나 이것을 수용할 동기가 부족했지. 그때는 밀리미터파 기술이 더 매력적이었으니까. 하지만 우리는 우리의 입장을 고수했고, 또 리스크의 책임을 우리가 져야 한다는 사실이 명백했음에도 회사가 우리에게 기회를 줬다는 사실을 말하지 않을 수가 없군."

그동안 옛 친구들은 베이커의 과거 세계가 끝난 것을 애도하며 그에게 경의를 표했다. 미국 대통령들의 각료를 지낸 워싱턴의 한 고위 관계자는 베이커의 80세 생일을 맞아 이런 편지를 보냈다. "물론 당신은 마벨이 붕괴하고 경쟁의 구속이 풀린 이래 사람들의 호기심이 줄어드는 것을 관찰할 수 있는 위치에 있었습니다." 베이커는 이 말에 동의할 수 없었다. 그는 회상에 젖은 채 길게 에둘러 쓴 답장에서 "집합체에 일관된 정책을 형성하기 위해서 지식의 융통성과 공유가 똑같이 필요했다."는 말을 했다. 베이커는 오래된 연구들을 되새기고 그 성과를 다시 꺼내보고 싶어 하는 것 같았다. 마치 냉전 시대를 그리워하는 것으로 보일 수도 있었다.

통신 상태에 대해 개인적으로 유감을 갖고 있던 베이커는 1996년 통신법을 계기로 직설적인 반대 의사를 표했다. 방대하고 복잡한 연방법이었던 통신법은 다른 것보다 이전의 지역 전화 회사(이제는 베이비 벨로 알려져 있는)들을 AT&T나 MCI와 국가적 차원에서 경쟁할 수 있도록 하는 등 통신사업의 구조를 바꿔 놓았다. 1996년 법은 곧 전화 장비와 네트워크 기반에 비정상적인 광란을 불러일으켰고 일부 관련 회사 주식

가치의 말도 안 되는 상승, 사기나 부정행위 등의 결과를 가져왔다. 베이커는 그 결과에 언짢아했다. 그는 얼마 뒤 한 기자에게 말했다. "미국의 통신시스템은 말 그대로 혼란에 빠져 있으며, 대중적으로도 정치적으로도 수용할 수 있는 법체계가 필요합니다." 베이커는 연방 통신 위원회가 '중심 잡힌 철학이나 목표가 없고' 시시한 언쟁에 시간을 낭비한다며 냉소했다. 그는 예전 시스템을 깨고 결국 더 혼란스러운 시장을 낳은 것은 분명히 실수였다고 주장했다. 베이커가 보기에는 시간이 지나면서 상황이 더 악화됐다. 2002년이 되자 베이커가 한때 성장에 일조했던 연구소 기업은 더 이상 알아볼 수 없을 지경에 이르렀다. 베이커는 한 인터뷰에서 전 고용주에 대한 질문을 받고 이렇게 대답했다. "이제 기관은 없어요. 벨 연구소는 더 이상 기관이 아닙니다."

이 말은 엄밀히 따지면 사실이 아니었다. 그러나 베이커는 다양한 이유로 아주 예전에 자신이 했던 말을 떠올렸다. 그는 1974년 전화 회사가 분립할 때 장기적인 연구 효과가 더 이상 유지되지 않을 것이며 '벨 연구소는 더 이상 존재하지 않을 것'이라고 했다. 그 자신에게 있어 그 예측은 예언만큼이나 정확하게 맞아 떨어졌다.

19 장

"그 일이 쉬워서 맡은 게 아닙니다.
어려우니까 맡은 거죠"

베이커는 말년에 오랫동안 양로원에서 지내다가 2005년 사망했다. 그는 마지막 순간까지 신비스러운 모습을 유지했다. 장례식에는 그의 가족들만 참석했고 벨 연구소 동료들은 아무도 오지 못했다. 베이커의 집 (벨 연구소 사람들 중 아무도 방문한 적 없는)에는 그가 남긴 어마어마한 양의 책과 논문이 어지럽게 쌓여 있었다.

벨 연구소 기관이 사라졌다는 것에 동의하든 아니든 간에, 베이커가 죽을 때쯤 벨 연구소의 모습이 예전과는 거의 완전히 달라졌다는 것은 분명했다. 확실히 회사나 회사의 부서는 순식간에 붕괴하거나 파산으로 사라질 수도 있었다. 벨 연구소는 조직이 감축과 적응을 통해 어떻게 시련을 견딜 수 있는지 보여주는 사례에 가까웠다. 피터 드러커가 분석했던 대로, 벨 연구소는 해체 후 20년간 산업 연구소로서의 명성을 쌓았지만, 벨 연구소가 천천히 그러나 꾸준히 미국 기술과 문화의 중심에서 멀어졌다는 것은 빌 베이커의 비극이었다.

벨 연구소의 운영에 대해 비교해볼 수 있는 한 가지 방법은 그 기관을 막대한 양이 상속되는 유산으로 생각하는 것이다. 거액이 한 곳에 모여 있을 땐 비틀거리다가도 시간이 지나면서 여러 후손들에게 다양한 방법으로 나뉘고 또 나뉘어져 적당해지는 것처럼 말이다. 1984년 1월 1일, 벨 시스템의 해체가 공식적으로 발효됐다. 이제 합병된 AT&T와 웨스턴 일렉트릭은 뉴잉글랜드 텔레폰과 서던 벨 법인 등 현지 전화 회사들로부터 모진 대우를 받았다. 벨 연구소의 직원 대부분은 연구소에 남았지만 직원의 약 10퍼센트 정도가 새로운 베이비 벨의 연구와 개발 필요에 따라 새 연구 기관으로 떠났다.

벨 연구소의 생활은 여러 면에서 예전과 다름없이 흘러갔다. AT&T 경영진은 기초연구에 대한 재정 지원을 계속하겠다고 약속했다. 머레이힐 시설과 홈델의 블랙박스 역시 여전히 사람들로 붐볐다. 1980년대에 벨 연구소가 발견한 사안 중에도 이전의 발견만큼 이목을 끄는 것이 많았다. 예를 들어 후에 미 에너지부 장관이 된 젊은 물리학자 스티븐 추Steven Chu는 레이저 빔으로 결빙 온도에서 원자를 가두고 연구하는 방법을 알아냈다. 벨 연구소의 또 다른 팀은 분수 양자 홀 효과fractional quantum Hall effect로 알려진 복잡한 물리현상을 발견하고 설명했다. 두 그룹 모두 각자의 성과에 대해 노벨상을 받았다.

그동안 공학 분야는 눈에 띄게 순조로웠다. 마침내 디지털 시대가 도래했고 광섬유로 전국 여러 지역뿐 아니라 해저를 통해 대륙과 대륙을 연결하기 시작해, 광섬유의 정보 전달에 경이적인 도약이 있었다.

440

광섬유 전선을 위한 파장 다중 송신과 디지털 신호 처리 기술 같은 진전은 현 시대의 초석을 마련했다. 곧 연구소의 사장이 될 존 메이요는 1980년대 초 「사이언스」에서 연구소 직원들이 '통신과 컴퓨터 기술의 병합'에 힘쓰리라는 사실을 미리 내다봤다. 메이요에게 있어 벨 연구소와 통신 산업은 대부분의 국가 업무력을 정보를 생성하고 처리하고 보급하는 미래로 이끌어주는 것이었다.

사업체나 과학 조직이 조직 방향을 언제 전환할지 예측하는 것은 보통 어렵지 않다. 지난 달력을 돌아보며 성과 사례를 비교해보면 된다. 예를 들면 새로운 상사가 방향키를 잡거나, 신중하게 구상된 새로운 전략이 이용되면 그 결과를 예상할 수 있다. 당시 벨 연구소가 특정한 시기에 변화한 것은 충분히 있을 법한 일이었다. 1984년의 분립 역시 여러 가지 가능성 중 하나였다. 밥 럭키Bob Lucky는 기억한다. "우리는 그래도 괜찮다고 생각했죠. 하지만 실제로는 우리 손을 서서히 벗어나고 있었음을 미처 깨닫지 못했습니다. 분립이 언제부터 시작됐는지 딱 꼬집어 말하기는 쉽지 않아요."

예를 들어 1986년에는 앞으로 어떤 난관이 닥칠지 알 수 없었다. 캘리포니아에서 고위직에 앉아 자신의 옛 고용주의 운명을 바라보던 존 피어스는 친구에게 쓴 편지에 당시의 생각을 일부 정리했다. 피어스가 볼 때 20세기 연구소들은 분명한 목적을 갖고 있었다. "사람들은 뭔가를 바라고 연구소에 의지했고, 그 결과물을 얻고 싶어 했다. 사람들은 연구소를 매우 필요로 했고, 연구소는 그 기대에 부응했지." 피어스는 이제 벨 연구소에게 필요한 것은 현대 통신이라고 말했다. 그 미래는 기관과 연구원들의 어깨 위에 놓여 있었다. 피어스는 이제 새로운

AT&T와 벨 연구소가 새로운 임무와 새로운 목적을 이해할 수 있을지 관심 가득한 구경꾼의 입장에서 바라봤다. 피어스가 회의적이지는 않았다. 그 일이 가능하리라고 생각하긴 했지만 그렇다고 아주 낙관적인 것도 아니었다. 그는 이전 세계는 이미 없어졌는데 대부분의 사람들이 아직 알아차리지 못하고 있을 뿐이라고 했다. "새 연구실이 이전 연구실 건물, 장비와 인원을 돌려받았다고 AT&T와 벨 연구실을 이전의 벨 통신 연구실과 동일시하는 것은 멍청한 일입니다." 이전 연구소의 임무는 다른 임무로 대체되지도 않은 채 사라졌다.

이제 과거에 대한 동경이 피어스와 같은 사람들 의견의 주제가 되고 있다는 것에는 의심의 여지가 없었다. 잃어버린 세계에 속해 있는 피어스에게 새로운 세계에 설 자리는 없었다. 하지만 피어스가 과거를 동경하는 사람은 아니었다. 게다가 그는 현실에 대한 날카로운 해결책을 제시하고 있었다. 피어스의 옛 회사와 옛 연구실이 현재 어떤 목표를 갖고 있는가? 한 가지 답은 AT&T와 벨 연구소가 아직 최고의 장거리 서비스를 제공하고 있으며, 컴퓨터 등 다양한 새로운 시장에서 치열한 경쟁을 벌이리라는 것이었다. 따라서 세계 최고의 컴퓨터 및 통신 회사가 될 수 있을 것이다. 사실 분립 시절에 비즈니스 언론 간에는 이제 IBM과 AT&T가 주권을 놓고 다투게 될 것이라는 추측이 만연했지만 역사적인 기록이 그런 추측을 서서히 잠식했다. 벨 연구소가 AT&T를 위해 발명한 모든 것은 독점 사업이 됐다. 「타임」 기자인 크리스토퍼 바이런은 이렇게 기록했다. "그 어떤 수준의 대형 기업도 보완할 수 없는 문제한 가지는 회사에 마케팅 전문가가 부족하다는 것이다." 현명한 지적이었다. 벨 연구소와 AT&T는 뭔가를 팔아야 할 필요가 전혀 없었다. 그런 판매를 시도했을 때(예를 들어, 텔레비전 전화의 경우)는 실패만 겪었다. AT&T가 배운 것은 정부 규제를 관리하고 준수하는 것이 엄청나게 어려울 수 있다는 것이지만 시장은 단지 잔인하기만 할 뿐이라는 것을 금방 발견했다. 벨 연구소와 AT&T 임원이었던 어윈 도로스는 찰리 브라운 회장과 같은 AT&T 지도자들이 경쟁을 경험했거나 훈련을 받은 적이 없었다고 지적했다. "살면서 얻은 기술을 적용해보려는 듯했지만 먹히진 않았죠."

이후 벨 연구소의 규모가 줄어든 원인은 목표와 인원의 관점에서 볼 때 주로 비경쟁성 때문이었다. 모회사의 건재함과 수익에 재정적으로 의존하던 벨 연구소는 AT&T의 성과가 나쁠수록 궁지에 빠진다는 것이다. 게다가 30~40년 동안 지속되는 물건을 만드는 데 초점을 맞췄던 AT&T는 이제 3~4년이면 수명을 다하는 제품과 아이디어 사업에 참여하고 있었다. AT&T는 NCR이라는 회사를 매입해 컴퓨터 사업에 뛰어들었지만 이 역시 실패했다. 아시아에서 다수의 저가 경쟁사들과 마주하면서 전화 시장에서도 고전을 면치 못했다. 1980년대가 지나가고 1990년대에 들어서면서, AT&T는 훨씬 더 불투명한 임무를 마주하게 됐다. 벨 연구소 역시 훌륭한 직원들을 연구 기관인 벨코어Bellcore나 학계로 떠나보내기 시작했다. 일부 직원들은 벨 연구소에선 상상조차 하지 못할 월급을 제시하는 회사의 부름을 받기도 했다.

예전 벨 연구소와 새로운 벨 연구소의 가장 근본적인 차이점은 연구소의 초점이 좀 더 제한됐다는 것이다. 수학 부서 관리자였던 연구원 앤드류 오들리즈코Andrew Odlyzko는 1995년 미국의 기술에 무슨 일이 발생하고 있는지, 그것이 벨 연구소에 어떤 결과를 가져올지를 다룬 논문을 배포했다. 오들리즈코는 돈을 좀 더 빨리 불리고자 했던 근시안적인 경영의 편협한 야망을 비난하는 것은 쉽지만 실제로 당사자인 지도층의 입장에는 뭔가 더 복잡한 사정이 있다는 것을 지적했다. 오들리즈코는 이것을 '제한 없는 연구'라고 부르며 이것이 더 이상 논리적이지도 않으며, 회사에 필요한 투자도 아니라고 말했다. 한 가지로는 상업적 혁신(가능하기나 했다면)으로 실제 성공을 보상하는 데 너무 오래 걸렸다는 것이다. 다른 부분은 벨 연구소 같은 오래된 산업 연구실을 비롯한 학계의 성과 덕분에, 이제는 과학의 기초가 너무 방대해져서 회사가 판도를 바꾸는 발견이나 발명보다는 이익이 되는 전략을 좇는 것만으로도 수익을 얻게 됐다는 것이다.

오들리즈코는 새로운 트랜지스터가 컴퓨터의 이상적인 부품이 될 수 있으리라 생각했던 MIT의 제이 포레스터가 1948년 랠프 바운에게 견본을 요청하는 편지를 썼던 것을 인용했다. 1995년, 포레스터는 이런 말을 했다. "이제 과학과 기술은 공장의 생산 라인과 같다. 새로운 아이디어를 원한다면 사람들을 고용해서 예산을 주고 원하는 것을 얻기 위한 충분한 확률을 계산하는 것이다. 그야말로 냉장고를 만드는 것과 다름없다." 약간 과장된 표현일 수도 있지만 의미하는 바가 있다는 것은 사실이다. 칩에 장착되는 트랜지스터 수는 갈수록 늘어났고, 이것은 컴퓨터의 성질을 바꾸고 전 세계의 사업을 변형시키고 있었다. 그러나 이것은 과학적인 성과이라기보다는 대부분 능숙하고 공격적인 공학의 결과였다. 그동안 인터넷은 이미 강력한 의사소통의 효력을 발휘하고 있었다. 오들리즈코가 논문을 썼을 때 넷스케이프Netscape라는 작은 회사가 공개한 가치에 업계는 깜짝 놀랐다. 그러나 넷스케이프의 혁신적인 제품인 월드와이드웹www의 브라우저는 주로 지난 몇 십 년간 학계, 군, 정부 지원 연구(특히 전환과 네트워크에 대해)를 통해 꾸준히 확립돼온 과학적이고 공학적인 진보의 혜택을 받은 것이었다.

결과적으로 회사가 커다란 성과의 가치를 파악하는 것은 어려웠고, 어쩌면 불필요했다. 그렇다면 굳이 그 일을 왜 해야 하는가? 미래는 장기적인 사고라기보다는 단기적인 사고의 문제였다. 막연하게 봤을 때 사업의 진보는 엄청난 도약이나 진전으로 얻어지는 것이 아니라 지속적인 단거리 경주를 통해 얻어지는 것이었다. 오들리즈코는 이런 결론을 내렸다. "가까운 미래에 미국과 유럽 산업에서 제한 없는 연구로 돌아갈 가망은 크지 않다. 현재의 동향은 비좁은 시장에 집중하는 것이다."

벨 연구소의 막대한 유산은 1996년 다시 한 번 나뉜다. AT&T 임원진은 회사가 장거리 전화 사업과 새로운 휴대전화 사업에 보다 확실히 집중해야 한다고 판단했다. AT&T는 고군분투하고 있던 컴퓨터 회사를 즉시 매각했다. 좀 더 과격하게는 본래 웨스턴 일렉트릭이었던 거대한 통신 장비 부서를 분할해서 루슨트Lucent라는 새로운 회사를 만들었다. 이 과정에서 대부분의 벨 연구소 직원이 루슨트로 옮겨갔고, 루슨트는 연구와 개발 부서에 벨 연구소의 이름을 유지했다. 그러나 여러 수학자를 포함한 다수의 연구원이 머레이힐에서 AT&T로 밀려났다. 이 무리는 뉴저지 다른 곳의 새로운 AT&T에 재배치됐는데, 이 시설은 현재 클로드 섀넌의 이름을 따 '섀넌 연구소'라고 불리고 있다.

그동안 머레이힐 단지는 루슨트의 국제적 본부가 됐다. 루슨트는 특허와 수상 등 여러 가지 수단을 동원해 능력 있는 직원들을 둔 산업 연구소의 1인자 위치를 유지했다. 처음부터 루슨트와 루슨트 벨 연구소의 가능성은 유망하다고 여겨졌다. 루슨트는 차세대 무선 및 무선 장비를 설계하고 구축했다. 결과는 예상했던 것보다 좋았고, 루슨트는 사업을 시작하고 처음 몇 년 간 비즈니스 언론과 재정 투자자들이 좋아할 만한 동화 같은 성공을 입증했다. 무선전화기 서비스의 급증과 인터넷의 폭발적 인기에 힘입어 미국과 해외 통신 장비의 필요 역시 급증했다. 많은 회사들이 미국의 통신과 데이터 기반을 엄청나게 확장하는 작업에 착수했다. 루슨트는 어마어마한 수익을 거두기 시작했다. AT&T에서 분리돼 나온 지 2년 만에 루슨트의 주가는 한때 모회사였던 AT&T보다 높은 985억 달러에 이르렀다. 그 후 몇 년은 통신 붐, 닷컴(새로운 웹 기반 회사들을 위한 별칭) 붐 등 다양한 명칭으로 불렸다. 한 금융 칼럼니스트는 '닷컴이 폭발적으로 증식하면서 넓고 넓은 네트워크 전반에 걸쳐 엄청난 양의 데이터, 음성과 비디오 흐름을 보낼 수 있게 될 것'이라고 설명했다. 루슨트 주가는 최고 2,700억 달러까지 올라갔다. 벨 연구소 직원들은 풍부한 재정 지원을 받았다. 통신 연구의 또 다른 황금 시대가 온 것만 같았다.

그러나 하락세는 빠르게 찾아왔다. 2000년이 되자 통신 전환과 전송 장비에 대한 예상 수요가 환상이었다는 것이 드러났다. 게다가 루슨트의 수익이 외부 회사들과 연계해서 자사의 장비를 구입하게 하는 방식으로 부풀려졌다는 사실이 밝혀졌다. 뒤이은 결과는 참담했다. 루슨트의 수입은 바닥을 쳤다. 주당 84달러였던 주가는 2달러 아래로 떨어졌다. 루슨트는 벨 연구소에서만 수천 건을 포함해 수만 건의 일자리를 없애야 했다. 루슨트가 필사적으로 손실을 메우기 위해 벨 연구소의 유산을 더 적게 나누면서 일부 연구원들과 기술자들은 갈 곳을 잃었다. 어떤 사람들은 갑작스럽게 임시 해고됐다.

뉴저지 교외의 루슨트 직원들은 수치심에 시내에서 루슨트 티셔츠와 모자를 쓰는 것을 피하게 됐다. 그 전해 루슨트의 주가가 치솟을 때는 유니폼을 입고 가면 다들 등을 두드렸다. 이제 그들은 "도대체 무슨 일이 생긴 거야?"나 "나 그것 때문에 돈 정말 많이 잃었다."라는 분노에 찬 말을 들어야 했다. 결국 루슨트는 15만 명에 달하던 인력을 4만 명으로 감축했다. 그리고 비용과 에너지 낭비를 줄이기 위한 다각적인 노력 중 하나로 머레이힐의 거대한 빌딩 안의 모든 전등을 하나 걸러 하나씩 소등했다. 빌딩 앞 잔디밭의 잔디를 깎는 횟수도 줄어들었다. 그동안 남아 있는 직원들(전화기를 완성한 기술자들이 있는 회사)의 회사 내 전화 통화도 제한됐다.

상황은 더 악화됐다. 2002년, 전문 위원단은 벨 연구소의 전도유망한 연구원인 J. 헨드릭 숀J. Hendrik Schon이 부정확한 데이터를 갖고 일련의 논문을 출판했다는 결론을 내렸다. 숀은 분자 단위의 트랜지스터를 발명했다고 주장하며 자신의 연구 결과를 글로 남겼다. "비록 조사 위원회 앞에서 증명할 수는 없지만 내가 발명한 것이 실제라고 믿는다." 과학적인 부정행위는 벨 연구소의 기소 없이 숀 혼자만의 책임이었음은 확실했다. 하지만 이것이 오래 전에 발생한 사건이라고 믿기는 쉽지 않았다. 「뉴욕 타임스」의 한 기자는 폴 진스파그Paul Ginsparg라는 젊은 물리학자에게 물었다. "숀 스캔들이 의미하는 바가 무엇입니까?" 진스파그는 대답했다. "기업이 되려던 벨 연구소의 붕괴지요."

루슨트의 임원진은 글로벌 통신 산업의 다른 회사들과 마찬가지로 상황이 곧 나아질 것이라고 예상했다. 그러나 상황은 그 이후로도 몇 년간 똑같이 어려웠다. 2005년, 프랑스 통신사인 알카텔Alcatel이 루슨트를 합병해서 루슨트를 구하고 이전보다 3분의 1 줄어든 벨 연구소의 명예를 되찾아줄 것이라고 여겼다. 합병으로 탄생한 회사에는 '알카텔-루슨트Alcatel-Lucent'라는 이름이 붙었다. 그리고 어떤 면에서는 변덕스러운 통신 장비 시장도 안정기에 돌입했다. 영리하고 능력 있는 기술자인 김종훈이 벨 연구소의 사장으로 임명됐다. 김종훈은 벨 연구소를 살리려면 연구소의 구조와 비전, 전략을 바꿔야 한다고 판단했다. 김종훈은 연구소는 일치단결해서 연구소의 혁신이 어떻게 루슨트에 도움이 될지에 초점을 맞춰야 한다고 봤다. 「월 스트리트 저널」은 이렇게 기록했다. "김종훈은 아마도 연구소의 타당성을 유지하는 최선의 희망일 것이다." 그러나 김종훈은 벨 연구소를 과학과 학문의 거점으로 삼고 싶어 하지 않았다. 그보다는 연구소가 기업가적 사고의 온상이 되기를 원했다. 그는 연구소를 되살리는 도전 과제를 경시하지 않았다. 김종훈은 연구소를 개혁하는 일에 대해 이렇게 말했다. "저는 그 일이 쉬워서 맡은 게 아닙니다. 어려우니까 맡은 거죠."

김종훈이 운영하는 벨 연구소(그가 통신 시장의 매서운 경쟁 상황에서 운영해야겠다고 생각한 연구소)는 켈리, 피스크, 베이커의 작업장과는 한참 달랐다. 이때에는 확실히 그런 변화가 필요했다. 그러나 과학 언론은 연구소가 선택한 독단적인 변화를 애도했다. 영국의 저명한 과학 잡지인 「네이처Nature」는 벨 연구소에서 기초연구를 하고 있는 연구원이 4명에 불과하다는 것을 밝히면서 '벨 연구소, 바닥을 치다'라는 제목의 기사를 냈다.

벨 연구소의 황금기에 일했던 나이 든 연구원들은 가끔씩 머레이힐 연구 단지에 들러 사별에 가까운 감정을 겪곤 했다고 고백했다. 몇 사람은 눈물을 흘리기도 했다. 한때 과학자들과 기술자들이 서로 자리를 차지하려고 다투곤 했던 머레이힐 주차장은 이제 반밖에 차지 않았다.

2006년, 벨 연구소의 다른 캠퍼스인 홈델의 블랙박스는 문을 닫았다. 처음의 5,500명에서 남은 직원은 거의 없었다. 남은 직원들은 머레이힐로 불려 가거나 다른 곳에 배치되거나 아니면 임시 해고당했다. 알카텔−루슨트는 60만 제곱미터의 건물을 매물로 내놓았다. 제일 먼저 부동산 택지 개발 업자가 소유지에 관심을 보였으나 거래는 성립되지 않았다. 지역 공무원 일부는 그곳을 다른 회사의 사무소로 쓰거나, 공원으로 바꾸는 것을 궁리했다. 과학자들이 한때 안테나와 마이크로파 전송을 실험하곤 했던 2제곱킬로미터의 드넓은 잔디밭에는 다시 예전과 같은 황량함이 찾아왔다. 건물에 남아 있는 사람이라곤 순찰 경비원뿐이었다. 텅 빈 거대한 빌딩으로 이어지는 긴 진입로의 포장 틈새로 잡초가 삐져나오기 시작했다. 이곳은 몇 달이고 몇 년이고 매물로 나와 있지만 사는 사람이 아무도 없었다.

20장

세상에서 가장 필요로 하는 것

홈델의 블랙박스는 결국 사라질 것으로 보인다. 거의 60만 제곱미터에 달하는 건물은 전 세계를 연결하고자 했던 과거의 직원들을 위해 설계된 공간이었다. 이곳에는 당시를 기억하게 하는 흔적이 아직도 많이 남아 있다. 먼저 현대의 전화기와 데이터 네트워크의 기본이 되고, 벨 연구소에서의 수년에 걸친 연구 덕에 우스꽝스러운 모양으로 만들어졌던 나무로 된 전화 막대와 와이어가 있다. 대부분의 미국 도시에 있는 튼튼하고 창 없는 건물의 현지 전환 교환소도 건재하다. 하지만 통합 회로의 사용으로 전환이 매우 효율적이고 간소화돼 이제 대부분의 건물은 비어 있거나 어두침침하다. 크로스바 스위치의 달칵이는 소리, 기계를 다루는 기술자들은 더 이상 없다. "피자 상자만 한 기계가 도시의 전화 시스템을 조정할 수 있죠."라는 말처럼 문제가 생기면 컴퓨터 스위치가 경고를 보내 네트워크 본부에서 누군가가 직접 와 볼 수 있다.

맨해튼의 웨스트 가에 있는 벨 연구소 최초의 건물(켈리, 쇼클리, 피어스, 섀넌, 베이커가 처음으로 일을 시작할 때 근무 신고를 했던 사무실)은 오래 전에 팔렸다. 건물의 내부는 분할돼 아파트로 개조됐다. 그러나 쇠퇴한 전화 회사 제국의 다른 산물은 벨 연구소의 현재 모회사인 알카텔-루슨트가 계속해서 사용하고 있다. 도시 남서쪽으로 70킬로미터 정도 떨어진 곳에 있는 크로포드힐은 존 피어스와 빌 제이크스가 1960년 여름 밤 에코 풍선의 궤적을 추적했던 평평한 산마루로, 무선 연구에 가끔씩 이용되고 있다. 대서양으로부터 미풍이 불어오는 언덕 꼭대기에는 녹슨 구식 혼 안테나가 아직도 제자리에 서 있다. 그 언덕 밑에는, 1960년대 초 블랙박스가 몇 킬로미터 밖에서 지어지고 있을 때 연구원들을 수용하기 위해 지어진 3층짜리 크로포드힐 연구소가 있다. 그곳에 있는 100명 정도 되는 과학자들과 기술자들은 계속해서 광학 섬유와 광통신을 연구 중이다.

켈리가 뉴욕 도심의 소음, 먼지, 진동에서의 탈출구로 떠올린 머레이힐은 뉴욕에서 서쪽으로 40킬로미터 떨어진 불규칙한 복합 단지로, 이곳의 건물들은 80년대와 크게 달라지지 않았다. 컴퓨터 연구실은 여전히 분주하다. 물리 과학과 전자 연구실의 경우는 좀 다르다. 평일에도 대부분의 연구실이 불이 꺼진 채 잠겨 있다. 유난히 긴 복도를 걷는 것은 으스스한 경험이 될 수도 있다. 머레이힐의 오래된 건물 1동의 4층에는 트랜지스터가 발명된 지점을 표시하는 작은 접시가 벽에 고정돼 있다. 벨 연구소의 역사적 기술 혁신을 한눈에 볼 수 있는 전시물들이 있는 아래층 로비에는 최초의 트랜지스터가 유리 상자에 담겨 있다. 근처에는 살짝 즐거운 듯 웃으며 턱을 문지르고 있는 클로드 섀넌의 청동 흉상이 있다.

　가장 오랫동안 지속된 벨 연구소의 성과는 눈으로 보거나 손으로 만질 수 없는 것들이다. 1940년대 말 섀넌과 피어스가 '벨 시스템은 역사상 가장 복잡한 기계'라는 의견의 일치를 본 이후, 연구소에서 나온 아이디어와 혁신의 대다수는 보다 크고 놀라운 국제적 전자 네트워크에 포함됐다. 동시에 그런 혁신은 처음의 성과를 가능하게 했던 최초의 약진이 어땠는지 생각나지도 않게 할 만큼 발전했다. 가장 명백한 사례로 전 세계의 수많은 기술자들이 원래 아이디어를 토대로 점점 더 좋게, 점점 더 작게 만들어온 트랜지스터가 있다. 예를 들어, 최근에 인텔에서 만든 컴퓨터 프로세서 칩은 우표와 비슷한 크기지만 20억 개의 트랜지스터를 담고 있다. 게다가 인텔은 초당 100억 개의 트랜지스터를 만들고 있다. 레이저와 광섬유와 CCD 칩(벨 연구소에서 발명한 디지털 사진술을 다루는 전하결합소자) 역시 이와 비슷한 놀라운 궤도를 따라오고 있다. 레이저는 단 한 가닥의 광섬유로 매 초마다 상상을 초월하는 양의 정보를 보낼 수 있다. 루디 콤프너 밑에서 1960년 처음 일을 시작한 레이저 과학자 헤르비그 코젤닉은 설명한다. "상용 비율은 섬유 당 초당 8테라비트입니다." 섀넌이 오래 전 만든 공식에 따라 이 숫자를 문맥상에서 보면 1테라비트는 1조의 비트를 담고 있고, 1비트는 1이나 0으로 나타내는 정보의 단위다. 따라서 섬유 한 가닥은 수백만 개의 음성 채널이나 수천 개의 디지털 TV 채널을 전달할 수 있다. 코젤닉은 덧붙인다. "말 그대로 어마어마하죠. 10년마다 100의 요소씩 증가합니다."

현대의 삶 속에서 벨 연구소의 DNA를 하나도 포함하지 않은 요소를 찾기란 쉽지 않다. 트랜지스터, 레이저, 품질 보증 방식, 컴퓨터 속에 들어간 무형의 정보 기술들, 통신, 의학 수술 도구, 공장 생산 방식, 디지털 사진학, 방어 무기 제조 등 일일이 열거하기엔 너무나도 긴 다양한 산업과 장치, 프로세스들이 있다. 그동안 다수의 벨 연구소의 베테랑 직원들이 구글이나 마이크로소프트 같은 기술 회사에서 직업을 찾고, 섀넌이나 쇼클리처럼 학계에 진출해서 자신의 아이디어를 후대에 전달했다.

　벨 연구소 시대로 거슬러 올라가는 많은 정보 시대의 진보는 분명 좋은 소식이라고만 볼 수 없다. 전 세계에 걸쳐 정보의 전송을 계속해서 감시하고 있으며, 빌 베이커가 자주 방문했던 곳인 미 국가안보국은 매일 20억 건의 전화 통화, 이메일 메시지 등 여러 데이터의 전송을 가로채 저장한다고 최근에 밝혔다. 이는 얼마나 많은 정보가 세계를 돌며 이동하고 있는지를 보여주는 한 증거이다. 또한 빠르고, 쉽고, 저렴한 정보교환이 개인을 프라이버시 침해의 위험에 얼마나 많이 노출시키는지, 사회가 해커나 사이버 테러리스트에 얼마나 많이 노출돼 있는지에 대한 증거도 된다. 그리고 이런 문제는 여전히 훨씬 더 큰 문제가 남아 있다. 다시 말해, 많은 정보에 접근하는 것이 우리의 삶을 연장시켜주기만 하는 것이 아니라 단축시키기도 하는 걸까? 100년 전 현재와 미래의 사이에 있던, 머빈 켈리가 아버지를 도와 일한 공구 가게가 있던 미주리 주 갤러틴의 분주했던 광장엔 이제 텅 빈 점포만 모여 있을 뿐이다. 공구 가게와 오래된 전화 교환소 건물에는 이제 아무 것도 없고 구석에 방치된 짐에서 삐져나온 전화선 다발만 몇 가닥 남아 있다. 이 미국 소도시의 쇠퇴에는 여러 이유가 있다. 온갖 통신과 오락이 집으로 배달되면서 시내로 나가 사람들을 직접 대면할 구실이 점점 줄어든 것이다.

정보는 의도치 않은 결과도 동반한다. 일부 기술 분야 기자들, 특히 니콜라스 카Nicholas Carr는 최근 즉각적인 의사소통과 인터넷 데이터에 대한 신뢰성이 증가하는 것은 우리의 깊은 사고 능력을 침해하고 있지 않은지 의문을 제기한다. 카는 이런 글을 썼다. "넷Net이 하는 일을 보고 있자면 나의 집중력과 계획 능력을 조금씩 뺏기는 것 같다. 이제 나의 정신은 넷에서 보여주는 대로, 빠르게 움직이는 분자들의 흐름으로 구성된 정보를 받아들일 준비를 한다." 이것은 여러 관점에서 1951년에 한 미래의 네트워크는 '인간의 두뇌와 신경 시스템의 생물학적 시스템에 가까워질 것'이라던 켈리의 예측에서 암울한 측면이다. 켈리는 작은 트랜지스터가 면적과 소비 전력을 크게 줄여 특히 전환과 지역 전송, 우리가 생각조차 하지 못하는 다른 부분에서 새로운 경제 분야로 들어서게 만들 것이라 예측했다.

정보의 파도는 범람의 단계까지 근접했다. 따라서 현재 벨 연구소 사장인 김종훈은 아직 만들어지지 않은 산업(단지 정보를 전달하거나 검색만 하는 사업이 아니라 정보의 추세를 관리해서 우리가 잠기지 않도록 하는 산업)이 통신의 미래를 정의할 것이라고 추론했다. 적어도 통신 산업에서 분명해지고 있는 가장 큰 혁신은 '살고 싶은 대로 살고, 뭔가를 놓치는 것에 대한 두려움 없이 자녀와 함께 휴일을 즐길 수 있도록 해주는 방식으로 정보를 조직화하는 것'이라고 김종훈은 말한다. 여기서 더 큰 개념은 전자 통신은 기적적인 개발이기도 하지만 지나치면 비인간화를 초래하는 힘

454

이기도 하다는 것이다. 이 사실은 새로운 기술이 한 가지 문제를 해결하면서도 또 다른 문제를 만들 수 있다는 것을 의미한다.

　이런 논리를 따르려면, 현대의 새로운 벨 연구소들은 옛 벨 연구소의 해결책이 야기한 문제들을 해결해야 할 것이다.

　혁신의 목표는 가끔 신기술로 정의되기도 한다. 그러나 혁신의 요지는 기술 그 자체가 아니다. 혁신의 요지는 신기술이 무엇을 할 수 있는지에 대한 것이다. 존 피어스는 1977년 미 상원 의원 소위원회에 참석해 증언대에서 조금 더 정교한 표현을 사용했다. "더 좋은 것이나 더 싼 것, 또는 둘 모두는 이 목표에 대해 생각해볼 수 있는 한 가지 방법이다. 통신에서 실제로 중요한 한 가지는 통신이 인간에게 얼마나 유용하게 사용되느냐이다. 새로운 장치나 신기술은 실용적이고 새로운 좋은 것을 만들거나 예전의 좋은 것이 더 싸지거나 더 나아질 때만 중요하다." 달리 말하면, 신기술은 우리에게 좀 더 많은 돈을 가져다줄 수 있고 우리가 이전에는 절대 할 수 없었던 일들인 해외로 전화 걸기, 이메일 보내기, 소프트웨어 개발하기, 고층 건물 설계하기, 약 제조하기 등을 할 수 있게 해준다. 그 결과는 경제의 성장, 신제품과 문명화된 안락함이다. 중국의 수상 원자바오는 최근 이렇게 말했다. "현대화의 역사는 본질적으로 과학과 기술 진보의 역사이다. 과학적 발견과 기술적 발명은 새로운 문명의 이기, 현대 산업, 국가의 흥망을 가져오고 있다." 국립과학원이 최근 발표한 한 보고서에서는 미국이 지난 수십 년간 교육 시스템과 과학 연구에 충분한 투자를 못하고 있음으로써 이 교훈(미국이 20세기 하반기 중 다른 나라들에게 여러 가지 면에서 보여줬던 교훈)을 잊어버린 것은 아닌지

논하고 있다. 과학원의 보고서는 다음과 같이 지적한다. "미국 인력의 4퍼센트만이 과학자와 기술자로 구성돼 있으며, 이 그룹이 나머지 96퍼센트를 위한 일자리를 창출하는 불균형을 보이고 있다."

최근 미국에서 가장 박수갈채를 받은 혁신인 아이폰, 구글 검색이나 페이스북 등에 대해 켈리, 피어스, 베이커 등이 어떻게 반응했을지는 상상에 맡길 수밖에 없다. 아마 정보 시대를 위한 필수적이고 도시적인 장비라고 볼 것이다. 그러나 과연 그들이 다른 많은 경제 평론가들과 마찬가지로 그런 혁신을 미래를 향하는 길로 볼 것인가는 좀 더 도발적인 질문이라고 볼 수 있다. 유감스럽게도 혁신을 설명하는 말은, 종종 혁신적인 소비자 제품과 산업적으로 인간의 지식과 새로운 기초를 뛰어 넘는 약진을 나타내는 혁신을 잘 구분하지 못한다. 피어스는 자신의 동기를 설명하고자 이런 글을 남긴 적이 있다. "실질적인(피어스가 직접 사용한 단어) 수확이 있다는 가능성이 있을 때만 행동으로 옮겨야 하며 이것은 리스크에 대비해서 평가해야 한다." 전(前) 벨 연구소 소장인 존 메이요는 "벨 연구소의 실질적인 혁신은 미국과 전 세계 일자리의 큰 부분을 계산하고 있는 것이다."라고 지적한다.

메이요와 그의 옛 동료들은 차세대 일자리의 기초가 어떻게 세워질 지 우려한다. 미국에서부터 퍼질 것인가, 아니면 해외로부터 유입될 것인가? 에너지 연구나 생물 공학에 더 이상의 약진이 있을 것인가? 우리는 미래 경제를 구축할 수 있는 과학적 기초(트랜지스터나 레이저, 광섬유 등의 '실질적인 수확'과 비슷한)를 이미 마련해놓았는가? 아니면 우리는 여전히 반세기 전 교육받은 아이디어와 위험 감수로부터 생기는 이익으로 살고 있는 것인가?

머빈 켈리의 인생이 끝자락에 가까워지던 시기, 그가 일생 동안 궁리한 혁신의 모형은 변화하고 있었다. 켈리의 철학은, 종종 혁신은 한 방향으로 아이디어가 움직이면서 발생한다는 신념이었다. 먼저 근본적인 과학적 발견이 제품으로 개발된 후 시장에 출시되는 논리였다. 트랜지스터는 교과서적인 사례였다. 사실 켈리는 거대한 과학적 진보는 흥미로운 문제에 봉착하는 기술자나 과학자로부터 생길 수 있다고 믿었다. 켈리는 1920년대 맨해튼 남부의 진공관 상점을 관리하던 시절 이런 생각을 갖게 됐다. 그 결과 켈리가 갖게 된 혁신에 대한 보다 넓은 견해는 연구와 개발 모두를 진행할 수 있는 역량을 갖고 있는 좋은 기관('비판적인 과학자들의 무리'가 온갖 정보를 교환하고 서로 자문하며 설명할 수 있는 장소)이 그가 '창의적인 기술'이라고 부른 것을 구성할 수 있는 가장 효율적인 수단이라는 것이었다. 켈리의 견해는 기관의 크기와 직원의 수만 중요한 요소가 아니라는 것이었다. 분명 여러 명의 물리학자들은 아이디어의 건강한 흐름을 만들었다. 그러나 켈리는 가장 가치 있는 아이디어는 여러 명의 물리학자들이 다른 부서와 원칙에 부딪힐 때 발생한다고 믿었다. 레이저 과학자 헤르비그 코젤닉은 설명한다. "새로운 아이디어를 만드는 것은 기초과학과 응용과학의 상호작용, 여러 가지 원칙의 조화입니다." 이것이야말로 켈리의 가장 위대한 통찰이라 할 수 있을 것이다.

그러나 켈리의 원대한 설계는 미완성으로 남았다. 존 피어스는 켈리를 추도하며 그가 서서히 발전하는 사업 환경을 뒤따르는 연구와 개발에 대한 견지를 바꿀 기회를 갖지 못했다고 말했다. 피어스는 이렇게 결론지었다. "켈리는 산업과 국가에 기대한 미래 연구의 질과 양을 과

대평가한 것일 수 있습니다." 아마 피어스의 말이 옳을 것이다. 예를 들어 성공 가도를 달리던 시절 벨 연구소의 행로(독점 기업에서 시작해 직원과 전체 부서를 버려야 했던 루슨트와 알카텔–루슨트까지)는 대형 산업 연구소는 정치적, 법적 제도에 따라 변화해야 한다는 것을 보여줬다. 기초연구에 재정을 지원하는 것은 극도로 어려워졌다. 벨 연구소는 그 대신 개발과 공학에 더 집중해야 했다. 또한 연구소는 제품에 대해 좀 더 국소적인 시각과 단기 또는 중기 목표를 가져야 했다. 새로운 산업 연구소는 공학뿐 아니라 사업적으로도 성공해야 했다.

산업 과학이 서서히 발전하면서 혁신에 대한 아주 다른 모형이 나타났다. 실리콘밸리의 기업가들은 1970년대부터 새로운 아이디어가 세상을 뒤엎는 기술이 되기 위해 꼭 대형 기업에 부속돼야 할 필요는 없다는 것을 증명했다. 좋은 아이디어는 스탠포드 같은 학교의 교수나 학생으로부터 생겨날 수도 있었다. 그 아이디어의 조달자는 스탠포드의 서부 경계선을 따르는 대로大路인 샌드힐 로드를 통해 벤처 투자자로부터 재정을 지원받을 수도 있었다. 그 다음 그 아이디어 조달자(이제는 단지 기업가라고 불리는)는 팔로 알토나 쿠퍼티노, 마운틴 뷰 같은 근교 도시에서 작은 신설 기업을 통해 기술을 출시할 수도 있었다. 필연적으로 성공하는 과정에 관련된 모든 사람들이 매우 큰 부를 얻을 수 있었다. 벨 연구소는 연구소의 발생적 요소(예를 들면 트랜지스터나 레이저나 유닉스 프로그램 언어에 따른 컴퓨터나 소프트웨어에 대한 다수의 새로운 아이디어)의 일부를 변함없이 이 과정에 제공했다. 심지어 최초의 벤처 자본 회사 클라이너 퍼킨스Kleiner Perkins의 공동 설립자인 유진 클라이너는 본래 빌 쇼클리의 불운한 반도체 회사 출신이었다. 그러나 클라이너가 일조했던 실리콘

458

밸리 프로세스의 발전은 벨 연구소의 혁신 모형과는 달랐다. 아이디어의 공장이 아니라 아이디어의 지도였다. 응집되고 강력한 기계가 아니라 여러 개의 작은 연동 부품을 끼리끼리 물리적으로 충분히 가까이 배열해서 동등하게 강력한 기계를 만드는 복잡한 조직이었다. 사실상 실리콘밸리의 모형은 빠르게 생산성을 냈고 사회학자들과 사업 교수들의 연구 주제가 됐다. 사람들은 곧 실리콘밸리를 '혁신의 중심 도시'라고 부르기 시작했다.

벨 연구소 임원진은 캘리포니아의 활력을 그 전부터 잘 알고 있었다. 예를 들어 1960년대 중반, 빌 베이커와 뉴저지 사업 조합은 1950년대 중반 빌 쇼클리를 팔로 알토로 불러들였던 스탠포드 공학 학장 프레더릭 터먼을 고용했다. 터먼은 종종 실리콘밸리의 아버지로 인정받는다(이에 비해 쇼클리는 실리콘밸리의 약속된 부와 영향력의 땅에 들어설 수 없는 오류를 범했다는 점에 빗대 실리콘밸리의 모세라고 불리기도 한다). 터먼이 벨 연구소의 기술적인 탁월함을 토대로 뉴저지에 혁신적인 중심 도시를 계획할 수 있으리라는 바람이 있었다. 한 가지 해결할 수 없을 것 같았던 문제는 팔로 알토의 모형을 가져오기엔 뉴저지가 지역적으로 너무 분산돼 있었다는 점이다. 프린스턴이나 럿거스Rutgers 같은 대학이 있었지만 서로 너무 멀리 떨어져 있었고, 동부 연안 기업가들을 위한 비옥한 훈련지로 사용하기에는 각자의 과학적 초점이 너무 학리적이었다. 게다가 벨 연구소는 역동적(과학자들과 기술자들이 서로, 또한 특정 범위에서 학계와 다른 산업 연구소 동료들과 아이디어와 지식을 교환했다)이었지만 실리콘밸리는 그렇지 않았다. 실리콘밸리에서는 여러 회사가 설립과 해체를 반복하며 기술자들이 계속해서 직장을 옮겼다. 터먼은 캘리포니아 공과 대학을 본

딴 새로운 대학에 대한 신념을 가졌고 서밋 대학Summit University이 그런 문제를 일부 해결할 수 있으리라고 판단했다. 이 새로운 학교(석사로만 구성된)는 현지 통신사와 제약 회사에 필요한 전문적 과학과 공학 분야에 꾸준히 그들의 재능을 제공할 것이었다. 문제는 비용이었다. 이 학교의 재정을 지원하려면 많은 돈이 필요했다. 경영역사 학자인 스티븐 B. 애덤스에 따르면 터먼은 초기 비용으로만 1,500만 달러를 예상했다고 한다. 제약 산업은 여기에 관심을 보이지 않았고, 이는 벨 연구소가 주요 후원자가 돼야 함을 의미했다. 베이커가 그 비용을 충당하기란 너무 어려웠다. 결국 서밋 대학 프로젝트는 터먼 연구와 함께 묵살됐다.

벤처 경제는 적어도 지난 몇 십 년간 머빈 켈리의 혁신 모형보다는 더 수용성이 있다는 것을 증명했다. 실리콘밸리(그리고 보스턴 교외 128번 도로까지)에서 나오는 제품은 전자 하드웨어의 새로운 응용에서 컴퓨터 소프트웨어, 생물공학과 클린에너지의 새로운 응용에까지 유동적으로 진화했다. 단 한 가지 부족한 점이 있다면 벤처 회사들은 당연히 새로운 기초적 지식을 찾는 기업가에게 투자하는 것을 기피했다는 점이다. 새로운 지식을 얻는 어려움을 예측하는 방법과 그 지식의 시장 가치를 평가하는 도구 없이 누가 돈을 걸겠는가? 벤처 자본가인 클라이너 퍼킨스는 말한다. "과학 실험에는 투자하지 않는다." 그러면 어떤 측면에서 격차가 생기게 된다. 신지식이 학계나 정부 연구실에서 발생한 후에 벤처 자본을 확보하는 것이 대다수지만 실리콘밸리에서는 이런 구도를 따르기가 오래 전 뉴저지 때보다 어려울 것으로 보인다. 벨 연구소의 가치는 새롭고 기초적인 아이디어를 탐색하는 인내와 그런 아이디어를 발전시키고 완벽하게 만드는 데 엄청난 수의 기술직원을 투입하는 능력에 있었다. 한때 번영했지만 이제는 쇠퇴한 다른 산업 연구소들(GE, RCA, IBM) 역시 직원과 화려한 결과는 적었지만 비슷한 행로를 밟았다.

존 피어스는 기초 및 응용 연구에 대한 과학적 지식의 진보는 개발보다 과감해야 할 필요가 있었다며 자만하지 않았다. 그는 이런 말을 했다. "벨 연구소 사람들 14명 중 한 명꼴로만 연구부에 소속돼 있었습니다. 왜냐면 제 생각에는 아이디어를 좇는 것은 그것을 손에 넣는 것보다 14배의 노력을 더 필요로 했기 때문입니다." 피어스는 획기적인 새로운 아이디어(인공위성, 트랜지스터, 레이저, 광학 섬유, 휴대전화)가 완전히 새로운 산업을 만들 수 있다는 사실 역시 이해하고 있었다. 벨 연구소 사장을 지낸 존 메이요는 말한다. "벨 연구소가 직원들을 관리한 방식에 대해 동의할 수 없는 부분이 많을 수도 있을 겁니다. 그러나 관리자들이 그런 식으로 보지 않았다는 점에 유념하십시오. 그들은 이런 관점을 가지고 있었죠. 아이디어는 어떻게 관리할까? 그리고 아이디어를 관리하는 방법은 사람을 관리하는 방법과는 아주 다르죠. 그래서 만약 당신이 존 피어스가 직원들을 관리하는 방법에 대해 부정적인 이야기를 들었다고 해도 저는 놀랄 일이 아니라고 하겠습니다. 피어스는 사람들을 관리하는 게 아니라 아이디어를 관리하는 것이었으니까요. 아이디어와 사람을 똑같은 방법으로 관리할 수는 없습니다. 그렇게 해서 되는 구조가 아니에요. 그러니까 만약 누가 당신에게 피어스가 뛰어난 관리자가 아니라고 말한다면, 뭐라고 대답하겠어요?"

메이요를 비롯한 벨 연구소 베테랑 직원들은 피어스나 베이커 같은 사람들을 항상 '급진파'로 부르지는 않는다. 이 이름은 개혁파들이 오래 전에 스스로 정한 이름이었다. 비꼬는 것이 아니라 '거인들'이라고 부르기는 했다. 메이요는 덧붙인다. "피어스는 자신이 아이디어를 추구하는 길에 다른 사람들이 끼어들지 못하게 했어요. 다른 사람들 기분 좋으라고 타협하지 않은 것이 아니고 자신이 원하는 방식대로 아이디어를 발전시키기 위해 그렇게 해야겠다고 생각했기 때문이에요. 피어스는 그런 면에서 아주 출중했죠. 그리고 저는 그 일을 위한 연구원들을 정말 아꼈어요. 다른 사람들의 기분을 좋게 만드는 데 신경 쓰지 않는 사람들이었죠. 그들에게 중요했던 건 사람들에게 동기를 부여하는 것이었습니다. 관습적인 일 말고 독창적인 일을 하도록 말이죠." 메이요는 이제 사업이 진전하는 것은 성공적인 기술 회사들이 새로운 기술자들에게 성과에 맞는 풍부한 보너스를 지불하는 것에 익숙해지는 것이라고 덧붙인다. 피어스와 벨 연구소는 공익사업으로서의 재정 지원을 받았기 때문에 그렇게 할 수 없었다. 그러나 그렇게 하지 않은 이유에는 혁신이 떠오르는 방식에 대한 그들의 신념에 반하는 제도였기 때문도 있다. 메이요는 말한다. "보너스 좋죠. 하지만 보너스는 이미 존재하는 것의 점진적 발전을 가져오는데, 그건 피어스의 철학이 아니었습니다."

메이요는 계속해서 말한다. "어떤 일이 발생할지, 또는 발생할 가능성이 큰지 제대로 볼 줄 모르는 사람들이 많이 있습니다. 그런 사람들은 점진적 발전에 투자하는 것을 선호하겠죠. 그러고는 아주 재미있게 소풍도 가고, 부담 없이 약간의 돈을 벌어들이겠죠." 여기서 메이요는 현 성과를 무용지물로 만드는 결과가 나올 경우 사업을 붕괴시킬 만한 연구 아이디어에 재정을 지원하는 것이 '엄청난 부담'이라고 했다. 혁신을 연구하는 사람들은 이 '혁신자의 딜레마'에 대해 알고 있다. 메이요는 지적한다. "아주 강력한 힘이죠. 제 안에도 있고, 모든 사람들의 안에도 있습니다." 그러나 이상하게도 머빈 켈리나 켈리 제자들의 마음엔 이것이 없었던 것 같다. 이는 아마 급격한 기술적 변동 중에도 전화 회사 사업만큼은 흔들리지 않을 것을 보장했기 때문이었을 것이다. 예를 들어, 진공관을 개선하고 완벽하게 만드는 데 수십 년을 수고했던 켈리는 트랜지스터 연구 프로그램에 실질적인 로비 운동을 했다. 이것이 성공을 거뒀을 때 이 일은 그의 이전 경력 전부를 과학과는 무관한 방향으로 이끌었다. 그리고 다른 벨 연구소 기술들은 새로운 기술을 위해 오래된 기술을 폐기하는 것과 비슷한 효과를 발휘했다. 메이요는 말한다. "제가 벨 연구소에 왔을 때, 만약 누군가 연구소에서 실리콘 칩 하나에 트랜지스터 10억 개를 올릴 거라거나, 아주 깨끗해서 빛을 수백 킬로미터까지 통과시킬 수 있는 유리를 만들겠다거나, 사람처럼 말하고 들을 수 있는 컴퓨터를 사용할 거라고 얘기했더라면 '미쳤군. 그래, 시도는 해보겠지만 그건 먼 훗날의 일이야.'라고 대답했을 겁니다. 그런데 지금 우리가 해낸 걸 보세요."

1997년 1월 어느 날, 존 피어스는 진지하게 질문했다. "벨 연구소의 사례에서 뭔가를 배울 수 있을까?" 86세의 피어스는 팔로 알토의 자택에서 컴퓨터 앞에 앉아 한때 몸담았던 연구소가 자신에게 무엇을 가르쳐줄 수 있을지 탐구하는 책에 대한 제안서를 쓰고 있었다. 피어스가 그날 씨름하던 문제는 벨 연구소의 성공을 연구소의 환경에서 어떻게 분리할 수 있는가였다. 피어스는 "벨 연구소는 우리에게 속하지 않은 환경에서 기능했다."라고 썼다. 당시 정부와 사업의 관계는 현재와 달랐다. 독점이 가능했을 뿐 아니라 필수적이라고 여겼다. 그리고 연구원들과 관리자들을 위한 보상은 현대 경제에서는 절대 만족을 줄 수 없는 수준이었다. 피어스의 시대에 벨 연구소의 최고 임원 연봉은 가장 말단 직원의 20배였다. 90년대 말, 보통 미국 대기업의 CEO들은 회사에서 가장 돈을 적게 받는 직원보다 100배나 많은 돈을 벌었다. 그러나 1940년대와 1950년대로 돌아가면, 수백만 달러를 벌 수 있다고 유혹해도 영리하고 재능 있는 석사 학생들을 연구소에서 떼어놓는 것은 불가능했다. 이것은 생각조차 할 수 없는 일이었다. 모험을 위해 걸어 들어간 곳이었다. 클로드 섀넌은 말년에 이런 말을 했다. "다른 방에 20개가 넘는 상을 보관하고 있었지만 수상에는 전혀 관심이 없었던 것 같습니다. 그보다는 호기심에 이끌렸던 것이 더 컸죠. 돈이나 재정적 이득은 아무런 동기부여가 되지 않았습니다. 뭔가 대단한 일을 해 더 높은 급여를 받겠다고 노력을 한 적은 없습니다."

당연한 부분일 수 있지만 1997년과 현재, 전화 독점의 가능성이 거의 없다는 것을 짚고 넘어갈 필요가 있다. 통신은 일부 벨 연구소가 놓은 초석을 토대로 구축된 덕분에 번영하는 혁신 산업이 됐다. 휴대전화기술의 첫 세대를 연구했던 딕 프렌키엘은 말한다. "나는 옛 동료들에게 다시는 없을 그런 환경에서 일할 수 있었던 우리는 정말 행운아였다고 자주 말합니다. 어떤 일이 다시는 발생하지 않을 것이라고 단정하는 것은 쉽지 않습니다. 그러나 독점이 사라지고 독점에 대한 개념 자체가 수용되지 않는 지금 그런 장소가 다시 있을 수 있으리라고 어떻게 말할 수 있겠습니까?" 그러나 벨 연구소의 사례에서 우리가 무엇을 배울 수 있을지 탐구하는 것이 연구소의 회귀를 강조하는 것만은 아니다. 그보다는 벨 연구소의 성공을 가져 온 측면은 무엇인지, 다른 조직(또는 에너지, 생물 공학, 나노 기술, 정보 기술 깊숙이 계획을 세우는 정부)이 가치 있는 것을 지킬 수 있을지 묻고자 하는 것이다. 간단하게 말해서, 피어스는 이렇게 자문하고 있었다. 벨 연구소의 공식 중 시간의 제한을 받지 않는 것은 무엇인가? 그는 1997년에 쓴 목록에서 자신의 생각을 4가지로 요약했다.

> 최상위까지 향하는 기술적으로 유능한 경영
> 임금을 인상할 필요가 없는 연구원
> 수년 간 지속되고 지원되는 주제 또는 시스템에 대한 연구
> 연구원을 비난하지 않고 종결될 수 있는 연구

흥미로운 목록이지만 완성됐다고 보기는 힘들다. 전화기 기술자들이 끊임없이 발생하는 기술 및 병참 문제에 당면했다는 사실은 그들로 하여금 혁신적인 해결책을 내놓길 촉구했다. 벨 연구소의 직원 규모, 다른 종류의 분야가 제휴하는 연구소의 특성 역시 의심의 여지없이 연구소의 성공을 가져온 중요한 요소다. 전화 가입자들이 매달 지불하는 금액이 보장해준 연구소의 안정된 자금 흐름 역시 한몫했다. 이것은 한 조직이 국가의 연구실이라는 기능을 하는 데 효율적이었다. 벨 연구소 관리자들은 수십 년이 소요될 프로젝트(예를 들면 해저 케이블이나 휴대전화)도 지원할 수 있다는 것을 알고 있었다. 또한 자금의 흐름은 관리자들이 직원의 전문성과 역량을 향상시키는 교육 프로그램을 지속적으로 지원할 수 있다는 사실을 확인시켰다. 실리콘 트랜지스터를 발명한 모

리스 타넨바움이 지적한 대로, 벨 연구소가 통신의 미래를 계획하는 감각은 60년 동안 지속된 헤아릴 수 없는 가치를 갖고 있었다. 임무는 방대했지만 그 방향은 뚜렷했다. 타넨바움은 벨 연구소의 연구원들이 자유로우면서 동시에 실용적이라고 증명된 '제한된 자유'를 갖고 있었다고 기록했다.

그러면 경쟁은? 혁신과 경쟁이 밀접한 관계를 맺고 있다는 것은 잘 알려진 사실이다. 혁신에 뛰어난 회사들은 시장 경쟁에서도 좋은 성과를 낸다. 그러면 시장의 강경한 본성은 회사들을 혁신시키는 강력한 동력이 된다. 그러나 벨 연구소의 역사는 실제로 훨씬 더 복잡했다는 것을 보여준다. 우리가 시장가치를 잘못 해석하는 경향이 있다는 사실도 보여준다. 과학 작가인 스티븐 존슨Steven Johnson이 과학 혁신에 대한 광범위한 연구에서 기록했듯이, 중요하고 새로운 아이디어를 이끌어내는데 있어 경쟁력보다는 풍부한 아이디어의 교환을 촉진시키는 창의적인 환경이 더 중요하다. 실제로 시장 경쟁이 소비자에게 점진적이고 매혹적인 개선점을 주는 데 탁월한 모습을 보였다고 인정할 수도 있을 것이다. 그러나 그것만으로 시장 경쟁이 거대한 진보(예를 들면 인터넷이나, 더 앞서서는 항생제의 창조를 가져온 것과 같은 진보)를 촉진시키는 데 효과적이라고는 증명할 수 없다. 사회에 더 크고 가장 오래가는 이득을 가져온 것은 후자이다. 그리고 켈리와 피어스와 베이커 역시 항상 후자를 얻기 위해 분투했다. 우리가 획기적인 진보를 이루기 위해 자유 시장 경쟁의 가능성을 잘못 해석할 뿐 아니라, 사설 분야가 어떻게 해서 가장 유망한 혁신을 생산하는지도 잘못 이해하고 있다는 것은 사실일 수 있다. 예를 들어, 2008년의 '혁신은 어디에서 오는가?'라는 연구는 기업, 정부 연구실, 국가의 지원을 받는 대학 연구실의 협력이 지난 몇 십 년간 미국의 혁신 경로에 점점 더 필수적인 요소가 됐다는 결론을 내렸다. 그 예로 2006년, 중대한 혁신을 만든 '미국의 88단체 중 77곳'이 국가 재정 지원의 혜택을 받고 있었다. 적어도 혁신에 대해서는 우리가 깨닫는 것보다 정부의 자본이 깊이 연관돼 있는 것이 분명하다.

피어스의 목록에 추가할 가치가 있는 사항이 한 가지 더 있다. 존 메이요는 벨 연구소에서 배운 것들은 차례차례 열거하면서 다른 무엇보다도 이것을 제시한다. "우리는 불가능한 것은 없다고 배웠죠. 또한 자신이 무언가를 할 수 있다고 생각할 때, 상황을 잘 알고 있으면 그 일을 1,000배는 더 잘 할 수 있을 거라는 것을 배웠죠." 메이요가 말하는 내용은 벨 연구소의 기원까지 거슬러 올라간다. 그때는 프랭크 주잇과 해럴드 아널드가 결국 벨 연구소가 된 웨스턴 일렉트릭 연구실을 만드는 일을 계획했다. 그들이 그 관념을 토대로 직원들에게 기술을 이해하라고 독려하면 직원들은 유용할 뿐더러 혁명적인 진보를 이룰 수 있으리라는 생각을 했다. 주잇은 산업 연구실이 '과학의 내용과 방식, 지식에 대한 특별한 훈련을 받은' 지적인 사람들의 모임이라고 설명했다. 그가 봤을 때 타당하게 조직되고 직원을 갖춘 연구실은 실험 실수의 시행착오를 피하고, 무한한 개인의 지적 능력 덕분에 특정 문제에 대한 창의적인 집단이 될 수 있었다. 뉴욕에서 건 전화가 샌프란시스코에 닿을 수 있게 한 진공관 자동 중계 장치는 이 사실에 대한 훌륭한 첫 번째 증거물이었다. 그 뒤로 다른 많은 증거들이 뒤따른다.

깨달음에 대한 욕구는 20세기의 위대한 과학자들과 기술자들을 그들의 선배들과 구분한다. 그들의 발명과 사업적 성공도 구분한다. 제1차 세계대전 발발 직전, 웨스턴 연구소에 고용된 마르고 행동이 느릿느릿한 물리학자 클린턴 데이비슨은 자신이 신경 쓰는 것은 단지 깨달음에 대한 욕구뿐이라는 것을 알았다. 그 후 데이비슨의 가장 친한 친구이자 사무실 동료인 미주리 출신의 젊고 충동적인 물리학자 머빈 켈리는 데이비슨으로부터 강한 감명을 받았다. 두 사람은 앞서 나가기 위해 그곳에 있는 것이었지만, 켈리는 그들 자신이 무슨 일을 하고 있는지 이해해야만 앞서 나가는 것이 가능하다는 사실을 알 수 있었다.

켈리 시대의 정보 사업을 현대와 비교하는 일은 까다롭긴 하지만 우리에게 깨우침을 준다. 오늘날의 기술 거인들인 애플, 마이크로소프트, 구글, 페이스북 등은 어떻게 벨 연구소를 따라잡고 있는가? 그들이 벨 연구소와 비슷한 점을 갖고 있다는 것은 사실이다. 이런 회사들은 모두 다양한 전자 하드웨어나 컴퓨터 소프트웨어 시장에서 독점에 가까운 위치를 만들어왔다. 모두 거대한 돈방석에 앉아 자유롭게 연구와 새로운 아이디어에 투자할 수 있었다. 이 회사들 모두 우리의 통신 시장을 관리, 또는 최소한 지배하려는 목적을 갖고 있는 것으로 보인다.

또한 이 회사들 모두 지구상에서 가장 뛰어난 기술자들과 컴퓨터 과학자들을 고용하고 있다. 그리고 그런 직원들을 수용하기 위해 임원진은 잔디밭도 딸려 있는 넓은 캠퍼스에 직원들의 혁신적인 생각을 보상할 수 있는 창의적인 환경을 구축한다. 벨 연구소의 오랜 전통 중 하나를 본 딴 경우도 있다. 조엘 엥겔이 홈델의 블랙박스에서 휴대전화 시스템을 계획했던 것처럼, 구글은 직원들에게 관심이 가는 프로젝트에 자신의 시간을 최대 20퍼센트까지 투자할 것을 권장한다. 그러나 이 조직들과 벨 연구소는 결정적인 차이점이 있다. 물리학 역사학자인 마이클 리오던은 벨 연구소에 대해 이런 말을 한 적이 있다. "벨 연구소는 말 그대로 우리나라에 기술을 쏟아부었죠. 그런 기록을 가진 회사는 다시는 찾아볼 수 없으리라고 생각합니다." 말하자면 구글이나 애플이 벨 연구소를 답습할 것이라는 예측은(기초연구나 응용연구에 막대한 투자를 한 후 그 결과를 캘리포니아 주변에 자유롭게 뿌리는) 순진한 것이 아니라면 오해였다. 이런 회사들은 강한 규제를 받는 국가 공익 재단이 아니다. 국제적인 자본시장의 일부로서 존재하는 회사들이다. 이 회사들은 제한된 특정 범위의 기술 제품 생산에 탁월하다. 그리고 결국 고객과 직원, 주주들의 요구(리더십, 성장, 수익)를 새로운 과학 지식보다 훨씬 중요하게 여긴다.

그렇다면 정보 기술 부분은 새로운 벨 연구소를 찾는 데 적당한 분야가 아닐 것이다. 다른 경제 부분에서 찾아보는 것이 더 나을 수 있다. 한 가지 좋은 예는 워싱턴 D.C. 북쪽으로 50킬로미터가량 떨어져 있는 약 3제곱킬로미터 캠퍼스 중앙에 세워진 복합 단지다. 자넬리아 팜Janelia Farm이라고 알려진 이 캠퍼스는 하워드휴스 의학 연구소를 위한 엘리트 연구 센터로 사용되고 있다. 자넬리아는 대부분의 기초 생물 의학 문제를 공략하고자 2006년에 세워졌다. 이곳은 벨 연구소의 형식을 따랐고, 수십억 달러의 기부금 지원을 받고 있다. 이곳의 주된 목표는 의식과 인간의 두뇌가 정보를 어떻게 처리하는지 이해하는 것이다. 하지만 혁신을 향한 접근 방식은 익숙하다. 세상에서 가장 명석한 과학자와 연구원이 분야를 초월한 아이디어를 긴밀하게 교환하고, 그들에게 충분한 재정과 엄청난 자유를 제공하는 것이다. 자넬리아의 지도자들은 연구원들에게 위기를 감수하고, 마치 '미지를 탐구하는 것'처럼 실패를 두려워하지 말라고 촉구한다. 이곳엔 강의하는 교실, 성적을 매기는 시험지, 따라야 하는 연방 허가가 없다. 그리고 연구의 규모는 연구소보다 작지만(자넬리아는 300명의 연구원들과 100명의 방문 학자들의 집이다) 분명 켈리도 이곳이 창의적인 기술 기관에 잘 들어맞는다는 결론을 내리지 않을 수 없을 것이다. 이런 점들에서 자넬리아와 하워드휴스의 성과는 연방 지원을 받는 기존 의학 연구 구조에서 일하는 학자들의 성과를 무색하게 만든다.

새로운 벨 연구소를 위한 장소가 하나 더 있다. 국제 경제를 화석 연료에서 재생 에너지로 옮기는 것은 21세기에 직면한 가장 어려운 도전 과제(가장 골치 아픈 문제)임이 거의 확실하다. 지금은 초기에 불과해 이것의 성공과 실패를 알 수 없지만, 다음 세기에 이 분위기가 얼마나 극적으로 바뀔지 결정될 것이다. 현재 기름, 가스, 석탄의 생산과 소비에 좌우되는 국가 정치력과 경쟁력도 결정될 것이다. 80년대 초 벨 연구소에서의 연구로 노벨상을 받은 미 에너지부 장관 스티븐 추는 클린 에너지 혁신에 박차를 가할 다수의 연구 프로젝트를 제안했다. 추는 그 프로젝트들을 옛 벨 연구소의 축소판으로 기능하도록 혁신적으로 고안된 '혁신 허브innovation hubs'라고 부른다. 허브는 아직까지 종합적 연료, 원자력, 에너지 효율성에 획기적인 성과를 내는 데 집중하고 있다. 추는 2009년 미 상원 위원회 청문회에서 이렇게 말했다. "에너지 문제를 해결하려면 에너지부가 에너지 연구에서 현대판 벨 연구소가 될 수 있도록 힘써야 한다고 생각합니다."

허브는 규모와 범위 면에서 첫 시도로 적당했다. 그러나 벨 연구소는 에너지 혁신에 유용한(최초의 핵폭탄 프로젝트인 맨해튼 프로젝트나 최초의 달 착륙 프로젝트인 아폴로 계획보다는 확실히 나은) 모형을 의미한다. 둘 다 높지만 단일 목표를 겨냥하고 있다. 반대로 클린 에너지 경제의 창출은 끝없는 과정이 될 것이다. 통신 네트워크와 같이 지속적이고 점진적인 진전에 더불어 획기적인 기술 약진을 요구하는 방대하고 정교한 상호 연계 시스템 관리를 포함할 것이다. 연구소의 연구 부서는 크고 모험적인 목표를 향해 바라보는 관점에서 만들어졌다. 깨끗한 가용 에너지의 탐색은 그런 극적인 진전을 필요로 할 것이 확실했다. 그러나 2012년, 여러 신형 발명(특히 태양력, 풍력, 수력)은 이미 우리가 사용하고 있는 것을 더 저렴하고 더 나은 혁신으로 발전시킬 수 있는 기술자들의 창의력을 기대하고 있는 중이다. 제품을 철저하게 개발하고 대량생산과 전개 준비를 하는 벨 연구소의 능력은 아마 지금보다도 더 중요할 것이다. 장기적인 혁신을 생각하고, 동시에 제조에 대해 단기적으로 생각하는 것은 가장 필수적인 결합 요소를 절충하는 것이다.

마침 연구소 설립자들은 에너지 탐색의 필요를 이미 잘 알고 있을 것이다. 1923년 봄, 「뉴욕 타임스」의 편집자는 곧 벨 연구소의 첫 번째 소장이 될 프랭크 주잇에게 편지를 써서 신문사가 협찬하는 아이디어 좌담회에 초대했다. 주잇은 초대에 응해 1923년 5월 20일 편집 방향을 결정지은 400자 원고를 들고 나타났다. '물, 에너지 부족 현상, 과학자들은 태양을 보다'라는 제목의 글이었다. "현재 가장 중요한 것이 아니더라도 매우 중대한 것은 저렴하고 실용적인 에너지의 새로운 원천을 개발하는 것임이 확실해 보인다." 주잇은 과학자들에게 '연구와 발명'의 수단으로 태양열이나 수력, 또는 '열대 지방의 울창한 식물 성장으로부터 얻는 연료(오늘날의 '생물체 연료'에 가장 가까운 선례)에서 이득을 취할 방법을 찾을 것을 촉구했다.

「뉴욕 타임스」의 편집자가 주잇에게 제시했던 문제는 이랬다. "세상이 가장 필요로 하는 발명은 무엇입니까?"

트랜지스터의 중대성을 1947년 크리스마스 이브에 뉴저지로 옮겨간 연구 관리자 랠프 바운은 때때로 동료들에게 질문하곤 했다. "벨 연구소는 무엇이었는가?" 존 피어스가 그 질문에 하나하나 대답하면 바운은 이렇게 말하곤 했다. "만약 연구소 사람들을 다 내보내고 건물과 장비와 기록을 다 파괴하면 벨 연구소는 유실될 것인가?" 바운이 내린 답은 "아니, 그렇지 않을 것이었다."였다. 반면 그는 건물과 장비, 기록이 남아 있는데 사람들만 사라지면 연구소가 붕괴될 것이라고 말했다. 바운이 말하고자 했던 명백한 요지는 벨 연구소는 물질적 조직이 아닌 인간적 조직이라는 것이다. 그러나 아마 그것보다는 좀 더 복잡한 문제였을 것이다. 예를 들어 바운은 기관의 성공이 함께 일하는 수천 명의 기술자들과 과학자들의 성과인지, 아니면 다른 사람들보다 뛰어났던 모범적인 소수의 성과인지 한 번도 설명하지 않았다. 통신 과학의 이사로 존 피어스의 뒤를 이은 전前 벨 연구소 임원 밥 럭키는 말한다. "모두 각자의 명단을 갖고 있죠." 럭키의 리스트에는 수학자 클로드 섀넌, 스티브 라이스, 데이비드 슬레피안이 있었다. 1970년대 벨 연구소의 임원 위치에 오른 물리학자 솔 북스바움도 있었다. 럭키는 덧붙인다. "물론 쇼클리도, 피어스와 베이커도 있었습니다." 럭키가 볼 때는 특별한 개인이 기관에 특별한 명성을 줬다. 그는 말한다. "우리 연구소 사람들

같은 경우는 또 없을 겁니다. 본성보다 환경적으로 그렇게 되지가 않아요. 우리는 당시 보기보다 더 거대했던 사람들과 함께 있었어요. 그리고 이제는 그런 사람들을 찾아볼 수 없는 것 같습니다. 사람들은 스티브 잡스Steve Jobs나 빌 게이츠라고 말할 수도 있겠지만요." 럭키의 관점에서 명단에 든 벨 연구소의 모범적인 소수는 조직의 정수를 쥐고 있다. "그들은 연구소 전체에 대단한 사례를 만들었죠. 다른 사람들이 동경하는 명예를 거머쥔 사람들이었습니다. 경영에서 높은 위치에 있지 않았더라도 결국 지도자들이었죠. 그들을, 벨 연구소를 겪어봤더라면 제 말을 이해할 수 있을 겁니다. 소수의 유명인들의 빛이 나머지 수만 명을 가린 것은 사실이지만 그 소수의 사람들을 제외시킨다면 벨 연구소는 없습니다."

그러나 바운의 질문에 대한 다른 대답도 있다. 30년대 말 뉴욕에서 존 피어스와 같은 방을 쓰며 함께 캘리포니아 공과 대학에 다녔던 척 엘먼도프는 그가 '위대한 사람들'이라고 부르는 사람보다 기관으로서의 벨 연구소가 훨씬 중요하다고 본다. 엘먼도프는 묻는다. "이런 명성에 아무 관계도 없는 기관의 측면을 어떻게 이해할 수 있겠습니까? 그들이 유명인들이긴 해도……. 존 피어스는 말 그대로 저의 형제와 다름없었고 바니 올리버 역시 저의 친한 친구였습니다. 저는 존 피어스 때문에 빌 쇼클리의 거실에 끌려가 소파에 앉아 고체 물리학을 배우곤 했죠. 저는 그들을 알았어요. 하지만 이들은 벨 연구소 자체가 아니었죠." 엘먼도프는 다른 노벨상 수상자들도 벨 연구소 자체가 아니었다고 덧붙인다. 엘먼도프에게 벨 연구소의 본질은 거대하고 완전한 기관의 역량(작은 전자 장치에서 가장 작은 요소를 국가적 네트워크를 위한 원대한 계획을 세우는 것으로 발전시키고, 또 인력을 개발해서 풋내기 대학생들을 유능한 연구원과 관리자로 만들 수 있었던 것, 그리고 그 결과로 중대한 문제들을 해결할 수 있었던 역량)이었다. 엘먼도프는 말한다. "저는 엄청난 공헌을 한 사람들과 함께 일했지만 그 사람들의 이름은 절대 유명세를 타지 못했죠." 따라서 이 개인 대 기관, 유명인 대 일반인, 명성 대 망각의 논쟁은 해결될 수 없는 문제다. 혹은 어쩌면 쉽사리 비켜 갈 수 있는 문제일 수도 있다. 가장 중요한 것은 아마도 벨 연구소가 함께 일하는 두 종류의 사람들을 모두 풍족하게 보유하고 있었단 사실일 것이다. 그리고 벨 연구소가 해결하던 문제에는 두 종류의 사람들 모두가 필요했다.

놀라움은 벨 연구소 베테랑들과의 대화에서 얻게 되는 공통 사항이다. 그런 놀라움 중 일부는 단순한 관찰(예를 들면 현대 정보 네트워크의 속도와 역량과 더불어, 현대 휴대전화의 처리 능력과 자유자재로 응용함)에 있다. 아니면 현 세계에서는 예를 들자면 연결성이 사실성보다 훨씬 중요하다는 깨달음이기도 한다. 30년 전에는 전화 통화가 자주 끊기거나 소리가 잦아들었고, 반향은 절대로 있을 수 없었다. 당시에는 온전한 전송과 소음의 해결이 궁극적인 목표였다. 그러나 다른 놀라움은 더욱 깊은 곳에 있다. 그것은 벨 연구소의 세계가 사라지고 있으며, 벨 연구원들의 공헌이 대부분 잊히고 있다는 사실에 있다. 밥 럭키는 말한다. "솔직히 길거리에서 트랜지스터를 개발한 사람이 누구냐고 물어보면 조금이라도 알고 있는 사람이 없어요."

연구소의 '급진파' 중 가장 말주변이 좋았던 존 피어스는 신기술의 파괴적인 우수성에 깊은 감명을 받은 것으로 보인다. 피어스는 이런 생각을 젊어서부터 죽을 때까지 하고 있었다. 그는 1980년대 중반 일본상

Japan Prize을 받을 때 이런 글을 남겼다. "제가 어렸을 때의 세상이 그립긴 하지만 그 세상은 더 이상 존재하지 않습니다. 그곳에 살던 사람들도 마찬가지죠. 과학과 기술이 그 세상을 파괴하고 새로운 세상으로 바꿔놓았습니다." 피어스다웠다. 그는 변화와 혁신의 과정에 대해 공공연히 냉혹한 표현을 사용하곤 했다. 그러나 내적으로는 이런 사회적 붕괴에 대한 한 측면이 그를 괴롭히는 듯했다.

피어스는 겉으로 내색하지는 않았지만 그와 그의 동료들이 한 일이 언젠가 널리 알려지게 되리라는 희망을 갖고 있었다. 그때는 말년이 아니라 1950년대 정도였다. 이때는 에코 위성을 발사하기도, 피어스가 50세가 되기도 전이었다. 피어스는 1959년 미공개 에세이에 이런 글을 남겼다. "일반적으로 우리는 셰익스피어의 집이나 재산에 관심을 가졌던 당시 사람들보다 과학과 기술의 유물에 대한 감성이 부족하다. 우리의 후손들이 거저 받게 될 것들을 누가 만들었는지 지금의 낭만적인 시대에 대해 말할 수 있는 기념물이 과연 남아 있을까?" 피어스는 기술의 기원을 탐구할 만한 가치가 있다고 믿는 사람들은 머빈 켈리가 맨해튼 웨스트 가 연구소에서 친구인 클린턴 데이비슨과 공유했던 연구실을 찾아낼 수도 있을 거라고 했다. 벽이 제거되고 연구소 구조가 바뀌긴 했지만 데이비슨이 일했던 연구실 자리를 찾아낼 수도 있을 것이다. 그러나 당시에는 피어스가 이미 중대한 개발이라고 봤던 메이저와 같은 최신 발명품의 경우 "우리는 시대를 위해서가 아니라 그날 하루를 위해서 개발을 했고, 개인적 성격보다는 공동체와 기능적 성격으로 개발했다."고 말한다.

그 결론을 피할 길은 없었다. 피어스는 친구들과 아이디어를 짜내고,

즉시 사라질 것이거나 지속적인 문명화 프로젝트에 흡수될 것들을 만들고 있었다. 피어스는 이것을 만든 사람들에 대한 기억이 사라지지는 않을까 우려했다. 피어스는 벨 연구소에서 자신의 삶에 대해 이런 글을 썼다. "후세에 우리의 후손들이 우리가 기계의 톱니바퀴가 아니라 인간이었다는 사실을 상기시켜주는 것이 남아 있지 않을까 봐 걱정이 됩니다."

감사의 말

어떤 면에서 보면, 벨 연구소에 대한 나의 관심은 개인적 경험에서 비롯됐다. 나는 벨 연구소의 머레이힐에서 1킬로미터도 떨어져 있지 않은 뉴저지의 버클리 하이츠Berkley Heights에서 성장했다. 어린 시절부터 머레이힐 건물들은 내게 익숙했다. 나는 과학을 이해하기 훨씬 전부터 트랜지스터가 그곳에서 발견된 것이라는 사실을 알고 있었다. 나는 그 근처에 정착하자는 부모님의 결정이 언젠가 이 책의 내용을 가득 채우리라고는 한번도 상상해본 적이 없다. 그러나 결국 그대로 됐고, 나는 이 예기치 않은 운명에 감사를 드린다.

물론 더 중요한 점은 내가 부모님께 받은 사랑과 격려다. 부모님은 내가 글 쓰는 일을 시작했을 때부터 흔들리지 않고 응원해주셨다. 우리 가족의 진정한 과학자였던 아버지는 내가 원고를 끝내기 불과 1주 전 돌아가셨다. 나는 마침내 완성된 이 책을 보고 굉장히 안심하셨을 아버지의 모습을 상상한다. "드디어 끝냈어요, 아버지."

이 책은 많은 사람들의 도움 없이는 결코 나오지 못했을 것이다. 그 중심에는 언제는 나의 대리인인 세라 번스Sarah Burnes와 편집자인 이몬 돌란Eamon Dolan이 있다. 내가 9년 전 대략의 아이디어를 들고 세라의 사무실에 들어섰을 때만 해도, 우리의 관계가 이렇게 오래 지속되리라고는 생각하지 못했다. 그러나 세라는 광범위한 주제라도 내가 관심을 갖는다는 이유만으로 기꺼이 지지해줬고, 계획안과 섬세한 감각을 제공했다. 이 모든 것, 그리고 세라의 현명한 충고는 내게 갚아야 할 은혜로 남아 있다. 그리고 이몬은 원고 자체의 형태와 감각을 제공해줬다. 이몬은 오랜 세월 동안, 몇 번 마감 기한을 지키지 못했던 내게 변함없는 유머 감각과 신념을 보였다. 이에 고맙다는 말을 전하고 싶다. 스캇 모이어스Scott Moyers는 마지막 순간까지 탁월한 조언으로 원고의 진행을 도왔다. 에밀리 그래프Emily Graff는 이 책을 만드는 과정에서 우리를 가로막던 장애물을 극복할 수 있도록 도와줬다.

나는 이 책을 출판하면서 전국을 돌아다녔다. 뉴저지의 AT&T 기록 보관소의 조지 커프잭George Kupczak은 해마다 찾아가는 나를 언제나 반갑게 맞았다. 머레이힐에 있는 알카텔-루슨트의 에드 에커트Ed Eckert, 피터 베네딕트Peter Benedict, 폴 로스Paul Ross 역시 큰 도움이 됐다. 또한 알카텔-루슨트의 게리 펠드먼Gary Feldman과 김종훈 역시 나와 통신의 미래와 혁신에 대해 깊은 대화를 나눴다. 크로포드힐 연구실의 헤르비그 코젤닉은 길고 긴 인터뷰에 응해준 데다가 연구실을 직접 구경시켜줬다. 벨 연구소 베테랑 연구원들 십여 명도 나를 집으로 초대해 몇 시간이고 옛날이야기를 들려줬다. 특히 존 메이요, 모리스 타넨바움, 이안 로스, 척

478

엘먼도프, 헨리 폴락, 밥 럭키, 딕 프렌키엘은 시간을 아끼지 않고 나를 도와줬다. 오래 전 빌 베이커와 존 피어스에 대한 기록을 정리했던 마이크 놀은 내 조사에 있어 없어서는 안 될 인물이었다. 예전 머빈 켈리가 살던 뉴저지 쇼트힐 집에 살고 있는 조안Joan과 마이클 프랜클Michael Frankel 부부는 집 구석구석을 보여주고 내가 뒷마당의 튤립 정원을 거닐며 과거를 재구성하도록 허락했다. 패트리샤 니어링Patricia Neering은 이 책을 위해 초기의 정기 간행물 자료를 수집해줬다. 제럴드 돌란은 모호하고 알아듣기 힘든 클로드 섀넌의 인터뷰 테이프를 새로 만드는 것을 도와줬다.

워싱턴 D.C. 국회 도서관 직원들은 클로드 섀넌, 베네바 부시, 해럴드 프리스의 자료 찾는 일을 도와주고, 캘리포니아 패서디나의 헌팅턴 도서관의 사서들은 존 피어스의 자료를 찾는 데 도움을 줬다. 스탠포드의 레슬리 베를린Leslie Berlin은 쇼클리 논문들에 대한 조사에 착수하는 데 큰 도움이 됐다. 도서관의 훌륭한 직원들의 도움으로 더 수월하게 작업할 수 있었다. 나는 프린스턴의 머드 메뉴스크립트 도서관과 IEEE 역사관의 직원들, 해리엇 주커먼과 컬럼비아 대학 구술 기록 센터에서도 도움을 받았다. 풍부한 자료를 갖고 있는 미주리 갤러틴의 역사학자 데이브 스타크Dave Stark는 내게 시내 광장을 구경시켜주고, 이곳저곳을 소개해줬다. 또한 기록으로 만들기 위해 초기 작업 중에 있던 자료를 공유했다. 그곳에서 데이비스 카운티 도서관과 기록 사무소의 친절한 여성분들이 중요한 정보와 도움을 제공했다.

이 책을 작업해온 지난 5년 간, 나는 「뉴욕 타임스」의 작가로도 활동했다. 「뉴욕 타임스」에서의 취재 활동은 혁신적인 프로세스와 미국의 기술에 대한 나의 사고방식 형성에 영향을 주기도 했다. 나는 특히 딘 로빈슨Dean Robinson에게 감사의 말을 전하고 싶다. 8년 동안 잡지사 편집자로 일해온 딘은 어떤 글이든지 손만 대면 더 나은 글로 만들어버린다. 마찬가지로 내 일에 동참해준 「선데이 매거진」의 상임 편집자 게리 마조라티Gerry Marzorati, 「뉴욕 타임스」의 아트 디렉터, 사진 편집자, 사실 확인자, 카피 에디터에게도 감사를 전한다. 이들의 꾸준한 도움 덕분에 더 맵시 있고, 더 매력적이고, 더 정확한 글이 탄생했다. 공교롭게도 내가 벨 연구소에 대해 썼던 첫 번째 글은 「뉴욕 타임스」가 아닌 2003년 「머니 매거진」에 실렸다. 두 편집자인 밥 새피언Bob Safian과 데니즈 마틴Denise Martin이 내게 벨 연구소에 대한 기사를 쓰도록 독려했다. 그 기회를 준 것에 대해, 또한 그 이후로도 나를 응원해준 두 사람에게 감사를 전한다.

나는 원고가 출판되기 전 몇몇 사람들에게 검토를 받았다. 문장(기술적, 지각적, 판단적) 오류는 전부 내 탓이다. 그럼에도 불구하고 내가 창피당하지 않게 해주고 문장을 좀 더 분명하고 정확하게 만들어준 밥 럭키, 로버트 갤러거Robert Gallager, 로스 바세트Ross Bassett에게 큰 빚을 졌다. 카피 에디터인 로널드 오트웰Ronald Ottewell에게도 비슷한 이유로 감사를 전한다.

조금 옆길로 새자면 나는 이 책을 쓰는 내내 음악을 들었다. 브래드 멜다우Brad Mehldau, 라디오헤드Radiohead, 내셔널National의 음악 작품에 고마움을 전한다. 또한 요한 세바스찬 바흐의 '평균율 클라비어 곡집,' 특히 BWV 881을 해석한 안드라스 쉬프Andras Schiff에게도 감사를 전한다.

마지막으로, 나의 아이들 에밀리아Emelia와 벤Ben, 내 아내인 리자베스

480

Lisabeth에게 이 책을 바친다. 동시에 아버지, 남편, 기자, 작가가 사는 것은 쉽지 않았다. 그래서 아이들에게 이렇게 말하고 싶다. "옆에 있지 못한 것, 관심을 기울이지 못한 것, 취재 출장으로 몇 주씩이나 집을 비운 것, 더 신경 써야 했는데 컴퓨터만 붙잡고 있던 그 모든 시간들, 매번 끔찍하게 맛없는 저녁을 차려준 것 모두에 용서를 구하고 싶구나. 지난 시간 동안 너희들의 기다림과 사랑이 너희는 절대 알 수 없을 정도로 내게 큰 힘이 됐단다." 그리고 내 인생의 동반자인 리지에게 내가 지고 있는 빚은 유감스럽지만 너무 커서 말로 표현할 수가 없다. "당신, 당신에게만큼은 할 말이 없소."

Adams, Stephen and Bustler, Orville, *Manufacturing the Future: A History of Western Electric*, Cambridge University Press, 1999.

Anderson, John B., *Digital Transmission Engineering*, Second Edition, IEEE Press Series, John Wiley & Sons, Inc., 2005.

Baldwin, Neil, *Edison: Inventing the Century*, Hyperion, 1995.

Bardeen, John, "Semiconductor Research Leading to the Point Contact Transistor," Nobel Prize Lecture, December 11, 1956. http://130.242.18.21/nobel_prizes/physics/laureates/1956/bardeen-lecture.html

Barzman, Norma, *The Red and the Blacklist: The Intimate Memoir of a Hollywood Expatriate*, Nation Books, 2004.

Bell Laboratories Record, 1925-1986, Volumes No. 1 through 64 inclusive, Published by Bell Telephone Laboratories. AT&T archives, Warren, NJ.

Bello, Francis, "The World's Greatest Industrial Laboratory," *Fortune*, November 1958.

Berlin, Leslie, *The Man Behind the Microchip: Robert Noyce and the Invention of Silicon Valley*, Oxford University Press, 1995.

Bernstein, Jeremy, *Three Degrees Above Zero*, Charles Scribner's Sons, 1984.

Block, Fred and Keller, Matthew, "Where Do Innovations Come From Tranformations in the U.S. National Innovation System, 1970-2006," July 2008, The Information Technology & Innovaiton Foundation, www.itif.org.

Bown, Ralph, "The Transistor as an Industrial Research Episode," *The Scientific Monthly*, Vol. 80, No. 1, January 1955.

Braun, Ernest and Macdonald, Stuart, *Revolution in Miniature: The History and Impact of Semiconductor Electronics*, Cambridge University Press, 1982.

Brinkman, William, "A History of the Invention of the Transistor and Where It Will Lead Us," *IEEE Journal of Solid State Circuits*, Vol. 32, No. 12, December 1997.

Bromberg, Joan Lisa, *The Laser in America: 1950-1970*, The MIT Press, 1991.

Brooks, John, *Telephone, The First Hundred Years: The Wondrous Invention that Changed a World and*

Spawned a Corporate Giant, Harper & Row, 1976.

Buckley, Oliver E., "Bell Laboratories in the War," *Bell Telephone Magazine*, Winter 1944.

Buderi, Robert, *The Invention That Changed The World: How a Small Group of Radar Pioneers Won the Second World War and Launched a Technological Revolution*, Touchstone/Simon & Schuster, 1996.

Christensen, Clayton, *The Innovator's Dilemma*, Harper Business, 2003

Clark, Mark, "Suppressing Innovation: Bell Laboratories and Magnetic Recording," *Technology and Culture*, Vol. 34, No. 3 (July 1993), p. 516-538.

Clark, Ronald W., *Edison: The Man Who Made the Future*, G.P. Putnam, 1977.

Clarke, Arthur, *Voice Across the Sea*, Harper & Row, 1974.

Clarke, Sally; Lamoreaux, Naomi; Usselman, Steven (Editors), *The Challenge of Remaining Innovative: Insights from Twentieth-Century American Business*, Stanford Business Books, 2009.

Clogston, A.M, "The Scientific Basis of Solid-State Technology, With Case Histories," *Physics in Perspective*, National Academy of Sciences, 1972.

Coll, Steve, *The Deal of the Century: The Breakup of AT&T*, Atheneum, 1986.

Colton, F. Barrows, "Miracle Men of the Telephone," *National Geographic Magazine*, March 1947.

Conot, Robert, *A Streak of Luck: The Life & Legend of Thomas Alva Edison*, Seaview Books, 1979.

Danielian, N.R., *A.T.&T.: The Story of Industrial Conquest*, The Vanguard Press, 1939.

DuBridge, Lee and Epstein, Paul, "Robert Andrews Millikan: 1868-1953," *National Academy of Sciences*, 1959.

Fagen, M.D.(Editor), *A History of Engineering and Science in the Bell System: The Early Years (1875-1925)*, Bell Telephone Laboratories, Incorporated, 1975.

Fagen, M.D. (Editor), *A History of Engineering and Science in the Bell System: National Service in War and Peace(1925-1975)*, Bell Telephone Laboratories, Incorporated, 1975.

Feynman, Richard, *Six Easy Pieces: Essentials of Physics Explained by Its Most Brilliant Teacher*, Helix/Addison-Wesley, 1995.

Fletcher, Stephen, "Harvey Fletcher: 1884-1981," *National Academy of Sciences*, 1992.

Fischer, Claude, *America Calling: A Social History of the Telephone to 1940*, University of California Press, 1992.

Galambos, Louis, "Theodore N. Vail and the Role of Innovation in the Modern Bell System," *The Business History Review*, Vol. 66, No. 1, Spring 1992, pp. 95-126.

Gallager, Robert G., Claude E. Shannon: A Retrospective on His Life, Work, and Impact, *IEEE Transactions on Information Theory*, Vol. 47, No. 7, November 2001.

Gavaghan, Helen, *Something New Under the Sun: Satellites and the Beginning of the Space Age*, Copernicus/Springer-Verlag, 1998

Gertner, Jon, "Mad Scientist: Can Legendary Bell Labs—and Its Struggling Parent, Alcatel-Lucent—

Be Saved By a 'Crazy Risk Taker' Who's Betting that Innovation Can Be Captured in a Mathematical Formula?" *Fast Company*, February 2008.

_____, "The Lost World: What Did we gain – and lose – in the telecom revolution– Searching for answers in the fate of Lucent and Bell Labs," *Money*, March 2003.

Goodell, Rae, *The Visible Scientists*, Little, Brown, 1977.

Hamilton, Loren Henry, *A Missouri Boyhood*, Self-published, 1983. Daviess County Library, Gallatin, MO.

Hayes, Brian, *Infrastructure*: The Book of Everything for the Industrial Landscape, W.W. Norton & Co., 2005.

Hecht, Jeff, *City of Light: The Story of Fiber Optics* (Revised and Expanded Edition), Oxford University Press, 1999.

Hoddeson, Lillian, and Daitch, Vicki, *True Genius: The Life and Science of John Bardeen*, Joseph Henry Press, 2002.

Hoddeson, Lillian Hartmann, "The Roots of Solid-State Research at Bell Labs," *Physics Today*, March 1977.

Hughes, Thomas P., *American Genesis: A Century of Invention and Technological Enthusiasm*, Viking, 1989.

Jacobs, Ira, "Lightwave System Developments: Looking Back and Ahead," *Optics & Photonics News*, February 1995.

Jakes, William C. (Editor), *Microwave Mobile Communications*, IEEE, 1993 edition.

Kaplan, David A., *The Silicon Boys and Their Valley of Dreams*, Harper Perennial, 2000.

Kahn, David, *The Codebreakers: The Comprehensive History of Secret Communication from Ancient Times to the Internet*, Scribner, 1996.

Kahner, Larry, *On The Line: How MCI Took On AT&T –And Won!* Warner Books, 1986.

Kargon, Robert, *The Rise of Robert Millikan: Portrait of a Life in American Science*, Cornell University Press, 1982.

Kelly, Mervin, "The American Engineer," *The Bridge of Eta Kappa Nu*, September 1943.

Kevles, Daniel, *The Physicists: The History of a Scientific Community in Modern America*, Harvard University Press, 2001.

Kleinfield, Sonny, *The Biggest Company on Earth: A Profile of AT&T*, Holt, Rinehart and Winston, 1981.

Lewis, Tom, *Empire of the Air: The Men Who Made Radio*, HarperPerennial, 1993.

Lucky, Robert, *Silicon Dreams: Information, Man, and Machine*, St. Martin's Press, 1991.

Millikan, Robert, *The Autobiography of Robert A. Millikan*, Prentice-Hall, 1950.

Millman, S.(Editor), *A History of Engineering and Science in the Bell System: Physical Sciences (1925-1980)*, AT&T Bell Laboratories, 1983.

Millman, S.(Editor), *A History of Engineering and Science in the Bell System: Communications Sciences*

(1925-1980), AT&T Bell Laboratories, 1984.

Morse, Philip M., *In at the Beginnings: A Physicist's Life*, The MIT Press, 1977.

Morton, Jack, "From Research to Technology," *International Science and Technology*, May 1964.

O'Neill, Eugene(Editor), *A History of Engineering and Sciene in the Bell System: Transmission Technology(1925-1975)*, AT&T Bell Laboratories, 1985.

Paine, Albert Bigelow, *Theodore N. Vail: A Biography*, Harper & Brothers, 1929.

Pierce, John R., Science, *Art and Communication, Clarkson Potter*, 1968.

Pierce, John and Noll, Michael, *Signals: The Science of Telecommunications*, Scientific American Library, 1990.

Poundstone, William, *Fortune's Formula: The Untold Story of the Scientific Betting System That Beat the Casinos and Wall Street*, Hill and Wang, 2005.

Reid, Loren, *Hurry Home Wednesday: Growing Up in a Small Missouri Town*, 1905-1921, University of Missouri Press, 1978.

Reid, T. R., *The Chip: How Two Americans Invented the Microchip and Launched a Revolution*, Random House Paperback Edition, 2001.

Rey, R.F. (Technical Editor), *Engineering and Operations in the Bell System*, 1984, AT&T Bell Laboratories.

Rhodes, Richard, *The Making of the Atomic Bomb*, Simon & Schuster, 1986.

Riordan, Michael and Hoddeson, Lillian, *Crystal Fire: The Invention of the Transistor and the Birth of the Information Age*, W.W. Norton & Co., 1997.

Saxenian, Annalee, *Regional Advantage: Culture and Competition in Silicon Valley and Route 128*, Harvard University Press, 1996.

Scaff, J.H. "The Role of Metallurgy in the Technology of Electronic Materials," *Metallurgical Transactions*, Volume 1, March 1970.

Schindler, G.E.(Editor) with Joel, A.E., et al, *A History Of Engineering and Science in the Bell System: Switching Technology(1925-1975)*, Bell Telephone Laboratories, Incorporated, 1982.

Shannon, Claude Elwood, *Collected Papers* (Edited by N.J.A. Sloane and Aaron D. Wyner), IEEE/John Wiley and Sons, Inc. 1993.

Shockley, William, "The Invention of the Transistor ? An Example of Creative Failure Methodology," *Electrochemical Society Proceedings* Volume 98-1.

Shockley, William, "Transistor Physics," *The American Scientist*, Vol. 42, No. 1, January 1954.

Shockley, William, "Crystals, Electronics, and Man's Conquest of Nature," undated, circa 1958.

Shurkin, Joel, *Broken Genius: The Rise and Fall of William Shockley, Creator of the Electronic Age*, Macmillan, 2006.

Smith, George David, *The Anatomy of a Business Strategy: Bell, Western Electric, and the Origins of the American Telephone Industry*, The Johns Hopkins University Press, 1986.

Smits, F.M.(Editor), *A History of Engineering and Science in the Bell System: Electronics Technology*

(1925-1975), AT&T Bell Laboratories, 1985.

Temin, Peter(with Louis Galambos), *The Fall of the Bell System: A Study in Prices and Politics*, Cambridge University Press, 1987.

Tompkins, Dave, *How to Wreck a Nice Beach: The Vocoder From World War II to Hip-Hop*, Melvilles House/Stopsmiling, 2005.

Townes, Charles, *How the Laser Happened: Adventures of a Scientist*, Oxford University Press, 1999.

Von Auw, Alvin, *Heritage & Destiny: Reflections on the Bell System in Transition*, Praeger Publishers, 1983.

Weiner, Charles, "How the Transistor Emerged," *IEEE Spectrum*, Vol. 10, No. 1, January 1973.

Whyte, William, *The Organization Man*, Anchor Books, 1957.

Wolfe, Tom, "The Tinkerings of Robert Noyce," *Esquire*, December 1983.

Zachary, G. Pascal, *Endless Frontier: Vannevar Bush, Engineer of the American Century*, MIT Press, 1999.

486

벨 연구소 이야기

| 펴낸날 | 초판 1쇄 2012년 5월 22일 |
| | 초판 6쇄 2020년 2월 7일 |

글 · 그림	존 거트너
옮긴이	정향
펴낸이	심만수
펴낸곳	(주)살림출판사
출판등록	1989년 11월 1일 제9-210호

주소	경기도 파주시 광인사길 30
전화	031-955-1350 팩스 031-624-1356
홈페이지	http://www.sallimbooks.com
이메일	book@sallimbooks.com

| ISBN | 978-89-522-1860-5   03320 |